Entdecken und Verstehen 7

Realschule
Bayern

Vom frühen Mittelalter bis zum Dreißigjährigen Krieg

Bearbeitet von
Doris Beer, Vohenstrauß
Heike Bruchertseifer, Buchloe
Josef Rieger, Pfaffenhofen/Ilm
Gertraud Wein, Hersbruck
und Josef Zißler, Riedenburg

Cornelsen

Redaktion: Bernhard Lutz, Regensburg
Gestaltung: Simone Siegel
Technische Umsetzung: Gerlinde Bauer und
Bernhard Lutz, Regensburg
Umschlaggestaltung: Knut Waisznor

Das Bild der Umschlagseite zeigt die Steinerne Brücke mit dem Brücktor in Regensburg.

www.cornelsen.de

1. Auflage, 6. Druck 2013

Alle Drucke dieser Auflage sind inhaltlich unverändert
und können im Unterricht nebeneinander verwendet werden.

Druck: Stürtz GmbH, Würzburg

ISBN 978-3-464-64131-6

Inhalt gedruckt auf säurefreiem Papier aus nachhaltiger Forstwirtschaft.

Liebe Schülerinnen und Schüler!

In der sechsten Klasse habt ihr euch mit der Geschichte der Menschheit von ihren Anfängen bis zur Völkerwanderung beschäftigt. Dieser Band behandelt die Geschichte vom beginnenden Mittelalter bis zum Dreißigjährigen Krieg.

Zum Aufbau des Buches
Da wir auf ganz unterschiedlichen Wegen die Geschichte unserer Vorfahren erkunden können, findet ihr in den Kapiteln zahlreiche Bilder, Karten und Grafiken. Auch die Texte sind unterschiedlich gestaltet. Die folgenden Erklärungen sollen euch helfen die unterschiedlichen Möglichkeiten, die euch das Buch bietet, zu erkennen:

Einführung in das Thema
Jedes Kapitel beginnt mit einer „Auftaktseite". Sie will euch neugierig auf das kommende Thema machen und zu Fragen anregen. Mit ihrer Hilfe könnt ihr auch zusammentragen, was ihr schon wisst.

Themenseiten
Auf jeder Seite berichten die Autorinnen und Autoren in einem zusammenhängenden Text über die geschichtlichen Ereignisse. Die Überschrift verdeutlicht das Thema, um das es geht.

Quellen
Manchmal lassen die Autorinnen und Autoren die damals lebenden Menschen selbst zu Wort kommen, wenn ihre Texte aufbewahrt wurden. Die Berichte der damals lebenden Menschen nennen wir Quellen. Rein äußerlich erkennt ihr sie daran, dass sie mit einem „Q" gekennzeichnet sind, außerdem verläuft an ihrem Rand ein Farbstreifen. Auch die Abbildungen, Gemälde und Fotos sind historische Quellen, aus denen ihr wichtige Informationen entnehmen könnt.

Materialien
Texte von Geschichtsforschern, Berichte anderer Forscherinnen und Forscher und weitere Materialien sind mit einem „M" und – ebenso wie die Quellen – mit einem Farbstreifen gekennzeichnet.

Die Randspalte
Jede Seite ist mit einer farbigen Randspalte versehen. Je nach Bedarf findet ihr hier
- die Erklärung für schwierige Begriffe, die im Text mit einem Sternchen (*) versehen sind,
- wichtige Jahreszahlen und Ereignisse oder
- Zusatzinformationen zu den Themen, die auf der Seite behandelt werden, z. B. Lesetipps oder Hinweise aufs Internet.

Aufgaben
1 *In den Arbeitsaufgaben werdet ihr dazu angeleitet, aus den Texten, den Quellen und den Abbildungen Informationen zu entnehmen und einen Sachverhalt mit ihrer Hilfe zu besprechen.*

Methode
Die Seiten „Methode" leiten euch dazu an, mit den Materialien in diesem Buch umzugehen. Sie helfen euch aber auch anderswo Informationen zu finden.

Werkstatt Geschichte
Auf den Seiten „Werkstatt Geschichte" findet ihr Vorschläge z. B. für eigene Nachforschungen, für Kochrezepte oder Bastelarbeiten.

Zusammenfassung
Die umfangreichen Kapitel werden durch eine Zusammenfassung abgeschlossen, die noch einmal das Wichtigste enthält.

Thematischer Rückblick
Die „roten Seiten" könnt ihr heranziehen um über das Thema „Von den Handschriften zu den Druckmedien" zu sprechen.

Thematischer Querschnitt
Auf den „gelben Seiten" findet ihr Material zum Thema „Begegnungen mit dem Fremden im Mittelalter und in der frühen Neuzeit".

Regionalgeschichtliches Unterrichtsvorhaben
Die „grünen Seiten" helfen euch bei der Spurensuche, was in unserer Heimat an das Mittelalter und an die frühe Neuzeit erinnert.

Das Register
Im Anhang sind die Begriffe, Namen und Daten übersichtlich zusammengefasst, die euer geschichtliches Grundwissen darstellen. Was ihr dort findet, erkennt ihr auf den Themenseiten an diesem Zeichen: ►.
Mit dem Stichwortverzeichnis könnt ihr schnell herausfinden, wo zum Beispiel etwas über Karl den Großen berichtet wird.

Inhaltsverzeichnis

Vom Frankenreich zum Deutschen Reich 8

Kaiser, Papst und Kirche 28

Mittelalterliche Lebenswelten 44

Inhaltsverzeichnis

Inhaltsverzeichnis

Inhaltsverzeichnis

Vom Frankenreich zum Deutschen Reich

Machtvoll ragen der Turm und die Kuppel des Aachener Doms in den Himmel. Die achtseitige Kapelle in der Mitte steht hier schon seit dem Jahre 800. Erbauen ließ sie der König der Franken, Karl, der schon zu Lebzeiten „der Große“ genannt wurde. Weite Teile Westeuropas gehörten zu seinem Reich, aus dem später Deutschland und Frankreich hervorgehen sollten. Als „Vater Europas“ wird der Frankenkönig bis heute verehrt und noch immer steht sein Thron im Dom zu Aachen. Von Karl dem Großen und von seinem Herrschaftsstamm, den Franken, handeln die nächsten Seiten.

Das Reich der Franken in Europa

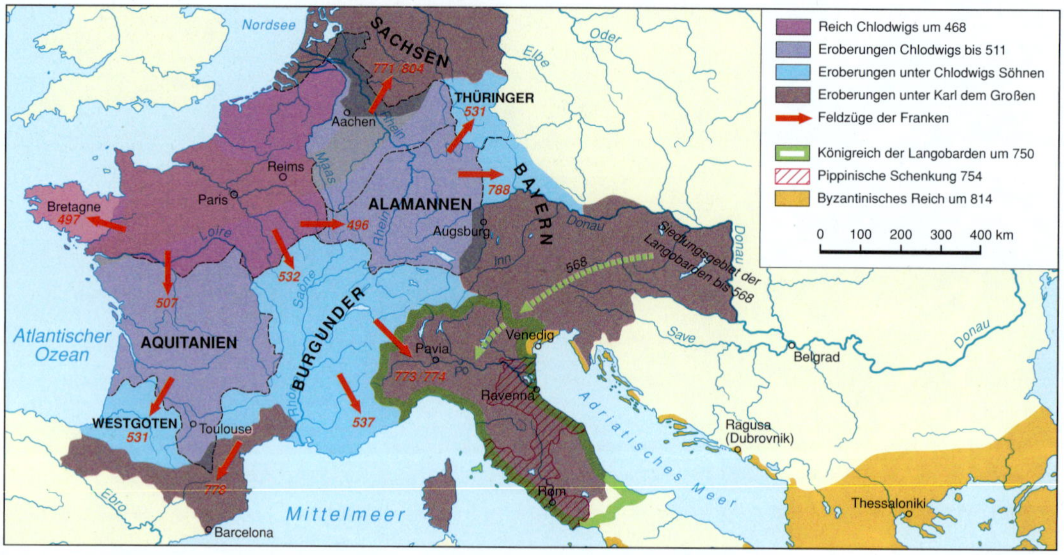

1 **Das Frankenreich zwischen Chlodwig und Karl dem Großen (468–814).**

482–511: *Gründung des Frankenreiches durch Chlodwig aus dem Geschlecht der Merowinger.*

Um 496: *Übertritt Chlodwigs zum Christentum. Sieg über die Alamannen.*

Chlodwig – König der Franken

Von den germanischen Reichen, die nach dem Niedergang des Weströmischen Reiches gegründet wurden, stieg eines zu besonderer Größe und Macht auf: das Reich der Franken. Die Franken gehörten verschiedenen kleinen Teilstämmen an. Sie lebten ursprünglich am Mündungsgebiet des Rheins und drängten seit dem 5. Jahrhundert mehr und mehr in die einstige römische Provinz. Einer dieser kleinen Stämme wurde von dem Fürsten Chlodwig angeführt, der aus der Familie der Merowinger* stammte. Nach seiner Krönung zum König im Jahr 482 begann er die übrigen fränkischen Kleinkönige zu beseitigen. 486 vertrieb er den letzten römischen Statthalter Syagrius aus Gallien. Etwa zehn Jahre später besiegte er die Alamannen und unterwarf 507 die Westgoten im südlichen Gallien.

Q1 Der fränkische Bischof und Geschichtsschreiber Gregor von Tours berichtet:

… Aber auf keine Weise konnte er zum christlichen Glauben bekehrt werden, bis er … mit den Alamannen in einen Krieg geriet … Als die beiden Heere zusammenstießen …, war Chlodwigs Heer nahe daran, völlig vernichtet zu werden. Als er das sah, … sprach er: „Jesus Christus, … Sieg gibst du denen, die auf dich hoffen … Schenkst du mir jetzt den Sieg über diese meine Feinde …, so will ich an dich glauben und mich taufen lassen auf deinen Namen. Denn ich habe meine Götter umsonst angerufen …" Als er dies gesagt hatte, wandten sich die Alamannen und begannen zu fliehen …

1 *Erklärt mithilfe der Karte 1 die Ausbreitung des Frankenreiches.*

2 *Überlegt, warum sich Chlodwig taufen ließ.*

Durch den Übertritt zum Christentum gewann Chlodwig die Kirche als wichtigen Verbündeten. Die Bischöfe und Äbte* wurden zu einer wertvollen Stütze der merowingischen Königsmacht, weil sie über wichtige Erfahrungen in der Verwaltung verfügten. Die Gemeinsamkeit der Religion erleichterte auch die Verbindung der Bevölkerung im ehemals von den Römern beherrschten Gallien mit den Franken.

Merowinger*: *Fränkische Adelsfamilie; der Name stammt von „Merowech", der einer Sage nach ihr Vorfahre war.*

► ***Abt*:*** *Der von Mönchen gewählte Vorsteher eines Klosters.*
► ***Äbtissin:*** *Die von Nonnen gewählte Vorsteherin eines Frauenklosters.*

2 Krönung eines fränkischen Königs.

Nach Chlodwigs Tod 511 wurde das Reich weiter von den Merowingern regiert. Auch die christlichen Franken hielten an der Vorstellung des Königsheils* fest. Sie glaubten, dass nur Mitglieder der königlichen Familie König werden konnten, weil diese von göttlichen Ahnen abstammten. Da keiner der Söhne eines Herrschers vom Erbe ausgeschlossen werden durfte, wurde das Frankenreich immer wieder geteilt. Die Folge waren Erbstreitigkeiten und Bruderkriege. Dadurch verlor das merowingische Königshaus zunehmend an Macht.
Das Reich regierten inzwischen die Hausmeier*. So war es auch der Karolinger* Karl Martell, der 732 das Frankenreich gegen die anstürmenden Araber erfolgreich verteidigte (siehe S. 48), und nicht der König selbst. Um auf den Thron zu gelangen brauchten die karolingischen Hausmeier jedoch eine religiöse Weihe, die die Wunderkraft des Königsheils noch übertraf. Da die Karolinger seit Jahren eng mit der fränkischen Reichskirche zusammengearbeitet hatten, waren gute Beziehungen nach Rom zu den Päpsten entstanden. Diese nutzte Pippin, der Sohn Karl Martells, um im Jahr 751 König zu werden.

Q2 Die fränkischen Jahrbücher berichten:
Bischof Burkhard von Würzburg und der Kaplan Folrad wurden zu Papst Zacharias gesandt um wegen der Könige im Frankenreich zu fragen, die damals keine Macht als Könige hatten, ob das gut sei oder nicht. Der Papst gab Pippin den Bescheid, es sei besser, den als König zu bezeichnen, der die Macht habe, statt den, der ohne königliche Macht blieb. Um die Ordnung nicht zu stören ließ er kraft seiner Autorität den Pippin zum König machen …
Pippin wurde nach der Sitte der Franken zum König gewählt und gesalbt von der Hand des Erzbischofs Bonifatius heiligen Andenkens und von den Franken in Soissons zum König erhoben. Childerich aber, der Scheinkönig, wurde geschoren und ins Kloster geschickt …

3 *Erklärt, warum sich Pippin an den Papst wendet.*

4 *Begründet, warum Childerich die Haare geschnitten werden und warum Pippin mit heiligem Öl gesalbt wird.*

5 *Beschreibt das Krönungsbild (Abbildung 2) und führt aus, wodurch deutlich wird, dass die Karolinger rechtmäßig Könige wurden.*

Zum Dank für seine Unterstützung half Pippin dem Papst im Kampf gegen die Langobarden und versprach ihm in der Pippinischen Schenkung* das Gebiet zwischen Rom und Ravenna. Pippin erhielt vom Papst den Titel „Schutzherr der Römer".

Königsheil*: *Aufgrund seiner göttlichen Abkunft verfügt der König über ein besonderes „Heil". Äußere Zeichen dafür sind das lange Haupthaar und der ungeschorene Bart.*

Hausmeier *(lat. maior domus = Herr des Hauses): Sie standen als königliche Beamte an der Spitze von Verwaltung und Kriegern im Fränkischen Reich.*

Karolinger*: *Fränkische Herrscherfamilie, benannt nach Karl dem Großen.*

Pippinische Schenkung*: *Das Gebiet zwischen Rom und Ravenna bildete die Grundlage für den späteren Kirchenstaat.*

Mission im Frankenreich

1 **Bonifatius tauft einen Germanen, der von einem Helfer in das Taufbecken eingetaucht wird (linke Bildhälfte). Die rechte Bildhälfte zeigt, wie Bonifatius den Märtyrertod erleidet.** Buchmalerei aus dem Kloster Fulda, um 875.

Iro-schottische Mission*: *Mönche aus Irland und Schottland predigten ab dem 7. Jahrhundert den Germanen das Christentum.*

Bonifatius*: *Geboren 672 oder 673 im Königreich Wessex; 722 zum Bischof geweiht; vom Papst mit der Missionierung der Germanen beauftragt („Apostel der Deutschen"); 734 zum Erzbischof ernannt; gründete zahlreiche Klöster und Bistümer; starb 754 als Märtyrer in der Friesenmission.*

► ***Kloster*:*** *Die von Mönchen bzw. Nonnen gebildete Gemeinschaft, aber auch die von ihnen bewohnten Gebäude werden Kloster genannt. Die Klöster waren im Mittelalter wichtige Kulturträger* *(siehe S. 14).*

Irische und schottische Mönche bringen das Christentum

Im Frankenreich war es um das Christentum nicht gut bestellt. Dem Namen nach waren zwar die meisten Bewohner Christen, aber viele hatten die alten heidnischen Bräuche und Vorstellungen beibehalten. Auch die germanischen Stämme links und rechts des Mains waren größtenteils noch nicht bekehrt. So kamen im 7. Jahrhundert Mönche aus Irland und Schottland* ins Frankenreich und kämpften als Wanderprediger gegen den heidnischen Aberglauben an. Bei den Franken und Alamannen verbreiteten die Iren Columban und Gallus den christlichen Glauben, in Thüringen und in der Main-Gegend missionierte der Schotte Kilian. In Bayern gründeten Schüler der iro-schottischen Mönche Klöster und ließen Kirchen bauen: Emmeram in Regensburg, Korbinian in Freising und Rupert in Salzburg.

Im 8. Jahrhundert wurde der Einfluss der angelsächsischen Mönche stärker. Der bedeutendste von ihnen war Wynfrid von Wessex, der später vom Papst den Namen Bonifatius (= der Wohltäter)* erhielt. Im Jahr 722 wurde er zum Bischof geweiht. Gleichzeitig gab ihm der Papst den Auftrag die germanischen Stämme zum Christentum zu bekehren.

Bonifatius fällt die Donareiche

Bonifatius ging daraufhin nach Thüringen und nach Hessen, wo er das Kloster* Fulda gründete.

Q1 Über die Erfolge des Missionars bei den Hessen berichtete der Mönch Willibald im Jahr 768:

… Viele Hessen erhielten damals die Taufe. Andere aber opferten immer noch heimlich oder offen an Bäumen und Quellen, betrieben Weissagung, Zauberei und Beschwörung. Da beschloss Bonifatius eine Eiche von seltener Größe, die den alten heidnischen Namen Donareiche führte, im Beisein seiner Mönche zu fällen. Als diese Absicht bekannt wurde, versammelte sich eine große Menge Heiden, die den Feind ihrer Götter heftig verfluchte. Kaum aber hatte Bonifatius den Baum ein paarmal mit der Axt getroffen, da wurde die ungeheure Masse des Baumes durch göttliche Winde erschüttert. Die Enden der Äste brachen und die Eiche stürzte krachend zu Boden. Die Heiden aber, die kurz zuvor noch geflucht hatten, fingen an den Herrn zu preisen und an ihn zu glauben …

1 *Wie erklärt ihr euch die letzte Aussage der Quelle?*

Mission im Frankenreich

2 **Die Missionierung zur Zeit des Bonifatius.**

Bonifatius erleidet den Märtyrertod

Im Jahr 734 wurde Bonifatius vom Papst zum Erzbischof ernannt. Jetzt bemühte er sich besonders um eine feste Kirchenordnung. Er gründete viele neue Bistümer* und setzte Bischöfe ein. In Bayern errichtete Bonifatius im Auftrag des Papstes die Bischofssitze Regensburg, Salzburg, Freising und Passau und legte mit dem Mönch Willibald den Grundstock für das spätere Bistum Eichstätt. Von den Bischofssitzen, die er im Maingebiet, in Hessen und Thüringen errichten ließ, blieb nur Würzburg bestehen. Außerdem sorgte Bonifatius für eine gründliche Ausbildung der fränkischen Priester und Mönche.

Im Alter von 80 Jahren brach Bonifatius noch einmal mit einer kleinen Anzahl von Begleitern zur Mission nach Friesland auf. Hier wurde er von friesischen Kriegern am 5. Juni 754 erschlagen. In einem Bericht über das Leben des Bonifatius heißt es, dass er sich gegen die Angriffe der Friesen mit einem Buch vergebens geschützt haben soll (siehe Abbildung 1). Beigesetzt wurde Bonifatius in Fulda. Die Nachfolger von Bonifatius setzten das von ihm begonnene Werk fort und gründeten weitere Bistümer, wie z. B. Verden (782), Osnabrück (783) und Hildesheim (822).

2 *Begründet mithilfe der Karte 2, warum Bonifatius als „Apostel der Deutschen" verehrt wird.*

3 *Informiert euch über die Missionare, die in eurer Heimat gewirkt haben.*

4 *Sprecht mit euren Religionslehrerinnen und -lehrern darüber, wo und wie die christlichen Kirchen heute Missionsarbeit betreiben.*

Bistum*: *Verwaltungsbezirk der katholischen Kirche, der von einem Bischof geleitet wird.*

Lebenswelten: Das Leben im Kloster

Seit 400 n. Chr.: *Einzelne Christen ziehen sich in Europa in die Einöde zurück um als Einsiedler zu leben.*

529 n. Chr.: *Benedikt von Nursia gründet ein Kloster in Monte Cassino.*

Das Mönchtum breitet sich aus

Im 3. Jahrhundert zogen sich, zuerst in Ägypten, einzelne Christen in die Einsamkeit zurück um als Eremiten (= Einsiedler) ihr Leben ganz Gott zu weihen. Nur ein Jahrhundert später kam es, ebenfalls in Ägypten, zur Gründung von Klöstern, in denen Mönche in einer Gemeinschaft Gott dienen wollten. Seit dem 6. Jahrhundert breitete sich das Mönchtum auch in Europa aus.

Ein mittelalterliches Kloster

1 *Aus dem Plan des Klosters von St. Gallen könnt ihr die Berufe und Tätigkeiten der Mönche erkennen. Tragt sie in eine Liste ein:*

Gebäude und Gebäudeteile	Berufe	Tätigkeit
...	...	...
...	...	...
...	...	...

2 *Stellt zusammen, welche Aufgaben des mittelalterlichen Klosters heute von der Stadt oder dem Bundesland übernommen werden.*

3 *Berichtet, was ihr über Klöster, die Tätigkeiten von Nonnen und Mönchen heutzutage wisst.*

Die Regeln des heiligen Benedikt

Die Mönche lebten, von der Außenwelt durch Mauern abgeschirmt, nach festen Regeln unter der Leitung eines Abtes. Gebet und Arbeit bestimmten den Tagesablauf. Diese Lebensform wurde zum Vorbild für ► Benedikt von Nursia in Italien. Er hatte einige Jahre als Eremit gelebt, bevor er 529 auf dem Monte Cassino ein Kloster gründete. Nicht viel später wurde auch seine Schwester Scholastika Äbtissin eines Frauenklosters in der Nähe des Monte Cassino.

Frauen und Männer, die in ein Kloster eintreten wollten, mussten drei Gelübde ablegen: Sie verpflichteten sich arm, also ohne Besitz zu leben. Ferner gelobten sie ehelos zu bleiben und dem Abt unbedingt zu gehorchen. In 73 Kapiteln gab Benedikt klare Anweisungen für das Leben im Kloster. Diese Regeln wurden die Grundlage des ersten Mönchsordens, der Benediktiner.

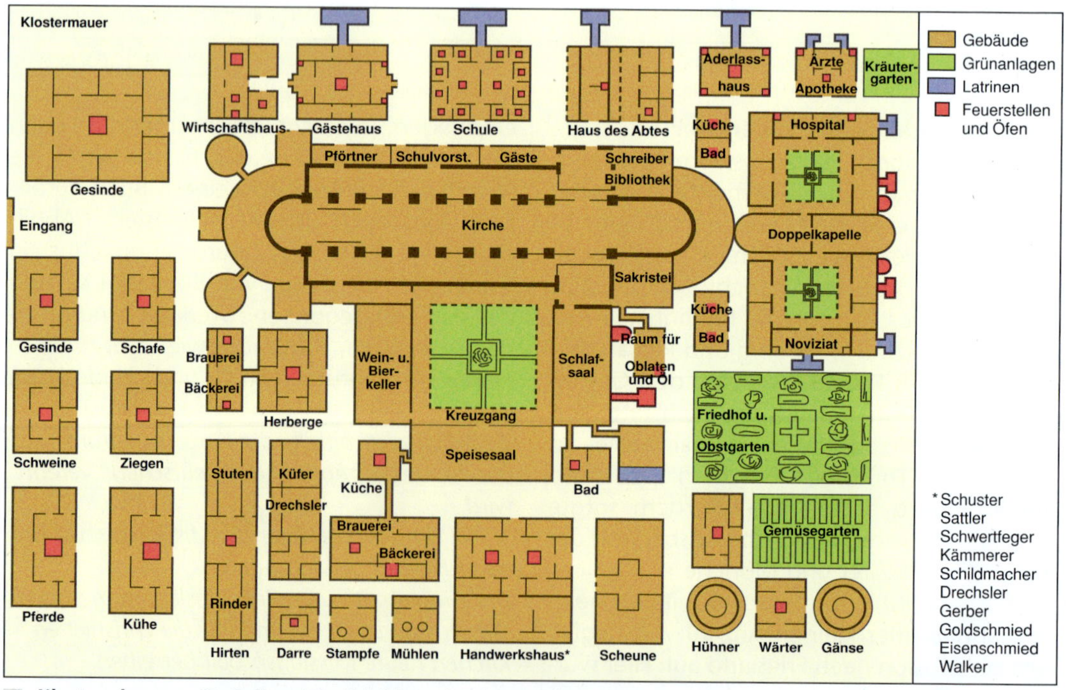

1 **Klosterplan von St. Gallen.** Die Abbildung ist eine moderne Umgestaltung des Originals von 820.

Bete und arbeite

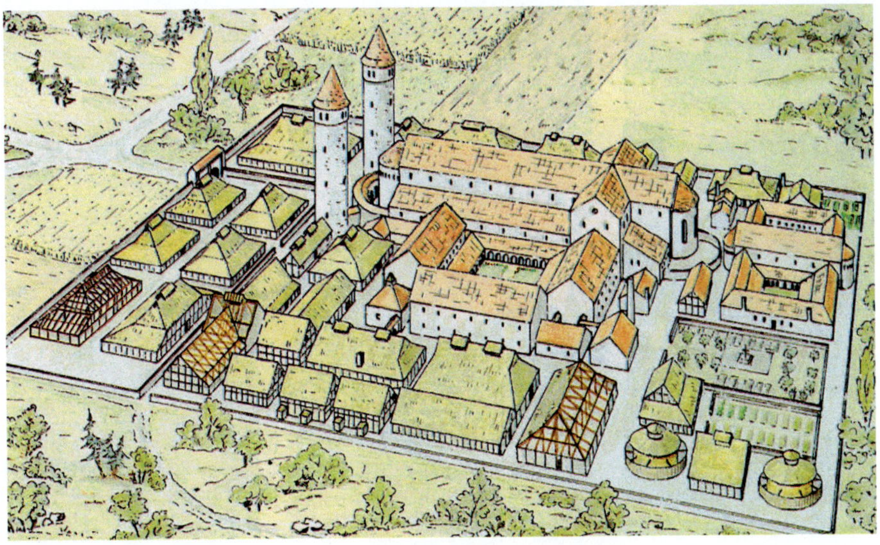

2 **Modell nach dem Klosterplan von St. Gallen.** Um 820.

Q1 In den Ordensregeln des heiligen Benedikt heißt es unter anderem:
… 33: Vom Eigentum
Keiner wage es, ohne Erlaubnis des Abtes etwas wegzunehmen oder zu empfangen oder etwas zu Eigen zu besitzen, durchaus nichts, weder Buch noch Tafel, nein, überhaupt nichts. Alles sei allen gemeinsam …
48: Von der täglichen Handarbeit
Müßiggang ist ein Feind der Seele. Deshalb sollen sich die Brüder beschäftigen: zu bestimmten Zeiten mit Handarbeit, zu bestimmten anderen Stunden mit heiliger Lesung. Wenn die Ortsverhältnisse oder die Armut fordern, dass sie das Einbringen der Ernte selbst besorgen, sollen sie deswegen nicht missmutig werden. Sie sind nämlich erst wahre Mönche, wenn sie von der Arbeit ihrer Hände leben …
66: Von der Anlage des Klosters
Wenn möglich, ist das Kloster so anzulegen, dass alles Notwendige, nämlich Wasser, Mühle, Garten und die verschiedenen Werkstätten, sich innerhalb der Klostermauern befinden. So brauchen die Mönche nicht draußen umherzulaufen, was für ihre Seelen durchaus nicht zuträglich ist …

4 *Beschreibt mithilfe von Text und Tabelle den Tagesablauf in einem Kloster.*

5 *„Bete und arbeite" – diese Forderung sollte das tägliche Leben im Kloster bestimmen. Erklärt, wie diese Forderung auch im Klosterplan (Abbildung 1) sichtbar wird.*

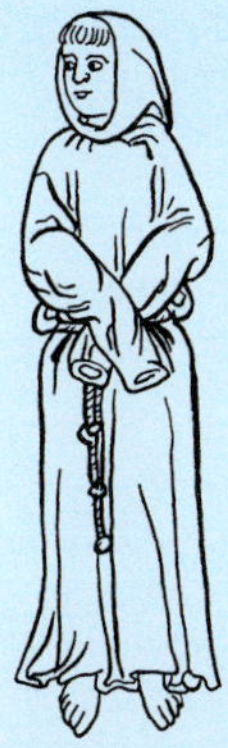

Mönch mit Kutte. Die Ordenskleidung bestand aus einer Kutte, einem Hemd, das bis zu den Knöcheln reichte, mit einem Strick oder Ledergürtel. Dazu kam ein Schulterumhang mit einer Kapuze (bei den Ordensfrauen der Schleier).

Tagesablauf in einem Benediktinerkloster heute

4.40 Uhr	Wecken
5.00–6.00	Nachtgebet und Morgenlob
6.00–7.00	Bibellesung und Besinnung der Mönche in ihren Zimmern
7.00–7.30	Möglichkeit zum Frühstücken (allein)
7.30–11.00	Kurzes gemeinsames Morgengebet; Arbeit
11.15–12.00	Gemeinsamer Gottesdienst
12.20	Kurzes gemeinsames Mittagsgebet
12.30–13.00	Gemeinsames Mittagessen
13.00–14.00	Ruhepause
14.00–18.00	Arbeit
18.00–18.30	Feierlicher Gottesdienst am Ende des Arbeitstages
18.40–19.00	Gemeinsames Abendessen
19.00–19.40	Zeit zur eigenen Verfügung
19.45	Abendgebet
20.00– 4.40	Strenges Stillschweigen im Kloster. Die Mönche sind auf ihren Zimmern.

Die Buchherstellung im Mittelalter

1 **Hochmittelalterliche Schreiberszene.** 11. Jahrhundert.

1 Beschreibt, wie der Mönch seine Arbeit in der Schreibstube darstellt.
2 Überlegt, worin die Ursachen für diese Arbeitsbedingungen liegen könnten.

Das Kloster als kulturelles Zentrum

Klöster waren im Mittelalter fast die einzigen Orte, an denen Bildung und Wissenschaft gepflegt wurden. Mönche und Nonnen sammelten und bewahrten antikes Wissen und Kenntnisse der eigenen Zeit. Chroniken*, Lebensbeschreibungen, religiöse Betrachtungen und Werke der Dichtkunst wurden von Mönchen in lateinischer Sprache selbst verfasst oder von alten Vorlagen in mühevoller Handarbeit abgeschrieben.

Die Arbeit im Skriptorium*

Q1 Aus der Notiz eines Schreibers im 8. Jahrhundert:

... O glücklichster Leser, wasche deine Hände und fasse so das Buch an, drehe die Blätter sanft, halte die Finger weitab von den Buchstaben. Der, der nicht weiß zu schreiben, glaubt nicht, dass dies eine Arbeit sei. O wie schwer ist das Schreiben: Es trübt die Augen, quetscht die Nieren und bringt zugleich den Gliedern Qual. Drei Finger schreiben, der ganze Körper leidet ...

Die Tätigkeit des Schreibers war sehr angesehen. Die anstrengende Arbeit erforderte viel Disziplin, Konzentration und Übung. Die Abfassung eines Buches zog sich oft über ein Jahr hin, da viele verschiedene Arbeitsgänge nötig waren.
Die Mönche schrieben mit Gänsefedern und Tinte auf Pergament. Bevor sie beginnen konnten, mussten die Schreibmaterialien jedoch selbst hergestellt werden. Pergament* wurde aus den Häuten von Schafen, Ziegen und Kälbern gewonnen. Die Tinte stellten sie hauptsächlich aus Schlehenzweigen her. Neben dieser bräunlichen, licht- und wasserbeständigen Dornentinte verwendete man auch tiefschwarze rußhaltige Tinten oder Eisen-Gallus-Tinten. Für die kunstvollen Initialen*, Überschriften oder Buchmalereien benutzten die Mönche farbige Auszeichnungstinten. Besonders kostbare Texte wurden mit Gold- oder Silbertinten geschrieben. Oft wurden diese Schriften sogar auf einen purpurfarbenen Hintergrund gesetzt.
Die Herstellung dieser Tinten und Farben wurde in Werkstatt- und Musterbüchern überliefert. Diese „Rezeptbücher" wurden anfangs in Latein geschrieben und waren für Schreiber- und Malermönche gedacht. Auch Anleitungen für den Aufbau und das Ausschmücken einzelner Seiten waren darin enthalten.
Die Schreibfedern schnitten sich die Schreiber selbst zurecht. Zusammen mit der Tinte, die in Rinderhörnern mit Flüssigkeit aufgelöst wurde, und einem scharfen Messer für Radierungen legten sie ihre Schreibwerkzeuge auf ihrem Pult zurecht. Schließlich markierten sie noch die Zeilenabstände mit einem Zirkel und zogen Linien für die Texte. Dann konnten sie mit der eigentlichen Schreibarbeit beginnen. Die Arbeiten an den Handschriften dauerten je nach Fleiß und Können der einzelnen Mönche unterschiedlich lange.

Chronik*: *Aufzeichnung geschichtlicher Ereignisse in zeitlicher Reihenfolge.*

Skriptorium*: *Schreibstube eines mittelalterlichen Klosters.*

Pergament*: *Die Tierhäute wurden in scharfer Kalklauge gebeizt, dann mit einem Schabeisen gereinigt, zum Trocknen auf einen Rahmen gespannt und zuletzt nochmals mit einem Schabeisen geglättet.*

Initiale*: *Großer, kunstvoll gestalteter Anfangsbuchstabe.*

Der irische Mönch Timothy O'Neill beherrscht heute noch die Schreibkunst der mittelalterlichen Mönche. Er schreibt 200 Wörter in einer Stunde. Danach benötigt er wegen der großen Anstrengung eine Pause.

Die Buchherstellung im Mittelalter

2 Federzeichnung in der Bamberger Ambrosius-Handschrift. 12. Jahrhundert.

Nach einer mittelalterlichen Handschrift aus dem 12. Jahrhundert brauchte ein Schreiber Folgendes:

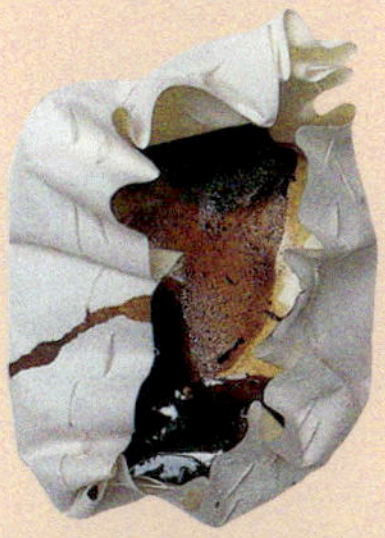

Tinte aus Dornen

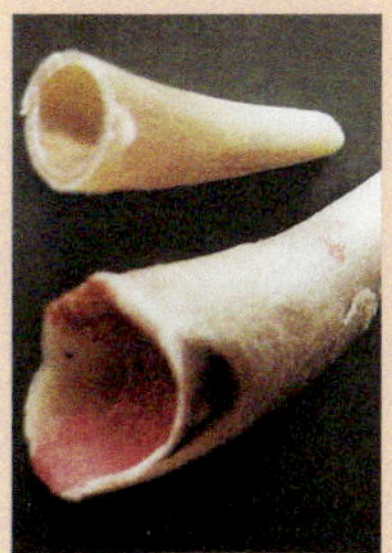

Rinderhorn zum Aufbewahren der Tinte

Gänsefedern zum Schreiben.

3 *Ordnet die folgenden Tätigkeiten den Medaillons in der Handschrift (Abbildung 2) zu.*
a) Mit einem Griffel ritzt ein Mönch Notizen für ein Buch in zwei Wachstafeln.
b) Mit dem Schabstein wird eine zum Trocknen aufgespannte Tierhaut geglättet.
c) Ein Mönch schneidet mit Lineal und Federmesser Pergament zu Schreibbögen zurecht.
d) Aus einer Gänsefeder wird eine Schreibfeder gefertigt.
e) Ein Buchmaler ist mit Farbschale und Pinsel dargestellt.
f) Vier beschriebene Blätter werden gefalzt und zusammengelegt.
g) In einer Buchbinderlade bindet ein Mönch diese zusammengelegten Blätter zu einem Block.
h) Aus einem Holzbrett werden mit einem Beil Buchdeckel zurechtgeschlagen.
i) Die Metallschließe des Bucheinbands wird mit einem Hammer bearbeitet.
j) Ein Mönch zeigt ein fertiges Buch vor.
k) Der Leser wird ermahnt sorgfältig mit dem Buch umzugehen.

4 *Findet heraus, welche Tätigkeit der Buchfertigung nicht dargestellt ist.*

Das Frankenreich unter Karl dem Großen

1 **Karl der Große.** Bronzestatue, um 800.

Karl – König der Franken

Nach Pippins Tod 768 wurde das Frankenreich zunächst zwischen den Söhnen Karl und Karlmann geteilt. Aber Karlmann starb schon 771, sodass ▶ Karl der Große bis zu seinem Tod 814 als Alleinherrscher das Frankenreich regierte.

Q1 Abt Einhard, Berater und enger Vertrauter Karls des Großen, beschreibt den König so:
... Karl der Große war von breitem, kräftigem Körperbau. Seine Augen waren groß und lebendig, er hatte schöne helle Haare und ein freundliches heiteres Gesicht ...
Reich und sicher floss ihm die Rede vom Munde, und was er wollte, konnte er leicht und klar ausdrücken. Doch genügte ihm seine Muttersprache nicht, vielmehr verwandte er auch auf die Erlernung fremder Sprachen große Mühe. Das Lateinische beherrschte er so gut wie das Französische, das Griechische aber konnte er besser verstehen als selbst sprechen. Auch zu schreiben versuchte er und hatte dazu Tafel und Büchlein stets unter dem Kopfkissen um in schlaflosen Stunden seine Hand an das Schreiben von Buchstaben zu gewöhnen. Da er aber zu spät damit begonnen hatte, brachte er es hierin nicht sehr weit ...

1 *Fasst zusammen, welche äußeren Merkmale und welche Fähigkeiten Karls Einhard erwähnt.*

2 *Herrscherbeschreibungen sind oft geschönt. Überlegt, ob das auch auf diese Darstellung zutreffen könnte. Begründet eure Meinung.*

Ein König auf Reisen

Das karolingische Reich hatte keine Hauptstadt. König Karl war oft auf Reisen um dafür zu sorgen, dass im ganzen Reich seine Gesetze und Befehle ausgeführt wurden. In seinem Gefolge waren königliche Berater, Familienangehörige, Mägde und Knechte – insgesamt über 1000 Personen (siehe auch S. 106).
Viele Bischöfe, Äbte und Grafen waren nicht begeistert, wenn der König mit seinem Gefolge kam, weil sie die Gäste kostenlos versorgen mussten. Karl hatte deshalb im ganzen Land königliche Güter errichten lassen, in denen er und sein Gefolge gut untergebracht und versorgt werden konnten.

Q2 Für die Verwaltung dieser etwa 250 Königshöfe und Pfalzen* erließ Karl genaue Anweisungen:
... Auf jedem unserer Königsgüter sollen die Verwalter einen möglichst großen Bestand an Kühen, Schweinen, Schafen, Ziegen und Böcken halten. Fehlen darf dieses Vieh niemals.
Mit ganz besonderer Sorgfalt ist darauf zu achten, dass alles, was mit den Händen verarbeitet und zubereitet wird, mit der größten Sauberkeit hergestellt wird ...
Jedes Krongut soll in seinem Lagerraum vorrätig haben: Bettdecken, Matratzen, Federkissen, Tischtücher, Bankpolster, Gefäße aus Kupfer, Blei, Eisen und Holz, Ketten, Kesselhaken, Bohrer und Schnitzmesser. Auch das eiserne Kriegsgerät muss man hier verwahren, damit es gut erhalten bleibt ...
Jeder Verwalter soll in seinem Bezirk tüchtige Handwerker zur Seite haben: Grob-, Gold- und Silberschmiede, Schuster, Drechsler, Stellmacher, Schildmacher, Fischer, Seifensieder, Brauer, Bäcker und sonstige Dienstleute ...

3 *Der Verwalter eines Königsgutes erhält die Mitteilung, dass der König mit seinem Gefolge für eine Woche bei ihm einkehren wird. Schreibt auf, welche Vorbereitungen der Verwalter treffen muss.*

Pfalzen* *(lat.: palatium = Palast); die wenigsten Pfalzen waren Paläste, sondern große und gut befestigte Höfe. Sie dienten den Königen und ihrem Gefolge als Unterkünfte, Verwaltungssitze und Gerichtsorte.*

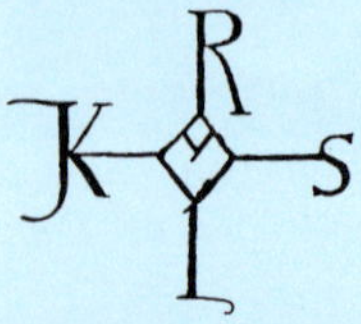

Namenszeichen Karls des Großen auf einer Urkunde aus dem Jahr 781.

Die Verwaltung des Reiches

2 Die Pfalz zu Aachen. ① Königshalle (47 x 20 m), ② Wohngebäude des Königs, ③ Torhalle mit Gerichtssaal, ④ achteckige Pfalzkapelle (noch heute erhalten), ⑤ Badehäuser und Schwimmbecken mit heißen Quellen, ⑥ Wohnhäuser für das Gesinde. Rekonstruktion.

Wie regierte Karl der Große das Karolingerreich?

Das Reich Karls war sehr groß. Er konnte deshalb nicht selber überall nach dem Rechten sehen. Der König teilte das Reich daher in ungefähr 230 Gaue oder Grafschaften (Verwaltungsbezirke) auf:

- Die Verwaltung in diesen Gebieten übertrug er Männern seines Vertrauens, die er zu Grafen ernannte. Diese Gaugrafen hatten die Aufgabe Steuern einzuziehen, Recht zu sprechen und im Kriegsfall ein Heer aufzustellen.
- In den besonders bedrohten Gebieten an den Grenzen des Reiches, in den Grenzmarken, setzte er Markgrafen* ein. Die Markgrafen konnten im Falle der Gefahr auf eigene Verantwortung ein Heer aufstellen und in den Krieg ziehen.
- Um die Grafen zu kontrollieren schickte der König Königsboten im Land umher, immer einen weltlichen und einen geistlichen Adligen. Sie überwachten die Tätigkeit der Grafen, vor allem die Verwaltung und die Rechtsprechung.

Karl selbst hielt sich am liebsten in der Pfalz zu Aachen auf. Hier empfing er ausländische Gesandte, hierhin kamen die Grafen und Bischöfe des ganzen Reiches um Bericht zu erstatten.

4 *Überlegt, warum Karl einen geistlichen und einen weltlichen Königsboten schickte um die Grafen zu kontrollieren.*

5 *Beschreibt anhand der Abbildungen 2 und 3, wie Karl der Große das Reich regierte.*

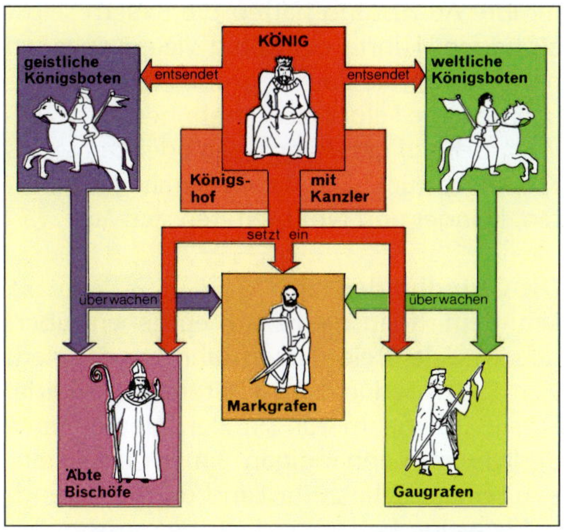

3 Die Verwaltung des fränkischen Großreiches.

Markgrafen*: *Marken waren Gebiete an den Grenzen des Reiches (nach dem altgermanischen Wort „marka" = Grenzland). Für die Verwaltung dieser Gebiete und zur Sicherung der Grenzen ernannte der König Markgrafen, die über besondere Rechte verfügten.*

Die Grundherrschaft

1 **Bauern bei der Fronarbeit.** Buchmalerei, 15. Jahrhundert.

***Zehnt*:** Der zehnte Teil der Ernte, den die Bauern an den Grundherrn abliefern mussten.*

***▶ Frondienst*:** Dienstleistungen der Bauern für den Grundherrn, z. B. Rodungsarbeiten, Mithilfe bei der Ernte.*

***Grundherrschaft*:** Herrschaft über das Land und die Menschen, die auf ihm wohnten. Bauern erhielten vom Grundherrn Land und mussten dafür Abgaben entrichten und Dienste leisten.*

Im frühen Mittelalter hatte Europa nur eine sehr geringe Bevölkerung. Die meisten Menschen lebten auf dem Land. Sie waren allerdings nicht gleich, sondern unterschieden sich nach Eigentum und Besitz und hatten unterschiedliche Rechte und Pflichten.

Die freien Bauern

Freie Bauern verfügten über ihren Grund und Boden selbst, waren aber verpflichtet mit dem König in den Krieg zu ziehen. Die Kosten für ihre Ausrüstung hatten die Bauern selbst zu tragen. Führte ein König viele Kriege, so hatte das für die Bauern große Nachteile: Sie konnten ihre Felder nicht mehr bestellen. Viele starben auf den Heerzügen oder kamen als Krüppel zurück. Die Bauernfamilien verarmten, Hunger und Not breiteten sich aus.

Die Grundholden

Um dem Kriegsdienst zu entgehen übergaben viele freie Bauern ihr Land einem Herrn, der dadurch ihr ▶ Grundherr wurde. Dieser übernahm für sie den Heeresdienst und die nun abhängigen Bauern unterstanden seinem Schutz. Ihr Land durften Grundholde weiter bebauen, doch sie mussten bestimmte Verpflichtungen erfüllen. Von den Erträgen aus der Landwirtschaft hatten sie einen bestimmten Anteil an der Ernte, an Milch, Käse, Eiern und Vieh an den Grundherrn abzuliefern. Bei der Ernte handelte es sich ungefähr um den zehnten Teil. Diese Abgabe wird daher der Zehnt* genannt.

Darüber hinaus waren sie verpflichtet bestimmte Arbeiten für den Grundherrn zu verrichten, wie etwa Mithilfe auf den Wiesen oder Feldern, Zäune errichten, Wege anlegen oder Brücken bauen. Diese Arbeiten werden Frondienste* (fron = Herr) genannt. Anders als die freien Bauern durften sie ihr Land nicht verlassen oder vererben und zur Heirat brauchten sie die Einwilligung ihres Grundherrn. Diese Verfügungsgewalt über Land und Leute bezeichnet man als Grundherrschaft*.

Die Leibeigenen

Neben den Grundholden gab es eine Gruppe von Menschen, die völlig unfrei war. Diese Leute befanden sich ganz in der Hand ihres Herrn und waren von seinen Entscheidungen abhängig. Wie das Vieh galten sie als Zubehör eines landwirtschaftlichen Anwesens.

1 *Fasst die Gründe zusammen, warum freie Bauern ihr Land einem Grundherrn übergaben.*

2 *Erläutert, welche Nachteile die Abhängigkeit mit sich bringt.*

3 *Spielt eine Szene, in der sich ein freier und ein höriger Bauer über ihr Leben unterhalten.*

Das Lehnswesen

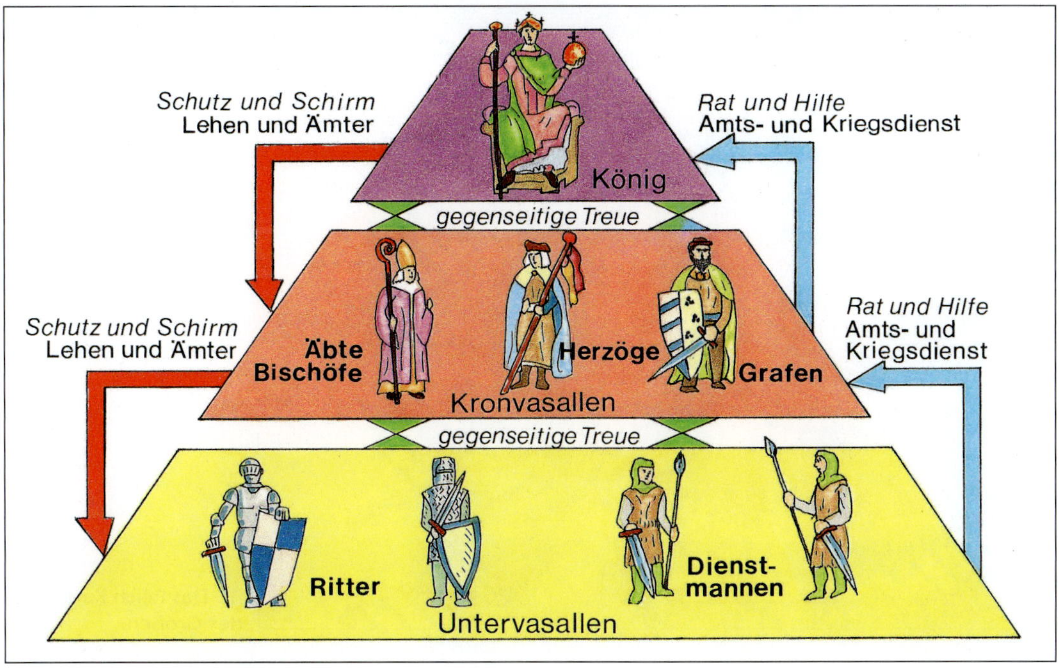

2 Lehnsherr und Lehnsmann.

Der König und die Fürsten

Für die Verwaltung seines Reiches brauchte Karl der Große die Unterstützung der geistlichen (Bischöfe und Äbte) und der weltlichen Fürsten (Herzöge, Grafen). Sie sollten die Durchführung seiner Anordnungen überwachen. Wenn er in den Krieg zog, mussten sie ihm schwer bewaffnete Krieger zur Verfügung stellen. Als Gegenleistung erhielten sie vom König Land mit Dörfern und Bauern auf Lebenszeit geliehen; diese Güter heißen deshalb auch Lehen*. Ein Lehen konnte nicht nur aus Landgütern bestehen. Als Lehen wurden vom König auch Kirchenämter (an Abt, Äbtissin oder Bischof) und hohe Verwaltungsämter vergeben, wie etwa das Grafenamt. Wer sein Lehen vom König erhielt, war sein Kronvasall. Auch die Kronvasallen konnten ihrerseits die Güter an Untervasallen weiterverleihen. Sie folgten dem Beispiel des Königs und gaben z. B. Teile des ihnen verliehenen Landes an die Ritter. Die Ritter leisteten dafür Kriegsdienst im Heer.

Die Übergabe des Lehens

Wenn ein Lehen vergeben wurde, geschah dies in feierlicher Form: Der ▶ Vasall kniete nieder, legte seine Hände zwischen die Hände seines Herrn und schwor ihm Treue. Er versprach seinem Herrn Rat und Hilfe, wenn er dies forderte. Seine Hauptaufgabe bestand dabei in der Verpflichtung zum Kriegsdienst. Der Lehnsherr versprach dem Vasallen Treue und Schutz.

Starb ein Vasall, so sollte das Lehen an den Lehnsherren zurückfallen. Der Lehnsherr konnte dann frei entscheiden, ob und wem er das Lehen wieder ausgeben wollte.

Nach und nach setzten die Adligen durch, dass sie die vom König erhaltenen Lehen in ihren Familien weitervererben konnten.

4 *Erklärt mithilfe des Schaubildes 2 die Verpflichtungen des Königs und der Vasallen.*

5 *Erläutert, welchen Bevölkerungsgruppen die Kron- und Untervasallen angehörten.*

▶ ***Lehen**** *(= Geliehenes): Im Mittelalter das Nutzungsrecht an einer Sache (Grundbesitz, Rechte, Ämter); es wird vom Eigentümer (Lehnsherr) an einen Lehnsmann übertragen. Der Lehnsmann verspricht dem Lehnsherrn dafür die Treue und bestimmte Leistungen.*

Ein Fürst belehnt seinen Untervasallen. Buchmalerei, 14. Jahrhundert.

Karl – der „Vater Europas"?

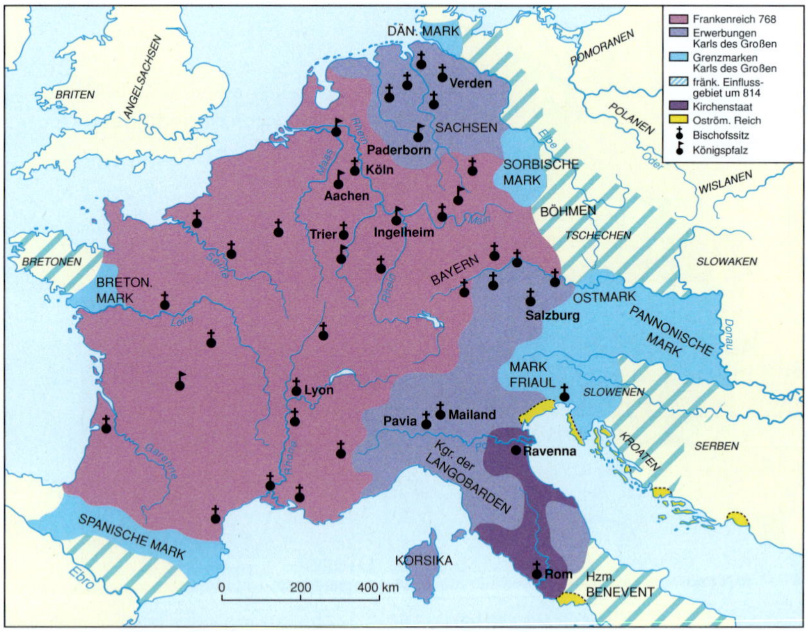

1 Das Reich Karls des Großen.

Karl der Große auf einer Briefmarke in lateinischer Sprache.

Karl der Große auf einer Briefmarke in französischer Sprache.

Während seiner 46-jährigen Herrschaft unternahm Karl 51 Feldzüge, davon 18 gegen die Sachsen, fünf gegen die Langobarden und einen gegen die Bayern.

Karl der Große unterwirft die Sachsen

Den längsten und erbittertsten Widerstand leisteten die Sachsen. Sie waren der letzte freie Stamm der Germanen und noch nicht zum Christentum übergetreten. Unter Führung ihres Herzogs Widukind kämpften sie über dreißig Jahre einen verzweifelten Kampf. Sobald Karl und sein Heer das Land der Sachsen verlassen hatten, erhoben sich diese wieder gegen die Franken. Karl griff grausam durch. Die Anführer des Widerstandes ließ er bei Verden hinrichten. Es sollen über 4000 Männer gewesen sein. Widukind selbst konnte fliehen. Um den Widerstand endgültig zu brechen wurden die Sachsen gezwungen das Christentum anzunehmen.

Q1 In einer Anordnung aus dem Jahr 782 bestimmte Karl:

… 3. Wer mit Gewalt in eine Kirche eindringt und dort raubt oder stiehlt oder die Kirche in Brand steckt, wird mit dem Tode bestraft.

4. Wer die vierzigtägige Fastenzeit vor Ostern nicht einhält und in dieser Zeit Fleisch isst, wird mit dem Tode bestraft.

5. Wer einen Bischof oder Priester tötet, wird mit dem Tode bestraft …

7. Wer den Leichnam eines Verstorbenen nach heidnischer Sitte verbrennt, wird mit dem Tode bestraft.

8. Wer noch ungetauft ist und es unterlässt, zur Taufe zu kommen, weil er Heide bleiben möchte, wird mit dem Tode bestraft …

17. Jeder Sachse soll den zehnten Teil seines Besitzes den Kirchen und den Priestern geben …

34. Wir verbieten … öffentliche Versammlungen abzuhalten, außer wenn unsere Boten eine Versammlung einberufen …

1 *Überlegt, wie diese Anordnungen auf die Sachsen gewirkt haben könnten.*

2 *Beurteilt das Vorgehen Karls.*

Gegen diese harten Maßnahmen wehrten sich die Sachsen auch weiterhin. Erst 785 gab Widukind den Kampf auf. Zusammen mit weiteren Stammesgenossen ließ er sich taufen. Im Jahr 804 wurde endgültig Frieden geschlossen. Damit war das Gebiet der Sachsen ein Teil des Frankenreiches geworden.

Karl – der „Vater Europas"?

Die Eroberung des Langobardenreiches

773 bat der Papst Karl um Hilfe, weil die Langobarden Mittelitalien und Rom bedrohten. Wie schon sein Vater Pippin (siehe S. 11) zog der Frankenkönig nach Italien, eroberte das Langobardenreich und ließ sich 774 zum König der Langobarden krönen. In Rom erneuerte er die Schenkung seines Vaters und erhielt vom Papst den Titel „Schutzherr der Römer".

Bayern wird fränkische Provinz

Die bayerischen Herzöge waren seit den Zeiten Karl Martells dem fränkischen König zur Treue, zum Gehorsam und zum Heeresdienst verpflichtet. Dennoch regierten sie sehr selbstständig. So pflegten sie auch enge Kontakte zum Langobardenreich. Herzog Tassilo III. (741–794) versuchte sich vom Frankenreich zu lösen, was Karl der Große auf keinen Fall dulden wollte.

787 marschierte er in Bayern ein und zwang Tassilo seinen Treueid zu erneuern. Ein Jahr später lud er ihn auf den Reichstag zu Ingelheim und verurteilte ihn wegen Verrats und Treuebruchs zum Tode. Der Herzog wurde zwar begnadigt, aber zusammen mit seiner Familie ins Kloster verbannt.

Im Jahr 794 musste er für sich und seine Nachkommen für immer auf das bayerische Herzogtum verzichten. Bayern übergab Karl einem Verwandten als Statthalter. Es war eine fränkische Provinz geworden.

König Karl – „das Haupt der Welt"

Am Ende des 8. Jahrhunderts war Karl der mächtigste Herrscher in Europa. Sein Reich umfasste weite Teile des ehemaligen Weströmischen Reiches.

Q2 Im Gedicht eines unbekannten Verfassers um 800 heißt es:

... Der König (Karl) übertrifft alle Könige auf der ganzen Welt an Würde und Weihe ... König Karl, das Haupt der Welt, die Liebe und Zierde des Volkes, die bewundernswerte Spitze Europas, der beste Vater, der Held, der Augustus, aber auch mächtig in der Stadt (Aachen), die als zweites Rom zu neuer Blüte gewaltig emporwächst ...

2 Herzog Tassilo III. über dem Eingang des Klosters Kremsmünster. In der Hand hält Tassilo ein Modell des Klosters, das er gegründet hat.

3 *Gebt mit eigenen Worten wieder, wie der Verfasser Karls Machtstellung beschreibt.*

4 *Karl wird auch als „Vater Europas" bezeichnet. Erklärt mithilfe der Karte 1 auf S. 22, wie dieser Ehrentitel zustande kommt.*

5 *Seit 1949 wird der Internationale Karlspreis der Stadt Aachen verliehen. Findet heraus, an wen und für welche Verdienste er verliehen wird.*

Diesen Kelch stiftete der Bayernherzog Tassilo dem Kloster Kremsmünster, das er 777 gegründet hatte.

Der Karlspreis der Stadt Aachen.

Karl der Große wird Kaiser

1 **Die Inschrift unten am Thron lautet: Heiliger Petrus, du schenkst Leben dem Papst Leo und Sieg dem König Karl.**

Lateran*: *Päpstlicher Palast und Basilika in Rom.*

Der Kaisertitel Karls lautete: Karl, der allergnädigste, erhabene, von Gott gekrönte, große und friedebringende Kaiser, der das Römische Reich regiert und der auch durch das Erbarmen Gottes König der Franken und Langobarden ist.

Münze mit dem Bildnis Kaiser Konstantins.

Münze mit dem Bildnis Karls des Großen.

Da das Frankenreich zum größten Reich Westeuropas geworden war, fühlte sich Karl dem Kaiser des Oströmischen Reiches ebenbürtig. Auch am fränkischen Hof war man der Meinung, dass Karl der Kaisertitel gebührte. Der Papst war ebenfalls daran interessiert, die Bedeutung des fränkischen Königs, des Schutzherrn der Kirche, hervorzuheben. Er wollte sich damit aus der Abhängigkeit vom oströmischen Kaiser lösen. So wurde Karl der Große zu ▶ Weihnachten des Jahres 800 zum Kaiser gekrönt.

Q1 Fränkische Geschichtsschreiber beschrieben die Zeremonie so:

… Papst Leo und alle Bischöfe, die auf dieser Kirchenversammlung anwesend waren, und das übrige christliche Volk kamen zu der Auffassung, dass man Karl, dem König der Franken, den Kaisernamen geben müsse. Denn er herrschte über Rom, wo die Caesaren immer ihre Residenz hatten, und über die übrigen (Kaiser-)Residenzen in Italien, Gallien und Germanien (Ravenna, Mailand, Arles, Trier). Weil der allmächtige Gott alle diese Residenzen in seine Gewalt gegeben hatte, schien es ihnen recht, dass er den Kaisernamen erhalten solle …

Als der König gerade am heiligen Weihnachtstage sich vom Gebet vor dem Grab des seligen Apostels Petrus zur Messe erhob, setzte ihm Papst Leo eine Krone aufs Haupt und das ganze Römervolk rief dazu: „Dem erhabenen Karl, dem von Gott gekrönten großen und friedenbringenden Kaiser der Römer: Leben und Sieg!“, und nach den lobenden Zurufen wurde er wie die alten Kaiser durch Kniefall geehrt und … Kaiser und Augustus genannt …

1 *Beschreibt, aus welchen Schritten die Kaiserkrönung bestand.*

2 *Zeigt auf, welche Rolle der Papst und die Römer bei dieser Krönung spielten.*

3 *Betrachtet die Abbildung 1, ein Mosaik, das Papst Leo im Lateran* anbringen ließ. Erläutert, wie das Machtverhältnis zwischen Kaiser und Papst dargestellt wird.*

4 *Überlegt, wie der oströmische Kaiser wohl auf die Krönung Karls reagiert hat.*

Im Fränkischen Reich verstand man die Kaiserkrönung so, dass Karl jetzt für alle sichtbar die Nachfolge des römischen Kaisers im Westen angetreten hatte. Der oströmische Kaiser erkannte Karl jedoch erst nach jahrelangen Verhandlungen als gleichberechtigt an.

Karl war es gelungen, nach den Unruhen der Völkerwanderung ein Reich zu schaffen, in dem unterschiedliche Völker und Stämme lebten. Gemeinsam war allen Untertanen der christliche Glaube, der ihr tägliches Leben bestimmen sollte. In der Nachfolge der römischen Kaiser förderte er Bildung und Wissenschaft. Das Frankenreich wurde zum Fundament für die weitere Geschichte ganz West- und Mitteleuropas.

5 *Erläutert mithilfe der Abbildungen in der Randspalte den Machtanspruch Karls des Großen.*

Bildung im Fränkischen Reich

Der Kaiser als Förderer von Bildung und Wissenschaft

Q2 Abt Einhard berichtet in seiner Lebensbeschreibung über Karl den Großen:
... Die sieben freien Künste* pflegte er mit großem Eifer, achtete seine Lehrer sehr und erwies ihnen große Ehrbezeugungen. Der Diakon Peter von Pisa ... lehrte ihn Grammatik ... Ein anderer Diakon, genannt Alkuin*, ... der der größte Gelehrte seiner Zeit war, unterrichtete ihn in den übrigen Wissenschaften ... Für die Erziehung seiner Kinder fasste er folgenden Plan: Sowohl die Knaben als auch die Mädchen sollten zunächst in den Wissenschaften unterrichtet werden, an denen er selbst interessiert war ...

6 *Nennt die Fächer, in denen Karl der Große Unterricht nahm. Zieht auch Q 1 auf Seite 18 heran.*

7 *Karl plante die Erziehung seiner Kinder sorgfältig. Erklärt, was an seinen Vorstellungen fortschrittlich war.*

8 *Betrachtet die Abbildung 2. Überlegt, warum diese Art der Darstellung ungewöhnlich ist.*

Schule und Unterricht

Karl der Große hielt es für seine Pflicht, sich um den Glauben und um das richtige Leben der Menschen in seinem Reich zu kümmern. Er beschloss daher Schulen zu eröffnen, in denen die Kinder unterrichtet und erzogen werden sollten. Die Unterweisung im Glauben, das Lesen der Heiligen Schrift und der Kirchengesang nahmen den größten Platz ein, aber auch Schreiben, Grammatik und Rechnen wurden gelehrt. Allerdings gab es solche Schulen nur in den Klöstern und an Bischofssitzen.

Die Hofschule in Aachen

Das Zentrum der Bildung im ganzen Reich war die Hofschule in Aachen, die von Alkuin geleitet wurde. Hier versammelten sich die hervorragendsten Gelehrten und bildeten die begabtesten Schüler aus dem gesamten Frankenreich aus. Diese waren nach ihrem Studium für wichtige Ämter in der Kirche und in der Verwaltung vorgesehen.

2 **Karl der Große und Alkuin.** Buchillustration, 12. Jahrhundert.

In Aachen wurde eine Hofbibliothek eingerichtet, in der alle Schriften der Kirchenväter und der antiken Schriftsteller gesammelt wurden. Die Gelehrten berichtigten die überlieferten Schriften und stellten im Auftrag Karls Musterbücher zusammen, die im Aachener Skriptorium abgeschrieben und dann in die Bibliotheken der Klöster und Bischofskirchen gestellt wurden. Auf Karls Anregung begann man auch mit der Sammlung germanischer Heldenlieder und der Erarbeitung einer deutschen Grammatik.
An der Domschule zu Aachen entstanden viele neue Werke: Lehrbücher, Geschichtsschreibungen und Gedichte. Durch diese Bildungsinitiative hatten Karl und seine Gelehrten eine einheitliche Bildung für das gesamte Reich geschaffen. Europa wurde unter Karl dem Großen nicht nur eine politische, sondern auch eine kulturelle Einheit.

*Die **sieben freien Künste*** bildeten die Grundlage der wissenschaftlichen Ausbildung:*
Grammatik: die Kunst des richtigen Schreibens und Sprechens
Rhetorik: die Kunst sich gut auszudrücken
Dialektik: untersucht Begriffe und unterscheidet Wahres von Falschem
Arithmetik: die Wissenschaft von den Zahlen
Geometrie: die Messung der Erde
Astronomie: die Wissenschaft vom Lauf der Gestirne
Musik: die Lehre von der Harmonie.

***Alkuin* (um 732 bis 804):** Angelsächsischer Gelehrter, der 782 an den Hof Karls des Großen kam.*

Fundgrube:
Eine Reise durch Räume, Zeit und Geschichte. Karl der Große. Der Aachener Dom/Domschatz. CD-ROM. Deutscher Kunstverlag, München.

Der Zerfall des Frankenreiches

1 **Der Frankenkönig Karl, umgeben von seinen Beratern.** Mittelalterliche Buchmalerei, 11. Jahrhundert.

2 **Das Frankenreich zerfällt.**

814 n. Chr.:
Tod Karls des Großen. Beisetzung im Dom zu Aachen. Unter seinen Nachfolgern wird das Reich mehrmals aufgeteilt.

919 n. Chr.:
Der Sachsenherzog Heinrich wird zum ostfränkischen König gewählt.

Eine Grabinschrift im Dom zu Aachen

Die letzten Lebensjahre verbrachte der Kaiser vor allem in seiner Lieblingspfalz Aachen. Hier starb er im Jahr 814. Noch am gleichen Tag wurde er im Dom zu Aachen beigesetzt.

Q1 Über Karls Grab wurde ein Bogen errichtet mit der Inschrift:

… Hier unten liegt der Leib Karls, des großen und rechtgläubigen Kaisers, der das Reich der Franken herrlich vergrößerte und siebenundzwanzig Jahre hindurch glücklich regiert hat …

Das Reich der Deutschen entsteht

Nachfolger Karls des Großen wurde sein Sohn Ludwig der Fromme, der das große Reich noch zusammenhielt. Unter seinen Nachfolgern aber wurde das Reich nach schweren Kämpfen mehrmals aufgeteilt. Burgund und Italien im Süden wurden selbstständige Königreiche. Im Norden kam es zur Bildung eines West- und eines Ostfränkischen Reiches. In beiden Reichen bildete sich ein Zusammengehörigkeitsgefühl der dort lebenden Menschen heraus. So entstanden allmählich die beiden Länder Frankreich und Deutschland.

Der letzte Karolinger im Ostreich starb im Jahr 911. Fränkische und sächsische Adlige wählten im Jahr 919 den mächtigen Herzog von Sachsen Heinrich zum ersten deutschen König. Während seiner Regierungszeit wird das Ostreich zum ersten Mal als „Reich der Deutschen" bezeichnet. Das Wort „deutsch" kommt vom Althochdeutschen „diutisc", was so viel bedeutet wie „volksmäßig, dem Volk gehörig". Als „diutisc" bezeichnete man auch die germanische Sprache, die im Ostreich gesprochen wurde. Allmählich wurde daraus der Name für die Menschen, die diese Sprache sprachen: die „Deutschen".

Nach dem Tod Heinrichs I. wurde sein Sohn Otto I. zum deutschen König gewählt. Im Jahr 962 krönte ihn der Papst zum Kaiser. Seit dieser Zeit wurde die Kaiserwürde bis 1806 immer nur an deutsche Könige verliehen.

1 *Sucht im Erdkundeatlas eine Europakarte und vergleicht sie mit der Karte 2: Welche europäischen Staaten sind aus dem zerfallenden Frankenreich hervorgegangen?*

2 *Findet mithilfe einer aktuellen Deutschlandkarte heraus, worin sich das Ostfränkische Reich in seiner Ausdehnung vom heutigen Deutschland unterscheidet.*

Zusammenfassung

Das Reich der Franken

Die Franken, die sich im Norden Galliens und am Niederrhein niedergelassen hatten, gehörten verschiedenen kleinen Stämmen an. Chlodwig war der Anführer einer dieser Stämme. 482 unterwarf er sie und vereinigte sie im Frankenreich. Durch die Annahme des Christentums gewann er die Unterstützung der gallischen Bischöfe. Chlodwig und seine Nachfolger förderten die Ausbreitung des Christentums. Unterstützt wurden sie dabei von den Missionaren.

482–511

Gründung des Frankenreiches unter Chlodwig, der um 496 zum Christentum übertritt.

Das Reich Karls des Großen

Unter Karl dem Großen (768–814) erreichte das Frankenreich seine größte Ausdehnung. In einem über dreißig Jahre dauernden Krieg unterwarf König Karl die Sachsen. Er zwang sie den christlichen Glauben anzunehmen. Um das Reich besser verwalten zu können teilte es der König in Grafschaften auf. Die Grafen ließ er durch Königsboten kontrollieren. Mit seinem Gefolge reiste Karl durch das Reich, besuchte Pfalzen und Königshöfe um überall dafür zu sorgen, dass seine Gesetze und Befehle ausgeführt wurden.

800

Kaiuserkrönung Karls des Großen in Rom.

Vom Frankenreich zum Deutschen Reich

Nach dem Tod Karls zerfiel das Reich in einen westfränkischen (das spätere Frankreich) und einen ostfränkischen Teil (das spätere Deutschland). Italien und Burgund wurden eigene Königreiche. Heinrich I., der mächtige Herzog der Sachsen, erlangte die Königswürde im Ostreich, das während seiner Regierungszeit erstmals als „Reich der Deutschen" bezeichnet wurde.

843

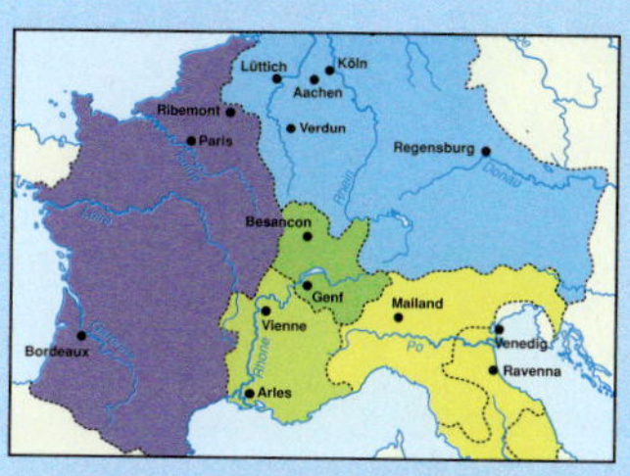

Zerfall des Frankenreiches und Bildung des Ostfränkischen Reiches.

Kaiser, Papst und Kirche

Zwei Beauftragte des Papstes reisten vom Tiber an die Elbe: Der Diakon Johannes und der Geheimschreiber Azzo suchten König Otto I. in Magdeburg auf. Sie sollten ihn zur Kaiserkrönung nach Rom geleiten. Am 2. Februar 962 traf der Magdeburger Hof nebst den Großen des Reiches in Rom ein.
Hier wurde Otto I. vom Papst gesalbt und zum Kaiser gekrönt. Das Heilige Römische Reich Deutscher Nation war entstanden. Seit dieser Zeit bis zum Jahr 1806 wurde die Kaiserwürde immer nur deutschen Königen verliehen.
Um die Macht von Kaiser, Papst und Kirche geht es in dem folgenden Kapitel: Warum konnte der Papst deutsche Könige zu Kaisern krönen? Waren die Päpste mächtiger als die Könige oder bestimmten weltliche Herren über die Kirche? ...

Otto I. wird König

1 Otto I.
Kolorierter Holzschnitt, um 1493.

2 Die Reichsinsignien* der deutschen Könige.

► ***Reichsinsignien*:*** *Symbole der deutschen Königsherrschaft. Um König zu werden musste der Thronanwärter im Besitz der Insignien sein: Reichskrone, Schwert, Reichsapfel, Reichskreuz. Heute werden die Insignien in der Hofburg in Wien aufbewahrt.*

936–973: *Otto I. regiert das Deutsche Reich.*

Die Krönung ► Ottos I.

Q1 Über die Krönung Ottos I. am 7. August 936 berichtet der Mönch Widukind von Corvey:

… Die Herzöge und die Ersten unter den Grafen mit einer Schar der vornehmsten Ritter versammelten sich zu Aachen.
Sie setzten den neuen Herrscher auf den hier errichteten Thron, reichten ihm die Hände, gelobten ihm die Treue, versprachen ihm Hilfe gegen alle seine Feinde und machten ihn nach ihrem Brauch zum König.
Dann erwartete ihn der Erzbischof von Mainz mit der gesamten Geistlichkeit und dem gesamten Volk in der Kirche. Als der König eintrat, ging ihm der Erzbischof entgegen und schritt dann mit ihm in die Mitte des Heiligtums. Hier blieb er stehen, wandte sich dem Volk zu und rief: „Seht, ich bringe euch Otto, der von Gott auserwählt, von König Heinrich bestimmt, von allen Fürsten zum König gemacht wurde. Wenn euch diese Wahl gefällt, dann hebt die rechte Hand zum Himmel empor." Darauf hob das Volk die rechte Hand in die Höhe. Nun schritt der Erzbischof mit dem König zum Altar, auf dem die Abzeichen des Königs lagen. Der Erzbischof nahm das Schwert und sprach zum König: „Empfange dieses Schwert und treibe mit ihm aus alle Feinde Christi, die Heiden und schlechten Christen". Sodann nahm er die Spangen und den Mantel: „Dieses Gewand möge dich ermahnen im Eifer für den Glauben und im Schutz des Friedens auszuharren bis in den Tod." Schließlich nahm er Stab und Zepter: „Diese Abzeichen sollen dich ermahnen mit väterlicher Zucht die Untertanen zu leiten."
… Dann wurde der König durch die Erzbischöfe Hildibert und Wichfried mit dem heiligen Öle gesalbt, mit der goldenen Krone gekrönt und über eine Wendeltreppe zu einem Throne geleitet …

1 *Nennt die einzelnen Abschnitte der Krönung und stellt fest, welche Personen bei der Zeremonie wichtige Handlungen vollziehen.*

2 *Überlegt, warum gerade die Pfalzkapelle in Aachen als Krönungsort ausgewählt wurde.*

Die Landesherren regieren wie kleine Könige

3 **Die Herzogtümer zur Zeit Ottos I.**

Ein Reich – viele Herrscher

Als Otto I. 936 zum deutschen König gekrönt wurde, bestand das Deutsche Reich aus fünf großen Herzogtümern: Sachsen, Lothringen, Franken, Schwaben und Bayern. Viele Herzöge regierten in ihren Besitzungen wie kleine Könige. Um die Herzogtümer unter seine Gewalt zu bringen setzte er dort nur noch Verwandte ein; auf ihre Treue glaubte er sich verlassen zu können. Als aber seine Verwandten sich gegen ihn erhoben, suchte Otto I. die Unterstützung der Kirche.

3 *Sucht auf der Karte 3 die Herzogtümer zur Zeit Ottos I. Vergleicht die Herzogtümer und die heutigen Bundesländer.*

Die Kirche als Stütze der Macht

Fest verlassen konnte sich Otto I. nur auf Bischöfe und Äbte: Geistliche durften nicht heiraten. Sie hatten also auch keine Erben. Starb ein Bischof oder Abt, so konnte der König erneut über das Land verfügen. Immer stärker wurden daher diese hohen Geistlichen zur Verwaltung des Reiches herangezogen. Als Gegenleistung erhielten sie große Lehensgüter, die sie verwalten sollten. Damit waren die Bischöfe zugleich auch weltliche Herren, die dem König zu dienen hatten und auch für ihn in den Krieg ziehen mussten.

Q2 Kritisch bemerkte dazu der Bischof Fulbert von Chartres (950–1029):

... Du fragst, was von solchen Bischöfen zu halten sei ... Ich wage nicht einmal sie Bischöfe zu nennen. Ich möchte sie lieber Tyrannen nennen, die sich mit dem Krieg abgeben. Sie ziehen in kriegerischer Begleitung umher und werben gegen Geld Soldaten an. Es gibt wohl kaum Könige oder Fürsten, die so gut wie Bischöfe das Kriegswesen kennen und die Truppen ordnen können um das Blut von Christen, auch wenn sie Feinde sind, zu vergießen. Wenn man ihnen sagt, dass sie nicht um Lebende zu töten, sondern zur Leitung der Seelen berufen seien, sind sie mit einer Ausrede schnell zur Hand. Sie sagen dann, nur ungern hätten sie zu den Waffen gegriffen; sie seien von anderen bedroht worden und müssten sich nun mit Waffengewalt die Freiheit verschaffen ...

4 *Sprecht über die Auswirkungen, wenn ein Abt oder Bischof zugleich weltlicher Herr war.*

Otto I. wird Kaiser

1 **Otto I. und seine Gemahlin Editha.** Die runde Scheibe, die der König in der Hand hält, zeigt den Erdkreis. Aus dem Dom von Magdeburg. 9. Jahrhundert.

Der Sieg über die Ungarn und die Unterwerfung der Slawen

Während der Auseinandersetzungen Ottos I. mit den aufständischen Herzögen fielen die Ungarn, ein Nomaden- und Reitervolk, wiederholt in das Deutsche Reich ein. Otto I. konnte sie 955 auf dem Lechfeld bei Augsburg so vernichtend schlagen, dass sie keine weiteren Überfälle mehr wagten. Im Gegenteil: Sie wurden sesshaft, nahmen das Christentum an und gründeten das Königreich Ungarn. Otto trug seit diesem Sieg den Beinamen „der Große“.

Dem Sieg über die Ungarn folgten Siege über die Slawen östlich der Elbe, die sich verzweifelt gegen ihre Unterwerfung zur Wehr setzten. Bis zur Oder erstreckte sich schließlich das Herrschaftsgebiet des deutschen Königs, der jetzt auch die Slawen zum Christentum bekehren wollte. „Auf der Förderung des Christentums beruht Heil und Ordnung des königlichen Reiches“ – schrieb der König allen Bischöfen und Grafen. Er gründete deshalb im Jahr 968 das Erzbistum Magdeburg, dem er die Bistümer Havelberg, Brandenburg, Merseburg, Meißen und Zeitz unterstellte. Außerdem ließ Otto I. überall neue Kirchen errichten. Dazu gehörten einfache Dorfkirchen ebenso wie große Dome und Klöster. Von ihnen aus sollte der christliche Glaube im Land verbreitet werden.

1 *Erklärt den Satz: „Auf der Förderung des Christentums beruht das Heil des königlichen Reiches.“*

► ***„Heiliges Römisches Reich“:*** *962 wird Otto I. in Rom zum Kaiser gekrönt. Ab diesem Zeitpunkt wird das Deutsche Reich als „Heiliges Römisches Reich“ bezeichnet.*

Die Kaiserkrönung in Rom

Im Jahr 962 begab sich Otto I. nach Rom. Er folgte einem Hilferuf des Papstes Johannes XII., der sich von Gegnern in Rom bedroht sah. Nach seiner Ankunft wurde er vom Papst zum Kaiser gekrönt. Mit dieser Kaiserwürde erhielt der deutsche König eine Auszeichnung, die ihn über alle anderen christlichen Herrscher Europas erhob. Zudem schlossen Papst und Kaiser einen Vertrag, nach dem jeder Papst vor seiner Amtseinsetzung dem Kaiser den Treueid ablegen müsse. Der Kaiser hingegen verpflichtete sich den Papst und die Kirche vor ihren Gegnern zu beschützen.

Als Johannes XII. bereits ein Jahr später seinen Treueid brach, ließ der Kaiser ihn absetzen und einen neuen Papst wählen.

Die Kirche zwischen Krise und Reform

2 **Otto I. setzt Papst Johannes XII. ab und Leo VII. ein.** Buchmalerei, 11. Jahrhundert.

Gold für einen Bischofssitz

Seit Otto I. bestimmten die deutschen Könige, wer zum Bischof oder Abt geweiht werden sollte. Sie wählten dazu nur Männer aus, auf die sie sich verlassen konnten und die in der Lage waren, große Besitzungen zu verwalten, Krieger für den Wehrdienst auszurüsten und in den Krieg zu führen. Ein frommer Lebenswandel war demgegenüber weniger wichtig. Es gab viele Adlige, die gern Bischof oder Abt werden wollten. Die Simonie*, der Kauf kirchlicher Ämter, war daher keine Seltenheit.

Q1 So berichtete ein Bischof voller Stolz:
... Ich gab Gold und erhielt den Bischofssitz. Aber ich werde es mir schon wieder verschaffen. Ich weihe einen Priester und erhalte Gold. Ich ernenne einen Diakon und erhalte einen Haufen Silber ...

Q2 Und Lampert, ein Mönch aus Hersfeld, schrieb um 1080:
... Nicht ohne Grund hat der Herr über die Mönche unseres Landes Verachtung ausgeschüttet. Sie kümmerten sich nicht mehr um göttliche Dinge, sondern beschäftigten sich ausschließlich mit Geld und Gewinn. Sie bestürmten die Ohren der Fürsten ungestüm nach Abteien und Bistümern. Selbst um ein kleines Amt zu kaufen versprachen sie täglich goldene Berge ...

2 *Nennt die Vorwürfe, die gegen die Lebensweise der Geistlichen erhoben werden.*

„Die Kirche muss frei sein!"

Gegen die Ernennung von Bischöfen und Äbten durch die deutschen Könige und das zügellose Klosterleben gab es immer stärkeren Widerstand. Für eine Erneuerung des klösterlichen Lebens und der Kirche insgesamt setzten sich vor allem die Mönche des Klosters Cluny in Burgund ein. Dieses Kloster war bei seiner Gründung im Jahr 910 direkt dem Papst unterstellt worden. Weder König noch Herzog, Graf oder Bischof durften sich einmischen. Die Mönche wählten ihren Abt frei. Die Äbte von Cluny genossen überall in Europa hohes Ansehen. Sie traten dafür ein, dass die Einsetzung von Geistlichen in hohe Ämter durch Laien* verboten werden müsse. Die Kirche muss frei sein – so lautete ihre Forderung. Die grundsätzliche Frage aber war: Wer ist die erste Macht im christlichen Abendland: der deutsche König und Kaiser oder der Papst?

3 *Vergleicht die Abbildung 2 mit Abbildung 1 auf Seite 24. Was hat sich seit der Zeit Karls des Großen an der Beziehung zwischen Papst und Kaiser geändert?*

Simonie*:
Der Kauf oder Verkauf von kirchlichen Ämtern. Seit Otto I. wurden geistliche Ämter nur gegen die Zahlung entsprechender Geldsummen vergeben.

Laien*:
Im Mittelalter diente der Begriff den Klerikern. Zum Klerus gehörten alle Personen, die durch kirchliche Weihen in den Dienst der Kirche getreten waren. Sie bezeichneten alle Nichtkleriker als Laien.

Machtkampf zwischen König und Papst

1 **Heinrich IV. bittet die Markgräfin Mathilde, der die Burg Canossa gehört, und den Abt Hugo von Cluny um Vermittlung bei Papst Gregor VII.**

► König Heinrich IV. und Papst Gregor VII.
Die Forderung nach der Freiheit der Kirche vertrat besonders der Mönch Hildebrand. Viele Jahre hatte er in Cluny verbracht, bevor er im Jahr 1073 zum Papst gewählt wurde und den Namen Gregor VII. annahm. Schon kurz nach seiner Wahl nannte er in 27 Leitsätzen seine Vorstellungen vom Papsttum.

Q1 Aus den Leitsätzen Gregors VII.:

… Der römische Papst ganz allein kann Bischöfe absetzen oder auch wieder einsetzen.
Alle Fürsten haben die Füße einzig und allein des Papstes zu küssen.
Der Papst kann Kaiser absetzen.
Der Papst kann von niemandem gerichtet werden.
Der Papst kann Untertanen vom Treueid gegen ungerechte Herrscher lösen …

1 *Führt aus, wie Gregor VII. das Machtverhältnis zwischen Kaiser und Papst sieht.*
2 *Überlegt, warum gerade die Einsetzung der Bischöfe für den deutschen König so wichtig war.*

Als Gregor VII. diese Sätze veröffentlichte, herrschte im Deutschen Reich König Heinrich IV. (1056–1106). Dieser wurde von den Ansprüchen des Papstes völlig überrascht. Noch sein Vater hatte drei Päpste selbst abgesetzt.
Heinrich IV. ernannte weiterhin Bischöfe und Äbte und übertrug ihnen weltlichen Besitz und Herrschaftsrechte. Ein Verzicht auf dieses Recht zur Investitur* schien ihm undenkbar, waren Äbte und Bischöfe seit den Zeiten Ottos I. (936–973) doch die treuesten Stützen der königlichen Macht.

Steige herab, steige herab!
Da der König auch weiterhin Äbte und Bischöfe ernannte, drohte ihm der Papst mit dem Kirchenbann*. Daraufhin berief Heinrich IV. im Jahr 1076 eine Reichsversammlung aller deutschen Fürsten nach Worms ein. Vor den Anwesenden verlas er einen Brief an den Papst, der mit den Worten „an Hildebrand*, nicht mehr den Papst, sondern den falschen Mönch" adressiert war.

Q2 Aus dem Brief Heinrichs IV. an den Papst:

… Unser Herr Christus hat uns zum Königtum, dich aber nicht zur geistlichen Herrschaft berufen. Unsere Bischöfe, die Gott berief, hast du, der Unberufene, zu verachten gelehrt. Auch mich hast du angetastet, mich, von dem die Überlieferung lehrt, dass ich nur von Gott gerichtet werden darf. So steige denn, der du durch diesen Fluch und das Urteil aller unserer Bischöfe und unser eigenes verdammt bist, herab und verlasse den päpstlichen Stuhl, den du dir angemaßt hast.
Ich, Heinrich, von Gottes Gnaden König, mit allen unseren Bischöfen, wir sagen dir: Steige herab, steige herab! …

3 *Beschreibt die Sprache dieses Briefes.*
4 *Nennt die Gründe, die Heinrich für die Absetzung des Papstes anführt.*

Der Papst reagierte auf diese Herausforderung mit dem Kirchenbann. Allen Christen war es nun verboten, dem König zu dienen.

*► **Investitur/Investiturstreit*** (lateinisch: „investitura" = Einkleidung): Einsetzung in ein geistliches Amt. Im Mittelalter stritten Kaiser und Papst um das Recht zur Investitur von Bischöfen und Äbten.*

*► **Kirchenbann*:** Durch den Kirchenbann wurde eine Person aus der Kirche ausgeschlossen. Einem Gebannten war es z. B. verboten, eine Kirche zu betreten, und er konnte auch nicht kirchlich bestattet werden. Kein Christ durfte mit einem Gebannten sprechen, Geschäfte abschließen usw. Nach geleisteter Buße konnte der Kirchenbann wieder aufgehoben werden.*

__Hildebrand:__ Der frühere Mönchsname des Papstes.*

Heinrichs Gang nach Canossa

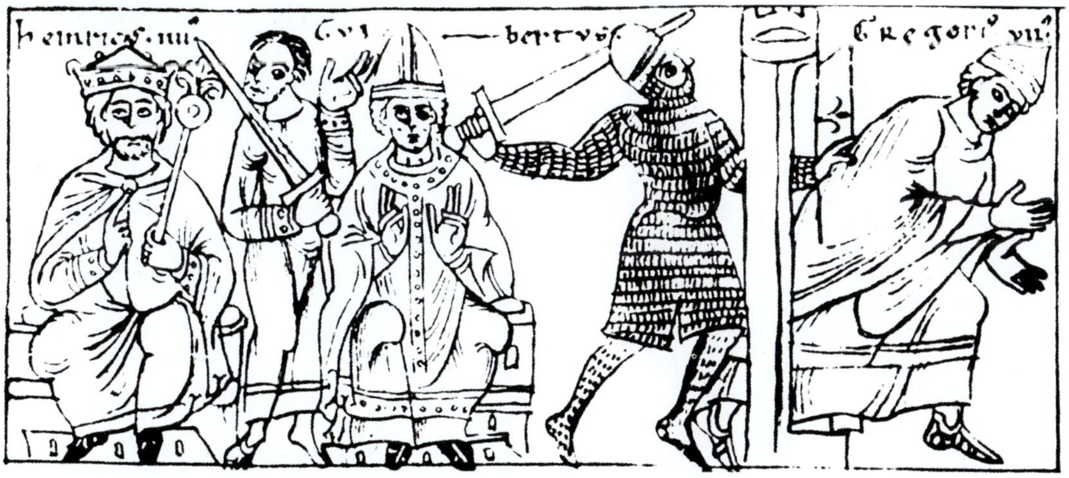

2 **Heinrich IV. und Klemens III. vertreiben im Jahr 1084 Gregor VII. aus Rom.** Chronik, 12. Jahrhundert.

Die Fürsten drohen dem König

Der päpstliche Bann wirkte sich für den König verhängnisvoll aus. Viele Herzöge und Grafen sahen ihre Chance gekommen die eigene Machtstellung auszubauen. Sie weigerten sich dem König länger zu gehorchen. Offen drohten sie Heinrich IV. damit, einen neuen König zu wählen, falls er nicht binnen eines Jahres vom Bann gelöst sei. Außerdem luden sie den Papst ein nach Deutschland zu kommen. Er sollte in ihrem Streit mit dem König die Rolle des Schiedsrichters übernehmen. Dieses Zusammentreffen des Papstes mit den Fürsten wollte Heinrich IV. auf jeden Fall verhindern.

So entschloss er sich nach Italien zu ziehen um vom Papst die Lossprechung vom Kirchenbann zu erhalten. Der Papst befand sich zu dieser Zeit auf der Burg Canossa im Apennin. Drei Tage lang stand der König als reuiger Sünder, nur mit einem Büßerhemd bekleidet, vor ihren Mauern; erst am vierten Tag löste ihn der Papst vom Bann. Heinrich hatte damit die Forderungen der Fürsten erfüllt.

Doch die Fürsten hatten die Entscheidung des Papstes nicht abgewartet und bereits einen Gegenkönig gewählt. Erst nach einem dreijährigen Krieg war Heinrichs Herrschaft wiederhergestellt.

5 *Spielt die Szene nach, wie Heinrich IV. auf die Lossprechung vom Kirchenbann vor der Burg von Canossa wartet.*

Kaiserkrönung durch den Gegenpapst

Auch der Machtkampf mit Gregor VII. war noch nicht beendet. 1084 setzte Heinrich IV. den Bischof von Ravenna als Gegenpapst Klemens III. ein und ließ sich von ihm zum Kaiser krönen. Die Auseinandersetzung um die Investitur der Bischöfe ging trotzdem weiter.

Das Wormser Konkordat

Erst 40 Jahre später kam Heinrichs Sohn, König Heinrich V., zu einer Einigung mit der Kirche. 1122 brachte das Wormser Konkordat* eine endgültige Lösung im Streit zwischen Kaiser und Papst. Von nun an wurden in Deutschland die Bischöfe vom Domkapitel, der Versammlung der höchsten Geistlichen des Bistums, frei gewählt. Dann erfolgte durch den König die Belehnung mit dem Zepter als Zeichen der weltlichen Herrschaft. Daran schloss sich die Weihe an. Vertreter des Papstes übergaben dabei Ring und Stab als Zeichen der kirchlichen Gewalt.

Insgesamt führte der Streit zwischen Kaiser und Papst in Deutschland zu einer Stärkung der Landesfürsten. Die geistlichen Fürsten verbündeten sich dabei mit den weltlichen. Auf der Suche nach neuen Bundesgenossen wandten sich die Kaiser den Städten zu.

6 *Erklärt, warum sich der König nach neuen Verbündeten zur Stärkung der Königsmacht umsehen musste.*

▶ *1077:*
In Canossa bat Heinrich IV. den Papst um Vergebung, die dieser ihm gewährte. Zuvor hatte Papst Gregor VII. den Bann über den Kaiser ausgesprochen. Heinrichs Herrschaft war dadurch äußerst gefährdet.

▶ ***Konkordat*:***
Bezeichnung für einen Vertrag zwischen dem katholischen Kirchenstaat (Vatikan) und einem anderen Staat.

Friedrich II. und die deutschen Fürsten

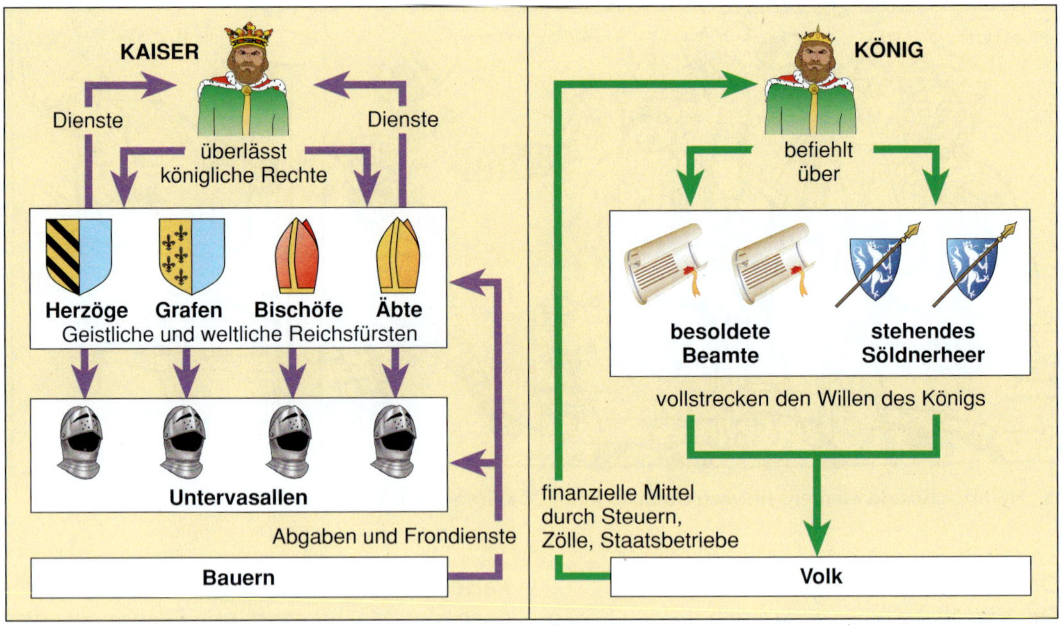

1 **Die Herrschaft Friedrichs II. in Deutschland und Sizilien.**

1190–1197:
Herrschaft Heinrichs VI.

1210–1250:
Herrschaft Friedrichs II.

Die Fürsten erhalten die Landeshoheit

An Weihnachten 1194 wurde der zu seiner Zeit wohl reichste Erbe des Abendlandes geboren: ▶ Friedrich II. aus dem Geschlecht der Staufer. Sein Vater, Kaiser Heinrich VI., herrschte über Deutschland, Norditalien und Burgund und war mit Konstanze, der Erbin des normannischen Königreichs in Sizilien und Süditalien verheiratet. Als er 1197 starb, war Friedrich gerade drei Jahre alt. Er wuchs in Sizilien auf; nach Deutschland kam er insgesamt nur zweimal, die deutsche Sprache beherrschte er nur mit Mühe. Sein Ziel war der Ausbau seiner Herrschaft in Italien. Um die deutschen Fürsten für eine Unterstützung seiner Italienpolitik zu gewinnen gestand er ihnen in den Jahren 1220 und 1232 folgende königliche Rechte zu:

- Auf dem Gebiet der Fürsten wird der König keine neuen Städte errichten.
- Die Fürsten erhalten das Münz- und Zollrecht.
- Neue Märkte dürfen die alten Märkte nicht stören.
- Jeder Fürst soll frei verfügen über die Gerichtshoheit sowie über die Einnahmen aus dem Zehnten nach den Gewohnheiten seines Landes.

Auf diese Weise erhielten die Fürsten in ihren Gebieten eine beinahe unbeschränkte Landeshoheit. Aus Lehnsmännern wurden ▶ Landesherren, die in ihren Territorien (von lat. terra = Land) weitgehend unabhängig regieren konnten (siehe S. 31).

1 *Sprecht darüber, was die Gesetze für die Herrschaft des Königs und die Herrschaft der Landesherren bedeuteten.*

In Sizilien entsteht ein moderner Staat

Während im Deutschen Reich eine starke Königsgewalt fehlte, baute Friedrich II. in Sizilien einen modernen Staat auf: Zunächst entmachtete der König den Adel in Sizilien, indem er Herzöge und Grafen, Bischöfe und Äbte zu Regierungsgeschäften nicht mehr heranzog. Die Verwaltungsaufgaben wurden jetzt vielmehr Beamten übertragen, die von ihm ernannt und besoldet wurden. Ihre Ausbildung erhielten sie an der von ihm gegründeten Universität Neapel. Erfüllten die Beamten ihre Pflichten nicht oder nur nachlässig, wurden sie entlassen.

Ein stehendes Heer, das jederzeit einsatzbereit war, sorgte für Sicherheit nach innen und nach außen.

Um Beamte und Soldaten bezahlen zu kön-

Friedrich II.: Der letzte wirkliche Kaiser?

2 **Das Königreich Sizilien.**

3 **Friedrich II. (1212–1250).**

nen mussten alle Einwohner des Königreiches Sizilien an den König Steuern zahlen. Außerdem wurde der Handel mit Seide, Getreide, Salz, Eisen und Kupfer verstaatlicht, d. h., die Waren durften nur von königlichen Beamten verkauft werden; die Gewinne flossen in die Staatskasse.

2 *Erläutert mithilfe des Textes die Abbildung 1. Bearbeitet dabei auch folgende Aufgaben:*
– Wie unterscheidet sich die Stellung des deutschen Kaisers von der des sizilischen Königs?
– Vergleicht das Verhältnis zwischen den Fürsten und dem Kaiser in Deutschland, zwischen den Beamten und dem König in Italien.

Friedrich II. – Staatsgründer und Förderer von Wissenschaft und Kunst

Aber nicht nur als Gründer eines modernen Staates machte sich Friedrich II. einen Namen, sondern auch als Förderer von Wissenschaft und Kunst. Deutsche und italienische, spanische und griechische Künstler und Gelehrte, christliche, jüdische und muslimische Wissenschaftler waren am Hof des Kaisers tätig. Er selber führte jahrzehntelang zoologische Studien durch, die er in seinem Buch „Über die Kunst der Jagd mit Vögeln" beschrieb. In religiösen Fragen war er – eine Ausnahme zu seiner Zeit – sehr tolerant.

M1 Ein Wissenschaftler schreibt:

… Friedrich II. war der letzte wirkliche Kaiser und der glanzvollste von allen. Das Volk hat das gespürt. Friedrich II. lebte in der Sage fort, die sich besonders an die Vorstellungen von einem in den Kyffhäuser* entrückten Berggott knüpfte. Mit diesem verschmolz das Bild des Kaisers … Man glaubte, dass der Kaiser fortlebe und dereinst wiederkommen werde. Erst später ist die Sage auf Kaiser Barbarossa* übertragen worden …

3 *Informiert euch mithilfe eines Lexikons oder des Internets über die Kyffhäuser-Sage und stellt sie der Klasse vor.*

Das Ende der Staufer in Italien

Friedrich II. starb im Jahr 1250. Vergeblich versuchten seine Erben die Herrschaft der Staufer in Italien zu erhalten. Konradin, ein Enkel Friedrichs II., wurde als letzter staufischer König 1268 auf dem Marktplatz von Neapel hingerichtet. Er war erst sechzehn Jahre alt.

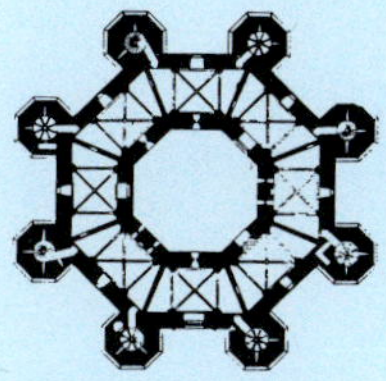

Schloss Castell del Monte bei Corato in Apulien. Im Auftrag Friedrichs II. wurde der Bau 1240 begonnen. Die gesamte Anlage, Türme und Innenhof wurden aus der Grundform des Achtecks entwickelt.

Kyffhäuser*: *Waldgebirge südlich des Harzes.*

Friedrich I. Barbarossa *(„Rotbart") regierte 1152–1190.*

Die Nachfolgeregelung im Deutschen Reich

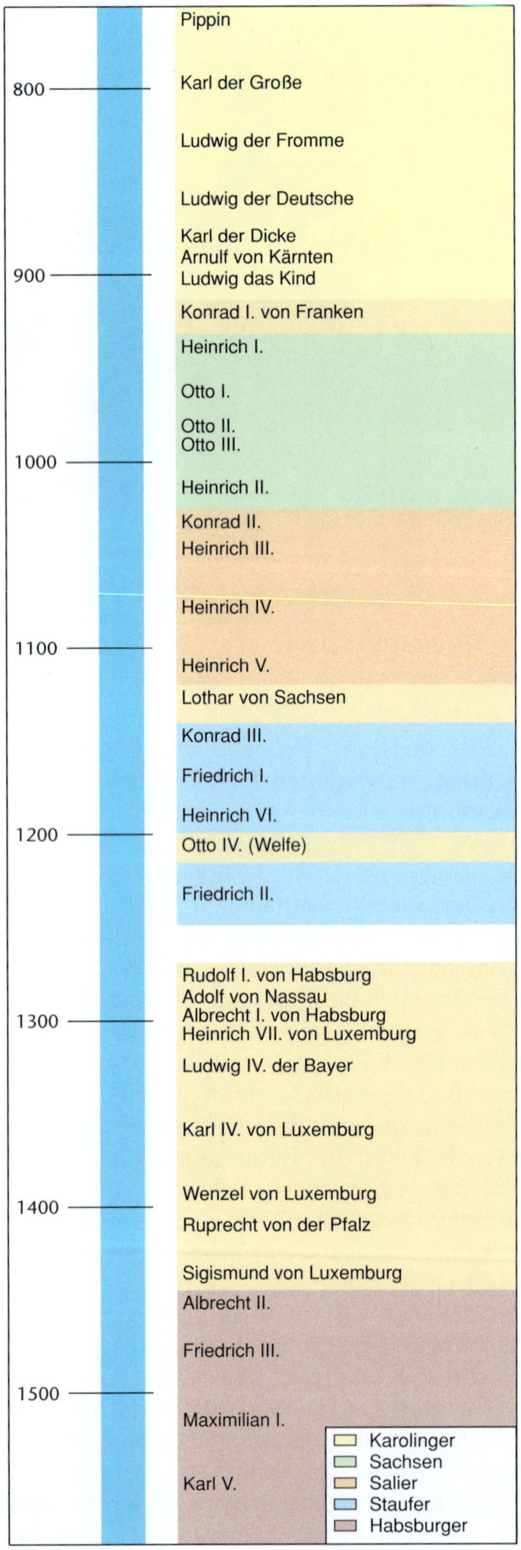

1 **Die deutschen Könige des Mittelalters.**

Dynastie*: *Adelsgeschlecht.*

Geblütsrecht oder Wahlrecht?

Im 9. Jahrhundert war der Einfluss der Stammesherzöge im ostfränkischen Reich immer größer geworden. Nachdem der letzte König aus karolingischem Geblüt gestorben war, beschlossen sie einen aus ihrer Mitte zum König zu wählen. Damit schien sich das Wahlrecht gegen das Geblütsrecht (Erbrecht) durchzusetzen. Dennoch zeigt der Überblick über die Abfolge der Könige, dass immer wieder mächtige Dynastien* über mehrere Generationen regierten.
Wenn im Mittelalter ein König gewählt wurde, so war das kein Vorgang, der mit einer heutigen Wahl verglichen werden kann. Die Entscheidung der Wählenden war in einem starken Maße von religiösen Vorstellungen geprägt: Die Ordnung der Welt betrachteten die Menschen als das Werk Gottes. Danach konnte auch nur Gott bestimmen, wer König sein sollte. Aufgabe des Wählenden war es deshalb, Gottes Willen nachzuvollziehen. Hatte der König einen Sohn, so hatte Gott durch dessen Geburt gezeigt, dass das Königtum in der Familie fortgesetzt werden sollte. Dann „wählten" die geistlichen und weltlichen Großen schon zu Lebzeiten des Vaters den Sohn zum König, indem sie ihm als Herrn huldigten.
Grundsätzlich war es aber möglich, dass die geistlichen und weltlichen Fürsten Widerspruch einlegten. Sie hatten das Recht zu wählen. Also war das Reich ein Wahlkönigtum. Dies führte dazu, dass die Herrscherhäuser ihre Wahl durch Zugeständnisse von Vorrechten von den Fürsten regelrecht erkauften.

Die sieben Kurfürsten*

Wie sehr die Macht der deutschen Könige und Kaiser nach dem Ende der staufischen Herrschaft schwand, zeigte sich auch bei den Königswahlen. Bis zu den staufischen Herrschern war es üblich gewesen, dass alle Fürsten den König wählten. Jetzt setzten sich die sieben angesehensten Fürsten im Reich zusammen und legten fest, dass künftig sie allein den König wählen könnten. Diese sieben Fürsten wurden von Kaiser Karl IV. als Kurfürsten – „Kur" bedeutet Wahl – mit der „Golde-

▶ ***Kurfürsten*:*** *Seit der „Goldenen Bulle" 1356 Bezeichnung für die Fürsten, die den König wählen.*

Der König und die Kurfürsten

2 **Die sieben Kurfürsten.** Darstellung aus einer Weltchronik von 1493.

Vorderseite vom goldenen Siegel Karls IV. Rekonstruktion.

nen Bulle"* im Jahr 1356 anerkannt. Fortan wählten sie mit Stimmenmehrheit den König.

Q1 Der Vorgang der Königswahl nach der „Goldenen Bulle":

… Die Kurfürsten oder ihre Gesandten sollen zur Wahl schreiten und fortan die Stadt Frankfurt nicht verlassen, bevor die Mehrzahl von ihnen der Welt oder Christenheit einen römischen König und künftigen Kaiser gewählt hat.

Falls sie dies jedoch binnen 30 Tagen … noch nicht getan hätten, sollen sie … fortan nur Wasser und Brot genießen und keinesfalls aus besagter Stadt weggehen, bevor sie oder die Mehrzahl von ihnen einen Herrscher oder ein weltliches Oberhaupt der Gläubigen gewählt haben …

Sooft aber künftig das heilige Reich ohne König ist, soll der Erzbischof von Mainz die Befugnis haben die übrigen Kurfürsten durch Briefe zu berufen. Wenn sie sich am Wahltag versammelt haben, soll besagter Erzbischof von Mainz sie einzeln um ihre Stimme befragen in folgender Reihenfolge: Zuerst soll er den Erzbischof von Trier fragen, dem wir die erste Stimme zuerkennen, zweitens den Erzbischof von Köln, dem die Würde und Pflicht zukommt dem römischen König zuerst die Königskrone aufzusetzen, drittens den König von Böhmen, der unter den weltlichen Kurfürsten aufgrund der Hoheit königlicher Würde den Vorrang behauptet, viertens den Pfalzgrafen bei Rhein, fünftens den Herzog von Sachsen, sechstens den Markgrafen von Brandenburg. Wenn das geschehen ist, sollen ihn seine Mitkurfürsten ihrerseits befragen, damit er auch seinen Willen ausspreche und ihnen seine Stimme kundgebe …

1 *Beschreibt die Zeremonie der Königswahl nach der Goldenen Bulle.*

Außerdem legte das Reichsgesetz fest, dass die Territorien der vier weltlichen Kurfürsten ungeteilt an den Erstgeborenen zu vererben waren. Bei den drei geistlichen Kurfürsten war die Kurstimme an das Amt gebunden.

► **Die „Goldene Bulle" (1356)*:**
Das Reichsgesetz legte die Wahl des deutschen Königs durch die sieben Kurfürsten fest. Als Wahlgesetz blieb es bis 1806 wirksam. Sein Name stammt von dem Siegel der Urkunde, das nicht aus Wachs, sondern aus Gold gefertigt wurde.

Das Beispiel Bayern

1 **Heinrich der Löwe und seine Braut, die englische Königstochter Mathilde.** Aus dem Evangeliar* Heinrichs des Löwen.

Evangeliar Heinrichs des Löwen*: *Es entstand 1173–1175 im Kloster Helmarshausen. Heinrich, der die Prachthandschrift mit den Evangelien und anderen religiösen Texten selbst in Auftrag gegeben hatte, schenkte das Buch der Kirche St. Blasius in Braunschweig, die er selbst gestiftet hatte.*

Welfen*: *Fränkisches Adelsgeschlecht, seit dem 8. Jahrhundert nachweisbar.*

Der Machtkampf zwischen Staufern und Welfen*

Nach der Entmachtung des letzten Agilolfingers Tassilo III. durch Karl den Großen (siehe S. 23) war Bayern unmittelbar dem König unterstellt oder es wurde Herzögen übertragen, die es im Sinne des Königs regierten. Erst ab 1070 gelang es den Welfen, eine weitgehend selbstständige Herrschaft aufzubauen.

Unter Heinrich dem Stolzen (Herzog 1126 bis 1139), Schwiegersohn des Kaisers, waren die Welfen auf dem Höhepunkt ihrer Macht. Mit den Herzogtümern Sachsen und Bayern und Gebieten in Norditalien beherrschten sie ein Territorium, das von der Nordsee bis in die Nähe Roms reichte. Im Kampf mit der zweiten mächtigen Adelsfamilie, den Staufern, um die Königskrone verlor Heinrich der Stolze Bayern und die Aussicht auf den Thron. Sein Rivale, der Staufer Konrad, hatte sich durchgesetzt. Ein Ende dieses Machtkampfes zeichnete sich ab, als Friedrich I., der Sohn der Welfin Judith und des Staufers Konrad, 1152 zum König gewählt wurde. Er gab seinem Cousin Heinrich dem Löwen 1156 das bayerische Herzogtum zurück.

1 *Überlegt, woran die Darstellung des Brautpaares in Abbildung 1 erinnert.*

2 *Welche Vermutungen lassen sich daraus über Heinrichs Verhältnis zu Kaiser Friedrich ableiten?*

Der Kaiser und der Bayernherzog messen ihre Kräfte

Heinrich der Löwe herrschte in seinen Herzogtümern selbstherrlich und rücksichtslos. Über die Rechte anderer setzte er sich willkürlich hinweg. So ließ er z. B. eine Brücke, die dem Bischof von Freising durch den Salzhandel hohe Einnahmen durch Zölle sicherte, kurzerhand abreißen. Wenige Kilometer flussaufwärts ließ er eine neue Brücke bauen und legte mit dem Markt Munichen 1158 den Grundstein für die Stadt München.

Der Kaiser nahm seinen Verwandten lange gegen Proteste und Anklagen in Schutz. Dies änderte sich allerdings, als ihm Heinrich 1176 die militärische Unterstützung für seinen Feldzug nach Italien verweigerte. Der Kaiser erlitt bei Legnano eine schwere Niederlage, für die er nicht zuletzt Heinrich die Schuld zuwies.

Die Wittelsbacher

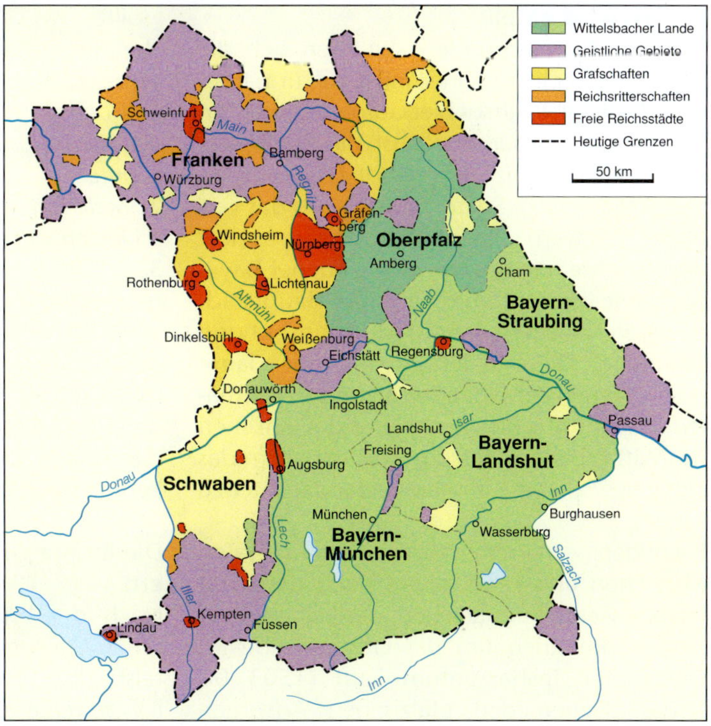

2 **Mittelalterliche Herrschaften auf dem Gebiet des heutigen Bayern.**

Nach seiner Rückkehr aus Italien lud Friedrich seinen Cousin 1179 vor sein Hofgericht. Nachdem der Welfe trotz dreimaliger Vorladung nicht erschienen war, wurde er geächtet und verlor ein Jahr später seine Herzogtümer. Da gegen ihn ein Reichskrieg ausgerufen wurde, musste Heinrich der Löwe nach England ins Exil gehen.

Das neue Herrschergeschlecht: die Wittelsbacher

Das Herzogtum Bayern erhielt einen neuen Herrscher, den Pfalzgrafen von Scheyern, Otto von Wittelsbach. Der hatte dem Kaiser bereits 1155 bei seinem ersten Italienzug wichtige Hilfe geleistet und hatte seitdem bedeutende Aufgaben in Friedrichs Italienpolitik übernommen.

Die Wittelsbacher herrschten über 700 Jahre lang in Bayern – bis 1918: zunächst als Herzöge, später als Kurfürsten und ab 1806 als Könige.

Am Beginn der Regierung Ottos von Wittelsbach gab es neben dem herzoglichen Machtbereich auch noch zahlreiche andere Herrschaften: Grafschaften, freie Reichsstädte, Ritterschaften und kirchliche Herrschaftsbereiche*.

Daher war es ein wichtiges Ziel der Landesherren das eigene Territorium auszudehnen. Eine Möglichkeit dazu ergab sich aus dem so genannten Heimfallrecht: Starb ein adliges Geschlecht aus, so fiel dessen Besitz dem Landesherrn zu, es sei denn, der Besitz war unmittelbar kaiserliches Lehen gewesen. In der Zeit von 1182 bis 1248 konnten die Wittelsbacher durch dieses Recht ihren Besitz verdreifachen. In dieser Zeit starben viele Hochadelsfamilien aus: Fehden unter den adligen Familien und die Kreuzzüge forderten ihren Tribut. Neben dem Heimfallrecht nutzten die Wittelsbacher Heirat, Erbschaft, Kauf und Schenkung, aber auch Gewaltmittel um das eigene Herrschaftsgebiet auszudehnen und zu einem lückenlos geschlossenen Territorium auszubauen.

3 *Informiert euch in eurem Geschichtsatlas, welche Grafschaften durch das „Heimfallrecht" in den Besitz der Wittelsbacher Herzöge gekommen sind.*

Kirchliche Herrschaften*: *Hochstifte, wie z. B. Regensburg, Freising, Passau, Salzburg, in denen Bischöfe regierten. Zudem waren einige Klöster direkt dem Kaiser unterstellt.*

Bayern auf dem Weg zum modernen Territorialstaat

Glasscheibe mit bayerischem Wappen aus dem Kloster Seligenthal, 14. Jahrhundert.
Die Wittelsbacher übernahmen die blau-weißen Rauten, als sie 1242 das Erbe der Grafen von Bogen antraten. Seit dem Spätmittelalter ist das Wappen Symbol des Landes.

Bayern wird geteilt
Ab dem 13. Jahrhundert spalteten sich die Wittelsbacher in einzelne Linien auf, unter denen das Herrschaftsgebiet aufgeteilt werden musste. So wurden zunächst die Rheinpfalz und die Oberpfalz abgetrennt (Hausvertrag von Pavia, 1329). Später wurde auch das verbliebene Bayern weiter geteilt, sodass es dort eine wechselnde Anzahl verschiedener bayerischer Teilherzogtümer gab. Ihre Hauptstädte waren München, Ingolstadt, Landshut und Straubing. Diese Teilungen und die damit verbundenen Auseinandersetzungen schmälerten nicht nur die Macht und das Ansehen des Wittelsbacher Herzogtums, vor allem das einfache Volk hatte immer wieder darunter zu leiden.
Besonders schlimme Verwüstungen trafen Menschen und Land, als es nach dem Tod Herzog Georgs des Reichen, der keine Söhne hatte, zum Krieg um die Erbnachfolge im Landshuter Teilherzogtum kam (1503 bis 1505). Gegen den pfälzischen Anspruch siegte schließlich mit kaiserlicher Hilfe der Münchner Herzog Albrecht IV.

Die neue Erbfolgeordnung von 1506
Um für alle Zukunft weitere Teilungen und Erbfolgekriege auszuschließen bestimmten Albrecht, nun Herzog von München und Landshut, und sein Bruder Wolfgang, Herzog in Straubing, eine neue Erbfolgeregelung:

Q1 Aus der Erbfolgeordnung 1506:
… Wir beiden Fürsten und Brüder … ordnen und setzen … für Uns, alle Unsere Erben und Nachkommen mit … Unserer Landschaft Rat und Willen …, dass von nun an für ewige Zeiten … in Unseren Fürstentümern, sowohl in den von Uns schon besessenen, wie auch in dem von Unseren Vettern jüngst ererbten, die von nun an ein Herzogtum … sein sollen, keine Teilung oder Zertrennung mehr stattfinden soll. Es soll auch in diesen Unseren Herzogtümern immer nur ein regierender Herzog Landesfürst und Herr sein … Nach dem Tode Unseres Herzogs Albrecht soll jedes Herzogtum, Regiment und Regierung an Unseren ältesten Sohn Herzog Wilhelm oder, falls dieser nicht mehr am Leben sein sollte, was Gott verhüte, an Unseren nächsten, im weltlichen Stand lebenden Sohn, als Erbe fallen …

1 *Überlegt, was die Formulierung „… mit … Unserer Landschaft Rat und Willen" bedeuten könnte.*
2 *Stellt fest, wer von der Erbfolge ausgeschlossen war.*
3 *Erklärt, welche Vorteile diese Erbfolgeordnung hatte.*

Künftig sollte der erstgeborene Sohn Nachfolger in der Herrschaft über das Land werden. Dem Vertrag hatten im Jahr 1505 auch die Stände ihre Zustimmung gegeben. So konnte Bayern wieder an Einigkeit gewinnen.

Die innere Ordnung des Herzogtums Bayern
Nach der Wiedervereinigung ihres bayerischen Stammlandes bemühten sich die Wittelsbacher ihr Territorium möglichst einheitlich zu regieren und zu verwalten.
An der Spitze des Landes stand der Herzog mit seinen Räten, die eine Art Regierung bildeten. Die Räte waren auch die Mitglieder des höchsten Gerichts, das seinen Sitz am herzoglichen Hof in München hatte.
Das ganze Land war in vier Bezirke eingeteilt. An der Spitze stand ein Vitztum (von lat. vicedomus = Stellvertreter des Herrn). Er wurde vom Herzog ernannt und leitete die Verwaltung in seinem Bezirk und amtierte auch als Richter.
Ihren Sitz hatten diese vier Verwaltungen in München, Landshut, Straubing und Burghausen. Diese Vitztumsbezirke waren ihrerseits in Amtsbezirke und Hofmarken eingeteilt. Als Hofmarken bezeichnet man jene Gebiete, die nicht dem Herzog, sondern anderen adligen oder kirchlichen Herrschaften unterstanden.
Mit dieser Verwaltungs- und Gerichtsorganisation, die das ganze Land gleichmäßig erfasste, war ein großer Schritt von der mittelalterlichen Feudalgesellschaft zu einem modernen Staat getan.
4 *Erkundigt euch, wie die Verwaltung im heutigen Bayern aufgebaut ist. Fertigt davon eine einfache Skizze an.*

Zusammenfassung

Das Reich der Deutschen
Während der Regierungszeit Ottos I. (936–973) wurde das fränkische Ostreich erstmals als „Reich der Deutschen" bezeichnet. Zur Verwaltung und zur Verteidigung des Reiches zog Otto, wie schon vor ihm Karl der Große, auch Grafen, Bischöfe und Äbte heran.
Im 9. Jahrhundert setzten die großen Adelsgeschlechter durch, dass sie die vom König verliehenen Lehen in ihrer Familie weitervererben konnten. Seit Otto I. belehnten die deutschen Könige daher hauptsächlich nur noch Geistliche, da diese keine Erben hatten. Bischöfe und Äbte wurden so immer zu weltlichen Herren, die das religiöse Leben bald vernachlässigten.

Der Streit zwischen Papst und Kaiser
Gegen die Ernennung von Bischöfen und Äbten durch die deutschen Könige gab es immer stärkeren Widerstand. Vor allem die Mönche des Klosters Cluny setzten sich für die Erneuerung des klösterlichen Lebens und der Kirche insgesamt ein. Sie traten dafür ein, dass die Simonie und die Einsetzung (Investitur) von Geistlichen in Ämter durch Laien, also auch durch den Kaiser, verboten werden müsse. Heinrich IV. und Papst Gregor VII. waren die beiden großen Gegner im Streit zwischen Staat und Kirche. Der Sohn Heinrichs IV. schloss 40 Jahre später (1122) mit dem Nachfolger des Papstes das Wormser Konkordat.

Friedrich II. und die deutschen Fürsten
Friedrich II. (1210–1250) kümmerte sich kaum um das Reich. Sein Ziel war der Ausbau der Herrschaft über Italien. Während im Deutschen Reich eine starke Königsgewalt fehlte, baute Friedrich II. in Sizilien einen modernen Staat auf. Da er im Kampf um die Ausweitung seiner Herrschaft in Italien die Unterstützung der deutschen Fürsten benötigte, überließ er ihnen immer mehr Rechte. So wurden aus Lehensmännern nach und nach selbstständige Landesherren.
Die deutschen Fürsten konnten nach dem Ende der staufischen Herrschaft ihre Macht weiter ausbauen. Durch die Goldene Bulle Karls IV. erhielten sieben Kurfürsten das Recht den König zu wählen und weitere Rechte, sodass sie als Landesherren in ihren Territorien regieren konnten. Das Deutsche Reich zersplitterte sich so in zahlreiche Herrschaftsgebiete. Eines dieser machtvollen Herzogtümer im Heiligen Römischen Reich war Bayern, das sich unter der Herrschaft der Wittelsbacher zu einem modernen Territorialstaat entwickelte.

962

Otto I. wird in Rom zum Kaiser gekrönt.

1077

Heinrich IV. zieht nach Canossa und bittet den Papst um Vergebung.

1180

Otto I. von Wittelsbach wird mit dem Herzogtum Bayern belehnt.

1356

Die „Goldene Bulle" regelt die Wahl des deutschen Königs.

Mittelalterliche Lebenswelten

Menschen unterwegs – Bauern, die eine Schweineherde auf den Markt in eine von festen Mauern umgebenen Stadt treiben; Fuhrleute, die mit Bauholz schwer beladene Wagen durch ein enges Stadttor bugsieren; ein Händler, der mit seinen mit Waren bepackten Mauleseln aus der Stadt zieht um irgendwo seine Geschäfte zu machen; reiche Bürger der Stadt – Patrizier –, die hoch zu Pferd einen Ausritt unternehmen, und Adlige, die in den Wäldern vor den Mauern der Stadt auf der Jagd sind. Entstanden ist dieses Bild in einer Zeit, die wir Mittelalter nennen.
Beschäftigen wollen wir uns mit dem Alltag der Menschen und ihrer Familien, die zu dieser Zeit in Europa lebten: mit den Rittern auf ihren Burgen, den Bauern in ihren Dörfern, den Kaufleuten und Handwerkern in den Städten und den vielen anderen Menschen, die in Stadt und Land am Rande der Gesellschaft lebten.

Menschen im Mittelalter

Hierarchie:* *Streng gegliederte Rangordnung einer Gesellschaft.*

Epos:* *Mittelalterlicher Versroman.*

Verfassung:* *Legt fest, welche Aufgaben und Rechte die Bürger haben und wer den Staat regiert.*

► *Stand*:* *Bevölkerungsschicht der mittelalterlichen Gesellschaft, durch Geburt bzw. Abstammung bestimmt.*

1 **Die Stände und ihre Aufgaben: Du bete demütig! Du schütze! Und du arbeite!** Holzschnitt von Johannes Lichtenberger, 1488.

Sind die Stände gottgewollt?

Heute sichern Menschenrechte in den Verfassungen* der meisten Staaten die Freiheit und Gleichheit der Menschen. Im Mittelalter dagegen gab es erhebliche Unterschiede zwischen den Menschen, die verschiedenen Ständen* angehörten. Zu welchem Stand man gehörte, entschied im Wesentlichen die Geburt: Unfreie stammten von Unfreien, Freie von Freien, Bauern von Bauern und Adlige von Adligen ab. Unfrei waren viele Bauern, frei die Adligen und der Klerus. Diese Freiheit konnten sich auch die meisten Bewohner der Städte, die Bürger, erwerben – ein Stand, der sich erst im Laufe des Mittelalters herausbildete.

Q1 Aus der Ständelehre des Bischofs Adalbero von Laon, 1016:
… Dreifältig ist Gottes Haus, und doch dem Glauben nur eins. Nun aber beten die einen, andere kämpfen und andere arbeiten. Dreierlei sind sie und dulden doch keine Trennung. Für den Dienst des einen stehen die Werke der beiden. Jeder für den anderen bereiten sie die Trostmittel für alle. Ein Ganzes ist nämlich diese dreifältige Verknüpfung. So galt das Gesetz, die Welt ruhte damals in Frieden …

Obwohl nach Auffassung Adalberos alle Stände gleichermaßen unentbehrlich und aufeinander angewiesen sind, entstand – wie Abbildung 1 zeigt – eine religiös begründete Hierarchie* der Gesellschaft, in der es nur Hohe und Niedrige, Mächtige und Schwache gab: Klerus, Adel und Bauern. Diese Schranken zwischen den einzelnen Ständen zu überwinden war kaum möglich, da es gegen die gottgewollte Ordnung verstoßen hätte.

M1 Der mittelalterliche Dichter Wernher der Gartenære schildert in seinem Epos* „Meier Helmbrecht" (um 1280) eindringlich, welche Folgen es haben konnte, wenn man die Standesschranken überschreiten wollte:
Der junge Helmbrecht, Sohn eines reichen Bauern und Gutsverwalters (Meier), findet kein Gefallen mehr an der schweren Bauernarbeit, sondern strebt nach Höherem. Er will sein Leben genießen und Ritter werden. Er staffiert sich mit vornehmen Gewändern aus, hört nicht auf die Warnungen des Vaters und verlässt den elterlichen Hof um Abenteuer zu erleben. Er schließt sich einem Raubritter an, und als „Bauernschreck" terrorisiert er mit seinen Spießgesellen das Land. Doch die Vergeltung bleibt nicht aus. Das Räubernest wird ausgehoben, die Raubritter werden hingerichtet. Helmbrecht selbst kommt als warnendes Beispiel verstümmelt und geblendet mit dem Leben davon. Als verlorener Sohn kehrt er zum Elternhaus zurück. Obwohl es dem Vater fast das Herz bricht, jagt er ihn davon. Die von ihm ausgeplünderten und misshandelten Bauern nehmen ihn schließlich gefangen und hängen ihn auf.

Die Ständeordnung des Mittelalters

„Kleider machen Leute"
Nicht nur zwischen den Ständen, sondern auch innerhalb eines Standes gab es große rechtliche und soziale Unterschiede. So kann man im Mittelalter nicht verallgemeinernd von „den Adligen" oder „den Bauern" sprechen (siehe S. 58 ff.). Vor allem in den Städten wurde großer Wert darauf gelegt, dass die verschiedenen Rangstufen unter der Bevölkerung deutlich sichtbar waren. Das kam besonders in den unterschiedlichen „Kleiderordnungen"* zum Ausdruck, die genau festlegten, welche Kleidung welchem Rang entsprechend getragen werden durfte. Ein reicher Kaufmann durfte z. B. eine vornehmere Kleidung tragen als ein Handwerker.

Q2 Aus der Frankfurter Kleider- und Hochzeitsordnung (um 1450):

… Jede Frau muss nach ihrem Stand gekleidet sein, wie es der Rat verordnet hat … Frauen aber, von deren Einkünften ihre Ehemänner oder Väter leben und die selbst im Handel tätig sind, dürfen die Kleider füttern und verbrämen*, aber nicht mit Zobel- oder Marderfell, und die Verbrämung darf nicht über drei Finger breit sein … Frauen von Handwerkern und ihresgleichen aus niederem Stand … dürfen zwar auch die Kleider füttern und mit einer Verbrämung säumen, aber nicht mit Zobel, Marder, Hermelin oder Buntpelz. Die Verbrämung am Oberkleide darf nicht breiter als ein Finger sein …

Jeder aus besserem Stand darf zwei Tage lang und jeder aus minderem Stand nur einen Tag lang die Hochzeitsfeier begehen …

Insbesondere soziale Randgruppen, wie die Juden, und Außenseiter, wie die Henker, mussten an ihrer Kleidung deutlich erkennbar sein. Wer dagegen verstieß, wurde hart bestraft.

1 *Beschreibt die Personen, die auf der Abbildung 1 dargestellt sind, möglichst genau. Wie sind sie angeordnet und welche Aufgaben haben sie? Beachtet dabei auch die Inschriften und die Größenordnungen.*

2 **Städtische „Stände-Pyramide"**. Süddeutsche Miniatur*, 14. Jahrhundert

Charakterisiert die Personen mit eigenen Worten und überlegt, welche wichtigen Berufs- oder Personengruppen fehlen.

2 *Beschreibt das Schicksal, das der junge Helmbrecht erleidet (M 1).*

3 *Agnes Bernauer, eine junge Augsburger Baderstochter, verstieß in den Augen der Menschen ebenfalls gegen die göttliche Standesordnung. Führt im Internet eine Recherche über ihr Schicksal durch.*

4 *Wenn ihr die Abbildung 2 betrachtet, könnt ihr erkennen, welche Unterschiede es zwischen den Menschen gab, die in einer Stadt lebten. Welche Personen fallen besonders ins Auge? Was wollte der Künstler, der diese Miniatur anfertigte, damit aussagen?*

5 *Was bezweckte der Stadtrat mit seinen Regelungen (Q 2), was wollte er damit verhindern?*

6 *Gibt es auch in unserer Gesellschaft eine „Kleidungsordnung"? Nennt Kleidungsstücke, an denen man heute die Zugehörigkeit zu einer Gruppe erkennen kann.*

Kleiderordnung*: *Strenge Vorschriften, wie sich die Menschen des Mittelalters nach ihrem Stand zu kleiden hatten.*

verbrämen*: *Ein Kleidungsstück mit einem Rand aus Pelz verzieren.*

Miniatur* *(lat. minor = klein): Kleinformatige Malerei auf Holz, Metall, Seide, Porzellan und Elfenbein.*

Kleidung von Stadtbewohnern aus Augsburg. *Ausschnitte aus Ölgemälden, um 1550.*

Ein neuer Stand entsteht

1 Darstellung am Züricher Großmünster. Um 1000.

Germanischer Krieger. *5. Jahrhundert.*

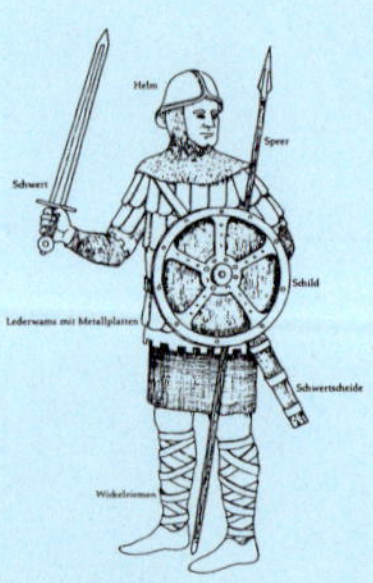

Fränkischer Krieger. *8. Jahrhundert.*

Die fränkischen Panzerreiter

Zu unseren Vorstellungen vom Mittelalter gehört das Bild vom Ritter, einem schwer bewaffneten und gerüsteten Reiterkrieger. Ritter gab es im christlichen Abendland jedoch erst seit dem 8. Jahrhundert. Die Germanen der Völkerwanderungszeit hatten noch zu Fuß gekämpft, bewaffnet waren sie mit Kurzschwert und Schild. In Friedenszeiten waren die germanischen Krieger Bauern.

Eine neue Situation entstand, als die Araber nach Mohammeds Tod (632) die neue Religion des Islam mit Waffengewalt verbreiteten. Nachdem sie Nordafrika erobert hatten, setzten sie 711 nach Spanien über und zerschlugen das Reich der Westgoten. Im Jahr 732 überschritten sie die Pyrenäen und fielen ins Frankenreich ein. Mit ihren schnellen Pferden und der weit reichenden Bogenwaffe waren sie bisher ihren Gegnern stets überlegen gewesen. Nun setzten sich aber die Franken unter ihrem Hausmeier Karl Martell zur Wehr (siehe S. 11), indem sie auch ein berittenes Heer aufstellten. Zu Hilfe kamen ihnen zwei wichtige Erfindungen der Zeit, nämlich die Einführung des Sattels und des Steigbügels, die erst den Kampf zu Pferd ermöglichten. Der Steigbügel half dem Reiter sein Gleichgewicht zu halten und der Sattel gab Halt beim Einsatz der Lanze. Außerdem schützten sich die fränkischen Krieger vor Pfeilen und Schwerthieben durch eine Rüstung, anfangs ein Kettenhemd mit Eisenplatten, und einen Schild. 732 wurden die Araber von diesen fränkischen Panzerreitern in den Schlachten von Tours und Poitiers besiegt. Damit war das Vordringen des Islam vorerst gestoppt.

1 *Vergleicht die Darstellungen der Krieger auf dieser Doppelseite. Nennt Veränderungen der Bewaffnung und Kampfesweise.*

2 *Rekonstruiert den Anlass für das Entstehen eines Reiterheeres im Frankenreich.*

3 *Inwiefern waren die fränkischen Panzerreiter den arabischen Reiterkriegern überlegen?*

2 Fränkische Panzerreiter. Buchmalerei, um 900.

Der Aufstieg der Ritter

3 **Ritter zu Pferd.** Buchmalerei, 14. Jahrhundert.

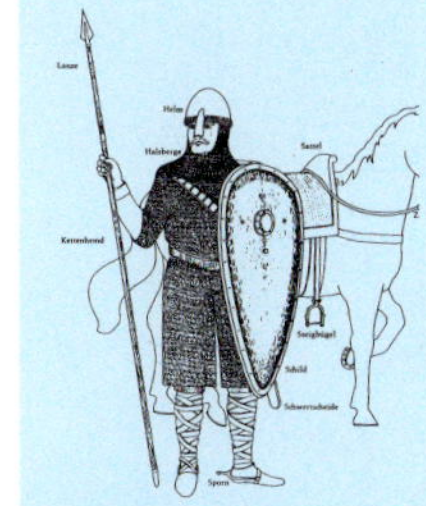

Panzerreiter.
11. Jahrhundert.

Ritter in Harnisch.
15. Jahrhundert.

Die Rüstung des Ritters war sehr schwer. Wog allein das Kettenhemd 20 kg, ein Plattenpanzer aus Stahl konnte bis zu 50 kg schwer sein. Über der Rüstung trug der Ritter einen Waffenrock, der ihn vor Feuchtigkeit schützen und ein zu starkes Aufheizen in der Sonne verhindern sollte. Bewaffnet war ein Ritter mit Schwert und Speer, später kam noch eine etwa 3,70 m lange Lanze hinzu.

Der neue Stand schließt sich ab

Die neue Ausrüstung des fränkischen Kriegers war teuer. Ein Streitpferd hatte den Wert von 10 Ochsen, eine Panzerrüstung entsprach dem eines mittleren Bauernhofes. Außerdem setzte die teuere Ausrüstung ständige Übung im Waffenhandwerk und dauernde Kriegsbereitschaft voraus.

Der freie Bauer, der bisher Kriegsdienst leisten musste, war damit überfordert. Der Reiterkrieger musste das Waffenhandwerk berufsmäßig betreiben. Aus dem Reiterkrieger wurde der Ritter. Dies war zunächst nur ein Berufsstand. Ritter konnte jeder sein, der ein Pferd und eine Rüstung besaß bzw. sich dies leisten konnte.

Da ein Berufskrieger sich nicht um seinen Lebensunterhalt kümmern konnte, musste er begütert sein. Ein Hof von etwa 150 Hektar mit seinen landwirtschaftlichen Erträgen war nötig um Ausrüstung und Lebensunterhalt eines Ritters zu finanzieren.

Nur Adlige waren deshalb in der Lage diesen Beruf auszuüben. Sie verfügten über ererbten Grundbesitz. Für ihre Dienste als Vasallen erhielten sie vom König noch weiteren Grund und Boden als Lehen, die aber bereits unter Karl dem Großen zu ihrem Eigentum wurden. Deshalb sahen viele Adlige nicht mehr ein, warum sie für ihren Lehnsherrn überhaupt noch Kriegsdienst leisten sollten. Lieber wollten sie ihren Besitz und Reichtum genießen als sich den Gefahren von Kriegen aussetzen. So weigerten sie sich ihren Pflichten nachzukommen.

Um trotzdem genügend Reiterkrieger zur Verfügung zu haben wurden auch Nichtadlige mit Lehen bedacht. Sie wurden als Ministerialen Verwalter auf Burgen und waren sogar Heerführer. In ihrer gesamten Lebensweise glichen sie sich bald dem Adel an. So verschwanden die alten Unterschiede zwischen den Adligen von Geburt und den nichtadligen Reiterkriegern als unfreie Dienstmannen sehr schnell. Zusammen bildeten sie als „Ritter" einen neuen Stand. Im Verlauf des 12. Jahrhunderts schloss sich der Ritterstand endgültig nach unten hin ab. Ritter wurde nur noch der, dessen Vater bereits Ritter war. Mit dem ▶ Aufstieg des Rittertums sanken aber zugleich die Stellung und das gesamte Ansehen des Bauernstandes in der mittelalterlichen Gesellschaft.

4 *Erklärt, warum ein Reiterkrieger auch Berufskrieger sein musste und ein Bauer diesen Beruf nicht ausüben konnte.*

5 *Warum wurden auch Nichtadlige vom König mit Lehen bedacht und als Ritter eingesetzt?*

Die Welt des Ritters

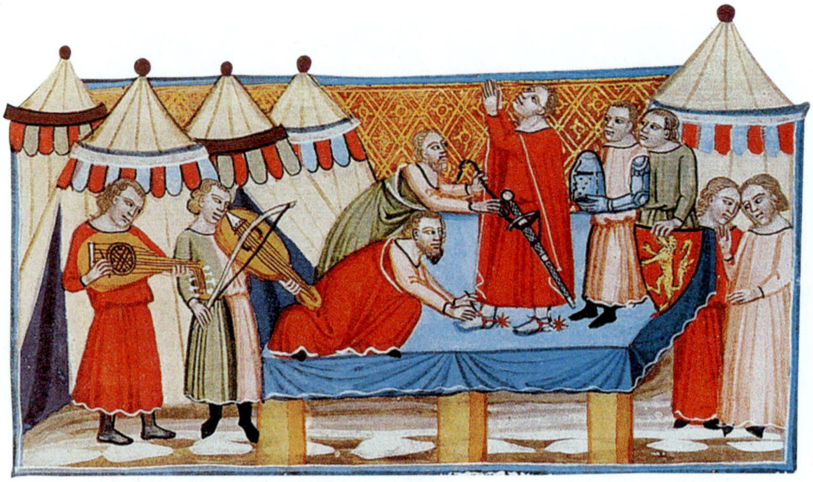

1 **Schwertleite***. Dem Ritter wird das Schwert angelegt. Gleichzeitig erhält er die Sporen.

Schwertleite*: *Zeremoniell zur Aufnahme in die Ritterschaft mit Verleihung des Schwertes und Anlegen der Sporen.*

Page*: *Edelknabe im Dienst eines Adligen, leistet Hofdienste und lernt höfisches Benehmen.*

Lesetipp:

Christopher Gravett/Brett Breckon: Die Welt der Ritter. Carlson, Hamburg 1997.

Wolfgang Tarnowski: Ritter. Tessloff, Nürnberg 1990 (= Reihe „Was ist was?").

Wiebke von Thadden: Philipp zwischen Kaiser und König. Ein Ritterleben zur Stauferzeit. Beltz Verlag, Weinheim 1999.

Fundgrube:

Quiz Ritter: über 600 Fragen, vertrackte Rätsel, viele Spiele, für 1 oder 2 Spieler. CD-ROM mit Beiheft. Tivola-Verlag, Berlin 1999.

Rittertum & Mittelalter. Streifzug durch eine faszinierende Zeit. CD-ROM. Theiss Verlag, Stuttgart 2000.

Was musste ein Ritter können?

Q1 In einer Schrift aus dem 14. Jahrhundert heißt es über die Anforderungen an einen Ritter:

… Zu einem vollkommenen Ritter gehört, dass er gut reiten, schnell auf- und absitzen, gut traben, rennen und wenden kann. Zum Zweiten muss er schwimmen, im Wasser tauchen und sich vom Rücken auf den Bauch und vom Bauch auf den Rücken drehen können. Zum Dritten muss er mit Armbrust und Bogen schießen können: Davon hat er bei Fürsten und Herzögen wohl Nutzen. Zum Vierten muss er auf Leitern klettern können, wenn es nötig ist, wie etwa im Kriege, auch an Stangen und Seilen. Zum Fünften muss er wohl turnieren können, streiten und stechen und recht und redlich im Zweikampf bestehen. Zum Sechsten muss er zu Abwehr und Angriff ringen können, auch weit springen und mit der Linken ebenso gut fechten wie mit der Rechten. Zum Siebten muss er bei Tische aufwarten können, tanzen und hofieren, auch Schach zu spielen verstehen und alles, was ihm zur Zierde gereicht …

1 *Erstellt eine Liste der Fertigkeiten, die von einem Ritter erwartet wurden.*

2 *Notiert in eurer Liste, bei welchen Gelegenheiten der Ritter diese Fertigkeiten brauchte.*

3 *Stellt in eurer Liste dem gegenüber, welche Kenntnisse und Fertigkeiten ihr vermisst.*

Die Ausbildung zum Ritter

Zum Ritter wurde man nicht geboren, sondern erzogen. Um in den Ritterstand aufgenommen und den hohen Erwartungen gerecht zu werden, die an einen Ritter gestellt wurden, entwickelte sich eine eigene Erziehung für die Söhne der Ritter.

Sie begann für den Jungen im Alter von sieben Jahren am Hof eines anderen, befreundeten Ritters. Dort lernte er – neben der ständigen kriegerischen Ausbildung – als Page* zunächst höfisches Benehmen, das heißt ein Betragen, wie es an einem Adels- oder Königshof üblich war, vor allem das Benehmen bei Tisch.

Q2 In einer Anweisung aus dem Jahr 1250 heißt es:

… Man schmatzt und rülpst auch nicht und schneuzt nicht in das Tischtuch. Ein Edelmann isst nicht mit einem anderen zusammen vom gleichen Löffel … Es ist bäuerliche Sitte, mit angebissenem Brot wieder in die Schüssel einzutunken. Aus der Schüssel trinkt man nicht wie ein Schwein. Wird einem das Trinkgefäß gereicht, soll man sich den Mund abwischen und nicht in den Trunk blasen und nicht zu viel heraustrinken …

4 *Überlegt, warum man Regeln für Tischsitten festlegte.*

Der Knappe wird zum Ritter

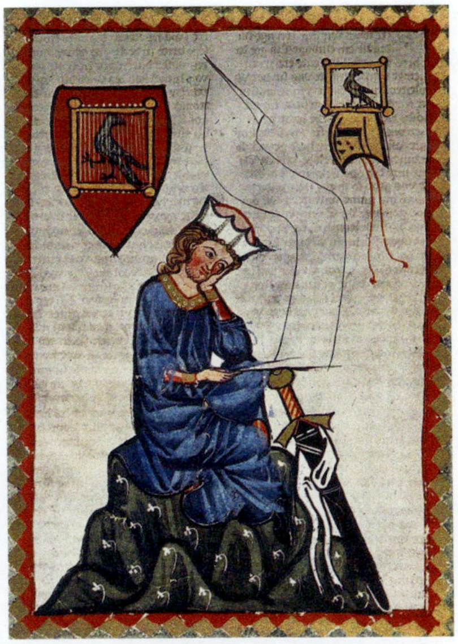

2 **Walther von der Vogelweide.** Manessische Liederhandschrift, 14. Jahrhundert.

3 **Wolfram von Eschenbach (in Ritterrüstung).** Manessische Liederhandschrift, 14. Jahrhundert.

Um Lesen und Schreiben musste sich der Page weniger kümmern, dafür standen Gesang und Lautenspiel auf dem Ausbildungsprogramm.

Nach dieser Grundausbildung wechselte der nun 14-Jährige zu einem anderen Herrn und wurde dessen Knappe*. Er lebte nun in der Welt der Erwachsenen und nahm auch am Alltag seines Lehrmeisters teil. Er trug dessen Speer und Schild, bediente ihn beim Essen und begleitete ihn auf Turnieren, bei der Jagd und sogar in der Schlacht.

Erreichte der Knappe das 21. Lebensjahr und hatte er die ritterlichen Tugenden wie Treue (triuwe), Beständigkeit (stæte), edle Gesinnung (hôher muot), Frauenverehrung (minne) oder Selbstbeherrschung (mâze) bewiesen, erhielt er die Ritterweihe. Im Rahmen eines Gottesdienstes empfing er nach dem Rittergelübde sein Schwert, das der Priester zuvor gesegnet hatte und das ihm nun umgegürtet wurde (Schwertleite). Dann schlug ihm sein Herr und Lehrmeister mit der flachen Klinge leicht auf den Nacken oder die Schulter: „Im Namen Gottes, des heiligen Michael und des heiligen Georg schlage ich dich zum Ritter; sei tapfer, unverzagt und treu!" Den Abschluss der feierlichen Zeremonie bildete ein weltliches Fest mit Essen und Musik.

Glanz des Rittertums

Zur Zeit der Staufer (1138–1268) erlebte das Rittertum seinen Höhepunkt. Die ritterlichen Tugenden wurden zu Leitbildern einer aufblühenden höfischen Kultur. Wahres Rittertum leitete sich nicht von körperlicher Stärke, Tapferkeit und Kampf ab, sondern von inneren Werten des Menschen. Vor allem die höfische Dichtung vermittelte in ihren Werken dieses Lebensgefühl und stellte damit zugleich Normen auf, nach denen die Adligen und Ritter leben sollten. Dichter wie Walther von der Vogelweide (1170–1230) und Wolfram von Eschenbach (1170–1220) entwarfen in ihren Minneliedern und Epen das Bild des „idealen Ritters". Noch heute wird ein Mensch, der gewisse Anstandsformen wahrt, als „höflich" bezeichnet.

Dass aber diese Dichtung keineswegs die Wirklichkeit widerspiegelte, die eher von Raub, Erpressung, Verrat und Mord geprägt war, zeigt das Nibelungenlied. In ihm wird der Unterschied zwischen Idealbild der Dichtung und Realität des Ritterdaseins im 12. und 13. Jahrhundert deutlich und es weist damit bereits auf den Verfall des Rittertums im Spätmittelalter hin.

5 *Erkundigt euch in eurer Literaturgeschichte nach den genannten Dichtern und Epen.*

Knappe*: *Begleiter eines Ritters, der das Waffenhandwerk lernt.*

Lesetipp:
Michael Kohlmeier: Die Nibelungen neu erzählt. Piper, München 1999.

Ritter im Turnier

1 **Ein Ritterturnier***. Buchmalerei für den Herzog von Burgund, um 1470.

Ritterturnier*:
Es gab drei unterschiedliche Formen des Turniers:
*– der **Buhurt**, ein Massenkampf zwischen zwei gleich großen Heerhaufen;*
*– der **Tjost**, ein Zweikampf, bei dem die Gegner nach mehreren Runden vom Pferd absteigen mussten um den Kampf zu Fuß und mit dem Schwert fortzusetzen;*
*– der **Turnei**, der Kampf zwischen zwei Gruppen mit stumpfen Lanzen; Sieger war die Partei, die die meisten Gegner aus dem Sattel werfen konnte.*

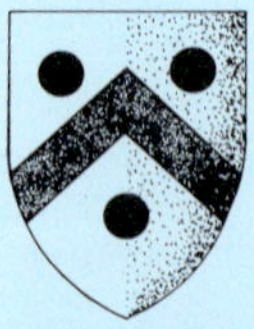

Wappen:
Wappenzeichen auf den Schilden halfen den Rittern sich zu orientieren, wenn sie mit geschlossenen Visieren kämpften. Heiratete ein Ritter, so wurden die Wappen beider Familien auf dem Schild abgebildet. Heirateten die Nachkommen, wurde das Wappen viergeteilt usw.

Q1 Der mittelalterliche Dichter Ulrich von Lichtenstein (geb. um 1200) gibt einen Einblick in ein Ritterturnier:

… An diesem Tage fand jeder, was er wollte: Hier turnierten sie um ihren Mut zu zeigen, dort um Gut zu erwerben, und so mancher um nichts anderes als um seiner Herrin willen, wieder andere zur Übung und jene dort allein um die Ehre …

Nach der Schwertleite durfte der junge Ritter erstmals als Kämpfer an einem Turnier teilnehmen. Als Berufskrieger musste er sich ständig in der Beherrschung seiner Waffen üben. Diesem Zweck dienten auch die Turniere. Zugleich waren sie aber prächtige und aufwändige Feste der höfischen Gesellschaft. Siege im Turnier galten ebenso als ehrenhaft wie eine gewonnene Schlacht. Schon Tage vor dem Turnier versammelten sich in der Nähe des Turnierplatzes nicht nur die teilnehmenden Kämpfer. Auch fahrendes Volk – Spielleute, Musikanten und Gaukler – kam hier zusammen um durch Vorführungen in Schaubuden, z. B. mit dressierten wilden Tieren wie Bären, die Leute zu belustigen und Geschäfte zu machen. Farbenprächtige Umzüge mit wehenden Fahnen und glänzenden Wappenschilden bildeten den Rahmen für die eigentlichen Kämpfe.
Der Turnierplatz war durch Schranken abgetrennt. Dahinter drängten sich die Zuschauer; vornehme Adlige und edle Damen saßen auf einer Tribüne. Beim Zweikampf zu Pferd kam es darauf an, dass der gepanzerte Ritter beim Aufeinandertreffen im schärfsten Galopp seinen Gegner mit der stumpfen, 3,70 m langen Stechlanze aus dem Sattel hob. Der Sieger erhielt aus der Hand einer Dame den Siegespreis. Der unterlegene Gegner verlor oft Pferd und Rüstung. Dennoch ist die Vorstellung, dass man durch Turniererfolge reich werden konnte, nicht angebracht. Eher ist das Gegenteil der Fall: Vielmehr bestand die Gefahr, dass Ritter, die von Turnier zu Turnier zogen, die Bewirtschaftung ihrer Güter vernachlässigten und verarmten.
Nach den Einzelkämpfen zu Pferd oder zu Fuß begannen die Gruppenkämpfe. Scharen von Rittern stürmten aufeinander los.
Nicht immer ging es mit Beulen und Wunden ab. Aus Listen, die uns überliefert sind, wissen

Die Kampfspiele der Ritter

2 **Vom Abschied bis zur Heimkehr: Ritter im Turnier.** Buchmalerei aus der Manessischen Liederhandschrift, 14. Jahrhundert.

Helme aus verschiedenen Jahrhunderten.

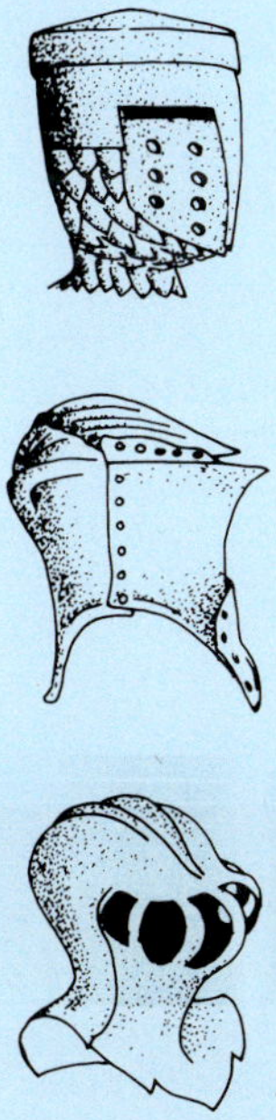

Helmzier adliger Familien aus dem 15. Jahrhundert.

wir, dass zahlreiche Ritter bei Turnieren getötet wurden. In einer Chronik aus dem Jahr 1175 steht geschrieben, dass das „verderbliche Turnieren" so verbreitet sei, dass „binnen Jahresfrist 16 Ritter dabei den Tod gefunden haben" sollen. Bei einem Turnier in Neuss bei Köln 1241 blieben sogar 60 Ritter tot auf dem Platz. Im Spätmittelalter wurden deshalb von der Kirche Turniere verboten. Die Kirche ging sogar so weit, denjenigen, die auf einem Turnier verunglückten, ein christliches Begräbnis zu verweigern.

1 *Seht euch die Abbildung 1 an und nennt verschiedene Personengruppen, die beim Turnier anwesend waren.*

2 *Nennt Gründe, die Ulrich von Lichtenstein für die Teilnahme an einem Turnier aufführt (Q 1).*

3 *Ein Knappe begleitet seinen Herrn zum ersten Mal zu einem Turnier. Nach Hause zurückgekehrt berichtet er davon. Überlegt mithilfe der Bilderfolge 2, was er erzählt haben könnte.*

4 *An die Ritterturniere erinnern auch heute noch zahlreiche Redewendungen in unserer Sprache. In welchem übertragenen Sinn gebrauchen wir Begriffe wie „mit offenem Visier kämpfen", „etwas im Schilde führen", „in Harnisch geraten", „fest im Sattel sitzen" oder „jemanden in die Schranken weisen"? Findet weitere Beispiele.*

Frauenleben in der Ritterzeit

Minnesänger:* *Minne ist das mittelalterliche Wort für Liebe. Im Minnesang wurde die Liebe zur adligen Frau durch Troubadoure besungen. Die Künstler verbanden die Dichtung mit musikalischem Können.*

► ***Hildegard von Bingen (1098–1179)*:*** *Die heilige Hildegard wurde als zehntes Kind eines Adligen in einem Kloster erzogen, in dem sie dann auch als Nonne verblieb. Als Äbtissin gründete sie die Benediktinerinnenabteien Rupertsberg bei Bingen und Eibingen bei Rüdesheim. Bereits als Kind soll sie Visionen gehabt haben, in denen sich Gott ihr offenbarte. Sie verfasste neben theologischen auch zahlreiche naturwissenschaftliche und medizinische Schriften, die ihren Ruhm als Naturforscherin und Ärztin bis heute begründeten.*

1 **Frau beim Hanfschlagen.** Buchmalerei, 14. Jahrhundert.

2 **Schreiberin** (rechts im Bild) **des Minnesängers* Reinmar von Sweter.** Buchmalerei, 14. Jahrhundert.

3 **Frauen im Garten.** Gemälde eines unbekannten Meisters, um 1410.

Die Erziehung der adligen Mädchen

Die Töchter der Ritter wurden durch eine besondere Erziehung auf ihr zukünftiges Leben vorbereitet. Dies bedeutete in erster Linie die Aufgaben als Ehefrau eines Ritters und als Burgherrin zu erfüllen, sofern sie nicht für ein Leben im Kloster bestimmt wurden – wie das Schicksal vieler adliger Mädchen, z. B. Hildegards von Bingen*, zeigt.

Die Mädchen wurden auf der elterlichen Burg von ihrer Mutter in strenger Abgeschiedenheit erzogen. Sie lernten nützliche Handarbeiten wie Spinnen, Nähen und Sticken, auch die Aufgaben, die sie als künftige „Hausfrauen" zu erfüllen hatten, mussten sie beherrschen. Eine Burgherrin hatte sich um die Hauswirtschaft der ganzen Burg zu kümmern; so musste von ihr und ihren Mägden z. B. alle Kleidung selbst genäht werden. Daneben erlernten adlige Mädchen Lesen und Schreiben und beherrschten sogar Fremdsprachen (Französisch). Auch der Gesang und das Spielen eines Musikinstruments gehörten zur Ausbildung, sodass sie in der Regel über

Frauenleben in der Ritterzeit

4 Ein Händler bietet der Burgherrin seine Waren an. Buchmalerei, 14. Jahrhundert.

5 Minneszene. Buchmalerei, 14. Jahrhundert.

mehr Bildung verfügten als die Jungen. Um ihre Chancen auf eine vorteilhafte Heirat mit einem vermögenden Adligen zu erhöhen wurde ein Edelfräulein nicht selten mit 14 Jahren an einen auswärtigen Hof gebracht, wo sie sich im Gesellschaftsspiel (z. B.Schach), dem höfischen Benehmen und auch in der Dichtkunst vervollkommnen konnte. Etwa vom 16. Lebensjahr an wurde von ihr erwartet, dass sie alle gesellschaftlichen Pflichten selbst übernahm.

1 *Überlegt, welche Voraussetzungen die Ritterfrauen erfüllen mussten, um die in den Abbildungen 1 bis 4 gezeigten Tätigkeiten ausüben zu können.*

Die adlige Frau in der Gesellschaft

Diese umfassende höfische Erziehung und Ausbildung war auch Voraussetzung und Grundlage für die gesellschaftliche und rechtliche Stellung adliger Frauen. Selbst wenn die von Männern bestimmte ritterliche Dichtung ein Frauenideal zeichnete, das sie als tugendhaft, sanft, lieb und – außer wenn sie z. B. wie Elisabeth von Thüringen* in der Armenpflege tätig war – als passiv darstellte, dürfte dies nicht der tatsächlichen Lage vieler adliger Frauen entsprochen haben. Zwar unterstanden sie der Vormundschaft des Mannes, entweder der des Vaters oder der des Ehemannes, und galten lange Zeit vor Gericht nicht als „eidesfähig". Als Herrin eines Hofes waren sie aber durchaus in der Lage zu befehlen und Entscheidungen zu treffen, die von den Untergebenen uneingeschränkt anerkannt wurden. Falls es in einer adligen Familie keine männlichen Nachkommen gab, konnte das adlige Mädchen Rechte und Pflichten wie ein Mann übernehmen. Sie verwaltete den Besitz, hielt Gericht und stellte sogar im Kriegsfall Truppen auf. Insbesondere ihr Vorrecht auf Bildung verlieh ihr eine besondere Rolle in der ritterlichen Gesellschaft, sie wurde von Troubadouren besungen und verehrt und prägte – bis hin zur Mode – das höfische Leben im Mittelalter.

2 *Fasst zusammen, welche Rolle die adlige Frau in der höfischen Gesellschaft spielte.*

Elisabeth von Thüringen (1207–1231)*:
Sie gehörte zu den bekanntesten Frauen der Ritterzeit. Die Tochter des ungarischen Königs Andreas II. wuchs auf der Wartburg auf und heiratete den Thüringer Landgrafen. Ihr Leben widmete sie ganz der Fürsorge und Pflege von armen und kranken Menschen. Nach ihrem frühen Tod wurde sie heilig gesprochen. Für viele Frauenklöster diente Elisabeths Tätigkeit als Vorbild.

Lesetipp:

Regine Pernoud: Ein Tag im Leben einer Burgherrin. Echter Verlag, Würzburg 1996.

Ursula Koch: Elisabeth von Thüringen. Brunnen-Verlag, Gießen 1998.

Das Leben auf der Burg

1 **Höhenburg Prunn bei Riedenburg im Altmühltal.**

Burgen in Bayern:

Wolfsegg

Leuchtenberg

Trausnitz

Fundgrube:

Das Geheimnis der Burg. Als Spion in geheimer Mission auf einer mittelalterlichen Burg. CD-ROM. Meyers Lexikonverlag, Mannheim.

Burgen. Spurensuche. CD-ROM. Theiss Verlag, Stuttgart.

Die Entstehung der Burgen

Lange Zeit haben die Adligen in den Dörfern in unmittelbarer Nähe zu den Bauern gelebt, ihr Herrenhof zeichnete sich meist nur durch seine Größe und eine Befestigung aus. Erst unter König Heinrich I. (919–936) begann die gezielte Anlage von „befestigten Plätzen" um die Landbevölkerung vor den Angriffen der Ungarn zu schützen – eine Entwicklung, der auch im 11. Jahrhundert immer mehr Adlige folgten, sodass es ein Jahrhundert später bereits über 19 000 Burgen im Heiligen Römischen Reich gab. Ob nun als Höhenburgen auf Bergkuppen oder im flachen Gelände Norddeutschlands als Wasserburgen errichtet, sie dienten alle denselben Zwecken:

- Ausbau der Herrschaft über ein Gebiet
- Sicherung von Handelswegen an Straßen, Flüssen und Häfen
- Verteidigung in Kriegszeiten sowie
- Wohnsitz des Burgherrn, seiner Familie und seines Gefolges.

Auf einer Burg zu leben bedeutete aber nicht nur Sicherheit und Schutz, sondern auch mehr Ansehen. Bis in die Neuzeit haben Herrscher neben reich ausgestatteten Schlössern immer wieder Burgen erbauen lassen um damit ihre besondere Stellung den Leuten vor Augen zu führen. Etwas mehr als 100 Jahre ist es erst her, dass König Ludwig II. von Bayern mit dem „Schloss" Neuschwanstein sein Idealbild einer mittelalterlichen Burg verwirklichte. Wie die vielen Touristen zeigen, ist bis heute das Interesse der Menschen an diesen Wehr- und Wohnbauten des Mittelalters nicht erloschen.

1 *Sammelt Bilder von Burgen eures Heimatraumes und stellt eine „Burgenkarte" her. Vergleicht sie mit der Zeichnung auf der gegenüberliegenden Seite. Was ist anders, was ist gleich, was ist im Laufe der Zeit zerstört worden oder zerfallen?*

2 *Listet bayerische Städte auf, deren Ursprung – wie ihr Name zeigt – auf eine „Burg" zurückzuführen ist.*

Burgen als Wohn- und Lebensstätten

2 **Eine mittelalterliche Burg.** Rekonstruktion.

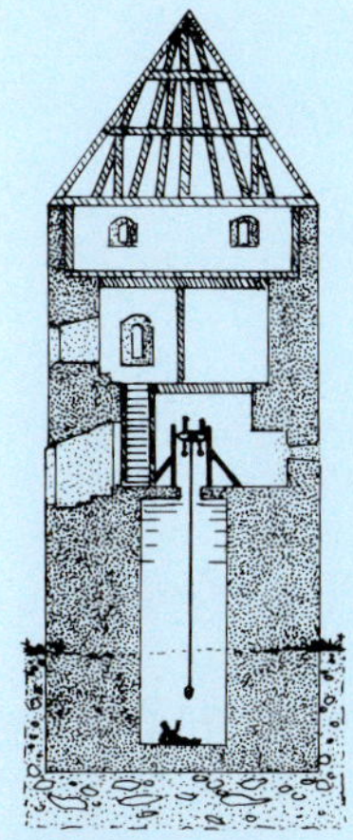

Bergfried*: *Hauptturm und letzter Zufluchtsort bei Belagerungen; deshalb hoch gelegener und nur über eine einziehbare Leiter erreichbarer Eingang; im unteren Teil oft Gefängnis (Verlies).*

Palas*: *Herrenhaus; das größte und am reichsten geschmückte Gebäude; im Erdgeschoss lagen Wirtschafts- und Vorratsräume, im Obergeschoss befand sich ein großer Saal für Feste und Versammlungen, der vom Burghof aus durch eine Freitreppe zu erreichen war.*

Kemenate*: *Zunächst der einzige beheizbare Raum, dann auch die Aufenthalts- und Arbeitsräume der Ritterfrau, Kinder und weiblichen Bediensteten.*

Zisterne*: *Sammelbecken für Regenwasser; bis zu 80 m tief.*

Die Burg als Verteidigungsanlage

Eine Burg war in erster Linie nicht als Wohnung, sondern als militärische Anlage geplant und gebaut. Vom höchsten und mächtigsten Turm, dem Bergfried*, konnte man die unmittelbare Umgebung überblicken, im Fall eines Angriffs, einer Belagerung und Eroberung war er der letzte Zufluchtsort vor dem Feind. Der Palas*, das Herrenhaus, war das größte und schönste Gebäude; angegliedert waren oftmals die Kemenaten*. Hinzu kamen in einer Burg viele andere Gebäude: Stallungen, Scheunen, Wohnräume für Knechte und Mägde. Auf keinen Fall fehlen durfte eine Kapelle für den Gottesdienst und kirchliche Feste. Um nicht an Wassernot zu leiden legte man bis zu 80 m tiefe Ziehbrunnen oder Zisternen* an. Umgeben war die gesamte Anlage von einem Wall, einem Graben und einer Ringmauer mit Wehrgängen und Türmen, die Schutz vor Angriffen und Überfällen boten.

3 *Stellt euch vor, ihr müsst als Fremdenführer Touristen eine Burganlage erklären. Macht anhand der Abbildung 2 einen Rundgang durch die Burg.*

4 *Überlegt, welche Möglichkeiten es gab eine Burg einzunehmen.*

Das Leben auf einer Burg

Auf den meisten mittelalterlichen Burgen spielte sich keineswegs ein romantisches Burgleben ab, wie es oftmals in Ritterromanen und Filmen vermittelt wird.

Q1 Über sein Leben auf der Steckelburg bei Fulda schrieb im Jahr 1518, als das Mittelalter bereits zu Ende ging, der Reichsritter Ulrich von Hutten:

... Die Burg ist von Mauern und Gräben umgeben, innen ist sie eng und durch Stallungen für Vieh und Pferde zusammengedrängt ... Überall stinkt es nach Schießpulver, und dann die Hunde und ihr Dreck, auch das ... wahrlich kein lieblicher Duft! Reiter kommen und gehen ... Man hört das Blöken der Schafe, das Brüllen der Rinder, das Bellen der Hunde, die Rufe der auf dem Feld Arbeitenden, das Knarren der Fuhrwerke ... Der ganze Tag bringt von Morgen an Mühe und Plage ... Äcker müssen gepflügt, Weinberge bestellt, Bäume gepflanzt und Wiesen bewässert werden. Wenn aber ein schlechtes Erntejahr kommt, dann haben wir fürchterliche Not und Armut ...

5 *Vergleicht das Leben auf einer Burg mit den Wohnverhältnissen von heute.*

Der Bauernstand

1 **Ein mittelalterliches Dorf.** Rekonstruktion.

Dorf- und Siedlungsformen im Mittelalter:

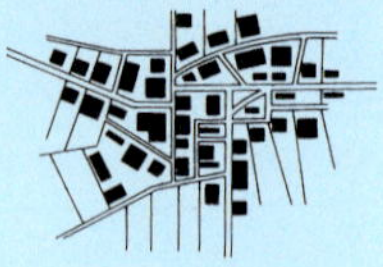

Haufendorf

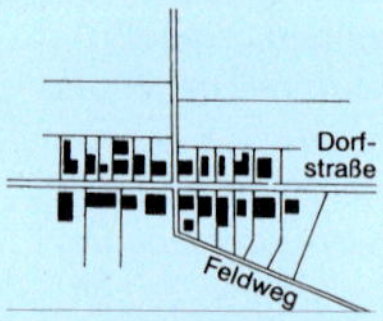

Straßendorf

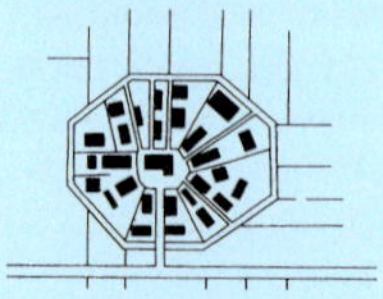

Rundling

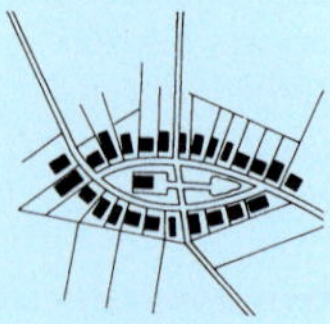

Angerdorf

***Allmende*:** Meist aus Weide, Wald oder Ödland bestehende Ländereien, die von den Mitgliedern einer Dorfgemeinschaft gemeinsam genutzt wurden.*

In einem Bauerndorf

Im Mittelalter lebten die meisten Menschen auf dem Land und von der Landwirtschaft: am Anfang fast alle, gegen Ende immerhin noch 80 bis 85 Prozent. Dies entspricht in etwa dem Anteil der Landbevölkerung in Pakistan oder in der Türkei heute.

Die meisten Bauerndörfer entstanden zwischen dem 11. und 14. Jahrhundert. Sie waren nicht sehr groß, mehr als 100 Einwohner hatten nur wenige. In der Mitte des Dorfes stand die aus Stein erbaute Kirche, in einiger Entfernung dazu die Bauernhäuser aus Holz und mit Lehm abgedichtetem Flechtwerk, das Dach aus Stroh oder Schilf. Eine Dornenhecke oder eine Einzäunung umgab das Dorf. Sie sollte verhindern, dass das Vieh entlief, und sollte zugleich Schutz vor Überfällen bieten. Außerhalb des Dorfes lagen die Felder, in denen jeder Bauer einen oder mehrere Ackerstreifen besaß, die nur gemeinsam mit gleicher Frucht bestellt werden konnten. Rings um die Felder dehnten sich Wälder und Wiesen aus, die als Allmende* von allen Dorfbewohnern gemeinsam bewirtschaftet werden konnten.

M1 Anteil der bäuerlichen Bevölkerung an der Gesamtbevölkerung in Bayern:

Jahr	Prozent
400	ca. 85
600	ca. 95
800	ca. 95
1000	ca. 95
1200	ca. 90
1400	ca. 85
1600	ca. 80
1800	ca. 80
1870	ca. 60
1907	41,4
1925	36,4
1950	20,7
1970	8,2
1990	3,61

1 *Beschreibt das Dorf auf der Abbildung 1 und vergleicht es mit einem heutigen Dorf.*

2 *Wie hat sich der Anteil der bäuerlichen Bevölkerung über die Jahrhunderte entwickelt? Wertet das Zahlenmaterial (M 1) aus und entwerft ein Säulendiagramm.*

2 **Die Arbeit des Bauern in den zwölf Monaten eines Jahres.** Aus einer französischen Handschrift, um 1480.

Arbeiten im Kreislauf des Jahres

Die Arbeit der Bauern im Mittelalter wurde durch die Jahreszeiten bestimmt. Jedem Monat waren bestimmte Tätigkeiten zugeordnet. Als Buchmalereien oder Holzschnitte wurden sie von Künstlern in „Monatsbildern" festgehalten.

Am wichtigsten für die Ernährung war der Getreideanbau. Er stand im Mittelpunkt der bäuerlichen Arbeit. Rinder – später auch Pferde – dienten als Zugtiere und lieferten den Dünger (Stallmist) für die Felder. Für den Lebensunterhalt von Bedeutung war auch die Schweinemast. Die Bauern waren größtenteils Selbstversorger: Sie bauten ihre Häuser und Hütten selbst und machten die notwendigen Reparaturen, stellten ihre Arbeitsgeräte selbst her, fertigten aus Tierhäuten und Fellen ihre Kleidung an, buken ihr Brot und verarbeiteten die Milch zu Butter und Käse.

Die Ernteerträge hingen sehr stark vom Wetter ab. Ein strenger Winter, Hagelschlag, ein verregneter Sommer oder eine Dürre konnten zu einer Missernte führen. Dann wurde die Nahrung knapp, oft starben Menschen den Hungertod. Um das Überleben zu sichern mussten alle in der Bauernfamilie mitarbeiten – auch die Kinder.

3 *Bearbeitet je ein Monatsbild aus der Bilderfolge (Abbildung 2) und stellt eure Ergebnisse der Klasse vor. Begründet dabei, in welche Jahreszeit euer Einzelbild gehört.*

4 *Informiert euch, ob und wie die Jahreszeiten heute die bäuerliche Arbeit bestimmen. Malt eine Bilderreihe über bäuerliche Arbeiten heute.*

Sprichwörter aus dem 16. Jahrhundert:

Der Bauer ist an Ochsen Statt, nur dass er keine Hörner hat.

Wenn der Bauer nicht muss, rührt er weder Hand noch Fuß.

Der Bauer und sein Stier, das sind zwei grobe Tier.

Lesetipp:
Sheila Sancha: Das Dorf. So lebte man im Mittelalter. Gerstenberg Verlag, Hildesheim 1984.

Die bäuerliche Familie

1 Mittelalterliches Bauernhaus. Kalenderminiatur (Ausschnitt), um 1500.

Q1 Sebastian Münster (1488–1552), ein Sprachforscher und Geograf, schrieb über die Bauern:

… Sie führen ein schlechtes und verachtetes Leben. Ihre Häuser sind schlechte Häuser, von Kot (Dreck) und Holz gemacht und mit Stroh bedeckt. Diese Leute haben nimmer Ruh. Von früh bis spät müssen sie arbeiten. Ihren Herren müssen sie oft durch das Jahr dienen, das Feld bebauen, säen, die Frucht abschneiden und in die Scheune fahren, Holz hauen und Gräben machen …

Der Arbeitstag einer Bauernfamilie

Das Alltagsleben einer Bauernfamilie war hart, es war von schwerer körperlicher Arbeit bestimmt. Wenn es hell wurde, stand man auf, im Sommer zwischen 4 und 5 Uhr frühmorgens, um das Vieh zu versorgen oder auch die Feldarbeit zu erledigen. Die erste Hauptmahlzeit nahm man zwischen 9 und 10 Uhr ein, die zweite nachmittags zwischen 16 und 17 Uhr. Die Mahlzeiten bestanden aus Brot, Haferbrei und gekochtem Gemüse. Obwohl der Viehzucht großes Augenmerk galt, kamen Fleischspeisen nur zu besonderen Anlässen auf den Tisch. Mit Schweinen und Schafen, aber auch mit Geflügel musste man sparsam umgehen. Eine Hausschlachtung gab es nur im Winter, da im Sommer Fleisch leicht verderben konnte und nur mit teurem Salz zu konservieren war. In Küstengegenden bildete Fisch die Hauptnahrung. Das Brotbacken verbreitete sich erst im 12. Jahrhundert. Zu trinken gab es Wasser, Molke (Käsewasser) oder Met (aus Wasser und Honig). Mitunter trank man auch Bier, das selbst gebraut wurde.

Die Kleidung wurde auf dem Hof selbst hergestellt. Die Männer trugen einen Kittel, darunter eine leinerne Hose, die Frauen Hemden und Röcke, darüber zusätzlich ein Oberkleid aus Wolle oder Leinen. Die Schuhe bestanden aus einem Stück Leder, das an den Knöcheln gebunden war. Wie der Bundschuh so zeigte auch der kurze Haarschnitt die Zugehörigkeit zum Bauernstand.

Sobald es dunkel wurde, ging man schlafen, denn eine Beleuchtung gab es kaum. Die meisten Bauernhäuser bestanden nur aus einem einzigen Raum. Ein grob gezimmerter Tisch, ein paar Bänke an den Wänden, dreibeinige Hocker – das war das gesamte Mobiliar. Betten gab es nicht. Man legte sich zum Schlafen auf Strohsäcke oder im Winter an das Herdfeuer oder auf die Ofenbank. Wenn dann am nächsten Tag das Tageslicht durch die kleinen Fensterluken fiel, die nur notdürftig mit Häuten verschlossen waren, begann erneut ein langer, harter Arbeitstag für die ganze Familie.

Die durchschnittliche Lebenserwartung der bäuerlichen Bevölkerung lag bei etwa 30 Jahren. Missernten, Hungersnöte, Krankheiten und Seuchen verhinderten das Erreichen eines höheren Lebensalters.

1 *Schaut euch die Abbildung 1 an und beschreibt dann das Leben auf einem Bauernhof.*

2 *Erarbeitet anhand von Q 1, wie Sebastian Münster das Bauernleben sieht.*

3 *Versetzt euch in die Lage eines Bauern. Wie könnte er sich fühlen?*

Albrecht, ein Bauernsohn, berichtet:
Wie meine Eltern und Geschwister gehöre ich dem Grundherrn. Wenn mein Vater nicht mehr arbeiten kann, übernehme ich den Hof. Mit meinem Vater arbeite ich bis in die Dunkelheit auf dem Feld. Spielen darf ich nur am Sonntag. Ich muss im Morgengrauen aufstehen und mit dem Vater zum Ernten gehen. Er bringt mir alles bei.

Frauen und Kinder in den Dörfern

Die Bäuerin

M1 Besonderen Belastungen schienen die Bäuerinnen ausgesetzt zu sein. So heißt es in einem 1985 erschienenen Buch:

... Neben der Hilfe bei Heu- und Getreideernte verrichteten sie eine Fülle von Tätigkeiten in Haus, Garten und Feld, wie Dreschen des Korns, Versorgung des Groß- und Kleinviehs, Weiterverarbeitung der Milch zu Butter und Käse und Schlachten von Haustieren ... Zu den üblichen Arbeiten der Frau im bäuerlichen Haushalt gehörten die Betreuung des Herdfeuers, die Zubereitung der Speisen und die Anlage von Vorräten ... Typisch weibliche Tätigkeiten waren die Verarbeitung von Hanf und Flachs und das Spinnen und Weben von Leinen ... Für den Zusammenhalt der bäuerlichen Hausgemeinschaft und für das Funktionieren der Bauernwirtschaft überhaupt übte die Bäuerin also eine unersetzbare Funktion aus. Einen Bauernhaushalt ohne Frau zu führen war schlechterdings nicht möglich. Harte, entsagungsvolle Arbeit vom Morgen bis zum Abend bestimmte den Alltag der Bäuerin ...

Die Kinder in der Familie

Die frühen Heiraten führten zu zahlreichen Geburten. Kinderkrankheiten, der Schmutz in den Bauernhäusern und die fehlende Hygiene ließen viele Kinder bereits im Säuglings- oder Kleinkindalter sterben: Von 12 bis 14 Neugeborenen blieben in der Regel nur drei bis fünf Kinder am Leben. Lesen und Schreiben lernten sie nicht, nur das, was für das Leben in einer Bauernfamilie wichtig war. Schon mit fünf oder sechs Jahren mussten sie im Haushalt, Garten oder Stall mithelfen um möglichst bald mit allen anfallenden Arbeiten vertraut zu sein.

4 *Beschreibt mit eigenen Worten den Arbeitsalltag einer Bäuerin. Berücksichtigt dabei die Abbildungen 2,3 und 4.*

5 *Stellt fest, warum Kinder als Arbeitskraft für die Eltern so wichtig waren.*

6 *Informiert euch darüber, ob und wo Kinderarbeit heute noch vorkommt.*

2 **Buttern und Melken.** Buchmalerei (Ausschnitt), um 1500.

3 **Brot backen.** Buchmalerei (Ausschnitt), um 1500.

4 **Spinnen von Schafwolle.** Kalenderminiatur (Ausschnitt), um 1530.

Hildegard, eine Bauerstochter, berichtet: *Wichtig ist, dass ich die Stall-, Feld- und Hausarbeit lerne. Wenn ich einmal heirate, dann kann ich den Haushalt führen. Manchmal gehe ich mit der Mutter auf den Markt. Dort verkaufen wir Eier und Hühner. Abends muss ich beim Spinnen helfen. Oft helfe ich meiner Mutter beim Sammeln von Pilzen, Beeren und Bucheckern.*

Das Leben in der Dorfgemeinschaft

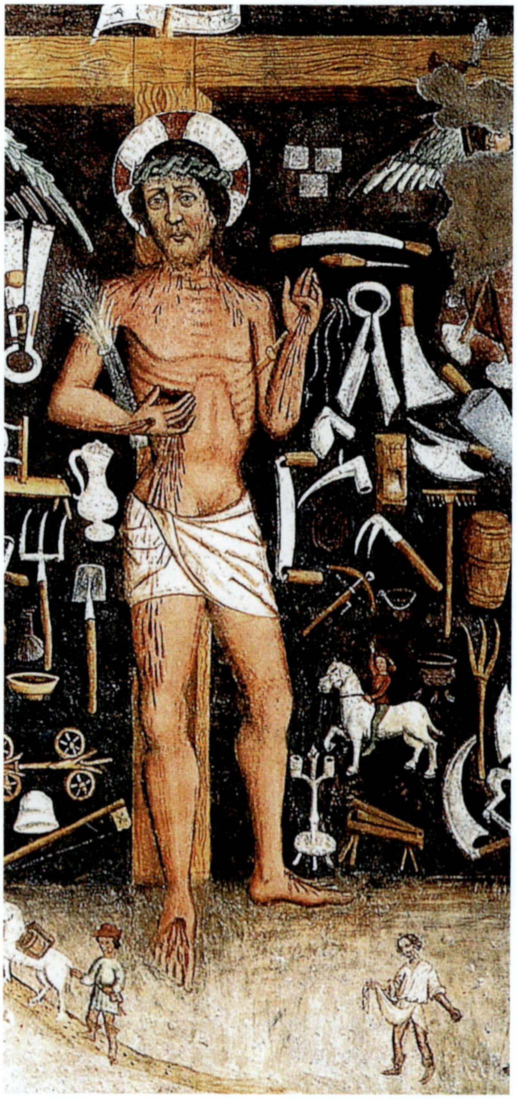

Heiliger/Schutzpatron*: *In der katholischen Kirche können Menschen, die die christlichen Tugenden in besonderer Weise geübt oder als Wunder geltende Taten vollbracht haben, heilig gesprochen werden. Sie werden von den Gläubigen besonders verehrt und um deren Fürsprache bei Gott angerufen. Insbesondere in der bäuerlichen Bevölkerung werden die „14 Nothelfer" verehrt.*

St. Leonhard: *Nothelfer in Gefangenschaft oder bei Viehseuchen. Er wird in vielen Regionen Bayerns noch heute als der „Pferde-Heilige" verehrt. An seinem Namenstag (6. November) wird bei Leonhardi-Ritten und -Umzügen den Pferden der Leonhardi-Segen erteilt. In vielen Kirchen befinden sich Votivtafeln und -gaben (Hufeisen, kleine geschmiedete Pferdefiguren) für den Heiligen.*

1 **Der „Feiertags-Christus" an der Kirche von Saak in Kärnten (Österreich).** Fresko, 1465.

Tagesablauf und Kirche

Jeden Morgen läuteten die Glocken zur Frühmesse, zur Mittagszeit und am Abend zum Ausklang des Tages läuteten sie erneut. Da die Bauern keine Uhren kannten, richteten sie ihren Tagesablauf nach dem Stand der Sonne und dem Glockenläuten. Die Kirche, das größte und schönste Gebäude, bildete den Mittelpunkt des Dorfes. Der Kirchgang war für die Dorfbewohner selbstverständlich. An Sonn- und Feiertagen gingen sie mehrmals zum Gottesdienst. An ihnen waren auch die meisten Arbeiten streng verboten. Um die Bauern immer wieder daran zu erinnern gab es in manchen Kirchen Bilder, die auf dieses Verbot hinwiesen. Auch die Herrscher, z. B. Karl der Große im Jahr 789, erließen Gesetze, in denen Sonntagsarbeit streng untersagt war. Besondere Verehrung genossen Heilige als Schutzpatrone*, um deren Hilfe man in Zeiten von Gefahr und Not flehte. Die Kirche, vor allem die Klöster, traten auch aktiv für Notleidende ein, indem sie diese mit Lebensmitteln versorgten.

Feste – Erholung von der Arbeit

Eine willkommene Abwechslung zum harten Alltag stellten die Feste dar. Die vielen Feiertage des Kirchenjahres und die vielen Familienfeste wie Hochzeiten und Taufen waren immer ein Anlass zum Feiern.

Q1 In Berichten aus dem 16. Jahrhundert heißt es:

… In der Kirche … kommen sie an Festtagen vormittags alle zusammen und hören von ihrem Priester Gottes Wort.
Am Nachmittag trifft man sich unter der Linde oder an einem anderen öffentlichen Ort um zu feiern. Einige gehen dazu ins Wirtshaus zum Zechen, andere spielen mit Kugeln.
Die Jüngeren aber, Knechte und Mägde, laufen zum Tanzen und springen herum zu den Melodien der Musikanten, die Dudelsack oder Pfeife spielen. Besonders beliebt waren das Kirchweihfest, die Kirmes, und das Frühlingsfest, das häufig im Mai gefeiert wurde. Eine besondere Rolle spielte dabei das Festessen …

1 *Erklärt mithilfe der Abbildung 1, welche Arbeiten an Sonn- und Feiertagen strikt verboten waren. Überlegt auch, warum diese Verbote als Bilder dargestellt wurden.*
2 *Erklärt, welche Rolle die Kirche im Dorf spielte (Lage, Funktion). Beurteilt, ob die Kirche diese Rolle heute noch erfüllt.*
3 *Berichtet von Festen und Feiertagen, die von euch besonders begangen werden. Erkundigt euch bei euren ausländischen Mitschülerinnen und Mitschülern nach deren Festen.*

Wer zuerst kommt, mahlt zuerst

Das Dorfgericht

Die Dörfer des Mittelalters waren klein. Jeder kannte hier jeden. Man arbeitete gemeinsam, besuchte gemeinsam den Gottesdienst und gemeinsam feierte man auch die Dorffeste. Dieses Miteinander nannte man Nachbarschaft oder Gutnachbarlichkeit, was allerdings nicht ausschloss, dass es auch Konflikte zwischen den Bauern gegeben hat. Wo Menschen dicht beieinander wohnen, wo Höfe Zaun an Zaun stehen und jedermann eifersüchtig darüber wacht, ob ihm nicht irgendein Nachteil entsteht, kann es leicht zu Streit kommen.

Fühlte sich ein Bauer in seinen Rechten verletzt, klagte er vor einem Dorfgericht, das von einem Bauernmeister oder Schulzen (Schulten, Schultheiß*) geleitet wurde. Dies war ein besonders angesehener Bauer, der von den Dorfbewohnern gewählt oder vom Grundherrn ernannt wurde. Das Gericht tagte mehrmals im Jahr, und zwar immer an einem Sonntag, damit jeder daran teilnehmen konnte. Die Verhandlung fand unter der Dorflinde oder an einem anderen öffentlichen Platz – im Winter in der Kirche – statt. Dem Schulzen standen zwei oder mehr Schöffen als Berater zur Seite. Kläger und Beklagte brachten ihre Zeugen mit um ihr Recht zu erstreiten. Besonders streng bestraft wurde z. B. das Versetzen von Grenzsteinen.

2 Dorfgericht unter der Linde. Aus einer Schweizer Bildchronik, 1513.

Q2 Zahlreiche Urteils- und Rechtssprüche dieser Dorfgerichte sind uns noch erhalten:

... Wenn einer dem anderen über sein Saatfeld Vieh treiben muss, soll er das Vieh an Stricken treiben ohne der Saat zu schaden.

Will einer Mist oder anderes auf sein Feld oder Frucht und Heu heimfahren und muss er dabei über das Gebiet eines anderen, so darf er es nur mit Erlaubnis des Besitzers ...

Wer beim Brande nicht zum Retten mit herzuläuft und doch höret das Klingen oder Anschlagen der Glocke oder Geschrei des Volkes und lässt das aus Neid oder wegen Feindschaft, der soll Buße zahlen.

Wer zuerst in die Mühle kommt, mahlt zuerst ...

Die Urteils- und Rechtssprüche dieser Dorfgerichte wurden in Weistümer* übernommen, die als Gesetzessammlungen das Leben in der Dorfgemeinschaft regelten und Pflichten und Rechte der Dorfbewohner festlegten. Diese Gewohnheitsrechte wurden ursprünglich mündlich überliefert, seit dem 13./14. Jahrhundert aber aufgeschrieben und bildeten die Grundlage der Friedenswahrung und Rechtsprechung im Dorf.

4 *Welche Rechtsfälle werden in Q 2 geregelt?*

5 *Beschreibt die in Abbildung 2 dargestellte Gerichtsszene und spielt folgende Situation: Ein Bauer will zur Heuernte über das Land seines Nachbarn fahren, was dieser ihm aber verweigert.*

Schultheiß*: *Er vertrat im Dorf den Grundherrn und war für die Einziehung der Abgaben zuständig. Da er gleichzeitig über einen großen Hof verfügte, war er einer der wichtigsten Personen in der Dorfgemeinschaft; in der Regel leitete er auch das Dorfgericht.*

Weistümer*: *Gesetzessammlungen von mündlich überlieferten Gewohnheitsrechten.*

Fortschritte in der Landwirtschaft

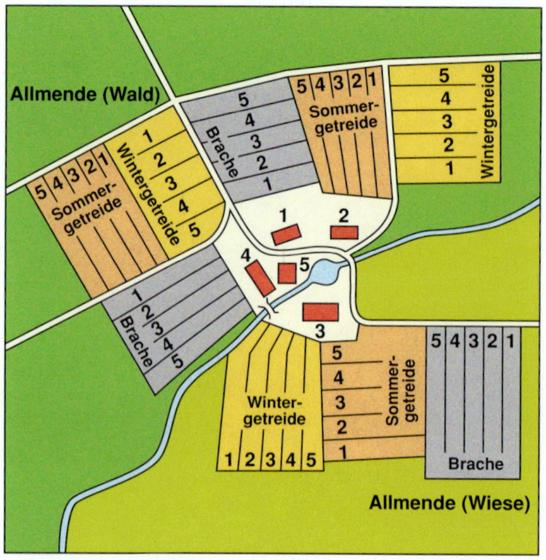

1 Die Flur einer bäuerlichen Dorfsiedlung im Mittelalter.

A	Feld 1	Feld 2
1. Jahr	Getreide	Brache
2. Jahr	Brache	Getreide
3. Jahr	Getreide	Brache

B	Feld 1	Feld 2	Feld 3
1. Jahr	Winter-getreide	Sommer-getreide	Brache
2. Jahr	Sommer-getreide	Brache	Winter-getreide
3. Jahr	Brache	Winter-getreide	Sommer-getreide

2 Die Zwei- und Dreifelderwirtschaft.

Von der Zwei- zur Dreifelderwirtschaft

Jahrhundertelang bearbeiteten die Bauern ihre Äcker immer auf die gleiche Art: Sie teilten ihr Land in zwei gleich große Teile. Die eine Hälfte wurde beackert, die andere ließ man brach liegen. So konnte sich der Boden auf der ungebrochenen Hälfte erholen (Zweifelderwirtschaft*). Die Ernteerträge waren allerdings sehr gering und reichten kaum zur Ernährung der Bevölkerung aus.

Seit dem 12./13. Jahrhundert setzte sich in ganz Europa eine neue Art der Bodennutzung durch. Die Bauern teilten ihre Ackerfläche jetzt in drei gleich große Teile. Ein Feld bestellte man mit Wintergetreide (Weizen, Roggen oder Gerste), das zweite mit Sommergetreide (Hafer, Gerste) und Hülsenfrüchten (Erbsen, Bohnen, Linsen) und das dritte blieb brach liegen. Es diente als Viehweide.

Diese Dreifelderwirtschaft* brachte den Bauern große Vorteile:

- Die Ernteerträge fielen wesentlich höher aus.
- Die Arbeiten des Pflügens, Säens und Erntens konnten gleichmäßiger über das ganze Jahr verteilt werden.
- Zwei verschiedene Saaten boten größere Sicherheit vor Unwettern und somit Missernten.
- Die Felder, die brach lagen, konnten sich gut erholen. Da sie als Viehweide dienten, wurden sie gleichzeitig gedüngt. Zusätzlich brachten die Bauern dort ihren Stallmist auf.

Der Flurzwang

In vielen Dörfern ergaben sich durch die Dreifelderwirtschaft aber auch Probleme. Mancher Bauer konnte z. B. nur über den Nachbaracker sein eigenes Feld erreichen um den Acker für die Einsaat des Sommergetreides umzupflügen. Stand auf dem Nachbaracker Wintergetreide, dann konnte er im Frühjahr seinen Acker nicht pflügen.

Man teilte deshalb das Ackerland in drei gleich große Teile, sog. Gewanne*. Die Bauern erhielten in jedem Gewanne ihren Acker (siehe Abbildung 1). Während in einem Gewanne nur Sommergetreide, im zweiten nur Wintergetreide angebaut wurde, blieb das dritte brach liegen. Die Dorfgemeinschaft oder der Dorfvorsteher setzte fest, wann gesät oder geerntet wurde. Jeder musste sich an diese Ordnung halten. Es herrschte Flurzwang*.

1 *Beschreibt mithilfe der Schaubilder 1 und 2 die Veränderungen von der Zwei- zur Dreifelderwirtschaft.*

2 *Erklärt die Vorteile der Dreifelderwirtschaft. Wie bewirtschaften heute Bauern ihre Felder?*

Zweifelderwirtschaft*: *Form der Feldwirtschaft, bei der das Ackerland abwechselnd je zur Hälfte zum Anbau von Getreide und als Brache dient.*

Dreifelderwirtschaft*: *Form der Feldwirtschaft, bei der das Ackerland in dreijährigem Wechsel für Sommer- und Wintergetreide sowie als Brache genutzt wird.*

Gewanne*: *Mittelalterliche Flur, an der jeder Bauer einen Acker besitzt.*

Flurzwang*: *Von der Dorfgemeinschaft vorgeschriebene Bewirtschaftung der Felder und Äcker.*

Von der Sichel zur Sense

	um 800	um 1200
Aussaat	100 kg	100 kg
Ertrag	z.B. 100 kg, 50 kg	100 kg, 100 kg, 100 kg
Nach Abzug der Saatmenge für das neue Jahr bleiben für den Verbrauch:	50 kg	100 kg, 100 kg

3 Das Verhältnis zwischen Aussaat und Ernteertrag bei der Getreideernte zwischen 800 und 1200.

Not macht erfinderisch

M1 Zwei Bauern, Widrad und Ruodlieb, unterhalten sich über ihre Arbeit:

WIDRAD: Was habe ich mich heute wieder abgerackert. Mit dem Holzpflug ist es fast unmöglich, den harten Boden aufzureißen. Ich musste meinen Ochsen mit der Rute antreiben.

RUODLIEB: Warum besorgst du dir nicht das neue Kummetgeschirr? Damit geht es viel leichter. Man legt diesen Lederkragen dem Pferd einfach um den Hals, sodass beim Ziehen die Last gleichmäßig auf Brust und Schultern verteilt wird.

WIDRAD: Und das gibt es tatsächlich?

RUODLIEB: Ich habe es selbst ausprobiert. Meiner Meinung nach werden viele unserer mühsamen Arbeiten sowieso bald viel einfacher sein. Erst neulich sah ich zudem ein eigenartiges Gerät, das Sense heißt. Angeblich kann man damit viel schneller mähen als mit der Sichel.

WIDRAD: Dann sollte man aber auch einmal etwas für das Dreschen erfinden. Das anstrengende Schlagen mit den Stöcken mag ich am wenigsten, es bricht mir fast das Kreuz.

RUODLIEB: Sei unbesorgt! Kommt Zeit, kommt Rat.

3 *Gebt an, welche „modernen" Geräte in der Unterhaltung der beiden Bauern erwähnt werden. Worin liegt ihr Vorteil?*

Neue Arbeitsgeräte und Techniken

Seit dem frühen Mittelalter löste der Räderpflug mit eiserner Pflugschar allmählich den Hakenpflug ab, der den Boden nur aufriss. Mit dem neuen Pflug konnte der Boden stärker aufgelockert werden und die im Boden befindlichen Nährstoffe gelangten leichter nach oben.

Für die Pferde wurde im 8. Jahrhundert eine neue Art des Anschirrens entdeckt. Das Kummet, ein gepolsterter versteifter Halsring, übertrug die Zuglast auf die Schulterblätter der Pferde und erhöhte so die Zuglast auf das Vier- bis Fünffache.

Die Sichel wurde seit dem 11. Jahrhundert durch die Sense ersetzt. Mit ihr konnten die Bauern rascher ernten und die Getreidehalme tief unten abschneiden.

Einfacher und ergiebiger wurde auch das Dreschen durch den Einsatz von Dreschflegeln. Der Dreschflegel, der das zuvor übliche Ausschlagen mit dem Stock oder das Ausstampfen oder Austreten durch Tiere oder Menschen überflüssig machte, war in Mitteleuropa bis zum vorigen Jahrhundert in Gebrauch. Erst dann wurde er von der Dreschmaschine abgelöst.

4 *Untersucht mithilfe des Schaubilds 3, wie sich das Verhältnis zwischen Aussaat und Ernteertrag zwischen 800 und 1200 verändert hat. Was bedeutete das für die Menschen?*

Neue Arbeitsgeräte und Techniken in der Landwirtschaft:

eiserner Pflug

Pferd als Zugtier

Sense

Dreschflegel

Düngung mit Mist und Mergel

besseres Saatgut

Werkstatt Geschichte: Ernährung im Mittelalter

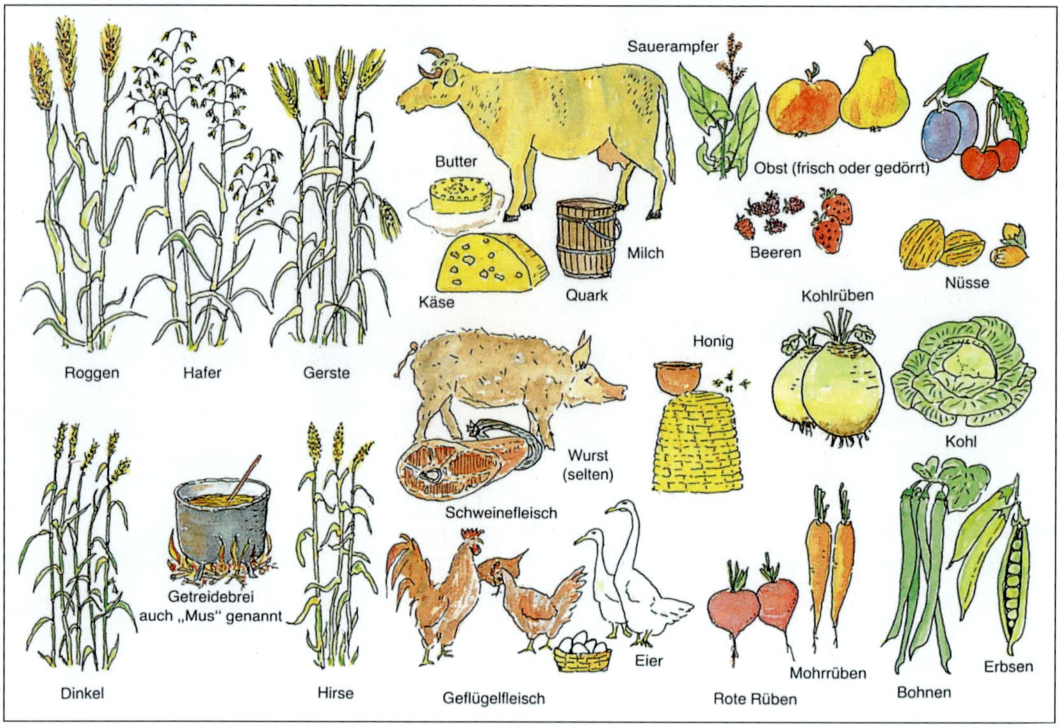

1 Nahrungsmittel im Mittelalter.

1. Was gab es zu essen?

Das könnt ihr ganz einfach herausfinden:

- Fasst die Nahrungsmittel in dem Schaubild in Gruppen zusammen.
- Nennt Möglichkeiten, die im Schaubild aufgeführten Nahrungsmittel haltbar zu machen, z. B. als Wintervorrat. Findet heraus, wie wir heute Nahrungsmittel haltbar machen.
- Fertigt eine Collage von den Nahrungsmitteln an, die ihr gern esst. Vergleicht mit dem Speiseplan des Mittelalters.
  Was fehlt? Welche Nahrungsmittel sind für uns heute noch von Bedeutung?
- Schlagt im Lexikon nach, woher die Kartoffel kam und seit wann sie in Europa Nahrungsmittel ist.

2. Jeden Tag „Mus"? – Guten Appetit!

Hauptnahrungsmittel der bäuerlichen Familie war der Getreidebrei, in einigen Gegenden auch „Mus" genannt. Wenn ihr wissen wollt, wie der Brei, den es fast jeden Tag gab, geschmeckt hat, dann kocht ihn nach dem folgenden Rezept:

Zutaten:
1,5 Liter Wasser
etwas Salz
1 Pfund Weizen
evtl. noch 2 Esslöffel Milch und
2 Esslöffel Schweineschmalz

Vorbereitung:
Das Mehl wird aus dem vollen Weizenkorn hergestellt. Die Weizenkörner werden auf einem Backblech im Backofen gebräunt; dann werden sie z. B. in einer Kaffeemühle geschrotet; sie müssen aber noch kernig sein.

Zubereitung:
Wasser in einem Topf erwärmen, dann das Mehl langsam einstreuen und mit dem Schneebesen umrühren; auf kleiner Flamme eine gute Stunde langsam kochen lassen. Wenn der Brei zu dick erscheint, etwas Wasser dazugeben. Immer wieder umrühren, damit nichts anbrennt.
Man kann an den fertigen Brei ein paar Esslöffel Milch geben, damit er etwas milder schmeckt.
Zum Schluss wird das Schmalz erhitzt und dazugegeben, wobei der Brei gerührt wird. Man kann auch mit dem Esslöffel ein paar Vertiefungen machen, damit das Schmalz hineinläuft.

Methode: Eine Exkursion planen und durchführen

Eine Exkursion zu einem Bauernmuseum

Damit ihr euch das Leben der Bauern im Mittelalter noch besser vorstellen könnt, unternehmt ihr am besten eine Exkursion zu einem Bauernmuseum. In Freilichtmuseen, die von den bayerischen Bezirken, Landkreisen und auch Privatleuten unterhalten werden, und in über ganz Bayern verstreuten Bauernhof-, Landwirtschafts- und Heimatmuseen gibt es alte Bauernhöfe, die so aufgebaut und ausgestattet sind, wie sie im Mittelalter ausgesehen haben. Ihr könnt dort mittelalterliche Werkzeuge und landwirtschaftliche Geräte besichtigen; an besonderen Museumstagen werden sogar spezielle Handwerkstechniken und traditionelle Arbeiten in Haus und Hof vorgeführt.

Und so könnt ihr vorgehen:

1. Schritt
Informationen beschaffen

Findet heraus, wo in eurer Nähe ein Bauernmuseum ist, und lasst euch Prospekte schicken. Nutzt auch auf der Suche nach Adressen die Möglichkeiten des Internets (www.museen-in-bayern.de/Freilichtmuseen) Hier z. B. einige mögliche Ziele:

- Fränkisches Freilandmuseum Bad Windsheim
- Oberpfälzer Freilandmuseum Neusath-Perschen
- Freilichtmuseum des Bezirks Oberbayern an der Glentleiten
- Museumsdorf Bayerischer Wald in Tittling
- Schwäbisches Bauernhofmuseum in Kronburg-Illerbeuren

2. Schritt
Die Erkundung vorbereiten und organisieren

Plant bereits im Unterricht einen Rundgang durch das Museum. Was wollt ihr besichtigen und erfahren? Wie geht ihr am besten dabei vor?

3. Schritt
Das Museum selbstständig entdecken und erforschen

Vergleicht die Bauernhäuser, z. B. nach Größe, Raumaufteilung, Ausstattung, aber auch mit einem modernen Bauernhof. Fragt nach, ob handwerkliche und landwirtschaftliche Techniken gezeigt werden, die ihr auch nachvollziehen könnt. Dokumentiert eure Exkursion mit Fotos und anderen Arbeitsmaterialien.

4. Schritt
Arbeitsergebnisse vorstellen

Die Ergebnisse eurer Exkursion könnt ihr auf verschiedene Weise festhalten:

- Verfasst einen Artikel für die Schülerzeitung.
- Stellt euch vor, ihr wohnt in einem der Häuser zusammen mit der Familie und den vielen Tieren unter einem Dach. Schreibt eine Erzählung, wie euer Leben ausgesehen haben könnte.
- Veranstaltet eine Podiumsdiskussion, in der ihr erörtert, ob solches „alte Gerümpel" es wert ist, durch den Denkmalschutz erhalten zu werden.
- Gestaltet mit euren Materialien eine Ausstellung zum Thema „Leben in einem mittelalterlichen Dorf".

Vergangenheit wird greifbar

Das Aufstellen des Maibaums geht bis ins 17. Jahrhundert zurück. In manchen Orten werden daran Zunftzeichen angebracht.

1 **Gebirgsschützen in ihrer typischen Tracht.**

Ein altes Sprichwort lautet: „Man muss die Feste feiern, wie sie fallen." Das lassen wir uns meist nicht zweimal sagen. Gern treffen wir uns mit Freunden und Bekannten um gemeinsam ein paar schöne Stunden fernab vom Alltag zu verbringen. Schließlich gibt es viele Anlässe, die wir feierlich begehen können. Im Kreis unserer Familie und Freunde heben wir z. B. häufig besondere Stationen im Leben eines einzelnen Menschen hervor. Dazu gehören Geburtstags- und Hochzeitsfeiern oder die Taufe eines Kindes. Doch es ist uns nicht nur in den fröhlichen Momenten unseres Lebens wichtig, dass alle dabei sind, die uns nahe stehen. Auch wenn jemand gestorben ist, treffen sich die Familie, Freunde und Bekannte zu einer Trauerfeier.

Feste und Feiern gibt es natürlich nicht nur im Kreis von Familie und Freunden. Das Zusammenleben in der Schule, in der Stadt oder der Gemeinde wird durch Feste und Feiern ebenfalls in eine bestimmte Form gebracht. Dazu gehören beispielsweise Heimatfeste, Schulfeste oder Feste, bei denen sich bestimmte Berufsgruppen treffen.

1 *Wie feiert ihr euren Geburtstag? Was ist für euch besonders wichtig? Warum?*

2 *Tragt zusammen, worauf ihr bei einem Schulfest Wert legt. Was ist ähnlich wie beim Geburtstag, was ist anders?*

3 *Heimatfeste werden oft von Menschen besucht, die seit vielen Jahren nicht mehr in dem Ort leben. Warum haben derartige Feste eine so große Anziehungskraft auch auf die ehemaligen Einwohner?*

Historische Bräuche

Es gibt Feste, die regelmäßig in ähnlicher Weise in den meisten Orten gefeiert werden. Dazu gehören die religiös begründeten Kirchweihfeste ebenso wie die weltlichen Schützenfeste oder das Aufstellen des Maibaums. Die dabei immer wiederkehrenden Abläufe der Ereignisse bezeichnet man als „Brauchtum". Natürlich sehen die Feierlichkeiten von Ort zu Ort und von Landschaft zu Landschaft jeweils etwas anders aus. Trotzdem haben diese Bräuche alle etwas gemeinsam: Sie werden seit längerer Zeit gepflegt, wiederholen sich in einem bestimmten Rhythmus und bleiben innerhalb eines Ortes häufig über viele Jahre hinweg ohne wesentliche Veränderungen bestehen.

Ein Beispiel für einen oberfränkischen Brauch stellen die alljährlich stattfindenden „Schülerfeste" dar. Seit dem 15. Jahrhundert wird am 12. März die Einschulung in Coburg durch das „Gregoriusfest" besonders hervorgehoben. Es finden sportliche Wettkämpfe und Spiele statt, wobei die Kinder als Lohn den „Gregoriusbatzen" (1 DM, etwa 0,50 €) erhielten. In früheren Jahrhunderten wurde dabei zugleich ein Schüler, der durch besonders vorbildliches Verhalten hervorstach, zum Kinderbischof erhoben.

4 *Warum hat das Fest wohl den Namen „Gregoriusfest"? Bedenkt, dass es alljährlich am gleichen Tag (am 12. März) gefeiert wird.*

5 *Was haltet ihr von dem Amt des „Kinderbischofs"?*

6 *Welche Bedeutung haben für euch Trachten, wie ihr sie auf Abbildung 1 seht?*

Historische Feste

Historische Feste erinnern an bedeutsame Ereignisse in der Geschichte einer Stadt oder eines Dorfes. Diese Feste werden folglich nur in dem entsprechenden Ort gefeiert. Man versucht die vergangenen Geschehnisse „greifbar" zu machen. Schauspiele, Turnierkämpfe, Umzüge in zeitgemäßen Gewändern, Lagerleben und vieles mehr laden die Besucher ein sich die Vergangenheit aus nächster Nähe anzuschauen. Dabei haben diese Feste oft schon eine lange Tradition.

Landshuter Fürstenhochzeit

Alle vier Jahre erinnert die Stadt Landshut in Niederbayern an die denkwürdige Eheschließung zwischen Jadwiga, der polnischen Königstochter, und Georg dem Reichen, Sohn Herzog Ludwigs, im Jahr 1475. Damals wurden in Landshut rund 15 000 Gäste vom Herzog verköstigt. Beeindruckend, wenn man bedenkt, dass in Landshut selbst nur 8000 Einwohner lebten! Zu den Geladenen zählten die wichtigsten Herrscher Europas, darunter sogar Kaiser Friedrich III. Dementsprechend fürstlich fiel deshalb auch die Bewirtung aus. 333 Ochsen, 285 Schweine, 625 junge Schafe, 1130 ausgewachsene Schafe, 75 Wildsauen, 162 Hirsche, 1537 Lämmer, 490 Kälber, 12 000 Gänse, 6200 Hühner, 194 045 Eier, außerdem Käse, Fische und Krebse in Mengen wurden im Rahmen der 23-tägigen Feierlichkeiten verzehrt. Die Ausgaben betrugen damals 60 755 rheinische Gulden und 73 Pfennige, das wären heute umgerechnet 12,5 Millionen €.

Landshut würdigt das historische Ereignis auch auf eine ganz besondere Weise. Einige Wochen lang herrscht dort buntes mittelalterliches Treiben: In historischen Gewändern werden, von mittelalterlichen Musikinstrumenten begleitet, zeitgerechte Tänze aufgeführt. Hofnarren treiben ihre Späße und für das leibliche Wohl wird durch am Spieß gebratene Ochsen gesorgt. Eine besondere Attraktion bilden die Turniere zu Pferd. Wie im Mittelalter stellen dabei Männer ihr Können im spielerischen ritterlichen Kampf unter Beweis. Allerdings übten die Ritter des 15. Jahrhunderts dabei gleichzeitig für den Kriegsfall. Nicht selten wurden sie bei den Turnieren schwer verletzt. Heute sind es meist Stuntmen, die sich gekonnt vom Pferd fallen lassen. Eine „moderne Rüstung" wiegt nicht wie vor 500 Jahren 50 Kilogramm. Ein Ritter des 21. Jahrhunderts schleppt „nur" 20 Kilogramm mit sich herum. Dafür dauern die „modernen" Turniere eine Stunde, während im Mittelalter nur wenige Minuten gekämpft werden konnte.

2 **Kaufbeurer Tänzelfest: Kinder spielen die Geschichte ihrer Stadt.**

Landshuter Fürstenhochzeit.

Tänzelfest in Kaufbeuren

In Kaufbeuren erinnert man sich alljährlich an den Einzug Kaiser Maximilians in der freien Reichsstadt am 25. Mai 1497. In originalgetreuer Kleidung nehmen rund 1500 Kinder an dem farbenfrohen Umzug teil. Sie verkörpern alle prominenten Personen, die damals in der Stadt waren. Die Ereignisse des Jahres 1497 werden außerdem durch Spielszenen, Zunftreigen und Tänze verdeutlicht. Bereits seit 1595 wird dieses Fest in Kaufbeuren gefeiert.

7 *Tragt zusammen, welche Feste in eurer Umgebung stattfinden. Handelt es sich dabei eher um Brauchtum oder um historische Feste? Findet heraus, wie lange es die Feste schon gibt und welchen Entstehungshintergrund sie haben.*

Further Drachenstich.

Was ist eine Stadt?

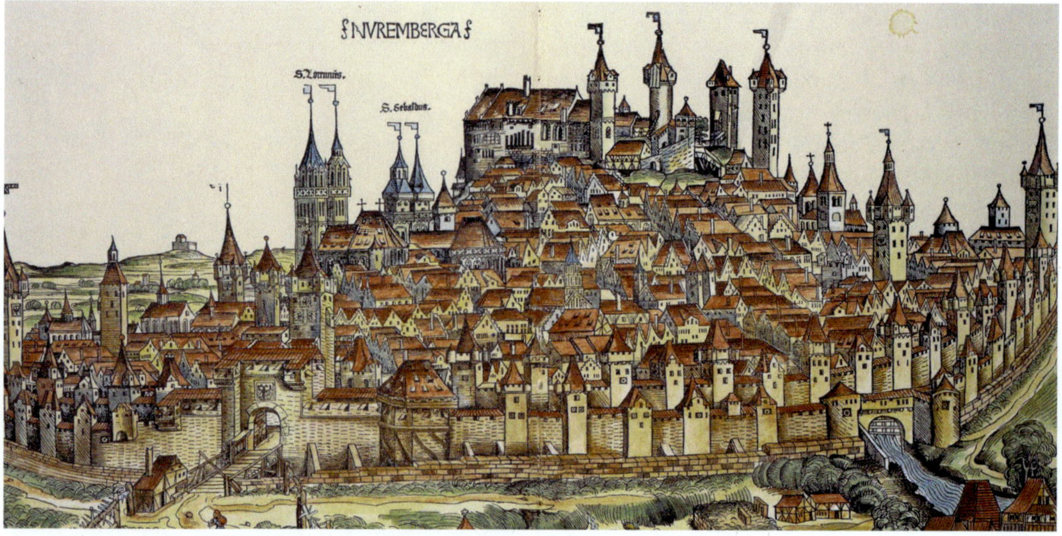

1 Ansicht der Stadt Nürnberg aus Hartmann Schedels Weltchronik, 1493.

► ***Stadt*:*** *Größere Siedlung von Händlern und Handwerkern mit eigenen Stadtrechten, z. B. Markt- und Münzrecht, eigener Gerichtsbarkeit und Recht der Selbstverwaltung.*

Stadtmauer*: *Bei feindlichen Angriffen besetzten und verteidigten die Bürger die Tore und die Stadtmauer. Für ihren Bau und den Erhalt erhob der Rat der Stadt eine Steuer. Da Steine sehr teuer waren, begnügten sich viele Städte mit dem Bau eines Stadtgrabens und mit Wallanlagen, die aus Erde und Holz bestanden.*

Lesetipp:
Jörg Müller/Jürg Schneider/Anita Siegfried: Auf der Gasse und hinter dem Ofen. Eine Stadt im Spätmittelalter. Verlag Sauerländer, Frankfurt/M. 1996.

Ein Bauer besucht die Stadt
Im Mittelalter gab es im Deutschen Reich rund 4000 Städte*, aber nur 20 Prozent der Bevölkerung lebte innerhalb der Stadtmauern*.

M1 Wie die Menschen die Stadt damals erlebten, erfahren wir aus einer heutigen Erzählung:
... Noch ehe der Tag angebrochen ist, macht sich der Bauer auf den Weg zur Stadt. Heute nimmt er zum ersten Mal seinen Sohn mit. Dieser trägt einen Korb mit Eiern. Über die Schulter hat er sich zwei Hühner gehängt. Der Vater hat in seinem schweren Tragkorb einige Maß Mehl, Butter und noch ein paar Felle. Das Dorf liegt über vier Stunden Fußmarsch von der Stadt entfernt.
Endlich, als die Sonne aufgeht, sehen sie die Türme der Stadt vor sich. Der Sohn ist ganz aufgeregt.
„Vater! So viele Türme und Dächer habe ich noch nie gesehen. Jetzt weiß ich, was eine Stadt ist! Wo viele Menschen wohnen, das ist eine Stadt."
„Nein", entgegnet der Vater, „das stimmt nicht ganz. Nicht die Zahl der Menschen ist entscheidend. Der Ort muss eine Mauer, sein eigenes Gericht und sein eigenes Rathaus haben. Dann kann er sich Stadt nennen. Außerdem hat jede Stadt einen Markt. Er befindet sich in der Nähe der großen Stadtkirche und des Rathauses. Wir sind bald dort."
Von allen Seiten haben sich inzwischen Bauern hinzugesellt. Mit vielen anderen stehen sie vor dem Stadttor. Ein Stadtknecht hält sie an. Er durchsucht den schweren Tragkorb. Dann dürfen sie passieren ohne eine Abgabe zahlen zu müssen, denn sie tragen nur die für die Stadt wichtigen Lebensmittel mit sich. Für andere Waren muss man nämlich Torzoll bezahlen. Schnell haben sich die beiden durch das Gedränge der Wagen und Menschen hindurchgeschlängelt. Sie laufen durch enge Gassen und gelangen endlich auf den Hauptmarkt. Hier wird alles angeboten, was die Bürger gebrauchen können: Fleisch und Gewürze, Fisch und Gemüse, aber auch Kleider, Töpfe und andere Handwerkserzeugnisse ...

1 *Nennt die wichtigsten Merkmale, durch die sich eine Stadt von einem Dorf unterscheidet.*
2 *Als der Sohn spätabends mit seinem Vater nach Hause zurückgekehrt ist, möchte er noch erzählen, was er alles gesehen hat. „Wir waren noch weit entfernt, da sahen wir bereits die großen Kirchtürme und die Stadtmauer. Sie ist ..." Erzählt diese Geschichte weiter.*

Von der Siedlung zur Stadt

2 **Voraussetzungen für Stadtentwicklung.**

Städte entwickeln sich

M2 Ein Wissenschaftler schrieb über die Entstehung von Städten im Mittelalter:

… Die ältesten Städte auf deutschem Boden sind römischen Ursprungs. Dort, wo die Römer an Rhein und Donau ihre Kastelle und Niederlassungen angelegt hatten, wuchsen auch die ältesten stadtartigen Siedlungen. Soldaten und Kaufleute wohnten in diesen Niederlassungen.

In den Zeiten der Völkerwanderung wurden sie zerstört und geplündert. In der Zeit der fränkischen Könige aber, also im 8. und 9. Jahrhundert, ließen sich hier Grafen und die Bischöfe nieder. Sie fanden in Kriegszeiten Schutz hinter den starken alten römischen Mauern.

Solche sicheren Plätze waren auch den Kaufleuten sehr willkommen. Sie schlossen sich zusammen in Niederlassungen, nahe genug an der Burg des Grafen oder Bischofs um sicheren Schutz zu haben …

Bevorzugt wurden von den Kaufleuten auch Niederlassungen an wichtigen Handelsstraßen, an Flussübergängen und Hafenbuchten, denn hier bestanden meist schon kleine Siedlungen.

Q1 Über die Entstehung der Stadt Brügge im heutigen Belgien heißt es in einem Bericht aus dem 9. Jahrhundert:

… Vor dem Burgtor, an der Brücke, sammelten sich allmählich Gewerbetreibende um für die zu arbeiten, die in der Burg wohnten. Außer Kaufleuten, die alles Mögliche feilboten, gab es Schank- und Gastwirte. Sie machten es sich zur Aufgabe, diejenigen, die beim Grafen zu tun hatten, zu beköstigen und zu beherbergen. Mit der Zeit begannen die Zuzügler Häuser zu bauen und sich wohnlich einzurichten; dort fanden alle Aufnahme, die nicht in der Burg selbst wohnen konnten. Die Siedlung wuchs, sodass in kurzer Zeit ein großer Ort entstand …

So wie hier bei Brügge entstanden auch an vielen anderen Orten zunächst kleine Siedlungen, die sich allmählich zu Städten entwickelten.

3 *Erklärt mithilfe der Abbildung 2 und des Textes die Voraussetzungen für die Entstehung von Städten.*

4 *Sucht Beispiele für bayerische Städte, bei denen sich der Grund für ihre Entstehung im Stadtnamen widerspiegelt.*

5 *Wie lässt sich die geringe Einwohnerzahl deutscher Städte (siehe Randspalte) erklären?*

Einwohnerzahlen europäischer Städte um 1300:

Paris	*300 000*
Venedig	*100 000*
Brügge	*50 000*
Köln	*30 000*
Lübeck	*25 000*
Nürnberg	*20 000*
Regensburg	*20 000*
Straßburg	*20 000*
Augsburg	*18 000*
Hamburg	*18 000*
Nördlingen	*5 000*

Im Deutschen Reich hatten
- *ca. 15 Städte mehr als 10 000 Einwohner*
- *ca. 35 Städte zwischen 2000 und 10 000 Einwohner*
- *ca. 150 Städte zwischen 1000 und 2000 Einwohner*
- *ca. 2800 Städte weniger als 1000 Einwohner.*

Fundgrube:
Die Stadt im Mittelalter. Alltagsleben hinter Turm und Mauern. CD-ROM. MicroMediaArts, Köln 1995.

Städteboom in ganz Europa

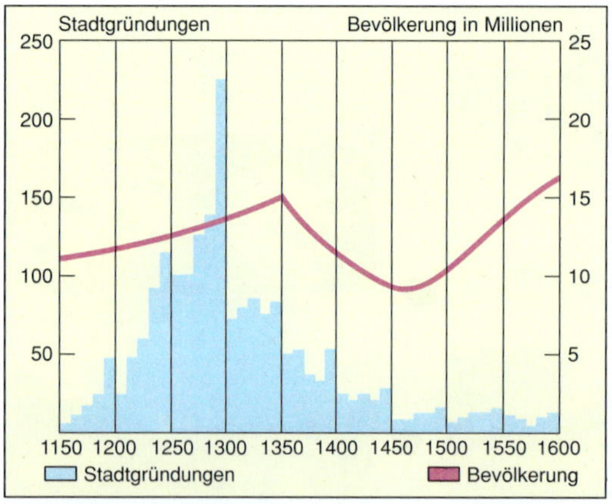

1 Stadtgründungen und Bevölkerungsentwicklung in Mitteleuropa 1150–1600.

Ingolstädter Stadtsiegel von 1347.

Städte werden planmäßig gegründet

Jede Stadt hatte einen Grundherrn. Das war meistens ein Graf, Herzog oder Bischof, auf dessen Grund und Boden die Stadt stand. Als Stadtherr sorgte er für einen geordneten Handel in der Stadt und auf dem Markt, indem er Maße und Gewichte festsetzen und die Einhaltung aller Vorschriften überwachen ließ. Von den Kaufleuten und Händlern zog er Zölle und Marktgebühren ein. Viele Stadtherren gingen dazu über, planmäßig neue Städte zu gründen. Mit jeder neuen Stadt festigte der Landesherr seine Herrschaft. Gleichzeitig war die Stadt auch eine wichtige Einnahmequelle für ihn.

Q1 Aus der Gründungsurkunde für Freiburg (um 1200):

... Es sei den lebenden und zukünftigen Geschlechtern bekannt, dass ich, Konrad (Herzog von Zähringen), auf meinem eigenen Besitz Freiburg einen Markt eingerichtet habe im Jahre des Herrn 1120 ... Jedem Kaufmann habe ich ein Grundstück zum Bau eines eigenen Hauses gegeben ... Nun sei allen kund getan, welche Rechte ich aufgrund der Wünsche und Bitten dieser Kaufleute festgelegt habe:

1. Ich verspreche allen, die zu meinem Markt kommen, Frieden und Schutz.
2. Wenn einer meiner Bürger stirbt, soll seine Frau mit den Kindern alles besitzen, was er hinterlassen hat.
3. Allen Kaufleuten der Stadt erlasse ich den Zoll ...
5. Wenn ein Streit unter den Bürgern entsteht, soll nicht von mir oder meinem Richter darüber entschieden werden, sondern nach Gewohnheit und Recht aller Kaufleute, wie sie besonders in Köln geübt werden ...
11. Jeder, der in diese Stadt kommt, darf sich hier frei niederlassen, wenn er nicht der Leibeigene irgendeines Herrn ist ... Wer aber über Jahr und Tag in der Stadt gewohnt hat, ohne dass irgendein Herr ihn als seinen Leibeigenen gefordert hat, der genießt von da an sicher die Freiheit ...

1 *Wer ist der Stadtgründer und damit Stadtherr? Welche Bürger interessieren den Stadtherrn? Wie versucht er sie für die Ansiedlung in der Stadt zu gewinnen?*

2 *Erklärt den Ausspruch „Stadtluft macht frei".*

3 *Stellt anhand der Abbildung 1 fest, wann besonders viele Städte gegründet wurden. Gibt es einen Zusammenhang zwischen der Bevölkerungsentwicklung und der Zahl der Städtegründungen?*

2 Das Portal des Rathauses in Regensburg*. Erbaut 1408.

Portal des Rathauses in Regensburg*: *Die beiden Figuren mit Streitaxt und Stein als Wurfgeschoss, im Volksmund „Schutz und Trutz" genannt, symbolisieren die Wehrhaftigkeit der Stadt.*

Das Beispiel Regensburg

3 Die 16-bogige Steinerne Brücke, das „mittelalterliche Wunder" Regensburgs, und der gotische Dom.

4 Hausburgen reicher Kaufmannsfamilien am Haidplatz.

Vom römischen Castra Regina zum mittelalterlichen Ratisbona

Im Sturm der Völkerwanderung versank das Kastell Castra Regina, das der römische Kaiser Marc Aurel 179 n. Chr. an der Mündung des Regen in die Donau zum Schutz der Provinz Rätien hatte errichten lassen.

Um 470 zogen sich die letzten römischen Legionäre zurück; ihnen folgten die Bajuwaren, unter deren Herzögen aus dem Geschlecht der Agilolfinger Castra Regina nun Hauptstadt wurde. Im Areal des ehemaligen Kastells errichteten sie ihre Residenz. Zugleich wurde Ratisbona Bischofsstadt und Zentrum eines Bistums, das Bonifatius um 739 gegründet hatte. Die ersten Kirchen wurden errichtet: die herzogliche Pfalzkapelle (Alte Kapelle), Niedermünster als Bischofskirche, schließlich 778 die Domkirche St. Peter mit dem Bischofshof, Sitz berühmter Bischöfe wie Emmeram, Erhard oder Wolfgang. Mit der Eingliederung Bayerns ins Frankenreich und der Absetzung Herzog Tassilos III. durch Karl den Großen traten die Karolinger die Herrschaft in Regensburg an. Karl der Große hielt hier mehrere Reichsversammlungen ab; Ludwig der Deutsche, der seit 826 in Regensburg residierte, baute die Königspfalz aus. Mit dem Erlöschen der Karolinger wurde Regensburg wieder bayerische Herzogsstadt. Da aber nun der Raum zwischen den Kastellmauern für die zunehmende Bevölkerung nicht mehr ausreichte, wurde die Stadt im Westen durch eine mit Mauern geschützte Kaufmannssiedlung erweitert. In diesem Viertel um den Haidplatz bauten sich die reichen Handelsfamilien ihre imposanten Wohnburgen, die sog. Patriziertürme, die auch heute noch das Bild der Altstadt prägen. Das 12. und 13. Jahrhundert wurde zu einer Blütezeit. Westlich und östlich des bisherigen Stadtareals siedelten sich Handwerker und kleine Gewerbetreibende an; die Osten- und Westenvorstadt wurde um 1300 in den Befestigungsring der Stadtmauer eingeschlossen. Im Streit der Stadtherren Bischof, Herzog und König untereinander konnte die Bürgerschaft immer mehr Rechte erwerben. 1227 werden zum ersten Mal der Stadtrat, 1243 der Bürgermeister als Organe der städtischen Selbstverwaltung erwähnt. Zugleich begann der Bau repräsentativer Gebäude, in denen sich der Stolz des selbstbewussten Bürgertums der Stadt widerspiegelte: bereits 1135/36 die Steinerne Brücke, 1244 das Alte Rathaus und 1273 der gotische Dom St. Peter. 1255 wurde Regensburg durch ein Privileg Friedrichs II. schließlich zur freien Reichsstadt, war frei von den Stadtherren und einzig und allein dem Kaiser unterstellt.

4 *Stellt in einem Zeitstrahl die wichtigsten Stationen der Stadtentwicklung Regensburgs im Mittelalter dar. Erkundigt euch über die Entwicklung eurer Heimatstadt.*

Regensburger Stadtsiegel, *angebracht an einer Urkunde aus dem Jahr 1248.*

Wappen der freien Reichsstadt Regensburg. *Steinmosaik im Alten Rathaus, 1718.*

Die Stadt als Markt

1 **Würzburger Jahrmarkt, um die Mitte des 16. Jahrhunderts.** Kolorierte Federzeichnung von Martin Seger.

Maßeinheiten im Mittelalter:

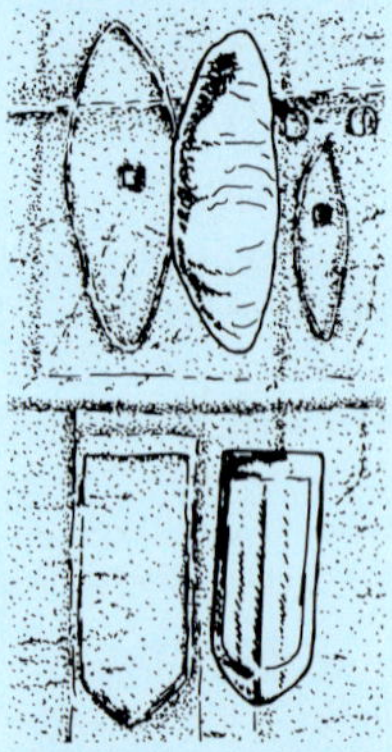

Maß für Brot und Dachziegel am Freiburger Münster.

Längenmaße am Regensburger Rathaus: Klafter, Schuh und Elle.

Die Marktfahne wird aufgezogen

Die Märkte waren wichtige Zentren der mittelalterlichen Städte, woran noch heute die Bezeichnung „Marktplatz" in vielen Orten erinnert. Das Marktrecht gehörte zu den bedeutendsten Stadtrechten. Ursprünglich gab es nur wenige Markttage im Jahr, so im Frühjahr, im Herbst oder an den kirchlichen Fest- und Feiertagen, bis schließlich der Wochenmarkt – bis zu dreimal wöchentlich – in den Städten üblich wurde. An diesen Tagen strömten die Menschen aus der ganzen Umgebung in die Stadt: Bauern brachten auf ihren Karren Käse, Eier, Getreide, Gemüse oder Obst und trieben Schweine und Rinder vor sich her, Kaufleute legten ihre Waren, wie Gewürze oder wertvolle Stoffe aus fernen Ländern, zum Verkauf aus. Am Stadttor herrschte großes Gedränge: Alle Wagen wurden von Torwächtern und Zöllnern kontrolliert, bevor sie in die Stadt durften. Pünktlich um 7 Uhr in der Frühe wurde die Marktfahne aufgezogen: Der Markttag konnte beginnen. Auf langen, überdachten Tischen oder in hölzernen Verkaufsbuden boten nun Metzger, Bäcker, Bauern, Händler und Handwerker lautstark ihre Waren den Kauflustigen feil. Geldwechsler saßen auf ihren Bänken vor dem Rathaus, prüften und wogen die vielen Münzen, die im Umlauf waren.

Doch die Märkte dienten nicht nur dem Handel. Sie waren auch ein Treffpunkt, wo Nachrichten, die Fernhandelskaufleute aus der großen, weiten Welt brachten, ausgetauscht wurden. Fahrendes Volk, Gaukler und Musikanten traten auf und sorgten für Unterhaltung. Auch die Bader hatten ihren Stand aufgestellt und behandelten kleinere Blessuren, zogen Zähne und schröpften Adern. Auch Schreiber fanden sich auf dem Markt.

M1 Über sie heißt es in einer heutigen Erzählung:

... Weil nur wenige lesen und schreiben konnten, war der Schreiber am Markttag ein viel besuchter Mann. Bei ihm ließen sich die Leute Briefe oder Verträge, Listen und Abrechnungen schreiben. Als Werkzeuge dienten ihnen das Tintenhorn, Federn und Messerchen zum Radieren. Man schrieb auf Pergamentblätter, die aus Kalbs- oder Schafhäuten hergestellt waren ...

Als aber am Abend die Marktfahne eingezogen wurde und die Feierabendglocke läutete, hörte das lustige Markttreiben mit einem Schlag auf. Ruhe kehrte wieder in die Stadt ein.

1 *Beschreibt anhand von Abbildung 1 den Markt in einer mittelalterlichen Stadt. Vergleicht ihn mit dem heutigen Wochenmarkt.*

2 *Gibt es in den heutigen Städten noch Plätze, die an den Markt erinnern?*

Das Wirtschaftsleben in der Stadt

2 **Öffentliche Bestrafungen: eines Bäckers („Bäckertaufe"), der zu kleine Brote gebacken hat, eines Falschspielers, eines Musikanten für schlechtes Spielen („Schandflöte").** Von links nach rechts. Darstellungen auf Postkarten, um 1900.

Q1 Aus der Marktordnung des Herzogs von Niederbayern für die Stadt Landshut, 1256:

1. Wir verbieten Schwerter und Dolche innerhalb der Stadt zu tragen. Wer ein Schwert trägt, zahlt der Stadt 6 Schilling und dem Richter 60 Pfennig …

10. Wir verordnen, dass kein Kauf außerhalb des öffentlichen Marktes stattfindet. Dies gilt für Leute, die Waren in die Stadt bringen. Wer gegen diese Ordnung verstößt, muss der Stadt 6 Schilling und dem Richter 60 Pfennig bezahlen. Wenn einer kein Geld besitzt, wird ihm die Hand abgeschlagen werden.

11. Wir verordnen, dass zwei gute Würste, die die vorgeschriebene Größe besitzen, für einen Pfennig verkauft werden, sie dürfen aber nur aus reinem Schweinefleisch gemacht sein. Zuwiderhandelnde müssen 1 Pfund (= 240 Pfennige) zahlen und werden ein Jahr lang von ihrem Handwerk ausgeschlossen …

20. Lotterbuben in jeder Art, fahrende Schüler mit langem Haar halten wir fern. Die Leute, die sie über eine Nacht hinaus beherbergen, verurteilen wir zu 1 Pfund …

3 *Stellt anhand von Q 1 fest, was mit der Marktordnung geregelt wurde.*

Die Marktordnung

Bei all dem bunten Treiben herrschte auf dem Markt dennoch eine strenge Ordnung. Auf dem Marktplatz stand in vielen Städten das Marktkreuz als Zeichen des Friedens. Vielerorts wurde ein eigener Marktfriede ausgerufen. Wer ihn verletzte, dem drohte eine Geldbuße, als Ehrenstrafe der Pranger*, die Verstümmelung oder gar der Galgen. Auch Kauf und Verkauf waren durch die Marktordnung geregelt. So finden sich in ihr Preisfestsetzungen und Vorschriften über die Qualität der Waren, z. B. über die Länge von Würsten oder die Größe und das Gewicht des Brotes. Wer dagegen verstieß, wurde ebenfalls streng bestraft. Einem wegen Betrugs überführten Bäcker drohte so die „Bäckertaufe".

4 *Erkundigt euch, ob es auch heute noch eine Marktordnung gibt. Ihr könnt dazu Verkäuferinnen und Verkäufer auf dem Markt fragen.*

5 *Wer gegen die Ordnung verstieß, wurde hart bestraft. Erklärt mithilfe der Abbildung 2 mögliche Bestrafungen.*

Pranger*: *Steinerner Pfeiler oder hölzerner Pfahl, an dem Übeltäter – durch ein Halseisen festgehalten – vor den Augen aller zur Schande ausgestellt wurden (vgl. die heutige Redensart „etwas anprangern" = der öffentlichen Verachtung und Missbilligung preisgeben).*

Preise in Landshut um 1250:

Rindfleisch, 2 1/2 Pfund: 1 Pfennig

Butter, 1 Pfund: 9 Pfennige

Eier, 100 Stück: 20 Pfennige

Brot, 2 Stück: 1 Pfennig

Bier, 1 Eimer: 15 Pfennige

Frankenwein, 1 Eimer, erste Qualität: 75 Pfennige

Graues Tuch, 1 Elle lang, 5 Spannen breit: 10 Pfennige

Kaufleute und Fernhandel

1 **Die Ehefrau führt für ihren Mann, der Geldwechsler ist, die Bücher.** Gemälde, 1538.

Pfennig aus der Ingolstädter Münze, 13. Jahrhundert.

Münzen wurden in vielen wichtigen Städten geschlagen, denn sie waren für den Handel nötig. Das Münzrecht war eines der Rechte, das dem jeweiligen Stadtherrn zustand. Er zog daraus Gewinn, weil der Nennwert der Münzen höher lag als der Metallwert. Münzen aus verschiedenen Städten wurden aufgrund ihres Metallwertes zu verschiedenen Kursen gehandelt – so wie heute ausländisches Geld. Das verschaffte den Geldwechslern Arbeit.

Gilde*: *Zusammenschluss von Kaufleuten einer Stadt.*

Kontor*: *Handelsniederlassung, Filiale.*

Händler und Kaufleute

Es waren vor allem die zahlreichen Händler und Kaufleute, die das Bild eines Marktes prägten. Während Kleinhändler oder Krämer die Menschen mit Waren des täglichen Bedarfs versorgten, konnten die Kaufleute mit den begehrten, aber teueren Luxuswaren aufwarten. Auf ihren Handelsreisen waren sie oft wochen- und monatelang auch im Ausland, z. B. in Frankreich oder Italien, unterwegs um ihre Waren anzubieten oder einzukaufen. Wenn sie dann in ihre Heimatstadt zurückkehrten, brachten sie kostbare Stoffe wie Seide oder Damast, orientalische Gewürze wie Safran, Pfeffer oder Muskat, exotisch duftende Parfüms oder Wein und Südfrüchte mit. Auch fremde Kaufleute kamen in die Stadt um ihre Waren anzubieten. Auf der städtischen Waage mussten sie diese wiegen und kontrollieren lassen, Zölle und Schutzgelder entrichten. Außerdem waren sie gezwungen einen Teil ihrer Ware in der Stadt zu verkaufen. Alle Kaufleute wollten für ihre Waren natürlich „gutes Geld". Da fast jede Stadt ihre eigene Währung hatte, wurde der Wert des Geldes nach der Menge an Silber und Gold berechnet, das in jeder Münze enthalten war. In den großen Handelsstädten entwickelten sich seit dem 13. Jahrhundert eigene Messen, bei denen Kaufleute aus ganz Europa zusammenkamen um ihre Waren anzubieten und Erfahrungen über gewinnbringende Geschäfte auszutauschen.

1 *Erklärt mithilfe der Abbildung 1, wie der Wert einer Münze festgestellt wurde.*

2 *Welche Vorteile boten die internationalen Messen? Stellt die bekanntesten heutigen Messestädte in Deutschland zusammen. Welche Messen werden dort abgehalten?*

Gilden und Handelsniederlassungen

In den großen Fernhandelsstädten schlossen sich die Kaufleute in Gilden* zusammen um den Handel erfolgreich durchführen zu können. Die Gilden vertraten auch die Interessen ihrer Mitglieder vor dem Rat der Stadt. Als die Städte immer größer wurden und der Handel immer mehr zunahm, konnten die Fernhandelskaufleute nicht mehr selber ihre zahlreichen Warentransporte begleiten. Mächtige Kaufmannsfamilien, wie etwa die Fugger in Augsburg, errichteten in vielen Städten eigene Kontore*. So konnten vor Ort die besten Einkaufs- und Verkaufsmöglichkeiten erkundet werden. Andere suchten Teilhaber in anderen Städten und gründeten mit ihnen Handelsgesellschaften. Die bekannteste war die Ravensburger Handelsgesellschaft, deren Geschäftsverbindungen von Österreich bis Spanien und von Flandern bis nach Italien reichten.

Handelswege und Warentransport

2 **Die überschwemmte Landstraße.** Gemälde von Jan Breughel dem Älteren, 1614.

Handelswege im Mittelalter

Die Bewohner der mittelalterlichen Städte mussten ständig mit Lebensmitteln versorgt werden. Die Handwerker benötigten zahlreiche Rohstoffe. Viele Waren wurden von weit her gebracht, Tag für Tag rollten die Planwagen der Kaufleute durch die Stadttore.

Der Warentransport über weite Strecken bereitete den Kaufleuten große Schwierigkeiten. Die „Fernverkehrsstraßen" waren in schlechtem Zustand; häufig waren es holprige, unbefestigte Wege, die bei Regen oder im Winter kaum befahrbar waren. Die von mehreren Pferden gezogenen Frachtkarren blieben nicht selten mit Achsenbruch liegen, stürzten um oder versanken im Morast. Im besten Fall konnte man 20 bis 30 km pro Tag zurücklegen. Im Fernhandel ließ man daher nach Möglichkeit die Waren auf dem Wasserweg transportieren; das war erheblich billiger und ging zudem schneller. Die großen Handelsschiffe konnten etwa 120 bis 200 Tonnen an Waren befördern, ein Fuhrwerk etwa nur 2 Tonnen. Allerdings waren Schiffsunglücke nicht selten. Selbst die Flussschifffahrt war nicht ungefährlich. Außerdem war es äußerst mühselig, die Schiffe flussaufwärts zu treideln*.

3 *Schreibt mithilfe der Abbildung 2 und des Textes eine kleine Geschichte: „Bauern und Händler auf dem Weg zur Stadt".*

Die Gründung von Städtebünden

Gefährlicher als diese natürlichen Hindernisse waren für die Kaufleute Wegelagerer, Seeräuber und Raubritter. Ständig mussten sie damit rechnen, durch Raubüberfälle nicht nur ihr Hab und Gut, sondern sogar ihr Leben zu verlieren. Gegen diese Gefahren konnte sich ein einzelner Kaufmann nicht schützen. So schlossen sich schon im 12. Jahrhundert Kaufleute aus verschiedenen Städten zu Fahrtgenossenschaften zusammen. Diese Genossenschaften trugen den Namen ► „Hanse" (= Schar).

In großen Geleitzügen, von Söldnern gegen Überfälle und Plünderungen geschützt, wurden die Waren jetzt zu ihren Bestimmungsorten gebracht. Im 13. Jahrhundert, als die Überfälle immer mehr zunahmen, kam es zur Bildung von Städtebünden. Sie übernahmen jetzt den Schutz der Transporte und setzten sich auch gegen Übergriffe der Fürsten zur Wehr, die die Unabhängigkeit der Reichsstädte schmälern wollten. So entstanden in Süddeutschland der Rheinische und der Schwäbische Städtebund, zum bedeutendsten entwickelte sich aber die Hanse in Norddeutschland. Sie beherrschte den gesamten Fernhandel im Nord- und Ostseeraum.

4 *Führt mithilfe von Lexika oder des Internets eine Recherche über Götz von Berlichingen und Klaus Störtebeker durch.*

Transportarten im Mittelalter:

treideln*: *Schiffe mit Pferden, Ochsen oder Menschen flussaufwärts ziehen.*

Lesetipp:
Boy Lornsen: Klaus Störtebeker. Thienemanns Verlag, Stuttgart 1997.

Die Hanse beherrscht Nordeuropa

Hanseschiff um 1500.
Die Kogge war das Handels- und Kriegsschiff der Hanse. Sie war 23 m lang, 7 m breit und erheblich größer und schneller als die bis dahin gebräuchlichen Schiffe. Das Beladen einer Kogge – sie konnte bis zu 200 Tonnen Fracht aufnehmen – dauerte bis zu zwei Wochen.

Berühmt gewordener Hansespruch:
Lübeck – ein Kaufhaus
Köln – ein Tuchhaus
Rostock – ein Holzhaus
Danzig – ein Kornhaus
Hamburg – ein Brauhaus
Braunschweig – ein Zeughaus
Lüneburg – ein Salzhaus
Magdeburg – ein Backhaus
Stettin – ein Fischhaus

Fundgrube:
„Schulprojekt Hanse" der Realschule und Grundschule im Hanseviertel Rostock über „Maritime Traditionen der Hanse" unter www.hro.shuttle.de/hro/hansaschule/hanse.htm

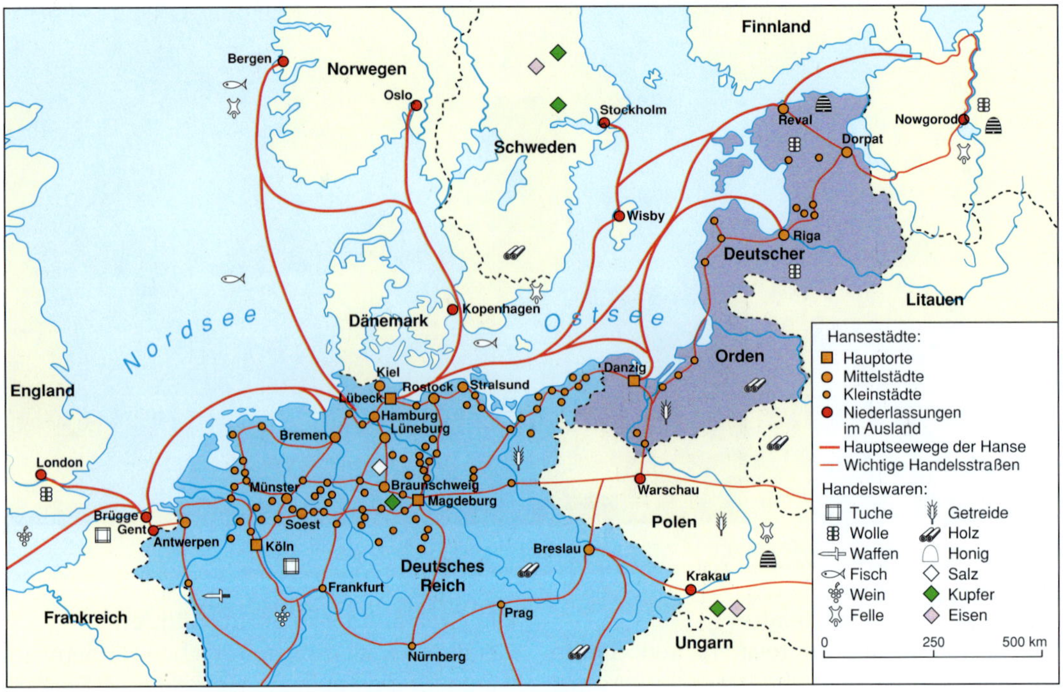

1 Das Wirtschaftsgebiet der Hanse um 1400.

Aufstieg und Niedergang der Hanse

Kaufleute, die die Nord- und Ostsee befuhren, hatten sich im 12. Jahrhundert in verschiedenen Hansen zusammengefunden. In wichtigen Handelsstädten im Ausland unterhielten sie eigene Häuser, hatten eine eigene Kirche und besaßen gemeinsame Lagerräume für ihre Waren. 1356 schlossen sich die Städte dieser Hansen zum Städtebund der deutschen Hanse unter der Führung Lübecks zusammen. Lübeck war der wichtigste Umschlagplatz für den Ost-West-Handel. Von hier aus fuhren auch zahlreiche Auswandererschiffe mit Siedlern nach Osten.

In Lübeck und in anderen Hansestädten fanden seit 1356 in unregelmäßigen Abständen die Hansetage – die Versammlungen der Hansestädte – statt. Hier wurden Streitigkeiten zwischen Hansestädten beigelegt, Verhandlungen mit ausländischen Staaten und Herrschern geführt, über Aufnahme und Ausschluss von Mitgliedern beraten sowie über Krieg und Frieden entschieden.

Denn die Hanse, die noch im 14. Jahrhundert fast 170 Städte umfasste, war nicht nur eine wirtschaftliche, sondern auch eine politische Macht. Als Waldemar IV., König von Dänemark (1340–1375), die Handelsvorrechte der Hanse in Dänemark aufhob und die Hansestadt Wisby überfiel, erklärte ihm die Hanse den Krieg (1361–1370). Nach der Eroberung von Kopenhagen gab sich Waldemar geschlagen.

Doch um die Mitte des 15. Jahrhunderts begann der Niedergang der Hanse. Die stärker gewordenen Staaten England, Dänemark, Schweden und Russland hoben die Vorrechte der Hanse auf. Durch die Entdeckung Amerikas verlagerte sich der Handel jetzt zum Atlantik. An dem letzten Hansetag 1669 nahmen nur noch Lübeck, Hamburg und Bremen teil.

1 *Nennt mithilfe der Karte 1 die wichtigsten Hansestädte.*

2 *Wo hatte die Hanse im Ausland Niederlassungen?*

3 *Mit welchen Waren handelte die Hanse?*

4 *Welche Hansestädte sind heute noch – aufgrund ihrer Kfz-Kennzeichen – erkennbar?*

Methode: Arbeit mit Karten

1 Handelswege und Handelswaren im Spätmittelalter.

Was zeigt eine Geschichtskarte?
Neben den geografischen Karten, die ihr aus dem Erdkundeunterricht kennt, gibt es Geschichtskarten. Sie zeigen entweder zu einem ganz bestimmten Thema einen Zustand in der Vergangenheit oder geben eine Entwicklung über einen größeren Zeitraum wieder. Man kann mit Geschichtskarten genauso arbeiten wie mit den geografischen Karten: Man muss zusätzlich darauf achten, welcher Zeitraum dargestellt ist.

Fragen an eine Geschichtskarte
Wenn man mit einer Geschichtskarte arbeitet, sind folgende Fragen wichtig:
- Welcher Zeitraum ist dargestellt?
- Welches Gebiet ist abgebildet?
- Welches Thema wird behandelt?
- Welche Signaturen (Zeichen) oder Flächenfarben werden verwendet? Was bedeuten sie?
- Kann man die Aussagen der Karte in kurzen Sätzen zusammenfassen?

Wenn ihr diese Fragen beantwortet, kommt ihr bei dieser Karte etwa zu folgenden Ergebnissen:
zu 1: Der Titel (die Kartenunterschrift) gibt an, dass es sich um die Zeit des Spätmittelalters, also um die Zeit zwischen etwa 1250 und etwa 1500 handelt. Eine genauere Zeitangabe fehlt.
zu 2: Die Karte zeigt Europa, Teile Nordafrikas und des Vorderen Orients.
zu 3: Thema sind die Handelswege und Handelswaren im Spätmittelalter. Es handelt sich also um eine „Wirtschaftskarte", eine Karte, die die wirtschaftliche Situation oder Entwicklung eines bestimmten Gebietes über einen längeren Zeitraum zeigt.
zu 4: Aus der ausführlichen Legende (rechts von der Karte) könnt ihr erkennen: Die Karte zeigt ganz unterschiedliche Handelswaren und ihre Herkunftsorte oder Orte, an denen sie verarbeitet wurden. Sie zeigt ferner Handelswege zu Lande und zu Wasser, d. h. Handelsstraßen und Schiffsrouten. Erkennbar sind auch die Messestädte, in denen diese Waren hauptsächlich zum Verkauf gelangt sind.
zu 5: Der Handel im Spätmittelalter erstreckte sich über ganz Europa und das gesamte Mittelmeergebiet. Aus Nord- und Osteuropa kamen vor allem Holz, Getreide und Felle bzw. Leder, aus den südeuropäischen Ländern vor allem landwirtschaftliche Produkte wie Wein und Südfrüchte. In mehreren Gebieten West- und Mitteleuropas wurde Wolle produziert, einzelne Städte waren Zentren der Textilherstellung und Metallverarbeitung. In einigen Gebieten Deutschlands wurde sogar Gold gefördert und verarbeitet. Aus den orientalischen Ländern kamen u. a. Gewürze und Gold, aber auch landwirtschaftliche Produkte wie Baumwolle oder Südfrüchte. Zentren des Handels waren vor allem die Messestädte. Befördert wurden die Waren auf den Fernhandelsstraßen oder auf dem Wasserweg.

Aus der Liste Nürnberger Handwerksmeister, 1363:

Schneider	*76*
Mantelschneider	*30*
Schuster	*81*
Flickschuster	*37*
Taschenmacher	*22*
Handschuhmacher	*12*
Kürschner	*57*
Hut- und Putzmacher	*20*
Tuchscherer	*10*
Tuchwalker	*28*
Weißgerber	*25*
Ledergerber	*60*
Färber	*34*
Müller	*12*
Bäcker	*75*
Fischer	*20*
Fleischhauer	*71*
Fassmacher	*34*
Wagner	*20*
Zaumzeug- und Sporenmacher	*19*
Verfertiger eiserner Bänder	*12*
Sattelmacher	*17*
Seildreher	*10*
Schreiner	*10*
Schlosser	*24*
Glaser	*11*
Zimmerleute	*16*
Spiegelmacher, Glaser	*23*
Steingutmacher	*11*
Werkzeugmacher, Geldwechsler	*17*
Harnischmacher	*12*
Eisenhandschuhmacher	*21*
Kettenhemdmacher	*4*
Nadelmacher, Drahtzieher	*22*
Messingschmiede, Zinngießer, Gürtler, Spengler	*33*
Flaschner	*15*
Helmschmiede	*6*
Nagelschmiede	*6*
Pfeil- und Bolzenschmiede	*17*
Hufschmiede	*22*
Pfannenschmiede	*5*
Kesselschmiede	*8*
Goldschmiede	*16*
Messermacher	*73*
Klingenschmiede	*8*
Kannengießer	*14*

Handwerker und Zünfte

1 **Bäuerliches Ehepaar beim Schuster.** Holzschnitt, 16. Jahrhundert.

Die Handwerksberufe

Der größte Teil der Stadtbevölkerung lebte vom Handwerk und die Handwerker stellten auch den größten Teil der Bevölkerung: in manchen Städten bis zu 60 Prozent. Schreiner, Schneider, Gerber, Bäcker, Metzger usw. mussten den täglichen Bedarf an Nahrung, Kleidung und Hausrat decken. Der wachsende Bedarf durch die zunehmende Bevölkerung und die gestiegenen Ansprüche sowie der technische Fortschritt führten im Laufe der Zeit zu einer handwerklichen Spezialisierung, die im Bereich der Metallbearbeitung am stärksten war. So fächerte sich z. B. der Beruf des „Schmieds" auf in Huf-, Nagel-, Kessel-, Pfannen-, Helm-, Klingen-, Gold- und Silberschmied usw. Viele dieser mittelalterlichen Handwerke, wie z. B. das des Plattners, Sporers oder Kettenhemdmachers, sind ausgestorben, andere Handwerke beherrschen heute nur noch wenige, vor allem alte Menschen, die ihre Kunst in Museumsdörfern vorführen, z. B. Wagner, Seiler, Weber. Einige Handwerksberufe haben aber bis heute fast nichts von ihrer Bedeutung eingebüßt, z. B. Bäcker, Metzger, Schreiner oder Zimmerer.

Der Handwerkeralltag

Das meist zweistöckige Haus des Handwerksmeisters war sowohl Wohnung als auch Werkstatt. Diese befand sich im Erdgeschoss, wo oft auch Küche und Speisekammer lagen. Im ersten Stock waren die Wohn- und Schlafräume für die Familie des Meisters untergebracht, im zweiten Obergeschoss lagen die Kammern für die Gesellen und Lehrlinge, die ebenfalls im Haus des Meisters lebten. Angrenzend an die Werkstatt im Erdgeschoss folgte der Hof, in dem sich der Brunnen, eine Remise, ein Schuppen für den Wagen, und kleine Stallungen für etwas Federvieh, ein Schwein und eventuell ein Pferd befanden.

Der Alltag einer Handwerkerfamilie war klar umrissen. Der Meister und Hausherr verbrachte die meiste Zeit in seiner Werkstatt, in der Regel 80 Stunden in der Woche, oftmals mehr. Die Frau hatte sich um die Versorgung des Haushalts und um die Kinder zu kümmern, ihr Aufenthaltsbereich war vor allem die Küche. Trotzdem war sie auch regelmäßig in der Werkstatt anzutreffen, wo sie bei der Fertigung und dem Verkauf mithelfen musste. Tagsüber spielten auch die Kinder in der Werkstatt und lebten sich so in den Beruf des Vaters ein. Damit stellte die Werkstatt eine Einheit von Arbeits- und Lebensraum dar, d. h. eine Trennung in Privat- bzw. Freizeitbereich und Arbeitsplatz wie heute gab es nicht. Die Handwerker eines Berufs waren in der Regel alle in einer Straße ansässig. Noch heute weisen Straßennamen darauf hin: Lederer-, Gerber-, Wollwirkergasse. Ebenso haben sich in verschiedenen Familiennamen Berufsbezeichnungen der Vorfahren erhalten, z. B. Schmi(e)d, Wagner, Müller usw.

1 *Sucht auf dem Ortsplan eurer Gemeinde bzw. Stadt nach Straßennamen, die an mittelalterliches Handwerk erinnern.*

Ging es nur „zünftig" zu?

M1 Aus Gesprächen in mittelalterlichen Handwerksstuben:

– Kommt rein, Meister Gebhard von Hagen. Ich kenne Euch noch gut. Was kann ich für Euch tun?

– Was Wichtiges, Meister Albert. Meine Tochter wohnt ja jetzt hier in der Stadt. Und ich würde gern auch herziehen, damit wir alle zusammen sind. Und ich möchte natürlich als Schreinermeister ein eigenes Geschäft aufmachen.

– So etwas muss die Versammlung der Meister in der Zunft entscheiden. Sie passen darauf auf, dass nicht zu viele Meister sich gegenseitig Konkurrenz machen. Ihr wisst, am Ende lohnt sich sonst die Arbeit für keinen mehr. Ich lege auf jeden Fall ein gutes Wort für Euch ein.

– Tag, Agnes. Wie gehts der Familie?

– Gut, danke. Aber der Junge macht uns Sorgen. Er soll mal was Anständiges lernen. Jetzt suchen wir eine Lehrstelle für ihn. Aber du weißt ja selbst, wie das ist. Viele Meister wollen nur eine billige Arbeitskraft. Sie nehmen das Lehrgeld, aber beibringen tun sie den Lehrjungen nichts.

– Ach ja! Hab ich auch schon gehört. Aber gib ihn doch zu mir in die Lehre. Unsere Zunft hat alles festgelegt, was zu einer guten Ausbildung gehört. Und daran müssen sich alle Meister halten.

– Oh Gott, hast du schon gehört? Letzte Nacht ist Manfred, der Schmiedemeister aus der Kettengasse, ganz plötzlich gestorben.

– Ist ja schrecklich, wo er doch noch so kleine Kinder hat.

– Ja, und seine Frau kann den Betrieb auch nicht weiterführen. Sie ist zwar recht tüchtig und kann sogar schreiben, aber den Schmiedehammer wird sie wohl nicht schwingen wollen.

– Dann gehe ich jetzt mal gleich in unser Zunfthaus. In dem Fall müssen wir alle zusammenstehen. Wir könnten Manfreds Witwe in der nächsten Zeit kostenlos helfen und alle ihre Aufträge fertig stellen.

– Das würdet ihr tun?

– Klar, das ist Handwerkerpflicht! Das machen wir auch, wenn jemand von unseren Zunftgenossen schwer krank wird. Ist doch Ehrensache!

2 *Stellt euch vor, ihr wärt bei den Gesprächen dabei: Über welche Probleme wird gesprochen? Was muss geregelt werden?*

Die Aufgaben der Zünfte

Zur Verteidigung gemeinsamer Interessen schlossen sich die Handwerksmeister seit dem 12. Jahrhundert zu Zünften* zusammen. Jedes Handwerk hatte seine eigene Zunft. Jede Zunft

- erließ feste Regeln zur Ausbildung;
- setzte die Zahl der Lehrlinge und Gesellen für jeden Betrieb fest;
- überwachte die Qualität der Produkte und die Einhaltung der vorgeschriebenen Preise;
- schrieb den Mitgliedern genau vor, wie viel Ware sie produzieren durften;
- schlichtete Streitigkeiten der Zunftmitglieder untereinander.

Die Vorschriften waren für alle verbindlich. „Schaumeister" überwachten die Zunftgenossen. „Pfuschern", d. h. Handwerkern, die nicht Mitglied waren, „legten sie das Handwerk". Minderwertige Erzeugnisse wurden eingezogen und die Hersteller bestraft.

Die enge Verbundenheit der Zunftmitglieder zeigte sich auch im alltäglichen Leben. An den Stadt- und Kirchenfesten nahm man gemeinsam teil. Kranke und arme Mitglieder wurden unterstützt und gemeinsam sorgte man für Witwen und Waisen verstorbener Zunftgenossen. Auch an der Verteidigung der Stadt waren die Zünfte beteiligt. Jede Zunft hatte ein bestimmtes Stück der Stadtmauer zu verteidigen.

3 *Diskutiert über Vor- und Nachteile der Zunftordnung.*

4 *Entwerft eigene Zunftzeichen für moderne Berufe, z. B. Computer- oder Sportartikelhersteller.*

► ***Zunft****: *Zusammenschluss von Handwerkern.*

Zunftwappen

Müller

Fleischer

Maler

Schuster

Redensarten aus der Sprache des mittelalterlichen Handwerks:

– jemandem ins Handwerk pfuschen

– jemandem das Handwerk legen

– jemandem schwimmen die Felle davon

– jemandem ein X (= 10) für ein U (= V = 5) vormachen

Macht Stadtluft frei?

Stände einer mittelalterlichen Stadt:

***Patrizier:** Angehörige der städtischen Oberschicht.*

***Bürgertum:** Handwerker, Händler und Stadtbeamte.*

***Unterschicht:** Dienstboten, Handelsgehilfen, Handwerksgesellen.*

***„Unehrliche“:** Gaukler, Krüppel, Bettler, Bader, Henker, Totengräber.*

1 **Ein Patrizier mit seiner Familie – Eine Handwerkerfamilie – Ein Tagelöhner mit seiner Familie** (von links nach rechts). Gemälde von Jean Bourdichon, etwa 1457–1521.

Die Stadtbewohner: frei, aber nicht gleich
Der Ausspruch „Stadtluft macht frei“ bedeutete zwar, dass die Bewohner einer mittelalterlichen Stadt persönlich frei, deshalb aber noch lange nicht gleich waren. Zudem besaß auch nicht jeder, der in der Stadt wohnte, das Bürgerrecht, das die Möglichkeit, sich politisch zu betätigen, zu wählen und Ämter zu übernehmen, einräumte. In einer Stadt wie Regensburg z. B. mit ca. 20 000 Einwohnern waren nur ungefähr 10 Prozent Bürger.
Wie auf dem Land so standen auch die Städter keinesfalls alle auf der gleichen gesellschaftlichen Stufe. Sie gehörten verschiedenen Ständen an, die durch Herkunft, Vermögen oder Beruf bestimmt waren. Sichtbar wurden die unterschiedlichen Rangstufen vor allem in den Kleiderordnungen, die der Stadtrat erließ (siehe S. 47).
Zum ersten Stand gehörten die Patrizier, die reichen Fernhandelskaufleute und adligen Großgrundbesitzer, die in die Stadt gezogen waren. Ihre prächtigen Häuser standen um den Marktplatz im Zentrum der Stadt. Sie bildeten die Führungsschicht und besetzten im 13. und 14. Jahrhundert die leitenden Ämter der Stadt. Der Sohn eines Patriziers heiratete in der Regel nur die Tochter einer anderen Patrizierfamilie. So waren es in Regensburg 60 bis 70 Patrizierfamilien, die den Ton angaben.
In den sich an den Marktplatz anschließenden Straßenzügen wohnten Handwerker und Krämer, die Mitglieder eines Gewerbes, häufig zusammen in derselben Straße. Sie bildeten die Mittelschicht. Unter ihnen gab es Wohlhabende, wie z. B. die Goldschmiede, aber auch Ärmere, wie etwa die Leineweber. Lange Zeit blieben sie von der politischen Mitbestimmung in der Stadt ausgeschlossen.
Nicht zu den Bürgern gehörten die Juden (siehe S. 112 ff.) sowie die Angehörigen der Unterschicht. Dazu zählten Knechte und Mägde, Gesellen und Lehrlinge, Tagelöhner, Bettler, Krüppel und Arme sowie die „unehrlichen Berufe“, wie z. B. Henker und Totengräber, die meist in abseits an der Stadtmauer gelegenen schäbigen Hütten wohnten und zu denen jeder Kontakt vermieden wurde. So musste der Scharfrichter z. B. im Wirtshaus an einem besonderen Tisch sitzen. Die Einschränkungen galten selbstverständlich auch für seine Familie. Niemand spielte mit seinen Kindern und niemand fand sich, der seine Tochter zur Frau haben wollte. In kleineren Städten übernahm der Henker auch andere verachtete Tätigkeiten wie das Schinden, Abdecken oder Hundefangen.

1 *Beschreibt mithilfe der Gemälde von Jean Bourdichon (Abbildung 1) die Lebensbedingungen von Patriziern, Handwerkern und Angehörigen der Unterschicht.*

Methode: Arbeit mit Statistiken und Grafiken

Jahr	Stadt	Einwohner (ca.)	zur Unterschicht gehörig (ca.)
1362	Esslingen	7000	2590
1415	Schwäbisch Hall	4500	1125
1420	Frankfurt	10000	7000
1440	Straßburg	18000	5220
1444	Basel	10000	2700
1460	Lübeck	22000	11440
1475	Augsburg	18000	11880
1500	Rostock	14000	8400

1 Einwohnerzahl und Anteil der Unterschichten in mittelalterlichen Städten.

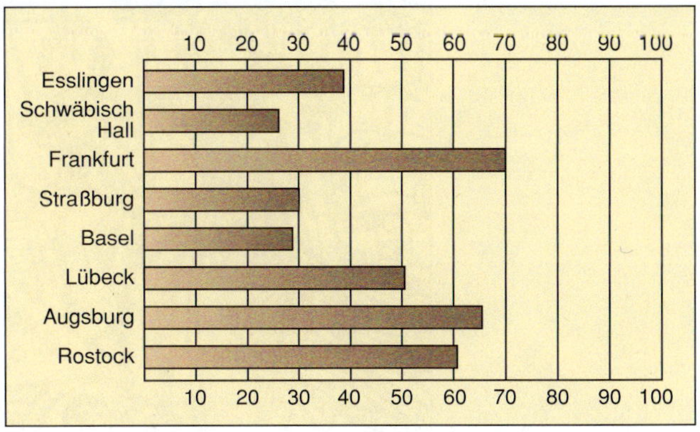

2 Anteil der Unterschichten in mittelalterlichen Städten in Prozent.

Häufig ziehen wir im Geschichtsunterricht Statistiken und Schaubilder heran. Sie sollen uns helfen historische Entwicklungen über einen längeren Zeitraum darzustellen und sie miteinander zu vergleichen. Wie das funktioniert und was dabei zu beachten ist, könnt ihr am Beispiel der Bevölkerung einer mittelalterlichen Stadt erarbeiten.

Eine Statistik enthält Zahlenmaterial in Tabellenform. Unser Beispiel in Abbildung 1 zeigt, wie viele Einwohner mittelalterliche Städte in einem bestimmten Jahr hatten und wie viele davon zur Unterschicht gehörten. Um die Zahlen der Statistik zu veranschaulichen kann man eine zeichnerische Darstellung, eine Grafik, anlegen. Hier ermöglicht ein Balken- oder Säulendiagramm (Abbildung 2) zu vergleichen, wie groß der Anteil der Unterschichten war.

Bei der Übertragung der Zahlen aus der Statistik in eine Grafik nimmt man folgende Berechnung vor: Von 7000 Einwohnern Esslingens im Jahre 1362 gehörten etwa 2590 der Unterschicht an, von 100 Einwohnern waren dies etwa 37. Das zeigt der obere Balken im Diagramm. Berechnet man alle Angaben aus der Statistik in dieser Weise, dann ergibt sich eine Darstellung wie in der Grafik (Abbildung 2).

Statistik und Grafik zeigen also in unserem Beispiel einen Zustand zu einem ganz bestimmten Zeitpunkt, die Grafik ist aber wesentlich anschaulicher. Statistik und Grafik können aber nicht nur einen Zustand, sondern auch eine Entwicklung aufzeigen.

Ein anschauliches Beispiel hierfür ist das Schaubild 1 auf S. 72, ein Kurvendiagramm, das die Bevölkerungsentwicklung im Mittelalter darstellt. Schaut man sich die Statistik (Abbildung 1) und die Grafik (Abbildung 2) genauer an, dann ergeben sich folgende Fragen:

- Wie kommt es, dass in einigen Städten die Zahl der zur Unterschicht gehörenden Einwohner sehr hoch, in anderen vergleichsweise gering ist?
- Gab es Möglichkeiten für diese zur Unterschicht gehörenden Menschen zu sorgen?
- Welche Einwohner bildeten innerhalb der Unterschicht die größte Gruppe?

Auf diese Fragen geben aber Statistiken und Grafiken keine Antwort, dazu brauchen wir weitere Informationen und Quellen.

1 *Bearbeitet folgende Statistik. Stellt im Vergleich der einzelnen Städte ein Säulendiagramm für die Zusammensetzung der Bevölkerung her. Verwendet für jede Schicht eine andere Farbe.*

	Lübeck	Esslingen	Augsburg	Basel
Oberschicht	22,3 %	9,7 %	8,5 %	5,4 %
Mittelschicht	38,3 %	36,5 %	5 %	26 %
Unterschicht	39,4 %	53,8 %	86,5 %	68,6 %

3 Bevölkerungsschichten in deutschen Städten um 1450.

Männer- und Frauenrolle im Mittelalter

1 Mittelalterliche Stube mit Familie. Holzschnitt, 1476.

Im Mittelalter gab es zahlreiche „Hausbücher" mit Ehe- und Haushaltslehren, in denen das Idealbild eines christlichen Haushalts und die Aufgaben der Eheleute beschrieben werden.

Q1 Aus einem „Hausbuch", 1548:

... Der Haushalt hat gleich anderen Dingen seine eigene Ordnung, die darin besteht, dass der Mann in allen Dingen und zu allen Zeiten alles das tue, was dem Mann zusteht, und die Frau desgleichen diejenigen Dinge tue, die den Frauen zustehen. Was außerhalb des Hauses zu verrichten ist, wie hin- und herreisen, Gewinn und Einkommen zu erzielen, einkaufen und verkaufen und dergleichen ehrbare Dinge, sind Arbeit des Mannes ...

Die Werkstatt der Frau ist das Haus. Alles, was dort hineingebracht wird oder was im Hause ist, soll sie pflegen, ausbessern und mehren. In der Küche soll sie darauf achten, dass das, was zum Speisen eingekauft worden ist, nicht verdirbt, sondern erhalten und sorgfältig zubereitet wird. Im ganzen Haus soll es ordentlich und sauber sein, und dazu dienen das Fegen, Wischen und Waschen. Denn nichts steht einer Frau und einem Haushalt besser zur Zier als die Ordnung, nichts macht sie verächtlicher und verhasster als die Unordnung. Deshalb soll sie auch selbst sauber sein.

Außerdem soll sie die Kinder pflegen, ernähren, lehren und aufziehen. Die Mägde oder das Gesinde soll sie anleiten und ihnen zu arbeiten geben. Auch soll sie den Kindern etwas zu tun geben, damit niemand müßig ist.

Und sie selbst soll auch immer etwas arbeiten, ordnen und ausbessern, sodass sie die ganze Zeit etwas tut. Ferner soll sie ihrem Mann bei seiner Arbeit etwas behilflich sein, sofern sie dies kann und vermag. Aber die rechten und eigentlichen Aufgaben der Frauen sind neben den Pflichten im Haus und gegenüber den Kindern Spinnen, Weben, Nähen und Wirken. Damit und darin sollen sich die Frauen stets beschäftigen und nicht auf den Gassen hin- und hergehen, aus dem Fenster gaffen oder sonstwie liegen, sitzen und faulenzen ...

1 *Beschreibt die Rollenverteilung zwischen Mann und Frau, wie sie hier gefordert wird. Diskutiert darüber und vergleicht mit der heutigen Zeit (siehe Randspalte).*

Aus dem Grundgesetz für die Bundesrepublik Deutschland:
Artikel 3 (2) Männer und Frauen sind gleichberechtigt. Der Staat fördert die tatsächliche Durchsetzung der Gleichberechtigung von Frauen und Männern und wirkt auf die Beseitigung bestehender Nachteile hin.

Aus der Verfassung des Freistaates Bayern:
Artikel 124 Mann und Frau haben in der Ehe grundsätzlich die gleichen bürgerlichen Rechte und Pflichten.

Frauen stehen ihren „Mann"

Frauen von Handwerkern sorgten nicht nur für den Verkauf der hergestellten Waren im Geschäft oder auf dem Markt; neben den Handwerksmeistern gab es selbstständige Meisterinnen, vor allem im Textilgewerbe. So wurden z. B. in Hamburg zwischen 1300 und 1400 von 39 Leineweberwerkstätten 23 von Frauen geleitet. In anderen Bereichen führten die Frauen nach dem Tod ihres Mannes die Werkstatt weiter, so gibt es Meisterinnen bei Sattlern, Fassbindern, Gerbern und sogar im Schmiedehandwerk. Allerdings erhielten sie von den Zünften meist den Auftrag einen erfahrenen Gesellen einzustellen, der auch der Zunft angehörte. Insgesamt war aber die Zahl der weiblichen Gewerbetreibenden gering, in Hamburg waren es von 1322 nur 72. Innerhalb der Zünfte übernahmen diese Frauen als vollwertiges Mitglied Aufgaben wie z. B als Amtsmeister die Qualität von Waren zu prüfen und auf die Einhaltung der Zunftordnung zu achten. Doch eigene Zünfte für Frauen waren die Ausnahme wie beispielsweise die der Seidenweberinnen und Goldfadenspinnerinnen in Köln. Auch blieben sie von der politischen Vertretung der Zünfte ausgeschlossen, in keinem Stadtrat gab es daher eine Frau.

Eine wichtige Rolle spielten Frauen auch im Handel. So handelten Kölner Kauffrauen im 15. Jahrhundert mit Baumwolle, Tuchen, Wein oder Gewürzen. Neben 16 Kaufleuten, die Zucker einführten, gab es auch eine Kauffrau, die allein fast 25 Prozent des Zuckerhandels kontrollierte. Von 120 Kaufleuten, die den Gewürzhandel betrieben, waren 11 Frauen.

M1 Eine heutige Wissenschaftlerin schreibt:

... In erstaunlichem Umfang waren Frauen am Groß- und Fernhandel beteiligt. Möglich war dies nur, weil die Frau seit dem 13. Jahrhundert als voll geschäftsfähig galt. Sie konnte eigenständig Geschäfte tätigen, Prozesse führen, über ihr Eigentum testamentarisch verfügen und haftete bei Schulden oder Konkurs. Frauen führten die Bücher, vertraten den Mann in Zeiten der Abwesenheit oder wenn dieser durch städtische Ämter belastet war. Sie besuchten Märkte und Messen, unternahmen Handelsreisen. Sie handelten mit Wein genauso wie mit Tuchen oder Metallwaren ...

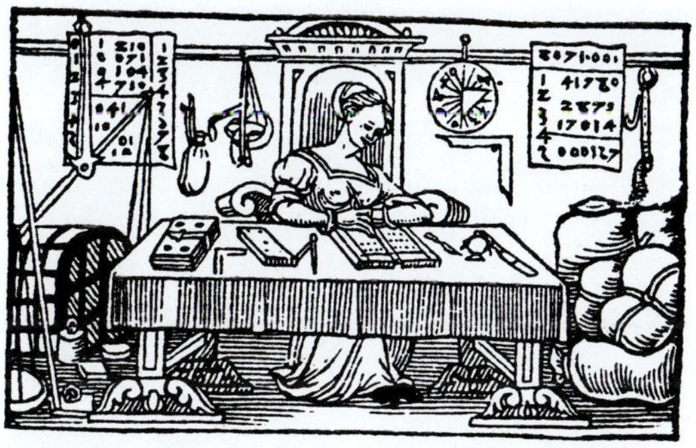

2 Eine Kauffrau in ihrer Schreibkammer. Holzschnitt, 16. Jahrhundert.

Tatsächlich lebten die Frauen von Handwerkern und Kaufleuten viel besser als die Frauen aus der Unterschicht. Groß war die Zahl der ungelernten Frauen, die als Mägde im Haushalt und in der Werkstatt mitarbeiteten oder als Tagelöhnerinnen ihr Geld verdienten, wobei sie für die gleiche schwere Arbeit oftmals weniger Lohn erhielten als die Männer. So betrug z. B. der Gesindelohn für Mägde im Handelshaus der Tucher zu Nürnberg drei Gulden im Jahr, für Knechte dagegen sieben. (Zum Vergleich: Ein Mantel kostete etwa 3,5 Gulden.)

Manche der mittellosen Frauen und Mädchen mussten sich als Bettlerinnen durch das Leben schlagen oder lebten als Dirnen in „Frauenhäusern", die der Stadtrat errichtete. Einen schlechten Ruf hatten auch die Frauen, die in den Badestuben, in denen Männer und Frauen gemeinsam baden konnten, arbeiteten.

2 *Schreibt auf, welche Gegenstände ihr auf der Abbildung 2 erkennt. Vergleicht dieses Bild mit Q 1 auf der vorhergehenden Seite. Was sagt die Abbildung über die Stellung der Frau aus?*

3 *Diskutiert darüber, welche Gründe es für die unterschiedliche Entlohnung von Arbeiterinnen und Arbeitern gibt. Verfasst dazu einen Protestbrief von Frauen, der an den Rat der Stadt gerichtet ist.*

Krämerinnen und Hökerinnen mussten ihre Ware an fliegenden Ständen verkaufen und suchten sich Nischen auf den Märkten.

Frau und Familie

1 Eine Geburt. Darstellung auf einer Altartafel, 1481.

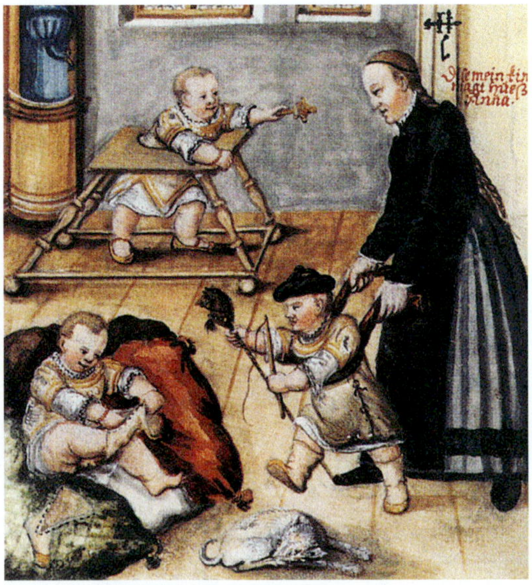

2 Die Kindererziehung lag in den Händen einer Kindermagd. Aus dem Trachtenbuch des Augsburger Patriziers Matthäus Schwarz, um 1550.

Die meisten Frauen heirateten im Alter zwischen 18 und 22 Jahren, manche waren auch erst 16 Jahre jung. Die Hausfrau hatte selbstständig für eine Großfamilie zu sorgen. Zum Haushalt eines Handwerkers z. B. gehörten neben Eltern, Großeltern, Kindern und unverheirateten Verwandten auch Gesellen und Lehrlinge. Überarbeitet und von den vielen Schwangerschaften erschöpft überlebten viele Frauen die Geburt eines Kindes nicht. So kam es vor, dass viele Männer dreimal und öfter heirateten und die Kinder nacheinander bei verschiedenen „Müttern" aufwuchsen.

Kinder wurden zu Hause geboren. Zehn, aber auch 14 oder 16 Kinder im Verlauf einer Ehe waren keine Seltenheit. Mangelnde Hygiene und für uns heute harmlose Kinderkrankheiten führten dazu, dass in der Regel die Hälfte oder mehr aller Kinder starb, bevor sie das 14. Lebensjahr erreicht hatten. Bis zum Alter von sechs Jahren trugen Jungen und Mädchen die gleiche Kleidung, spielten zusammen und wuchsen zusammen auf. Erst dann entschied es sich, ob Jungen und Mädchen auch eine Schule besuchten und eine Ausbildung erhielten. Häufig ließen die Eltern aber die Mädchen zu Hause, sie lernten von der Mutter Nähen, Kochen, Weben und Spinnen um sich auf ihre künftige Rolle als Haus- und Ehefrau vorzubereiten.

Name der Kinder	Zeitabstände zwischen den Geburten (in Monaten)	erreichtes Lebensalter (in Jahren)
Aendlin	–	9
Johannes	21	36
Dorothea I	19	6
Konrad	37	9
Dorothea II	34?	
Anna	9	2 Mon.
Wilhelm	18	?
Jakob	26	2 Tage
Barbara	27	12

3 Geburt und Lebensdauer der Kinder des Burkhard Zink und seiner Ehefrau Elisabeth während ihrer Ehe von 1420 bis 1440.

1 *Stellt anhand der Tabelle (Abbildung 3) Vermutungen an, warum viele Frauen und Kinder so früh starben.*

2 *Informiert euch, z. B. bei euren Eltern, über heutige Vorsorgemaßnahmen für Mutter und Kind während der Schwangerschaft und nach der Geburt.*

3 *Diskutiert über das Vorurteil, dass für Mädchen eine gründliche Berufsausbildung nicht so wichtig sei wie für Jungen.*

Sorgfältige Kinderpflege. *Damit der Säugling nicht in die Wanne rutschen und ertrinken konnte, wurde er mit einem Band festgebunden. Kupferstich, 15. Jahrhundert.*

Kinderspielzeug:

Holzpuppe, 13./14. Jahrhundert.

Dreirad.

Drachen.

4 **Aussätzige vor der Stadt.** Ausschnitt aus einer französischen Buchillustration, zwischen 1333 und 1350.

Gestank in Straßen und Gassen

M1 In einer heutigen Darstellung über das Alltagsleben in einer mittelalterlichen Stadt heißt es:

... Wer am Morgen die Stadt betritt, der begegnet sicher zuerst dem Stadtvieh. In den Gassen der Stadt traben die Kühe, ein Schäfer führt mit seinem Hund die Schafherde auf die nahe Höhe. Große Tauben heben sich aus den Gassen, sie sind Lieblinge der Bürger. Noch mehr Mühe machen dem Rat die Borstentiere und ihr Schmutz, denn die Schweine fahren durch die Haustüren in die Häuser und suchen auf dem Weg ihre unsaubere Nahrung. In den Flussarmen, welche durch die Stadt führen, hat das Vieh seine Schwemmen. Dort brüllt und grunzt es und verengt den Weg für Menschen und Karren. Da fehlt auch der Mist nicht. Auf abgelegenen Plätzen lagern große Haufen. Wenn die Stadt sich einmal zu einem Kaiserbesuch oder einer großen Messe schmückt, dann lässt sie um säuberlich auszusehen nicht nur die Gehängten vom Galgen nehmen, sondern auch den Dung von Straßen und Plätzen schaffen ...

Q1 Viele Städte erließen daher Vorschriften wie diese:

... Auch finden sich viele Schweineställe auf den Straßen. Wo sie sind, soll man sie innerhalb von acht Tagen abreißen. Von nun an soll man weder auf den Straßen noch unter den Fenstern der Häuser, noch irgendwo außerhalb der Häuser Ställe haben ...
Niemand soll Mist oder Kot vor sein Haus legen, wenn er ihn nicht gleich wegfahren will, außer auf den hierzu bestimmten Plätzen, nämlich neben dem Fleischmarkt, ferner neben dem Brunnen auf dem Rindermarkt, welcher Gewirke heißt ...
Jeder, der sein Nachtgeschirr auf die Straße entleeren will, muss nach dem Öffnen des Fensters zunächst rufen: Achtung, Wasser! ...

Spitäler und Siechhäuser

Die Unsauberkeit in den Städten und die mangelhafte Hygiene der Menschen begünstigten die Entstehung und Ausbreitung von Krankheiten. In manchen Jahren rafften Seuchen wie die Pest oder die Cholera bis zu einem Drittel der Bewohner hinweg. Zur Behandlung der Kranken gab es Ärzte, Apotheken und Spitäler. Die Krankenzimmer waren teilweise äußerst klein und häufig mussten sich zwei Kranke ein Bett teilen. Daher war die Ansteckungsgefahr sehr groß. Menschen mit schweren ansteckenden Krankheiten wie der Lepra mussten außerhalb der Stadt in den Siechhäusern wohnen. Ihnen war das Betreten der Städte bei Strafe untersagt. Mit Klappern warnten sie jeden, der sich ihnen näherte.

4 *Nennt Maßnahmen, mit denen heutzutage die Sauberkeit der Städte und ihrer Abwässer gewährleistet wird.*

5 *Überlegt, welche wirtschaftlichen Folgen die Seuchen hatten. Wo treten heute noch Epidemien auf?*

Eine mittelalterliche Apotheke. *Holzschnitt, 15. Jahrhundert.*

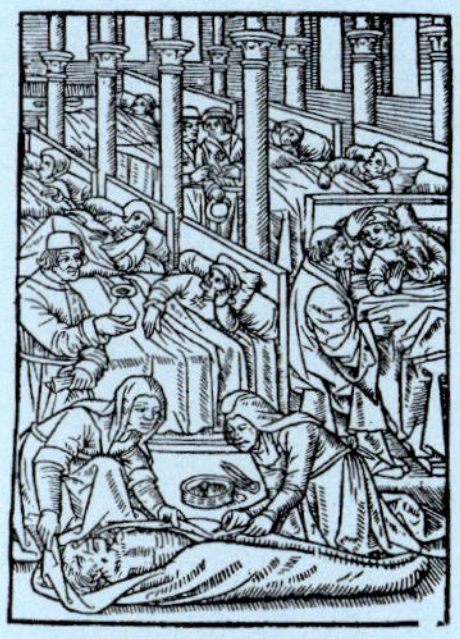

In einem mittelalterlichen Spital. *Holzschnitt, um 1500. Im Vordergrund wird ein Verstorbener in Leichentücher eingenäht, links stellt ein Arzt mithilfe der Harnschau eine Diagnose.*

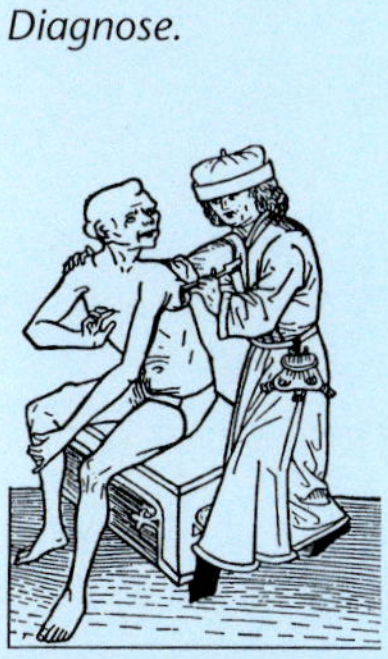

Ein Pestkranker. *Holzschnitt. Der Arzt sticht die Pestbeule aus.*

Die Städte erkämpfen ihre Freiheit

1 Vertreter der Zünfte betreten die Ratsstube. Im Hintergrund die Patrizier, in der Mitte die Bibel und der Schlüssel für die Truhe mit der Stadtkasse. Aus dem Zunftehrenbuch der Stadt Augsburg, 14. Jahrhundert.

Kampf der Städte gegen ihre Stadtherren
Wie die Bauern auf dem Land einen Grundherrn hatten, so unterstanden anfangs auch die Stadtbewohner ihrem weltlichen oder geistlichen Stadtherrn. Sie gewährten Schutz und sorgten durch ihre Beauftragten, den Burggrafen oder Vogt, für Ruhe und Ordnung in der Stadt, verlangten dafür aber Abgaben und Steuern. Als im Laufe der Jahrhunderte die Städte immer größer wurden, wuchs auch das Selbstbewusstsein ihrer Bürger. Vor allem die reichen Patrizier wollten sich nicht mehr länger von ihrem Stadtherrn bevormunden lassen, sondern ihre Angelegenheiten selbst regeln. Zu den Freiheiten, die sie anstrebten, gehörten neben einer eigenen Gerichtsbarkeit und Verwaltung vor allem Handelsprivilegien wie Zollfreiheit, das Münz- und Stapelrecht. In einigen Städten widersetzten sie sich immer mehr den Anordnungen des Stadtherrn. Es kam zu langjährigen bewaffneten Auseinandersetzungen. In manchen Städten kauften die Bürger ihrem Stadtherrn ein Recht nach dem andern ab. Am Ende des 12. Jahrhunderts hatten fast alle Stadtherren ihre Rechte an die Bürger abgetreten. Jetzt wurden die Städte von den mächtigen und angesehenen Patriziern regiert. Sie wählten aus ihren Reihen die Ratsherren und stellten auch den Bürgermeister. Der Rat setzte die Steuern fest, zog die Zölle ein und entschied, für welche Maßnahmen diese Gelder verwendet werden sollten. Ebenso setzte er Löhne und Preise fest und die Zeiten für das Öffnen und Schließen der Stadttore. Er bestimmte sogar, wie sich die Bewohner kleiden mussten und wie lange Familienfeste und Hochzeitsfeiern dauern durften. Gegen seine Interessen konnte in der Stadt nichts geschehen. Die Ratsherren selbst erhielten für ihre Tätigkeit keine Entlohnung; sie waren reich genug um an den Ratssitzungen unentgeltlich teilnehmen zu können.

1 *Spielt folgende Szene: Ein Bischof als Stadtherr bittet Bewohner der Stadt ihm Geld zu leihen. Was könnte die Abordnung, bestehend aus einem Bauern, einem Bürger (Handwerker) und einem Patrizier ihm antworten?*

Der Kampf um das Stadtregiment

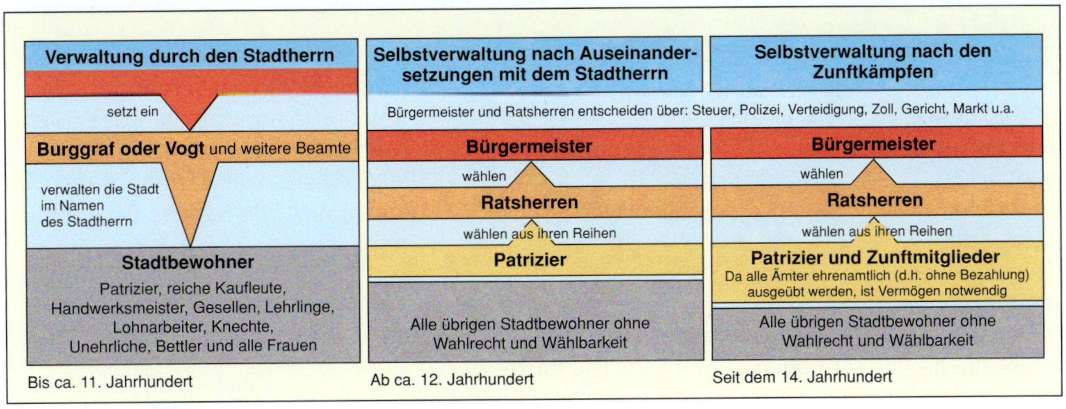

2 **Die Entstehung der städtischen Selbstverwaltung.**

Wer regiert die Stadt?

Es waren vor allem die kleinen Kaufleute und die in Zünften organisierten Handwerker, die mit ihrem Steueraufkommen den Bau des prächtigen Rathauses und der Kirchen, des Spitals und der hohen Mauern ermöglichten. Wenn es in der Stadt brannte, organisierten sie die Löscharbeiten; im Kriegsfall trugen sie die Hauptlast bei der Verteidigung der Stadt. Vom Stadtregiment aber blieben sie ausgeschlossen. Hiergegen wehrten sich die Bürger seit dem 14. Jahrhundert immer mehr.

Q1 So heißt es in einer Chronik der Stadt Augsburg:

... Am Sonntagabend, dem 22. Oktober 1368, versammelten sich in Augsburg die Zünfte unter Leitung des Hans Weiß, des Kellermeisters der Weberzunft, wohl bewaffnet am Perlachturm. Sie schlossen alle Stadttore und besetzten alle Straßen und Plätze der Stadt. Sie ließen mitteilen, die Gemeinde solle in Ruhe den Zusammentritt des Rates am folgenden Tag abwarten. Sturmglocken riefen in der Frühe des 23. Oktobers die Ratsherren zu einer außerordentlichen Ratssitzung zusammen. Schweigend eilten die Ratsherren durch die Reihen der bewaffneten Handwerker dem Rathaus zu. Dann besetzten Wachen der Zünfte die Rathauspforten und schlossen so die Falle.

Sechs ehrenwerte Zunftmeister traten vor den Rat und Hans Weiß forderte in schlichten Worten die Teilnahme der Zünfte an der städtischen Regierung. Nach stundenlangen Debatten gaben die Ratsherren schließlich nach. Der auf dem Perlachplatz harrenden Menge verkündete man die alsbaldige Einführung der Zunftverfassung. Der Rat übergab als Unterpfand seines Wortes die Hoheitszeichen der Stadtregierung: die Türschlüssel und die Schlüssel zur Sturmglocke und zum Ratsarchiv, das Stadtsiegel und das Stadtrechtsbuch. Dann schworen „Reich und Arm", Ratsherren und Handwerker, eine „zünftliche Regierung" einzuführen ...

Auch in anderen Städten forderten die Bürger ein Mitspracherecht am Stadtregiment. Der Erfolg war recht unterschiedlich. In einigen Städten lösten die Zünfte die Herrschaft der Patrizier völlig ab, in anderen behaupteten sich diese noch länger an der Macht. Häufig kam es auch zu einer Einigung zwischen beiden Gruppen, indem Kaufleute und Zunftmitglieder die Ratsherren wählen konnten.

2 *Erklärt mithilfe von Abbildung 2 die Entstehung der städtischen Selbstverwaltung.*

3 *Spielt folgende Szene: Hans Weiß und die übrigen fünf Zunftmeister begründen vor dem Rat ihre Forderungen. Überlegt euch, was die Ratsherren zunächst geantwortet haben könnten.*

4 *Wie werden heute der Gemeinde- bzw. Stadtrat und die (Ober-)Bürgermeister bestimmt. Welche Aufgaben haben sie?*

5 *Nehmt mit eurer Klasse an einer Gemeinde- bzw. Stadtratssitzung teil.*

1300–1400:
Die reichen Kaufleute saßen im Stadtrat und regierten über die Städte. Dagegen empörten sich im 14. Jahrhundert in vielen Städten die Handwerker erfolgreich. Sie wollten mitregieren, schließlich zahlten sie auch Steuern.

1368:
Erhebung der Handwerker in Augsburg. Die Zünfte stellten fortan die Mehrheit der Stadträte.

Methode: Rollenspiel

Warum Rollenspiele?

- Ein Rollenspiel soll deutlich machen, wie Menschen in bestimmten schwierigen Augenblicken denken, fühlen und handeln. Das macht das Spiel lebendig.
- Zu einer wichtigen Frage gibt es oft verschiedene Meinungen. Und: Nicht jeder verhält sich gleich! Da gibt es unterschiedliche Typen: schüchterne und freche, offene und hinterhältige, ehrliche und verlogene, mutige und vorsichtige, witzige und verbissene usw.
- Will man ein aktuelles Problem begreifen oder lösen, kann man den „Ernstfall“ proben und erfahren, was einen möglicherweise erwartet, wie man auf andere wirkt und wie man sich am günstigsten verhält.
- Ein Rollenspiel soll kein wissenschaftliches Buch ersetzen. Es darf also „improvisiert“ und „ungefähr“ bleiben.

Lasst euch nicht abschrecken, wenn Leute sagen, ihr wüsstet gar nicht, wie ein Mensch des Mittelalters gefühlt hat. Genau weiß das nämlich niemand. Es genügt, wenn ihr euch – so gut es geht – in die Lage der damaligen Menschen versetzt. Ob dieser Versuch auch geschichtlich einigermaßen stimmt, könnt ihr dann im Unterricht besprechen.

Und so gehts ...

1. Schritt
Auf Situationskarten die Ausgangslage beschreiben

Auf der „Situationskarte“ wird beschrieben, was los ist. Die Karte wird zunächst nur den „Spielern“ mitgegeben.

- Was soll im Spiel „geklärt“ werden? Gibt es ein Problem?
- Wer ist beteiligt? Was wollen die Einzelnen erreichen? Wie sollen sie sich verhalten?
- Wo findet das Ganze statt?
- Soll eine Lösung gesucht werden oder ist sie schon bekannt?

2. Schritt
Rollen verteilen

Auf den „Rollenkarten“ wird die spielende Person genau beschrieben: Beruf oder Funktion, Alter, Charakter, Art des Auftretens, Absichten usw.

- Rollen sollten freiwillig übernommen werden. Alle Rollen können von Mädchen oder Jungen gespielt werden, gleichgültig, ob Frauen oder Männer darzustellen sind.
- Wichtig: Die „Schauspieler“ dürfen zwar frei gestalten, müssen sich aber mindestens an das „Drehbuch“ (Rollenkarte) halten. Die „Zuschauer“ müssen daran denken, dass sie jemanden, der eine unsympathische Rolle spielt, am Ende nicht auch so finden.

Es sollen – so gut das geht – die Rollen, nicht der eigene Charakter gespielt werden.

3. Schritt
Rollenspiel kurz vorbereiten

Da keine große „Theateraufführung“ geplant ist, kann alles schnell und einfach angedeutet werden.

- Meist genügt es, ein paar Tische zu verrücken und den Spielern ein Schild mit der Rollenbezeichnung umzuhängen.
- Die Spieler besprechen (untereinander) kurz:
  - die Lage („Situationskarte“) und
  - die Rollen („Rollenkarten“).

Ist alles verstanden, beginnen sie auf ein Zeichen mit dem Spiel.

4. Schritt
Spielen und Spiel beobachten

Wenn ihr wollt, könnt ihr Spielbeobachter einsetzen – am besten gleich je zwei bis drei Beobachter für eine Rolle:

- Welche Argumente wurden während des Spiels genannt?
- Welche Rolle spielen die Einzelnen?
- Wie wird die Rolle gespielt?

Methode: Rollenspiel

5. Schritt
Spiel auswerten und besprechen

Die Zuschauer sagen anschließend, was sie gesehen und verstanden haben:
- Worum ging es?
- Welche Rollen spielten die Einzelnen, wie verhielten sie sich?
- Wie entwickelte sich die Handlung?
- Wenn nötig, überprüfen: Stimmte das mit der „Rollenkarte" überein?
- Was hat gut gefallen? (Loben hilft mehr als meckern!)

Die „Spieler" erklären,
- wie sie sich beim Spiel gefühlt haben und
- ob sie von den Zuschauern richtig verstanden wurden.

Abschließende gemeinsame Runde:
- Welche Fragen sind entstanden?
- Wie war/ist die Wirklichkeit?
- Soll nochmal gespielt werden? (Andere Schüler/innen, andere Rollen, anderer Verlauf, anderes Ende?)

Situationskarte
1. Im Ratskeller haben sich unzufriedene Bürger versammelt. Sie sind wütend, weil sie ihre eigenen Angelegenheiten noch immer nicht selbst regeln dürfen. Sie warten auf den Vertreter des Stadtherrn; dem wollen sie ihre Forderungen nach Selbstverwaltung vortragen.
2. Als er eintrifft, gibt es eine erregte Diskussion.
3. Wenig später mischt sich ein Schreinergeselle ein. Gegen ihn wenden sich jetzt alle: Mitreden soll nur, wer einer Zunft oder Gilde angehört.
4. Kann eine Lösung gefunden werden?

Rollenkarte 1
Gerhard Rink, Kaufmann, 45 Jahre; würdevoll; auf Ausgleich bedacht; einer der reichsten Leute in der Stadt; Mitglied und Sprecher der Gilde „Eisenmarkt"
- Einstellung: Streit und Kampf bringen nichts.
- Ziel: Jeder, der Steuern zahlt, soll auch „mitregieren".

Rollenkarte 2
Hannes, Weber, 18 Jahre; aufbrausend, gewaltbereit, radikal
- Einstellung: hat „die Schnauze voll" vom dauernden Reden.
- Ziel: Will, dass sich das Stadtregiment ändert, auch wenn das Blut der Adligen und Reichen dafür fließen müsste.
- „Wer den Reichtum der Stadt erarbeitet, soll auch entscheiden dürfen. Die andern müssen weg!"

Rollenkarte 3
Griet van Berchem, Seidenmachermeisterin, 27 Jahre; kluge, ruhige Frau
- Einstellung: Probleme löst man am besten durch Absprachen – ohne Streit und Gewalt.
- Ziel: Will, dass die Zunftmeister in Zukunft die Stadt regieren.

Rollenkarte 4
Sebastian von Spiegel, adliger Grund- und Hausbesitzer, 64 Jahre; arrogant; eingebildet
- Einstellung: „Meine Familie gab es schon, da wusste man von euch anderen noch nichts ..."
- Ziel: Will mit wenigen adligen Familien die Stadt regieren. Der Stadtherr soll sich nicht einmischen – aber erst recht nicht irgendwelche „Zunft-Heinis"!

Rollenkarte 5
Hubert von Nettersheim, adliger „Greve", das heißt: Vertreter des Stadtherrn, 45 Jahre; machtbewusst; herablassend
- Einstellung: versteht gar nicht, was die Leute alle wollen; der Stadtherr ist im Recht; seine Macht braucht er nicht zu teilen. Mitbestimmung für Kaufleute und Handwerker findet er eine Zumutung.
- Ziel: Ordnung schaffen! „Wer sich nicht fügt, findet sich vor Gericht oder im Gefängnis wieder!"

Rollenkarte 6
Tilmann, Schreinergeselle, 15 Jahre; lässig, macht sich lustig über alle Anwesenden; nur der Grundherr Spiegel macht ihn superwütend
- Einstellung/Ziel:
1. Alle sollen mitbestimmen; vor allem die vielen kleinen Leute, nicht nur die Reichen oder die Zunftmitglieder.
2. findet Griet zu lahm („... kriechst denen in den Hintern, nur weil sie dich als Frau mitmachen lassen ...")
3. Typen wie Spiegel möchte er verprügeln („Halsabschneider", „Leuteschinder").

Die Stadt als Zentrum von Information und Wissen

Darstellung des Lesenlernens. Holzschnitt, um 1480.

Schulgeräte:

Tintenfass

Griffel mit Griffelbehälter und Rechenpfennige

Schreibtafeln

Schandesel

1 Inneres einer Schule. Holzschnitt, 1519.

Nur wenige Menschen konnten im Mittelalter lesen und schreiben. Nicht nur die Bauern, sondern auch die meisten Adligen waren Analphabeten. Nur Geistliche, Mönche und Nonnen waren gebildet, denn sie erhielten in Kloster- und Domschulen Unterricht.
Als ab dem 11. Jahrhundert die Bedeutung von Handwerk und Handel in den Städten immer mehr zunahm, förderte auch der Stadtrat die Gründung von städtischen Schulen, in denen die Kinder von Kaufleuten und Handwerkern in deutscher Sprache das Briefeschreiben, das Verfassen von Urkunden und Verträgen, die Buchführung und das Rechnen lernten. Um 1500 gab es in Nürnberg vier städtische Schulen mit 16 Lehrern und 245 Schülern, in Augsburg fünf Schulen mit 523 Schülern. In manchen Schulen stand weiterhin Latein auf dem Stundenplan, da man sich in dieser Sprache überall in Europa verständigen konnte.

Q1 Mit dem Aushang eines Schildes warben der Schulmeister oder die „Lehrfrau" für den Besuch ihrer Schule:
… Alle, die gern lernen möchten Deutsch zu schreiben oder zu lesen, die eine Rechnung ausstellen oder sie lesen können müssen, Alt und Jung, Bürger und Handwerksgesellen, Frauen und Jungfrauen, mögen hereinkommen …

Die Lehrer lebten vom Schulgeld, das jeder Schüler und jede Schülerin zahlen musste. Erst eine größere Zahl von Kindern sicherte den Unterrichtenden ein ausreichendes Einkommen. Mitunter mussten sie aber noch einen weiteren Beruf, wie z. B. Stadtschreiber oder Chordirigent in der Kirche, ausüben um überleben zu können.
Der Unterricht fand in einem angemieteten Saal oder im eigenen Wohnhaus statt: frühmorgens von 5 bis 7 Uhr, dann nachmittags von 12 bis 16 Uhr. Ferien gab es keine. Der Lehrer saß häufig auf einem erhöhten Platz, dem Katheder. Vor ihm hatten die Schüler im Halbkreis entweder auf Strohmatten am Boden oder auf Bänken und Schemeln Platz genommen; Schultische gab es nicht. Unterrichtsmaterialien waren selbst nach Erfindung des Buchdrucks selten. Die Schüler hörten dem Lehrer zu und wiederholten das Gehörte, daneben schrieben sie auch wichtige Inhalte mit der Gänsefeder auf mitgebrachtes Pergament oder mit Griffeln auf Schiefertafeln. Lange Zeit gab es keine Klassenunterteilung, weder in Anfänger und Fortgeschrittene noch nach dem Alter. Erst allmählich wurden verschiedene Lerngruppen in demselben Raum, schließlich in verschiedenen Räumen gebildet.
In der Schule herrschte eine strenge Disziplin mit harten Bestrafungen. Zu den üblichen Schulstrafen zählten: Ohrfeigen, Stockschläge, Karzer (Arrest), Knien auf Holzscheiten oder Kirschkernen, Sitzen auf der Strafbank. Wer seine Hausaufgaben nicht gemacht hatte oder unaufmerksam war, musste sich auf einen Schandesel setzen oder eine Eselskappe aufsetzen.

1 *An wen wendet sich das „Werbeschild" (Q 1) besonders?*

2 *Erklärt den Zusammenhang zwischen zunehmendem Handel und der Gründung von Stadtschulen.*

3 *Schildert mithilfe der Abbildung 1 den Schulalltag.*

4 *Derart drastische Schulstrafen wie im Mittelalter sind heute verboten. Wie denkt ihr darüber?*

In den Städten entstehen Schulen und Universitäten

2 Vorlesung an einer mittelalterlichen Universität. Miniatur, 2. Hälfte des 14. Jahrhunderts.

In den großen Städten entwickelten sich – zunächst aus Domschulen – Universitäten, die eine eigene Verwaltung mit einem gewählten Rektor als Oberhaupt und Gerichtsbarkeit besaßen. Lange mussten die deutschen Studenten italienische, spanische, englische oder französische Hochschulen besuchen, die viel früher entstanden waren, z. B. Bologna (1119), Cambridge (1209), Salamanca (1243), Paris (1253). Erst 1384 gründete Kaiser Karl IV. in Prag die erste Universität des Reichs. Über ein Jahrhundert später, im Jahr 1472, stifteten Herzog Ludwig der Reiche von Landshut und sein Sohn Georg die „Hohe Schule" zu Ingolstadt, die erste bayerische Universität, die 1800 nach Landshut und 1826 nach München verlegt wurde. Papst Pius II. bestimmte, dass Theologie, Philosophie, Recht und Medizin gelehrt werden durften. Bedeutende Gelehrte wie Conrad Celtis und Johannes Reuchlin (Literatur), Peter Apian (Mathematik, Astronomie), Leonhard Fuchs (Medizin, Botanik), Aventin (Geschichte) oder Johannes Eck (Theologie) haben als Professoren die Studenten unterrichtet.

Mit 14 bis 16 Jahren kamen die Schüler an die Universität, die bis ins 19. Jahrhundert den Frauen verschlossen blieb. Nach einem drei- bis fünfjährigen philosophischen Grundstudium in den „Sieben Freien Künsten" (siehe S. 25) konnten sie den Magister- oder Doktortitel erwerben. Der Studentenalltag war hart; die Vorlesungen begannen bereits frühmorgens. Wer sie schwänzte, musste eine Geldbuße entrichten. Grundsätzlich wurde Latein gesprochen, auch im alltäglichen Umgang.

Untergebracht waren die Studenten in einer Burse, einer Art Wohn- und Studierheim. Dort lebten und studierten sie nach einem genau festgelegten Plan fast klosterähnlich. Ab dem 16. Jahrhundert lehnten sich immer mehr Studenten gegen das unfreie Bursenleben auf und zogen in eigene (sturmfreie) „Buden" in Gast- und Privathäusern.

Am Ende des Studiums standen die Prüfungen; nach erfolgreichem Abschluss übernahmen die Absolventen als Theologen, Juristen, Mediziner usw. führende Stellungen in der Kirche, in der staatlichen Verwaltung als Beamte oder in der Wirtschaft, die durch die internationalen Handelsbeziehungen immer mehr ausgebildete Fachleute benötigte.

5 *Informiert euch, welche Hochschulen und Universitäten es heute in Bayern gibt.*

6 *Sucht nach Gemeinsamkeiten und Unterschieden zwischen dem mittelalterlichen und dem heutigen Studentenleben.*

Ingolstädter Professoren:

Aventin

Peter Apian

Johannes Eck

Leonhard Fuchs

Die Vielfalt romanischer Kunst

1 **Allerheiligenkapelle im Kreuzgang des Regensburger Doms, um 1150.**

Kapitell*: *Oberster Teil (Kopf) bei Säulen und Pfeilern.*

Apsis*: *Halbrunde Nische einer Kirche zur Aufnahme des Altars.*

Rundbogen-Fenster

Rundbogen-Portal

Würfelkapitell

Romanische Kirchen in Europa

Die Kunst des Mittelalters war vor allem durch die Religion und die Kirche geprägt. Dies zeigt sich insbesonders in den monumentalen Gotteshäusern, in denen sich die Größe Gottes, aber auch Macht und Reichtum ihrer Bauherren widerspiegeln sollten. Zwischen 950 und 1250 entstanden in ganz Europa Tausende von Kirchen, erbaut im Auftrag von Königen und Fürsten, Bischöfen und Äbten. Die uns erhaltenen Bauwerke reichen von einfachen, aber wuchtigen Dorf- und Klosterkirchen bis hin zu mächtigen Domen und Stiftskirchen. Sie alle weisen gemeinsame Baumerkmale auf. Die mittelalterlichen Baumeister verwendeten Bauformen und -teile, die für die Bauten im Römischen Reich bezeichnend gewesen waren. Deshalb wurde anfangs des 19. Jahrhunderts die Bezeichnung ► Romanik/romanisch für diesen Baustil gewählt, den wir auch bei nichtkirchlichen Bauten wie Burgen, Bürger- und Rathäusern finden.

Merkmale einer romanischen Kirche

Kennzeichnend für romanische Bauten sind die gewölbten Bögen, die wir schon aus der römischen Architektur kennen. Rundbögen finden sich an den Türen (Portale) und bei den kleinen Fenstern an den Seitenwänden. Zusammen mit den dicken Mauern und den zahlreichen Türmen wirken romanische Kirchen oft wie wehrhafte Burgen.

Die Grundform der Kirchen entspricht der Basilika (= Königshalle), die im alten Rom als Markt- und Gerichtshalle diente.

Eine Basilika besteht aus einer großen, lang gestreckten Halle, die Haupt- oder Mittelschiff genannt wird. Das Dach des Mittelschiffes steht auf kurzen, dicken Säulen, die mit einem Aufsatz (Kapitell*) enden, der wie ein Würfel aussieht. Das Ende des Hauptschiffes bildet die Apsis*. Hier steht der Altar.

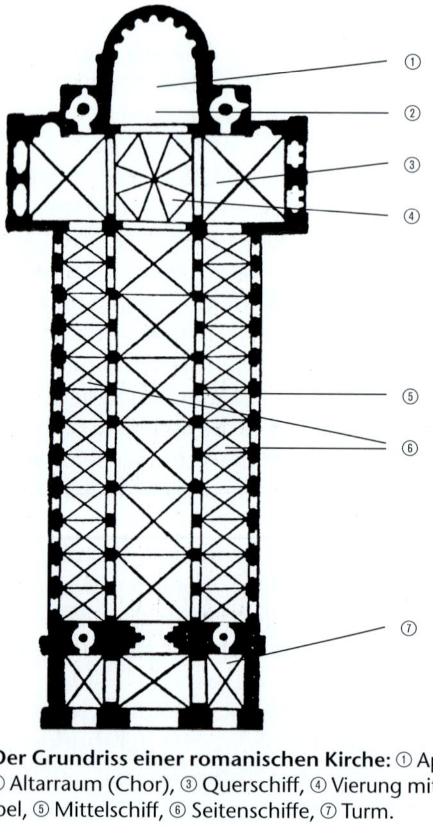

2 **Der Grundriss einer romanischen Kirche:** ① Apsis, ② Altarraum (Chor), ③ Querschiff, ④ Vierung mit Kuppel, ⑤ Mittelschiff, ⑥ Seitenschiffe, ⑦ Turm.

Die Vielfalt romanischer Kunst

3 **Stiftskirche St. Georg in Oberzell, Insel Reichenau (Bodensee).** 9./10. Jahrhundert.

4 **Stiftskirche St. Peter und Paul in Niederzell, Insel Reichenau (Bodensee).** Apsis mit Wandmalerei, 8./11. Jahrhundert.

Im Kloster Reichenau am Bodensee wurde das so genannte ***Perikopenbuch Heinrichs II.*** *angefertigt. Am Anfang des Buches werden die vier Evangelisten in Form von Autorenbildern vorgestellt (im Bild: Matthäus). Das Buch stiftete Heinrich zur Gründung des Bistums Bamberg 1007 oder zur Weihe des Doms 1012.*

Unter dem Chor, in der Krypta*, befinden sich oft die Grabstätten der Heiligen, denen die Kirche geweiht ist, oder anderer wichtiger Persönlichkeiten. Winzige Fenster, dunkle Gewölbe und mächtige Säulen geben dem Raum, der meist für kleinere Gottesdienste – oft zu Ehren der dort bestatteten Toten – genutzt wird, eine besondere Atmosphäre.

An den beiden äußeren Seiten der Säulengänge, die das Hauptschiff umschließen, sind niedrige Nebenschiffe, die im Querschiff enden, angegliedert. Der Kreuzungspunkt der Längs- und Querschiffe, die Vierung, wird von einer Kuppel überragt.

Durch die kleinen Fenster dringt nur spärliches Licht in das Innere. Die Holzdecken und die Kirchenwände waren mit Darstellungen aus dem Leben Jesu und der Heiligen Schrift bemalt. Auf den frischen Kalkputz trugen die Maler die Farben auf, sodass sie sich mit der Putzschicht verbanden. Die in dieser Freskotechnik (von ital. fresco = frisch) dargestellten Personen und Figuren wirken allerdings nicht lebensnah, sondern bewegungslos und starr. Im Laufe der Jahrhunderte sind diese einst farbenprächtigen Fresken* verblasst und verwittert, sodass romanische Kirchen heute recht düster wirken.

Auch die Buchmalerei stand vorwiegend im Dienst der Kirche. Reich illustriert und aufwändig gebunden waren die wertvollen Messbücher, Evangeliare und Bibeln, die in den klösterlichen Schreibstuben, aber auch weltlichen Schreibwerkstätten im Umkreis der Universitäten entstanden.

1 *Erklärt mithilfe der Abbildungen auf dieser Doppelseite die Merkmale einer romanischen Kirche.*

2 *Informiert euch, welche romanischen Bauten es in eurer Heimat gibt. Schreibt an die entsprechenden Fremdenverkehrsämter und lasst euch Informations- und Bildmaterial zusenden.*

Krypta*: *Raum unter dem eigentlichen Kirchenraum, vor allem unter dem Altarraum.*

Fresko*: *Wandbild mit Wasserfarben auf frischem Kalkputz.*

Die Gotik setzt sich durch

Chartres

Notre-Dame, Paris

Reims

Canterbury

1 **Der gotische Dom in Regensburg.**

2 **Inneres des Regensburger Doms.**

Die gotische Kirche – Zeugnis städtischen Selbstbewusstseins

Mittelpunkt jeder Stadt war nicht der Markt mit den schönen Patrizierhäusern, nicht das neu erbaute Rathaus, sondern die Kirche.

Die romanischen Kirchen, wie man sie seit dem 11. Jahrhundert gebaut hatte, waren zumeist von Klöstern, Bischöfen, dem Kaiser oder Fürsten errichtet worden. Das änderte sich im 13. Jahrhundert. Jetzt war es die Bürgerschaft der einzelnen Städte: Patrizier, Zünfte und die Armen – sie alle halfen durch Spenden und eigene Tätigkeit mit beim Bau ihrer Kirche in einem neuen Baustil, der sich von Frankreich aus über ganz Europa auszubreiten begann. Ganz allmählich setzte sich diese Art des Bauens, die von den Italienern als ► „gotisch" bezeichnet wurde, was so viel wie „barbarisch" oder „fremd" bedeutete, auch in Deutschland durch. Bis zum Beginn des 16. Jahrhunderts wurden jetzt überall gotische Kirchen errichtet; berühmte Kathedralen, Dome oder Münster stehen in Chartres, Reims, Paris, Canterbury, Wien, Straßburg, Prag, Köln, Ulm oder Freiburg. Jahrhundertelang dauerte es manchmal, bis eine Kirche wie der Dom zu Regensburg fertig war. Verheerende Stadtbrände in den Jahren 1152 und 1176 hatten den alten, romanischen Dom zerstört. Nach dem Abbruch der Ruinen begann man wohl bald nach 1250 mit dem Bau des gotischen Doms. Die Bürger der mittelalterlichen Reichsstadt konnten aber das monumentale Bauwerk nicht vollenden. Seit dem Ende des 15. Jahrhunderts gingen die Arbeiten nur noch schleppend voran; um 1525 mussten sie aufgrund des wirtschaftlichen Niedergangs der Stadt ganz eingestellt werden. Erst im 19. Jahrhundert konnte der Bau mit der Errichtung der beiden 105 m hohen Türme und des Querhausgiebels zu Ende geführt werden. Mit dem Bau des Doms verbindet sich die Sage von der verlorenen Wette des Dombaumeisters mit dem Baumeister der Steinernen Brücke, der mithilfe des Teufels sein Bauwerk vollendet haben soll.

Der Bau einer Kathedrale

3 **Bau des Freiburger Münsters.** Rekonstruktion.

Häufig waren die Dachrinnen in den Strebebögen der Kathedrale verborgen. Durch Wasserspeier wurde das Regenwasser in weitem Bogen zur Erde geleitet, sodass es die Wände nicht berührte. Die Steinmetze gestalteten sie meist als Ungeheuer, denen sie nicht selten die Gesichtszüge eines Bischofs oder eines Kollegen gaben.

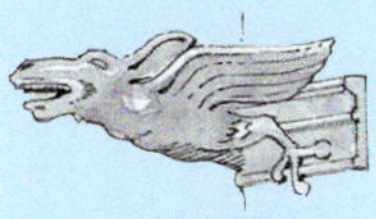

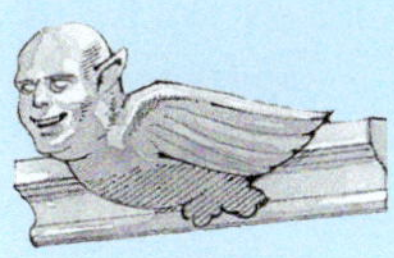

Mittelalterliche Baukunst

Jeder Gang durch eine mittelalterliche Stadt wird unwillkürlich an der zentralen Kirche vorbeiführen. Der Blick empor zu ihren Türmen wird die Frage aufwerfen, wie die Menschen vor 600 bis 800 Jahren solch ein Meisterwerk der Baukunst bewerkstelligen konnten.

Wie konnten diese Dome, Kathedralen und Münster ohne die moderne Technik gelingen? Welche Spezialisten waren erforderlich, die z. B. die Statik berechneten? Manche Baumeister haben auch zu waghalsige Pläne verwirklichen wollen. Der Einsturz eines Gewölbes konnte die Folge sein. Arbeiter stürzten in den Tod oder wurden von herunterfallenden Mauerteilen und Balken erschlagen. Manche Kirchen wurden noch während der Bauzeit zu teuer; sie blieben unvollendet oder man stellte sie erst fertig, wenn sich die Finanzlage der Stadt nach Jahrzehnten oder sogar Jahrhunderten gebessert hatte.

Wie viele Facharbeiter brauchte man, die z. B. als Steinmetze für die Bearbeitung der Steine verantwortlich waren? Hammer und Meißel waren für sie die wichtigsten Werkzeuge. Wie viele Leute brauchte man für die Hilfsarbeiten? Steine und Holz mussten in großen Mengen herbeigeschafft werden. Mehr als 5000 Baumstämme benötigte man für den Dachstuhl eines großen Kirchenschiffes, dessen Aufbau wiederum Facharbeiter, die Zimmerleute, übernahmen.

In so genannten Bauhütten hatten sich Baumeister und Facharbeiter – Meister, Gesellen und Lehrlinge der verschiedenen Sparten – zusammengefunden. Viele blieben ihr Leben lang an dieser Großbaustelle; die Arbeit konnte sich über Generationen hinziehen. Ihr Gemeinschaftsleben und ihre Arbeit waren wie bei den Zünften in einer Bauhüttenordnung streng und genau geregelt. Bis in unsere Zeit sind die Bauhütten damit beschäftigt, diese Kulturdenkmäler vor der Zerstörung und dem Verfall durch schädliche Umwelteinflüsse zu schützen.

1 *Informiert euch in einer Sagensammlung über das tragische Schicksal des Regensburger Dombaumeisters. Kennt ihr aus eurer Heimat ähnliche Sagen? Berichtet.*

2 *Erkundigt euch z. B. bei eurem/eurer Erdkunde- oder Biologielehrer/in, wie durch „sauren Regen“ Baudenkmäler in Mitleidenschaft gezogen werden können. Diskutiert Maßnahmen zur Vermeidung und Behebung dieser Umweltschäden.*

Lesetipp:
Emmi Böck: Regensburger Stadtsagen. Pustet, Regensburg 1981.

Gotische Dome wachsen in den Himmel

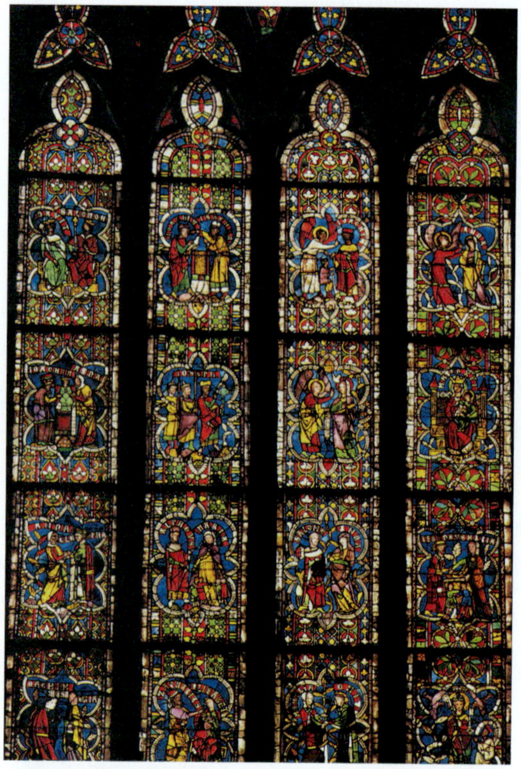

1 Fenster im Hauptchor des Regensburger Doms, um 1310/20.

2 Regensburger Dom: Verkündigungsengel.

Gotische Fenster

Spitzbogen

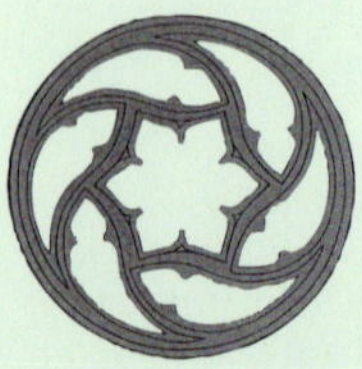

Maßwerk

M1 Es war an einem trüben Herbstabend des Jahres 1240, da zog durch das Ostentor der Stadt Regensburg ein fremder Wanderbursche. Er erkundigte sich nach der Zunftherberge der Bauleute und bald saß er am Tisch und erzählte:
„Daheim im Schwäbischen habe ich das Steinmetzhandwerk gelernt und bin dann auf Wanderschaft gegangen. Zuerst bin ich über die Alpen gewandert bis in die Heilige Stadt Rom. Aber da war keine Ruhe und kein Frieden. Dort hörte ich davon, dass man in Frankreich auf eine neue Art baut, und das wollte ich sehen. Meine römischen Freunde spotteten wohl über diesen barbarischen Baustil. So wanderte ich zurück und zog rheinabwärts. Dann wandte ich mich nach Westen bis zur großen Stadt Paris. Da bauen sie gerade dem heiligen Denis eine Kirche, wie ich sie in noch keinem Land gesehen habe. Sie hat fast keine Wände, man meint, es gebe nur Fenster. Diese reichen vom Boden bis zum Dach, sind lang und schmal und haben dort einen spitzen Abschluss. Die Glasmaler haben dort goldene Zeiten! Und im Kircheninnern steigen schlanke Säulen empor, dass man meint, man wäre in einem deutschen Wald mit hohen Tannen. Das Dach ist nicht flach, von den Säulen streben Rippen in die Höhe, die sich hoch oben zu einem Schlussstein vereinigen. Alles drängt in die Höhe, hinauf zu Gott, unserem Ziel."
Da meinte einer der Umsitzenden: „Wie kann man eine Kirche bauen ohne Wände, aber mit vielen Fenstern und einem Dach? Der nächste Sturm wird das ganze Bauwerk umblasen!" Der Fremde erklärte: „Daran haben die Baumeister wohl gedacht. Nicht mehr die Wände tragen das schwere Dach, das besorgen die vielen Säulen. Damit diese Säulen sich nicht nach außen biegen, bringt man außen schwere Stützpfeiler an." – Er langte nach seinem Ranzen und zog eine kurze Pergamentrolle hervor. Darauf sah man Zeichnungen von Gotteshäusern mit schlanken Säulen, hohen Fenstern und Bogenrippen an der Decke …

1 *Benennt mithilfe des Textes und der Abbildungen jene Merkmale, die für eine gotische Kirche typisch sind.*

Werkstatt Geschichte: Kirchenfenster

Kirchenfenster – ein Bilderbuch für die Bevölkerung
In vielen Kirchen entstanden im Laufe der Zeit neben Fresken bildhafte Darstellungen auf Kirchenfenstern. Sie zeigten den Kirchenbesuchern – die meisten von ihnen konnten nicht lesen – Geschichten aus der Bibel.

1. Fertigt von dieser Seite eine Kopie an.
2. Malt eure Kopie mit bunten Farben aus.

Dabei ist:

1 = gelb, 2 = rot,
3 = blau, 4 = grün,
5 = braun, 6 = orange.

Die übrigen Felder könnt ihr ausmalen, wie es euch gefällt.

3. Geht in eine Kirche eures Heimatortes und beantwortet folgende Fragen:
   - Wie alt ist die Kirche?
   - Gibt es an den Wänden Malereien, Bilder oder andere Darstellungen? Gibt es Kirchenfenster?
   - Sucht euch eine dieser Darstellungen oder Fenster aus. Beschreibt genau, was gezeigt wird.

Methode: Software als Informationsquelle

Vom Schreibtisch in die Welt des Mittelalters
Beim Umgang mit moderner Computer-Software findet man sich häufig in historischen Welten wieder. Solche Zeitreisen machen Spaß: Bilder und Filme, Grafiken und Modelle, Musik und Texte ziehen uns in ihren Bann. Aber wie sieht es aus, wenn man Software nicht nur zum Spaß, sondern auch als Informationsquelle nutzen will? Heute sind viele CDs auf dem Markt, die sich mit Geschichte beschäftigen. Diese sind sehr unterschiedlich aufgebaut. Damit ihr dieses Medium so nutzen könnt, dass es euch Spaß bereitet und dass ihr zugleich Neues erfahrt, solltet ihr wissen, welche Möglichkeiten CD-ROMs bieten.

1 *Überlegt euch zunächst, welche CD-ROMs mit historischem Hintergrund ihr bereits kennt. Stellt sie euren Mitschülerinnen und Mitschülern kurz vor. Achtet besonders darauf, ob sie euch auch Informationen vermitteln können.*

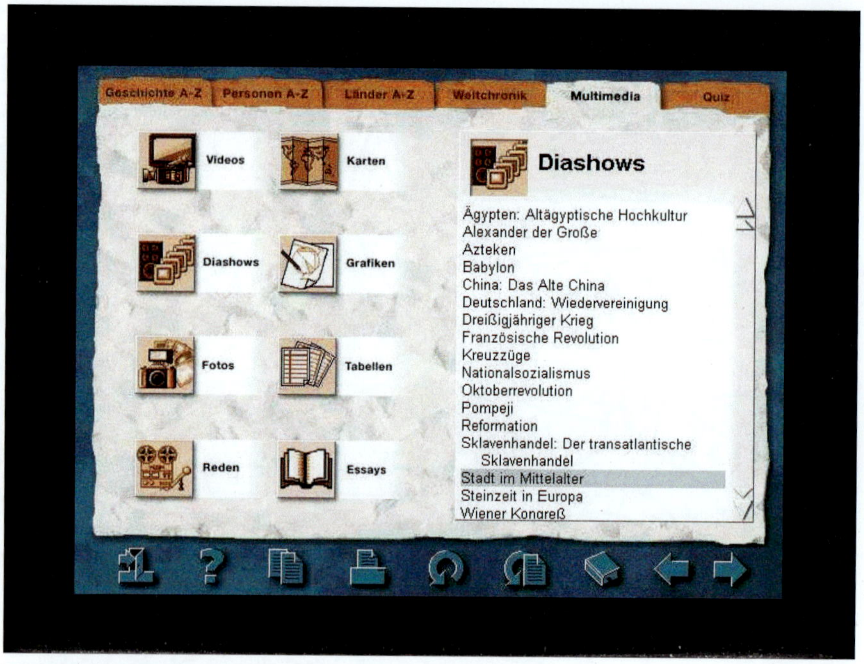

1 **Karteikartensystem auf einer Lexikon-CD-ROM.**

Computerspiele mit geschichtlichem Hintergrund
Grundsätzlich unterscheidet man zwischen „Knöpfchenspielen" (also Abschieß- und Geschicklichkeitsspielen) und „Köpfchenspielen" (also Abenteuer- und Rollenspielen). Bei der zweiten Gruppe kommt es darauf an, dass ihr euer Köpfchen anstrengt, wenn ihr gewinnen möchtet. Ihr übernehmt Aufgaben und besteht Abenteuer. Ab und zu müsst ihr auch kämpfen. Doch kommt es dann mehr auf kluges Überlegen als auf Schnelligkeit an. Zu dieser Gruppe gehören so genannte Simulationsspiele, bei denen man in eine historische Situation versetzt wird und unter historischen Bedingungen z. B. Länder verwalten, Städte aufbauen oder Handelshäuser führen kann.

Lernprogramme zu geschichtlichen Themen
Manche Programme haben nicht nur einen geschichtlichen Hintergrund, sondern sollen schwerpunktmäßig Geschichte verständlich machen. Eine solche CD-ROM ist z. B. „Die Stadt im Mittelalter". Hier habt ihr die Möglichkeit selbst durch eine mittelalterliche Stadt zu gehen. Ihr durchstreift die Gassen und geht in Häuser, ihr steigt auf die Stadtmauer und besucht die Kirche. Zu den verschiedenen Bereichen könnt ihr gezielt Informationen abrufen – wenn ihr das wollt. Die Informationen sind aber auch über ein Inhaltsverzeichnis zugänglich. Nebenbei könnt ihr einen Mord aufklären!

Geschichtliche Nachschlagewerke
Direkt als Informationsquelle gedacht sind die verschiedenen Lexikon-CD-ROMs. Dabei ist es vor allen Dingen wichtig zu wissen, wie das Programm zu bedienen ist.

2 *Versucht die euch bekannten CD-ROMs den drei Gruppen zuzuordnen.*

3 *Erklärt anhand der Abbildung 1, welche verschiedenen Medien in dieser Anwendung angeboten werden.*
– *Klärt diese Begriffe.*
– *Wo seid ihr in eurem Geschichtsunterricht diesen Medien schon einmal begegnet?*
– *Der Bildschirm ist wie ein Karteikartenkasten aufgebaut. Welche Karteikarten gibt es außer „Multimedia" noch?*
Was bedeuten die Symbole am unteren Bildschirmrand?
(Ihr könnt diese Fragen auch am Beispiel von CDs beantworten, mit denen ihr schon gearbeitet habt.)

Methode: Software als Informationsquelle

Bevor man eine CD-ROM zu einem historischen Thema kauft oder benutzt, sollte man sich überlegen, welche Erwartungen man hat. Vielleicht helfen euch folgende Schritte bei der Überlegung:

1. Schritt
Art der CD-ROM klären

Liegt vor euch
– ein Abenteuerspiel, das zwar in der Vergangenheit spielt, aber eher zur Unterhaltung gedacht ist;
– eine geschichtliche Lern-CD-ROM, mit der ihr in eine andere Zeit versetzt werdet;
– ein Trainingsprogramm (Frage-Antwort-Spiel) oder
– ein Nachschlagewerk?

2. Schritt
Thema eingrenzen

– Geht es um einen bestimmten zeitlichen Abschnitt aus der Geschichte? Wird die Zeit allgemein behandelt oder geht es um einen engeren Themenkreis, z. B. das Leben bestimmter sozialer Gruppen?
– Geht es um wirkliche Ereignisse, die sich weitgehend so zugetragen haben, oder wird eine erfundene Geschichte angeboten?

3. Schritt
Benutzerfreundlichkeit einschätzen

– Ist der CD-ROM eine Anleitung beigefügt, in der die wichtigsten Bedienungsschritte erklärt werden?
– Ist die Startseite übersichtlich? Macht sie euch neugierig?
– Gibt es ein Inhaltsverzeichnis? Ist es verständlich?
– Könnt ihr gleich verstehen, wie die CD-ROM aufgebaut ist? Ist sie z. B. nach bestimmten Themen geordnet oder stellt sie die Ereignisse in einem zeitlichen Zusammenhang dar?
– Ist Vorwissen notwendig?
– Ist die Bedienung des Programms einfach oder kompliziert?
– Könnt ihr gleich erkennen, wo Schaltflächen sind? Oder trefft ihr nur zufällig auf Elemente, bei denen sich etwas verändert?
– Gibt es ein Themenverzeichnis?

4. Schritt
Eigene Eindrücke klären

– Ist die CD-ROM abwechslungsreich gestaltet? (Wechseln Informationen und Rätsel/Spiele ab?)
– Ist die CD-ROM anschaulich und unterhaltsam?
– Welche Elemente kommen in der CD-ROM vor (Bilder, Fotos, Filme, 3D-Video, Toneinspielungen, Textquellen, Statistiken, Animationen, Karten)?
– Sind die Texte verständlich? Könnt ihr sie selbst lesen oder werden sie vorgelesen? Sind sie zu lang, werden sie zu schnell vorgetragen?
– Sind Bild und Ton gut verknüpft oder werdet ihr verwirrt?
– Erfahrt ihr Neues? Bekommt ihr vielleicht sogar zu viele oder zu komplizierte Informationen?
– Werden Fachausdrücke verwendet? Werden diese geklärt? Gibt es ein Wörterbuch, in dem die komplizierten Begriffe gesammelt sind?

5. Schritt
Programm-möglichkeiten untersuchen

– Könnt ihr im Programm stöbern oder müsst ihr euch an einen vorgegebenen Lehrpfad halten?
– Könnt ihr das Programm unterbrechen und später weitermachen?
– Gibt es eine Pausenfunktion?
– Könnt ihr nach vorne oder zurückspulen?
– Könnt ihr in die Handlung eingreifen?
– Sind die Aufgaben lösbar oder habt ihr das Gefühl diese nicht erfüllen zu können? Wie lange braucht ihr dafür?
– Könnt ihr überprüfen, ob ihr etwas gelernt habt?
– Bekommt ihr Anleitung, wo ihr noch weitere Informationen besorgen könnt?

6. Schritt
Technische Voraussetzungen beurteilen

– Wie ist die Bild-/Tonqualität?
– Kann man Bilder und Texte vergrößern, kann man sie ausdrucken?
– Findet ihr eine Auflistung der Bilder, Texte usw., die auf der CD-ROM enthalten sind?

4 *Untersucht verschiedene CD-ROMS in Gruppenarbeit nach diesen Gesichtspunkten.*
5 *Fallen euch noch andere Punkte ein, die man beim Kauf und bei der Benutzung von geschichtlicher Software beachten muss?*
6 *Verfasst einen Artikel für die Schülerzeitung, in dem ihr eure Ergebnisse vorstellt.*

Zusammenfassung

Der Aufstieg der Ritter
Im Mittelalter gehörten die Menschen verschiedenen Ständen an. Der politisch bedeutendste war der Adel, zu ihm zählten auch die Ritter. Als zu Beginn des 8. Jahrhunderts die Araber das Frankenreich zu erobern versuchten, entwickelten die Franken eine neue Art von Kriegsführung: das gepanzerte Reiterheer. Durch die teuere Ausrüstung und das langwierige Erlernen des Waffenhandwerks wurden die Ritter zu Berufskriegern, die mit einem Lehen versehen wurden, das ihren Lebensunterhalt sicherte. Bis zum Ende des 11. Jahrhunderts hatte sich aus dieser Gruppe von Berufssoldaten ein eigener Stand gebildet. Der Ritterstand besaß feste Vorstellungen davon, wie ritterliches Leben auszusehen hatte. Die Burg war ihr typischer Wohn- und Herrschaftssitz. Nach einer langjährigen harten Ausbildung zum Ritter geschlagen sollte sich der Adlige den Idealen der Treue und Gerechtigkeit verpflichtet fühlen und ein standesgemäßes Leben führen. Die Frauen dagegen wurden bereits im Mädchenalter auf ihre zukünftige Rolle als Dame des Hofes vorbereitet. Auf Turnieren und Hoffesten entfaltete sich der Glanz höfischen Lebens, das von mittelalterlichen Dichtern in Minneliedern und Epen verherrlicht wird. Mit dem Ende des Mittelalters verfielen Rittertum und höfische Kultur und es machte sich das Raubritterunwesen breit.

Das Leben der Bauern
Fast 95 Prozent der Bevölkerung lebten im Mittelalter in Dörfern auf dem Land und arbeiteten in der Landwirtschaft. Die meisten Bauern waren von ihren adligen und geistlichen Grundherren abhängig, mussten ihnen Abgaben und Frondienste leisten. Insbesondere im frühen Mittelalter war ihr Alltag durch harte Arbeit, schlechte Wohnverhältnisse und eintönige Ernährung bestimmt. Die Landwirtschaft warf kaum genügend Erträge ab um die Familien zu ernähren. Naturkatastrophen, Viehseuchen, Missernten und Hungersnöte führten zu einer hohen Sterblichkeitsrate unter der bäuerlichen Bevölkerung. Aber durch neue Arbeitsgeräte und Techniken wie die Dreifelderwirtschaft setzte sich allmählich eine effektivere Nutzung von Grund und Boden durch. Die Ernteerträge konnten somit seit dem 12. Jahrhundert erheblich gesteigert werden. Die höheren Erträge führten dazu, dass die Bauern nun einen Teil ihrer Ernte auf dem Markt in der Stadt verkaufen konnten und sich so ihr Lebensstandard allmählich verbesserte.

Seit 700 n. Chr.

Seit dem 8. Jahrhundert gibt es im christlichen Abendland berittene Krieger: die Ritter.

Seit dem 10. Jahrhundert

Burgen dienen den Rittern als Wohn- und Herrschaftssitze.

Seit 900 n. Chr.

Die Bauern leisten einem Grundherrn Abgaben und Frondienste.

Um 1200 n. Chr.

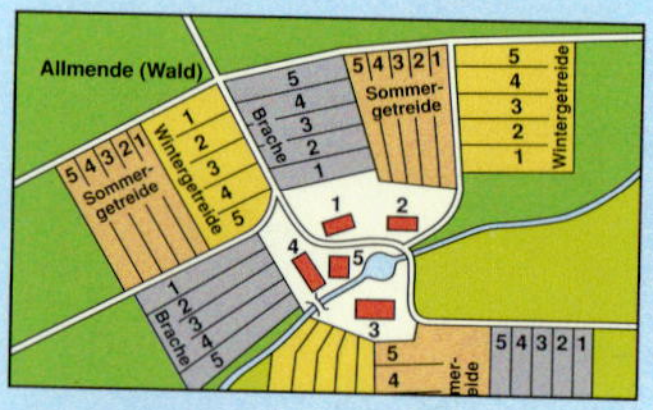

Die Dreifelderwirtschaft setzt sich durch.

Von der Siedlung zur Stadt
Städte, wie wir sie aus dem alten Griechenland oder dem Römischen Reich kennen, entwickelten sich in Deutschland aus alten Römer- und Bischofsstädten oder aus Kaufmannssiedlungen. Immer mehr Menschen zog es vom Land in die befestigten Städte, die ihnen Sicherheit, Arbeit, ein bequemeres Leben und vor allem Freiheit bieten konnten. Seit dem Hochmittelalter wurden immer häufiger Städte von einem Stadtherrn gegründet, der dadurch seine Herrschaft sicherte und wichtige zusätzliche Einnahmen erhielt.
Die Rechte der Stadtherren wurden seit 1200 fast überall von den Patriziern, reichen Kaufleuten, übernommen. Sie wählten aus ihren Reihen den Rat der Stadt und stellten den Bürgermeister. Diese übernahmen nun die Verwaltung der Stadt, setzten unter anderem die Steuern und Zölle fest, übten die Gerichtsbarkeit aus und sorgten für den Bau und die Verteidigung der Stadtmauern. Erst im Spätmittelalter erkämpften sich die Zünfte der Handwerker in vielen Städten ein Mitspracherecht. Von der politischen Mitwirkung ausgeschlossen blieben die Frauen ebenso wie die Angehörigen der Unterschichten und insbesondere die Juden, die in Notzeiten zum „Sündenbock" gemacht, grausam verfolgt und aus den Städten vertrieben wurden.
Der Markt, Kauf und Verkauf bestimmten das Leben in der Stadt. Der Rat erließ hierfür genaue Vorschriften, deren Übertretung hart bestraft wurde. Der sichtbare Mittelpunkt jeder Stadt waren aber nicht der Marktplatz oder die stolzen Patrizierhäuser, sondern die Kirchen, die in einem neuen, dem gotischen Stil errichtet wurden. In diesen prächtigen Kathedralen, Domen und Münstern spiegelten sich der Reichtum und das Selbstbewusstsein der Städte und ihrer Bürger wider. Geplagt war jede Stadt auch vom Gestank und Schmutz auf den Gassen und in den Straßen, ein Zustand, der zur raschen Ausbreitung von Seuchen, vor allem der Pest, beitrug.

Die Städte schließen sich zusammen
Ständigen Gefahren ausgesetzt waren die Fernhandelskaufleute: Seeräuber, Wegelagerer und Raubritter überfielen ihre Warentransporte. Daher schlossen sich die Kaufleute zu Genossenschaften zusammen. Aus einem solchen Schutzbündnis entstand auch die Hanse, die schnell zu einer bedeutenden Wirtschaftsmacht im Nord- und Ostseeraum heranwuchs und in zahlreichen europäischen Städten Handelsniederlassungen unterhielt.

Seit 1100

Städte entstehen in ganz Europa.

Um 1400

Zünfte erkämpfen sich ein Mitspracherecht im Stadtregiment.

1150–1500

Mit der Gotik entsteht in Europa eine neue Stilrichtung in der Baukunst.

1356–1500

Die deutsche Hanse erlebt Aufstieg und Niedergang.

Begegnung von Völkern, Religionen, Kulturen

Fest in eine von Gott gegebene Ständeordnung hineingeboren waren die Menschen des Mittelalters dennoch nicht ortsgebunden, sondern erstaunlich mobil. Dies war auch notwendig um in einer von Kriegen, Hungersnöten und Seuchen heimgesuchten Welt überleben zu können. Adlige und Geistliche, Bürger und Bauern, Menschen aus unterschiedlichen Ständen waren unterwegs, nicht nur im eigenen Land, sondern in ganz Europa, aus unterschiedlichen Motiven, mit unterschiedlichen Zielen. So blieb es nicht aus, dass sich die verschiedenen Völker, Kulturen und Glaubensüberzeugungen begegneten – teils friedlich, teils aber auch sehr feindselig. Das hatte oft lange und sehr grausam geführte Auseinandersetzungen zur Folge …

Reisen im Mittelalter

1 Reiche Kaufleute und Adlige bevorzugten als Fortbewegungsmittel die Sänfte. Illustration zu den Reisebeschreibungen Marco Polos, 1375.

__Mobilität:__ Beweglichkeit.*

__Kommunikationsmittel:__ Moderne Mittel zur Verständigung, z. B. Telefon, Handy, Internet.*

__Hospiz:__ Von Mönchen errichtete Unterkunft für Reisende oder wandernde Mönche.*

Meist nahm man auf Reisen seine gesamten Habseligkeiten mit.

Mobiliät* im Mittelalter

Mobil sein ist nicht nur ein Kennzeichen und ein Erfordernis unserer Zeit – mit Erstaunen muss man feststellen, dass selbst im Mittelalter, einer Epoche ohne moderne Kommunikations*- und Verkehrsmittel, Menschen aller Gesellschaftsschichten außerordentlich mobil waren bzw. sein mussten. Flucht und Auswanderung gab es schon immer, nicht selten waren Seuchen und Kriege der Anlass. Unterwegssein bzw. Reisen war deshalb kein Vergnügen, hatte nichts mit Urlaubmachen zu tun. Man reiste, weil man reisen musste: als Pilger, als Kaufmann, selbst als König. Handwerksgesellen waren jahrelang „auf der Walz", Studenten bezeichnete man als „fahrende Schüler". Es gab sogar ein „fahrendes Volk", soziale Randgruppen der Gesellschaft, wie z. B. Bettler, Gaukler, Spielleute oder Aussätzige, die ständig unterwegs waren, von Dorf zu Dorf, von Stadt zu Stadt.

Reisen, das bedeutete vor allem Mühsal und Gefahr. Die Reisenden sahen nicht die Schönheit der Natur, sondern fürchteten ihre Gefährlichkeit: unwegsames Gelände, holprige und morastige Wege, Unwetter, wilde Tiere und Wegelagerer. Man dankte dem heiligen Christophorus, wenn man am Ziel heil angekommen war. Gasthäuser oder Herbergen gab es nur selten. Wer unterwegs war, musste zusehen, dass er in einer Burg, einem Kloster, einem Zunfthaus oder in einem Hospiz* für die Nacht unterkam. Man ging meist zu Fuß, nur Frauen, Kranke oder Alte saßen in einem ungefederten Wagen oder in einer Sänfte. Wer es sich leisten konnte, reiste hoch zu Pferd. Wo immer es möglich war, benutzte man die Wasserwege; das Reisen zu Schiff war bequemer, sicherer und vor allem schneller.

Herrschaft aus dem Sattel

Der Stauferkaiser Heinrich VI. (1190–1197) war während des Jahres 1193 ständig unterwegs. Im Lauf eines einzigen Jahres legte er von Pfalz zu Pfalz, von Reichstag zu Reichstag eine Strecke von über 4000 Kilometern zurück. Und Heinrich VI. war kein Einzelfall: Im Mittelalter regierten die deutschen Könige und Kaiser ihr Reich aus dem Sattel. Eine feste Hauptstadt gab es nicht und sie mussten selbst in den einzelnen Teilen des Reichs Recht sprechen und den Frieden sichern. Ein gewaltiger Tross begleitete die Herrscher auf ihren Reisen (siehe auch S. 18).

1 *Überlegt, welche Probleme mit diesem „Reisekönigtum" verbunden waren.*

Menschen unterwegs

Geschäftlich unterwegs

Die Mobilität der Kaufmannschaft, insbesondere der Fernhandelskaufleute, war enorm. Die Geschäftsverbindungen der hansischen Kaufleute reichten von England bis Russland, die der oberdeutschen Kaufleute bis nach Italien und sogar in den Vorderen Orient. Die Kontakte zu den ausländischen Geschäftspartnern und Niederlassungen mussten gepflegt werden und auf den großen europäischen Handelsmessen traf man sich um Geschäfte abzuschließen.

Das Tagebuch des Augsburger Kaufmanns Lucas Rem (1481–1541) hält in allen Einzelheiten die emsige Reisetätigkeit eines in Ausbildung befindlichen Kaufmanns ab dem 13. Lebensjahr fest. Nach Aufenthalten in Leipzig und Ulm erlernte Rem in Venedig die italienische Sprache und wurde in Rechnen und Buchhaltung ausgebildet. Im Alter von 17 Jahren trat er in den Dienst von Anton Welser, einem der bedeutendsten Augsburger Kaufleute, und wurde von diesem in wichtigen geschäftlichen Missionen eingesetzt, zuerst in Mailand, Padua und Verona. Sein nächstes Ziel war Lyon, vom 10. Mai bis 21. Juli 1500 – also in 73 Tagen – reiste er nach Paris, Rouen und Brügge und war mit dem Einbringen von Schulden befasst, nachdem er sich zuvor in Avignon aufgehalten hatte. Im Dezember brach er von Lyon nach Gent, Fribourg und Bern auf und kehrte im Januar wieder nach Lyon zurück, wobei er sich bei allen Reisen der Pferde bediente.

Bei seinen Geschäftsreisen, die ihn später noch nach Spanien, Portugal, Nordafrika, den Azoren, den Kanarischen und Kapverdischen Inseln, in die Schweiz und in die Niederlande führten, vergaß er nie „schön gepey und kirchen zuo besehen". Neben Deutsch sprach er Italienisch, Französisch, Portugiesisch, Spanisch und Flämisch. 1518 kehrte er nach Augsburg zurück, gründete eine eigene Handelsgesellschaft, heiratete und wurde sesshaft.

2 *Fertigt eine Karte mit den Zielen der Geschäftsreisen Lucas Rems an.*

3 *Welchen weiteren Nutzen hatten seine Reisen?*

2 **Reisenden des Mittelalters drohten Überfall und Raub.** Aus dem „Hortus deliciarum", 12. Jahrhundert.

Eine Pilgerreise nach Santiago de Compostela

Pilgerreisen, ob allein oder in der Gruppe, waren zweifelsohne die bedeutendste Reisebewegung des Mittelalters. So wie St. Peter in Rom oder der Schrein der Heiligen Drei Könige in Köln zog vor allem das Grab des Apostels Jakobus die Menschen an. Aus allen Gegenden Europas strömten die Gläubigen – mehr als eine halbe Million im Jahr – nach Santiago de Compostela im äußersten Nordwesten der Iberischen Halbinsel. Erkennbar an ihrer Pilgertasche – ein um den Hals gehängter Brotbeutel – und dem hölzernen Pilgerstab waren sie bei einer Tagesleistung von 35 bis 45 Kilometern wochen-, ja monatelang unterwegs. Der Besuch des Grabes und das Gebet vor dem Reliquienschrein* brachten sie in ihrer tiefen Gläubigkeit nicht nur dem Heiligen, sondern auch Gott näher und erlösten sie von vielfältiger Not und Sünde. Der Andrang war oft so groß, dass Pilger – wie Chronisten berichten – vor allem am Festtag des Heiligen von den Menschenmassen erdrückt oder zu Tode getrampelt wurden. Zugleich wurden die Wallfahrtsorte durch den Handel reich, das Geschäft mit den Pilgern blühte. Den Heiligen wurden Kerzen geopfert, nach Hause wurden Andenken mitgebracht.

4 *Erkundigt euch, ob es in eurer Nähe Wallfahrtsorte aus dem Mittelalter gibt.*

Pilger, zu Fuß unterwegs.

Pilgermuschel aus Santiago de Compostela.

Reliquien*: *Überreste von Heiligen. Dazu zählten Skelette, Schädel, Knochen, Knochensplitter, Zähne, Zungen und andere Körperteile. Diese wurden in kunstvollen Monstranzen aufbewahrt und bei Prozessionen umhergetragen.*

Auf der Suche nach neuem Ackerland

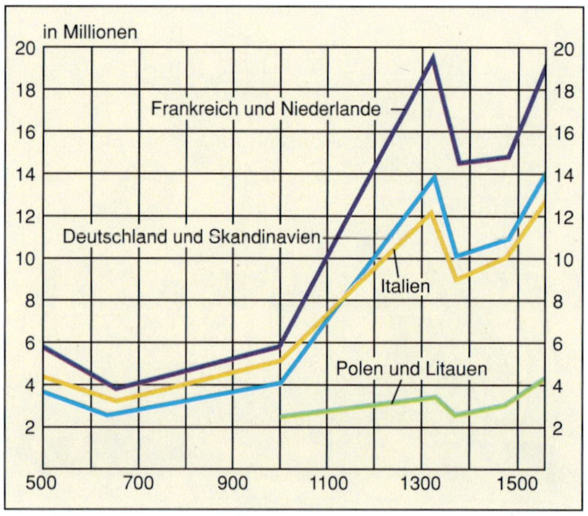

1 **Bevölkerungsentwicklung in Europa.**

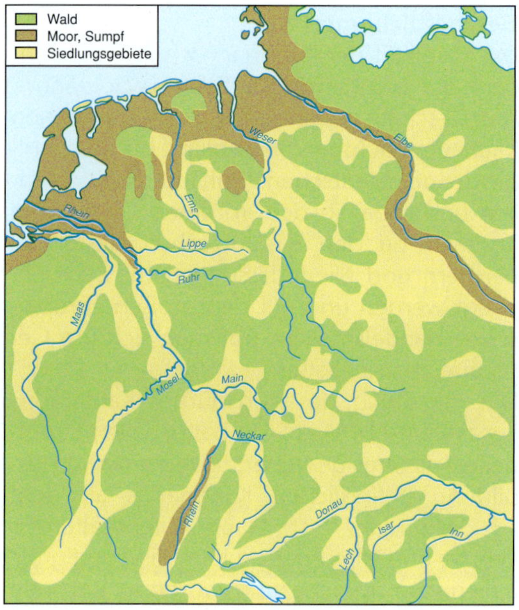

2 **Das Landschaftsbild um 1000 n. Chr.**

***Binnenkolonisation*:** Urbarmachung von landwirtschaftlichen Nutzflächen im eigenen Land.*

Die Binnenkolonisation*

Durch die starke Bevölkerungszunahme in Westeuropa seit dem 11. Jahrhundert gerieten zahlreiche bäuerliche Familien in Not. In Norddeutschland erbte nur der älteste Sohn den Hof, alle anderen erhielten nichts. Wie sollten sie sich ernähren? In Süddeutschland wurde das vorhandene Ackerland unter allen männlichen Erben aufgeteilt. Schon bald aber reichten die kleinen Äcker kaum noch aus um eine Familie zu versorgen. Naturkatastrophen verschlimmerten die Situation zusätzlich.

Q1 Der Mönch Sigebert von Gembloux berichtet in seinem Geschichtswerk zum Jahr 1144:
... Dieses Jahr brachte einen harten Winter mit viel Regen und Schlamm. Starke Waldbäume wurden entwurzelt, Kirchen, Türme und andere Gebäude, die man für fest gehalten hatte, größtenteils von Grund auf zerstört ... Eine schwere Hungersnot bedrückte viele ... und ließ die meisten Leute verarmen. Arme und auch wohlhabende Leute zwang der Hunger abzuwandern um dem Mangel zu entfliehen ...

***Marsch*:** Flaches Schwemmland am Meer mit fruchtbarem Boden, das als Weide oder Acker genutzt wird.*

Viele Bauern begannen in den noch menschenleeren Gebieten Deutschlands Moore und Sümpfe trockenzulegen, an den Küsten Deiche und Marschen* anzulegen und Wälder zu roden. Die Eingriffe in die Natur waren weit reichend. Dass dadurch auch Umweltkatastrophen wie Bodenerosion, Sinken des Grundwasserspiegels und Überflutungen verursacht wurden, war den Menschen des Mittelalters noch nicht bewusst. Auch negative wirtschaftliche Folgen verbanden sich mit dieser Urbarmachung. Der Wald diente der bäuerlichen Bevölkerung als wichtige Nahrungs- und Rohstoffquelle, wo sie Beeren, Pilze und Kräuter fand und auch ihren Bedarf an Brenn- und Bauholz deckte. Die Arbeit war zudem hart und gefährlich. Dennoch nahmen die Bauern diese Mühen auf sich, weil der Grundherr von dem gerodeten Land nur geringe Abgaben verlangte, auf Frondienste verzichtete und oftmals sogar Saatgut und Vieh zur Verfügung stellte.
Viele Ortsnamen erinnern noch heute an diesen Landbau. Es sind Orte, deren Namen auf -rode, -reuth, -ried, -wald, -brand, -hau, -moos, -brach oder -marschen endet.

1 *Seht euch Abbildung 1 an. Sprecht über mögliche Ursachen und Folgen der mittelalterlichen Bevölkerungszunahme.*

2 *Überlegt, wohin die Menschen auswandern konnten. Betrachtet die Abbildungen 1 und 2.*

3 *Erinnern auch in eurer Heimat Namen von Siedlungen an die Binnenkolonisation?*

Siedler auf dem Weg nach Osten

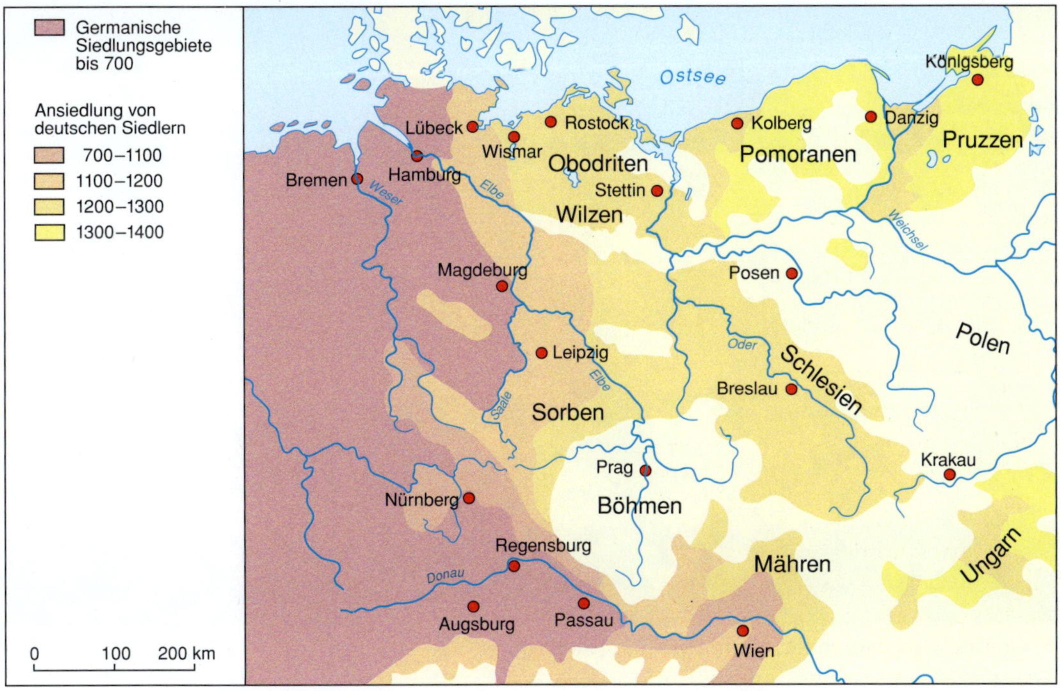

3 **Deutsche Ostsiedlung.**

Die Unterwerfung der Slawen

Q2 Aus dem Aufruf sächsischer Bischöfe und Adliger zum Kampf gegen den slawischen Stamm der Obodriten aus dem Jahr 1108:

… Schon lange werden wir durch Unrecht und vielerlei Gewalttaten bedrängt. Die Heiden haben sich mit unvergleichlicher Grausamkeit gegen uns erhoben und richten uns fast zugrunde. Sie sind Männer ohne Mitleid, denen es noch gefällt, sich ihrer Bosheit zu rühmen … Diese Heiden sind zwar verdorben und schlecht, aber ihr Land ist erstaunlich reich: Dort fließen Milch und Honig und die Ernten sind unvergleichlich gut … Auf denn, ihr Franken, Lothringer und Flamen … Hier könnt ihr euer Seelenheil erwerben und, wenn es euch gefällt, noch das beste Siedelland dazu …

4 *Wie wird der Krieg gegen die slawischen Obodriten in Q 2 gerechtfertigt?*

5 *Mit welchen Versprechungen hofft man Unterstützung in dieser Auseinandersetzung zu finden?*

6 *Überlegt, warum die Slawen in diesem Bericht als verdorben und bösartig bezeichnet werden. Denkt daran, von wem der Aufruf stammt.*

7 *Zeigt mithilfe der Karte 3 die Gebiete Osteuropas, in die deutsche Siedler gezogen sind.*

Zur gleichen Zeit, als die Bauern in Westeuropa in Not gerieten, riefen sächsische Bischöfe und Adlige, die ihre Macht im Osten des Reiches zu erweitern suchten, zum Kampf gegen die Slawen auf. Fürsten und Herzöge, wie Albrecht der Bär (1100–1170) oder Heinrich der Löwe (1129–1195), eroberten weite Gebiete jenseits der Elbe, der Ostgrenze des Reiches, unterwarfen die slawischen Stämme, gründeten Marken* und holten Siedler ins Land um es zu erschließen und gleichzeitig ihre Herrschaft zu sichern.

Am erfolgreichsten war der ▶ Deutschritterorden, der nach dem Scheitern der Kreuzzüge neue Aufgaben suchte (siehe S. 119). Vom polnischen Herzog gegen die heidnischen Pruzzen zu Hilfe gerufen und von Kaiser Friedrich II. zur selbstständigen Landesherrschaft ermächtigt konnte er in Ostpreußen und in den baltischen Ländern einen eigenen Ordensstaat aufbauen (siehe Karte S. 76).

Mark*: *Gebiete an den Grenzen des Reiches, für deren Sicherung und Verwaltung Markgrafen mit besonderen Rechten zuständig waren.*

Dörfer und Städte werden gegründet

1 **Ein Dorf wird gegründet.** Buchmalerei, 14. Jahrhundert.

Schlesien – eine „Steueroase" für Auswanderer

Zahlreiche slawische Fürsten in Ungarn, Polen, Böhmen und Schlesien sandten ihre Boten nach Süddeutschland, nach Holland, Friesland und Flandern aus um deutsche Siedler ins Land zu holen. Viele folgten dem Ruf und wanderten aus, z. B. nach Schlesien.

Die slawischen Bewohner Schlesiens waren schon lange Christen. Ihre Fürsten und Herzöge unterhielten zahlreiche Verbindungen zu adligen Familien in Deutschland; viele von ihnen waren mit den Töchtern deutscher Adliger verheiratet. Eine deutsche Frau hatte auch Herzog Heinrich I.: Hedwig, die Tochter des bayerischen Grafen von Andechs, war im Jahr 1186 nach Schlesien gekommen. Voller Verwunderung sah sie, dass die schlesischen Bauern die Dreifelderwirtschaft noch nicht kannten. Den Boden pflügten sie noch mit einem hölzernen Hakenpflug, der die Erde nur aufritzen konnte. Die Ernteerträge waren deshalb nur gering und die Menschen arm. Auch das städtische Leben, Handwerk und Handel hatten sich noch nicht entfaltet. Auf ihre Bitte holte der Herzog deutsche Bauern, Kaufleute und Handwerker, auch Mönche, vor allem Zisterzienser*, ins Land.

Breslau wurde zum Mittelpunkt des Landes und am schlesischen Hof entwickelte sich die ritterliche Kultur in einer glanzvollen Hofhaltung. Wie ihre Nichte Elisabeth von Thüringen speiste Hedwig Arme, pflegte Kranke und war gütig gegenüber jedermann. Deshalb wurde sie nach ihrem Tod 1243 heilig gesprochen und wird als Patronin Schlesiens verehrt.

Q1 In einer Urkunde aus dem Jahr 1250 heißt es:

… 1. Wer als Siedler in der Stadt wohnen will, genießt sechs Freijahre. Er wird weder zur Steuer noch zur Heerfahrt gezwungen, außer bei unmittelbarer Gefahr für die Landschaft …

3. Wir gewähren freien Fischfang innerhalb einer Meile, freies Bauholz, freie Niederjagd beiderseits der Oder, sechs große Hufen* als Weide.

4. Die Siedler können ihre Geschäfte in unserem Land ohne Zoll und Abgaben treiben …

1 *Erklärt mithilfe von Q 1 und der Abbildung 1, warum der Herzog deutsche Siedler ins Land rief.*

2 *Überlegt, warum viele diesem Aufruf folgten.*

Zisterzienser*: *1098 als Orden begründet, benannt nach dem Kloster Citeaux in Burgund; bedeutendster Vertreter: Bernhard von Clairvaux; errichteten ihre Klöster in der Einöde und machten das Land urbar.*

Hufe*: *Im Mittelalter Bezeichnung für eine bäuerliche Hofstätte mit Ackerland und Anteil an der Allmende, den Wäldern und Weiden, die Dorfbewohner gemeinsam nutzten. Die Größe einer Hufe betrug etwa 10 ha und reichte aus für den Lebensunterhalt einer Familie.*

Dörfer und Städte werden gegründet

2 Die so genannten Tuchhallen in der Altstadt von Krakau.

Die Ostkolonisation

Die Lokatoren* hatten großen Erfolg: Viele Menschen waren bereit ihre alte Heimat zu verlassen und in die unbekannten Länder fern im Osten zu ziehen. Man schätzt ihre Zahl auf etwa 600 000. So folgten ihnen:

- Junge Adlige, die vom Ertrag ihres kleinen Lehens nicht mehr leben konnten;
- Bauern, die sich der Unterdrückung und Ausbeutung durch den Grundherrn entziehen wollten;
- Handwerker und Kaufleute, die sich bessere Verdienstmöglichkeiten erhofften.

Hatten die Werber einen Zug Auswanderer mit Familie, Hausrat und Vieh zusammen, zogen sie los. Oft monatelang dauerte der beschwerliche Marsch in die neue Heimat. Hier angekommen vermaß der Werber das zugewiesene Land, das dann unter den Siedlern verlost wurde, und leitete die Rodung. Als Belohnung erhielt er zumeist das Schultheißenamt und oft auch das alleinige Recht Bier auszuschenken oder Getreide zu mahlen. Da die Grundherren die Siedler brauchten, gewährten sie ihnen gute Bedingungen: Sie mussten nur geringe Abgaben zahlen, meist keine Frondienste leisten und waren persönlich frei. Land zu roden, Felder und Dörfer anzulegen war sehr mühsam. Ein oder zwei Jahre konnte es bis zur ersten Ernte dauern. Ein Spruch der Siedler zeigt, dass der Erfolg sich erst langsam – für manche zu spät – einstellte: „Der Erste hat den Tod, der Zweite die Not, der Dritte das Brot."

Gleichzeitig mit den Dörfern wurden auch zahlreiche Städte gegründet. Sie wurden planmäßig angelegt, zumeist mit einem großen rechteckigen Marktplatz im Schnittpunkt der Hauptstraßen, von prächtigen Bürgerhäusern umgeben. In ihnen lebten die Bürger nach deutschem Recht, z. B. nach dem Nürnberger oder Magdeburger Stadtrecht. Die Städte wurden Zentren der Verwaltung und des Handels für die nähere und weitere Umgebung. Viele von ihnen wie z. B. Prag und Breslau, Krakau und Danzig, Posen und Stettin wurden wegen ihrer Größe und ihres Reichtums berühmt. Zwar bestimmten die deutschen Auswanderer oftmals die rechtlichen, wirtschaftlichen und kulturellen Grundlagen des Zusammenlebens mit der einheimischen slawischen Bevölkerung, dennoch konnte diese ihre Kultur und Eigenständigkeit aber weitgehend erhalten. Über Jahrhunderte hinweg bestand ein friedliches Mit- und Nebeneinander der unterschiedlichen Völker und Kulturen in Osteuropa. Erst das übersteigerte Nationalbewusstsein des 19. Jahrhunderts entzweite die Menschen und entlud sich im 20. Jahrhundert in zwei Weltkriegen. Die deutschstämmige Bevölkerung war zu Flucht und Auswanderung, zur Rückkehr in die alte Heimat gezwungen.

3 *Erklärt den Spruch der Siedler.*

4 *Ein slawischer Bauer berichtet seinem Nachbarn von der Ankunft deutscher Siedler. Welche Empfindungen könnte er geäußert haben?*

Lokatoren* *(von lat. locus = Ort, Stelle): Unternehmer, die im Auftrag der Landes- und Grundherren Dorf- oder Städtegründungen im Zuge der ► Ostkolonisation durchführten, Siedler anwarben und die Grundstücke verteilten; sie wurden meist mit doppeltem Landanteil und besonderen Ämtern und Rechten entlohnt.*

Die Juden in den Städten

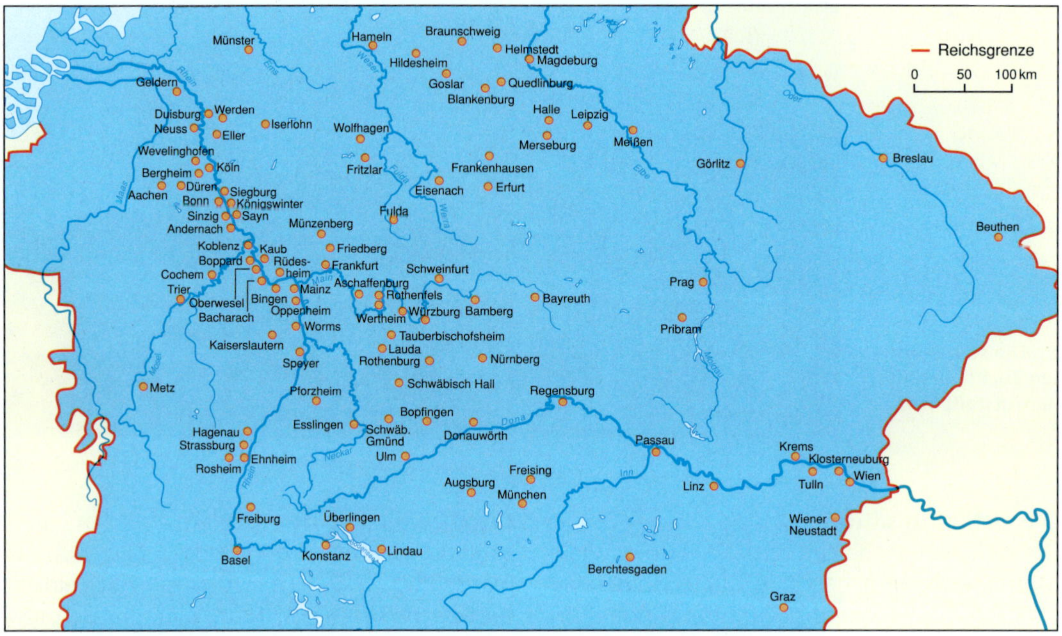

1 **Jüdische Siedlungen in Deutschland vor 1238.**

Ein am Judenhut erkennbarer Arzt am Krankenbett des heiligen Basilius.

Ein jüdischer Geldverleiher.

Jüdische Gemeinden im mittelalterlichen Europa

Schon seit dem 4. Jahrhundert sind jüdische Gemeinden in Deutschland belegt. Ein Erlass des römischen Kaisers Konstantin aus dem Jahr 321 beweist, dass es bereits damals eine jüdische Gemeinde in Köln gab. Unter dem Schutz der karolingischen Herrscher Karls des Großen und Ludwigs des Frommen wuchsen jüdische Gemeinden in Trier, Worms und Speyer zu großer Bedeutung heran. Auch im maurischen Spanien legten arabische und jüdische Gelehrte, Philosophen, Ärzte und Diplomaten gemeinsam den Grundstein zu einer hohen, lange blühenden Kultur. Bei den christlichen Herrschern Europas waren Juden im 10. und 11. Jahrhundert vor allem wegen ihrer Vermittlerrolle im Fernhandel hoch angesehen. Jüdische Kaufleute knüpften über alle Grenzen hinweg Kontakte zu den jüdischen Gemeinden rund um das Mittelmeer und hielten so den Handel mit dem Orient aufrecht. Dafür wurden ihnen bestimmte Vorrechte und Schutz gewährt, wofür sie allerdings noch besondere zusätzliche Abgaben zu leisten hatten.

Jüdische Familien ließen sich vor allem in den Städten nieder. Die älteste jüdische Gemeinde in Bayern ist für das frühe 11. Jahrhundert in Regensburg belegt. Etwa 500 bis 600 Juden lebten in der Stadt; insgesamt schätzt man die jüdische Bevölkerung Deutschlands im 11. Jahrhundert auf ca. 20 000 Menschen. Die Juden wirkten zunächst wie alle anderen Bewohner am städtischen Leben mit. Sie beteiligten sich an der Verteidigung der Städte, trieben Handel, kauften Häuser und kamen tagtäglich mit den christlichen Mitbürgern in Berührung: im Haus, auf der Straße, in der Werkstatt oder auf dem Markt. Trotz der unterschiedlichen Religion und Kultur gab es lange Zeit ein friedliches Zusammenleben von Juden und Christen, selbst wenn eine Eheschließung zwischen Juden und Christen verboten war. Eine Wende im christlich-jüdischen Verhältnis brachten erst die Kreuzzüge (siehe S. 116 ff.). Der Aufruf des Papstes zu einem Kreuzzug gegen die „Ungläubigen im Heiligen Land“ wurde von vielen Menschen schon bald in einen Kampf gegen die „Ungläubigen im eigenen Land“ umgedeutet.

1 *Betrachtet die Karte 1 und ermittelt, ob es auch in eurer Nähe jüdische Siedlungen gegeben hat.*

Die Juden werden ausgegrenzt

Die Ausgrenzung der Juden

Obwohl in den mittelalterlichen Städten die Juden als „Ungläubige" von den Bürgerrechten ausgeschlossen und jüdischen Handwerkern und Kaufleuten die Mitgliedschaft in Zünften und Gilden verwehrt war, erregte oftmals ihr wirtschaftlicher Erfolg den Neid, ihre fremdartige Kultur das Misstrauen, ja den Hass ihrer christlichen Nachbarn. Noch im 11. Jahrhundert, mit dem Aufruf zum ersten Kreuzzug, kam es zu den ersten Pogromen*. Eine Welle der Gewalt brach über die jüdischen Gemeinden herein; in Worms, Speyer, Würzburg, Regensburg, Prag und anderen Städten wurden jüdische Häuser und Synagogen geplündert und zerstört, über 5000 Juden ermordet.

Seit dieser Zeit verschlechterte sich die rechtliche Lage der Juden immer mehr. Sie wurden von allen öffentlichen Ämtern ausgeschlossen, durften keinen landwirtschaftlichen Besitz und keine Häuser erwerben und jegliches Handwerk wurde ihnen untersagt. So blieb ihnen neben dem Handel, in dem aber die Konkurrenz christlicher Fernhandelskaufleute immer größer wurde, noch der Geldverleih gegen Zinsen, was den Christen verboten war. Vom einfachen Bauer, über den angesehenen Handwerker und Kaufmann bis hin zum mächtigen Bischof oder Grafen: Viele Menschen waren bei den jüdischen Geldverleihern hoch verschuldet; die hohen Zinsen – in den Augen vieler Zeitgenossen „Wucherzinsen" – führten zu weiteren Diskriminierungen*.

Um die Juden öffentlich zu kennzeichnen und um sie zugleich zu demütigen wurden Kleidervorschriften erlassen: Seit dem 12. Jahrhundert mussten Juden den Kaftan, einen weiten Mantel mit Streifen, sowie einen Spitzhut, seit dem 15. Jahrhundert einen gelben Fleck auf ihrer Kleidung tragen. In vielen Städten mussten sie abgesondert von der übrigen Bevölkerung in eigenen Stadtvierteln, den Gettos*, leben. Diese lagen abgelegen an der Stadtmauer, waren von einer Mauer umschlossen und mit Toren, die von Stadtknechten bewacht und verschlossen wurden, abgeriegelt. Auch wenn die jüdische Bevölkerung zunahm, wurden die Gettos nicht erweitert. So waren sie meist überbevölkert, verbaut, dunkel und schmutzig. Die christlichen Eigentümer waren nur an den Mieteinnahmen interessiert und ließen die Häuser verkommen.

2 Innenansicht der jüdischen Synagoge in Regensburg. Kupferstich von Albrecht Altdorfer, 1519. Altdorfer war Mitglied des Rates der Stadt und begrüßte die Vertreibung der Juden.

Das Regensburger Getto wurde von 500 bis 600 Juden bewohnt, die auf engstem Raum zusammengepfercht in etwa 30 mehrstöckigen Häusern wohnten. 1519 wurde es von aufgebrachten Bürgern gestürmt, die Juden wurden vertrieben, ihre Häuser und die Synagoge zerstört. An ihrer Stelle errichtete man die „Wallfahrtskirche zur Schönen Maria".

2 *Nennt Beispiele für die Diskriminierung von Juden in den mittelalterlichen Städten und nehmt dazu Stellung.*

Pogrom*: *Gewalttätige Ausschreitungen gegen religiöse und nationale Minderheiten.*

Diskriminierung*: *Benachteiligung.*

Getto*: *Vom übrigen Stadtgebiet streng abgegrenztes Wohnviertel der Juden.*

Juden mit spitzen Hüten gemäß der Anordnung des Laterankonzils (1215).

Jude in der üblichen Judenkleidung mit gelbem Ring auf der Schulter, 14. Jahrhundert.

Die Juden werden verfolgt

1 **Mehrfach war die Würzburger Judengemeinde im Mittelalter schweren Bedrohungen ausgesetzt. Die Juden – zu erkennen an dem gelben Fleck auf der Kleidung – werden niedergeschlagen, ihre Häuser ausgeraubt.**

Ritualmord*: *Er wurde den Juden in Deutschland erstmals in Fulda vorgeworfen. Juden wurden beschuldigt, die Kinder ermordet zu haben um aus ihrem Blut Heiltränke herzustellen.*

Hostienfrevel*: *Es wurde behauptet, Juden durchbohrten angeblich Hostien, die dann, als der lebendige Leib Christi, zu bluten begännen. Die Grausamkeit der Verleumdung liegt darin, dass nach jüdischem Gesetz Blut ebenso wie Schweinefleisch unantastbar ist und weggeschüttet werden muss.*

Q1 Ein Geistlicher aus Erfurt notierte 1349 in seiner Chronik:

... Zwischen dem 2. und 24. Februar 1349 wurden die Juden in allen Städten, Burgen und Dörfern Thüringens erschlagen, ... weil sie Quellen und Brunnen verseucht hatten, wie damals für erwiesen galt ... Am 21. März wurden die Juden in Erfurt entgegen dem Willen des Rates von der Bürgergemeinde erschlagen, hundert oder mehr. Die anderen haben sich, als sie sahen, dass sie den Händen der Christen nicht entkommen konnten, aus einer Art Frömmigkeit in ihren eigenen Häusern selbst verbrannt ... Mögen sie in der Hölle ruhn! Man sagt auch, sie hätten in Erfurt die Brunnen und die Gera vergiftet und auch die Heringe, sodass niemand in den Fasten davon essen wollte und keiner der reicheren Bürger mit Wasser kochen ließ. Ob sie Recht haben, weiß ich nicht. Eher glaube ich, der Anfang ihres Unglücks war das unendlich viele Geld, das Barone und Ritter, Bürger und Bauern ihnen schuldeten ...

Verfolgung und Vertreibung

Nach den ersten Pogromen wurden die Juden im Reich als „Kammerknechte" unter den Schutz des Kaisers gestellt, der sich dies aber teuer bezahlen ließ. Dennoch kam es immer wieder durch die Verbreitung von Gerüchten über Ritualmorde* und Hostienfrevel* zu Ausschreitungen. Die Juden wurden als Sündenböcke für Missernten, Naturkatastrophen, Krankheiten, Armut und persönliches Leid verantwortlich gemacht. Die Feindseligkeit ihnen gegenüber erreichte einen Höhepunkt, als in Europa 1348/49 die Pest ausbrach, die ein Drittel der Bevölkerung hinwegraffte. Da man die Ursache dieser Seuche nicht kannte, beschuldigte man die Juden Brunnen und Quellen vergiftet und dadurch die Epidemie ausgelöst zu haben. Aberglaube und religiöser Wahn führten zu einem Massaker; zigtausende Juden wurden ermordet und ganze Gemeinden ausgerottet. Auch vor jüdischen Friedhöfen machte der Mob nicht Halt, sogar die Gräber der Toten wurden geschändet. Auch in vielen anderen Ländern Europas kam es zu Judenverfolgungen, welche die Herrscher als Schutzherren der Juden nicht verhindern konnten oder wollten. Viele Christen entledigten sich ihrer Schulden oder eigneten sich jüdischen Besitz an. Die wenigen überlebenden Juden wurden vertrieben oder wanderten nach Osteuropa aus, wo sie eine neue Heimat zu finden hofften.

Die Judenverfolgung des Jahres 1348 war eine von vielen. Vorurteile, Missachtung der Menschenrechte und Hass haben die Menschen in Europa seit der Zeit der Kreuzzüge immer wieder dazu gebracht, die jüdische Minderheit zu verfolgen – vor allem dann, wenn das eigene Leben durch Krisen oder Katastrophen erschüttert wurde und keine Strafe für die Vergehen zu befürchten war.

1 *Ermittelt mithilfe von Q 1, welche Haltung der Geistliche gegenüber den Juden einnimmt.*

2 *Nennt die wahren und die vorgeschobenen Gründe für die Judenverfolgung.*

Juden und Deutsche: Früher und heute

Jüdische Geschichte hat viele Seiten: die Vielfältigkeit der Religion, die Vertreibung des jüdischen Volkes aus seiner Heimat, die Ansiedlung in anderen Ländern. Juden beeinflussten Kultur und Entwicklung vieler Nationen und trugen dort zum wirtschaftlichen Aufbau und zur kulturellen Blüte bei. Jüdische Geschichte ist aber auch die Geschichte von Verfolgungen. Jahrhundertelang verfestigte Vorurteile, Unwissenheit und die Suche nach Sündenböcken für wirtschaftliche und soziale Missstände machten die jüdische Minderheit in ganz Europa zum Spielball von Gewalt und Terror – vom Mittelalter bis zur Neuzeit.
Einen Höhepunkt erreichte dieser leidvolle Weg während der Herrschaft der Nationalsozialisten in Deutschland (1933–1945).

Q2 Berta Kugelmann erzählt 1995:
... Ich lebe jetzt in Israel, in Tel Aviv. Geboren bin ich in Deutschland. Auch mein Vater, Großvater und Urgroßvater waren Deutsche. Wir hatten damals viele Freunde und Bekannte und meine Eltern besaßen ein kleines Lebensmittelgeschäft. Mein Großvater war sogar Offizier in der deutschen Armee gewesen. Er ist im Ersten Weltkrieg gefallen.
Ich werde nie vergessen, wie alles anfing. Eines Morgens war das Fenster unseres Geschäfts mit einem Stern beschmiert und da stand: „Deutsche, kauft nicht bei Juden!" Am 9. November 1938 wurde die Synagoge im Nachbarort angesteckt, die Juden wurden auf die Straße getrieben und verprügelt. Dann wurde es schlimmer. Wir mussten einen gelben Stern tragen und durften unser Wohngebiet nicht mehr verlassen. 1942 wurde meine ganze Familie verhaftet und in ein Konzentrationslager* nach Polen gebracht. Es war furchtbar. Fast meine ganze Familie wurde umgebracht. Mich haben die Nazis von dort in das KZ Bergen-Belsen in Deutschland transportiert. Wie durch ein Wunder habe ich überlebt, das heißt, die amerikanische Armee hat uns rechtzeitig befreit. Viele starben auch noch nach der Befreiung ...
Heute bin ich schon Oma von drei Enkeln. Sie verstehen kein Deutsch und ich rede mit ihnen hebräisch. Seit jener Zeit habe ich keinen Fuß mehr nach Deutschland gesetzt und werde es auch nie mehr tun.

2 Ankunft eines Transports von Juden auf der „Rampe" im KZ Auschwitz.

Zu den erklärten Zielen der Nationalsozialisten gehörte es, in ihrem Machtbereich die Juden „auszurotten". Sie sprachen von der „Endlösung der Judenfrage".
1933 lebten in Deutschland 500 000 Juden, 1945 waren es nur noch 15 000. Nach Schätzungen war 300 000 Juden durch Auswanderung die Rettung vor den Nazis geglückt. Die anderen waren verschleppt und zusammen mit Juden aus ganz Europa in den Vernichtungslagern* systematisch umgebracht worden, insgesamt etwa sechs Millionen Juden.

3 *Vergleicht das Schicksal von Frau Kugelmann mit dem der Juden im Mittelalter (S. 112–114) und stellt Gemeinsamkeiten und Unterschiede fest.*

4 *Versetzt euch in die Lage von Frau Kugelmann. Stellt euch vor, sie würde von ihrer ehemaligen Heimatstadt in Deutschland eine Einladung bekommen. Spielt eine Diskussion dazu im Familienkreis der Kugelmanns.*

5 *In letzter Zeit mehren sich in Deutschland Anschläge gegen jüdische Gemeinden und Einrichtungen. Diskutiert in der Klasse, was ihr gegen die Feindseligkeit jüdischen Mitbürgerinnen und Mitbürgern gegenüber unternehmen könnt.*

Konzentrationslager (KZ)/Vernichtungslager*: *Ursprünglich Sammellager, in denen Menschen aus politischen, religiösen und anderen Gründen eingesperrt, misshandelt und ermordet wurden, u. a. während der nationalsozialistischen Herrschaft in Deutschland (1933 bis 1945). Sie waren zunächst Mittel zur Einschüchterung und Ausschaltung von Gegnern des Dritten Reiches; seit Kriegsbeginn 1939 mussten KZ-Insassen schwerste Zwangsarbeit verrichten, seit 1941 wurden Vernichtungslager, vor allem im besetzten Polen errichtet, in denen bis Kriegsende etwa sechs Millionen Juden und ca. 500 000 Nichtjuden, z. B. Sinti und Roma, aus rassistischen Gründen (zum Teil unter Einsatz von Giftgas) ermordet wurden.*

Fundgrube:
Gegen das Vergessen – Eine Dokumentation des Holocaust. CD-ROM. Berlin.

Die Kreuzzüge: Kriege im Namen Gottes

1 Urban II. ruft in Clermont zum Kreuzzug auf. Miniatur.

Muslime*: *Angehörige des islamischen Glaubens.*

Kalif*: *Bezeichnung der Nachfolger und Stellvertreter des Propheten Mohammed. Der Kalif war geistliches Oberhaupt aller Muslime und zugleich Herrscher des arabischen Weltreichs.*

Konzil*: *Versammlung hoher Vertreter der Kirche.*

1095:
Papst Urban II. ruft in Clermont/Frankreich zum Kreuzzug gegen die Muslime auf.

Fundgrube:
Kreuzzüge. Verschwörung im Königreich des Orients. CD-ROM. Berlin 1998.

„Gott will es!" – Der Papst ruft zum Kreuzzug auf

Wie auf der Iberischen Halbinsel – Spanien und Portugal gerieten 711 unter arabische Herrschaft – lebten Christen und Muslime* auch in den übrigen Teilen des islamischen Weltreichs über lange Zeit friedlich miteinander. Obwohl Palästina bereits um die Mitte des 7. Jahrhunderts von den Arabern erobert worden war, konnten Christen dennoch ungestört Pilgerreisen zu den heiligen Stätten wie Jerusalem, Bethlehem oder Nazareth unternehmen. Die Zahl der Pilger, die ins Heilige Land zogen, stieg trotz der Strapazen seit dem 10. Jahrhundert ständig an. Nicht nur die Kirche förderte diese Pilgerfahrten, auch die Kalifen* sahen sie gern, brachte doch die Pilgersteuer Geld ins Land.

Diese Situation änderte sich schlagartig im 11. Jahrhundert. Die Seldschuken, ein türkisches Reitervolk aus Mittelasien, eroberten Syrien, Palästina, Kleinasien und bedrohten Byzanz. Die Pilgerwege wurden unterbrochen, Christen ausgeraubt und ermordet. Der byzantinische Kaiser, der zu schwach war um diesen Angriff abzuwehren, richtete deshalb im Jahr 1095 einen dringenden Hilferuf an Papst Urban II. Zum Abschluss des Konzils* von Clermont in Frankreich forderte der Papst die Teilnehmer und alle Christen auf, in einem Kreuzzug Jerusalem von der Herrschaft der Muslime zu befreien, denn „Gott will es!"

Q1 Aus der Rede Papst Urbans:

... Ihr Volk der Franken, ihr seid Gottes geliebtes und auserwähltes Volk. An euch richtet sich unsere Rede: Von Jerusalem und Konstantinopel kam schlimme Nachricht zu uns. Ein fremdes und gottloses Volk hat die Länder der dortigen Christen besetzt und durch Mord, Raub und Brand entvölkert. Die Kirchen wurden gründlich zerstört oder beschlagnahmt ... Unerschrockene Ritter, gedenkt der Tapferkeit eurer Väter. Das Land, in dem ihr wohnt, ist von euch viel zu dicht bevölkert. Es hat keinen Überfluss an Reichtum und liefert seinen Bauern kaum die nötigste Nahrung.

Tretet den Weg zum Heiligen Grab an, nehmt das Land dort dem gottlosen Volk, macht es euch untertan. Jerusalem ist der Mittelpunkt der Erde, das fruchtbarste aller Länder. Wir aber erlassen allen gläubigen Christen, die gegen die Heiden die Waffen erheben, alle Strafen, die die Kirche für ihre Sünden über sie verhängt hat ...

1 *Nennt die Hinweise, mit denen der Papst die Zuhörer für den Kreuzzug gewinnen will.*

2 *Welches Bild von den Muslimen entwirft der Papst in seiner Predigt?*

3 *Nehmt Stellung zu der Aussage: „Gott will es!"*

4 *Wieso wendet sich der byzantinische Kaiser mit seinem Hilferuf an den Papst und nicht an den deutschen Kaiser?*

Juden sind die ersten Opfer

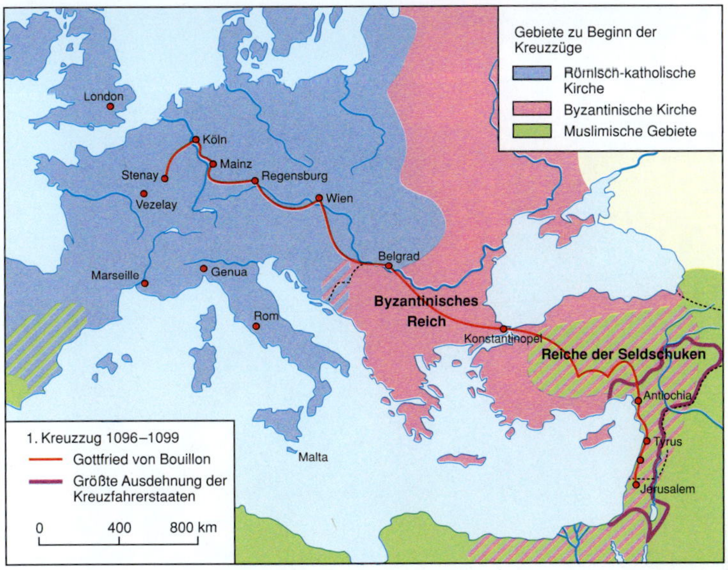

2 **Der erste Kreuzzug.**

Die Kreuzfahrer – ein wilder Haufen?

Q2 Die Würzburger Jahrbücher berichten 1147 über die Motive der Kreuzfahrer Folgendes:

… Verschieden aber waren ihre Absichten: Die einen nämlich, gierig nach Neuigkeiten, gingen um neue Länder zu sehen. Andere, gezwungen durch Armut, … waren bereit gegen die Feinde des christlichen Kreuzes zu kämpfen, wo immer es ihnen günstig erschien, um ihre Armut zu lindern. Ferner gab es Leute, die von Schulden gedrückt wurden, wieder andere waren bestrebt die ihrem Herrn geschuldeten Dienste loszuwerden oder sie erwarteten sogar für ihre Verfehlungen die verdienten Strafen …

Es fanden sich kaum welche, die von heiliger oder heilsamer Absicht geleitet wurden …

5 *Stellt anhand von Q 2 Gründe für die Beteiligung an den Kreuzzügen zusammen.*

Der Aufbruch zum ersten Kreuzzug

Wanderprediger verbreiteten den Aufruf des Papstes zum ▶ Kreuzzug in ganz Europa. Die Begeisterung der Menschen war groß; Hunderttausende waren bereit ihre Familien und ihre Heimat zu verlassen um unter dem Zeichen des Kreuzes ins Heilige Land zu ziehen. Aber nicht nur religiöse Aspekte wie die versprochene Vergebung der Sünden und das ewige Leben für die im Kampf Gefallenen, sondern auch Abenteuerlust und wirtschaftliche Gründe, vor allem die Aussicht auf reiche Beute, führten zu einem Massenaufbruch von Adligen und Rittern, Bauern und Handwerkern, aber auch Dieben und Räubern. Noch im Jahr 1096 brachen mehrere Ritterheere, u. a. unter der Führung des Herzogs von Lothringen, Gottfried von Bouillon, und auch ungeordnete, wilde Haufen des einfachen Volkes unter dem Einsiedler Peter von Amiens auf. In mehreren Wellen zogen die Teilnehmer des ersten Kreuzzugs Richtung Osten, die Gesamtzahl betrug etwa 320 000 Männer, Frauen und sogar Kinder, von denen nur die wenigsten ihr Ziel erreichen sollten. Für die auf ihrem Weg liegenden jüdischen Gemeinden hatte dies furchtbare Folgen: In Worms und Speyer, Regensburg, Prag und anderen Städten wurden jüdische Häuser und Synagogen geplündert und zerstört, über 5000 Juden ermordet.

Der Hass der Kreuzfahrer auf die Muslime war umgeschlagen in einen Hass gegen Andersdenkende überhaupt – gegen Nichtgläubige, gegen Ketzer*, vor allem aber gegen Juden.

6 *Verfolgt anhand der Karte 2 den Weg der Kreuzfahrer. Welche Schwierigkeiten hatten sie zu überwinden?*

Christus als Anführer der Kreuzfahrer. Buchmalerei, 13. Jahrhundert.

Ketzer*: *Menschen, die der amtlichen Kirchenlehre widersprechen.*

Der Kampf um Jerusalem

1 Lager der Kreuzfahrer vor Jerusalem. Zeitgenössische Miniatur.

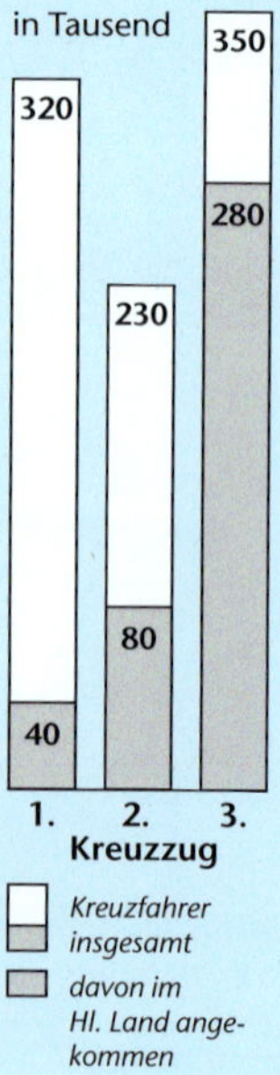

Blutbad in Jerusalem

Nach drei Jahren erst erreichten die Kreuzfahrerheere das Heilige Land, aber die Strapazen des Marsches, Krankheiten, das ungewohnte Klima und die ständigen Überfälle der Seldschuken hatten bereits hohe Verluste gefordert. Weitere schwere Kämpfe folgten, bis die Kreuzritter vor ihrem Ziel standen: Jerusalem. Fünf Wochen lang dauerte die Belagerung, dann erst konnten sie nach erbittertem Widerstand der Verteidiger im Juli 1099 in die Stadt eindringen und sie erobern. Unter der Bevölkerung richteten die enthemmten und fanatisierten Sieger ein unvorstellbar grausames Blutbad an.

Q1 Wilhelm von Tyrus, ein christlicher Geschichtsschreiber, schildert fast 100 Jahre später die Eroberung Jerusalems:

... Sofort durchzogen die Ritter die Straßen und Plätze der Stadt. Alle Feinde, die sie finden konnten, streckten sie mit dem Schwert nieder. Bald lagen überall so viele Erschlagene, dass man nur noch über Leichen gehen konnte. Über zehntausend Feinde sollen in diesem Bezirk umgebracht worden sein. Es geschah sicherlich nach dem gerechten Urteil Gottes, dass die, welche das Heiligtum des Herrn mit ihren abergläubischen Gebräuchen entweiht hatten, es mit ihrem eigenen Blut reinigen mussten. Als endlich auf diese Weise die Ordnung der Stadt hergestellt war, legten sie die Waffen nieder, wuschen sich die Hände und zogen reine Kleider an. Dann gingen sie mit demütigem und zerknirschtem Herzen an den heiligen Orten umher, an denen auch Christus gewesen war ...

Der islamische Historiker Ibn-al-Atir (1160 bis 1223) berichtete, dass allein in der al-Aksa-Moschee mehr als 70 000 Muslime, selbst wehrlose Frauen und Kinder, getötet worden seien. Die das Massaker Überlebenden verloren ihren Besitz und wurden oftmals versklavt. Zum neuen Herrscher wurde Gottfried von Bouillon als „Beschützer des Heiligen Grabes" gewählt, dessen Machtbereich ganz Palästina und Syrien umfasste. Diesem ersten blutigen Kreuzzug sollten bis zum Jahr 1270 noch sechs weitere folgen.

1 *Ein Kreuzfahrer schreibt einen Bericht über die Eroberung Jerusalems an seine Angehörigen. Überlegt, was er über die Bewohner Jerusalems berichten wird.*

2 *Ein Bewohner Jerusalems, ein Muslim, berichtet seinen Angehörigen über das gleiche Ereignis. Schreibt dazu eine kurze Erzählung.*

3 *Sprecht über das Vorgehen der Kreuzfahrer und versucht euch ein Urteil zu bilden.*

Die Kreuzfahrer leben im Orient

2 **Kreuzfahrer töten Muslime.** Christliche Miniatur, 1287.

Q2 Über die Kreuzfahrer schrieb Abt Fulcher von Chartres:

… Wir, die wir Abendländer waren, sind Orientalen geworden; dieser, der Römer oder Franke war, ist hier Galiläer oder Bewohner Palästinas geworden; jener, der in Reims oder Chartres wohnte, betrachtet sich als Bürger von Tyrus oder Antiochia. Wir haben schon unsere Geburtsorte vergessen … Manche von uns besitzen in diesem Land Häuser und Diener …, ein anderer hat eine Frau geheiratet …, eine Syrerin oder Armenierin …; der eine bebaut Weingärten, der andere Felder … Die verschiedensten Mundarten sind jetzt der einen wie der anderen Nation gemeinsam und das Vertrauen nähert die entferntesten Rassen an …

4 *Erklärt mithilfe von Q 2, wie es zur Annäherung zwischen Kreuzfahrern und Orientalen kam.*

Die Ritterorden*

Da die europäischen Kreuzfahrer im Heiligen Land aber weiterhin eine Minderheit blieben, gründeten sie zu ihrem Schutz vor den Muslimen, aber auch zur Pflege kranker und notleidender Pilger Ritterorden: die Templer, die Johanniter und die Deutschherrn. Diese „Mönchsritter" verpflichteten sich zwar auch zu Armut, Keuschheit und Gehorsam, außerdem aber zum Kampf gegen die Ungläubigen. Vom Papst wurden sie mit besonderen Privilegien ausgestattet, sie mussten z. B. keine Abgaben nach Rom entrichten, obwohl sie durch Schenkungen und Stiftungen sehr reich wurden. So besaßen sie riesigen Grundbesitz, Hospitäler und Ordensburgen, eigene Pilger- und Handelsschiffe und stiegen sogar ins Bankgeschäft ein.

Als die Muslime weiter vordrangen, zogen sich diese Orden nach Europa zurück. Die Johanniter gingen nach Malta und werden deshalb heute auch Malteser genannt. Der Deutsche Ritterorden fand neue Aufgaben im späteren Ostpreußen, wo er die heidnischen Pruzzen bekehrte und von 1244 bis 1466 einen eigenen Staat errichtete (siehe S. 109).

5 *Informiert euch, welche Aufgaben der Johanniterorden und die Malteser heute übernehmen.*

Ritterorden*:
Orden sind Gemeinschaften von Männern oder Frauen, die sich feierlich verpflichten ihr Leben in den Dienst Gottes zu stellen. Am bekanntesten sind die Orden von Mönchen oder Nonnen. Bei den Ritterorden gehörte zum gottgeweihten Leben der Krieg gegen die Nichtchristen.

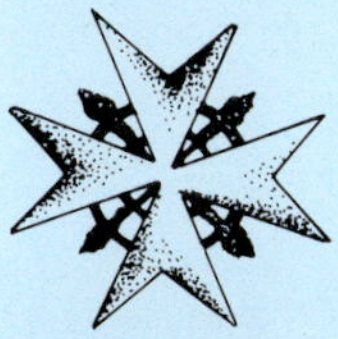

Abzeichen des Malteserordens.

Abzeichen des Deutschen Ordens.

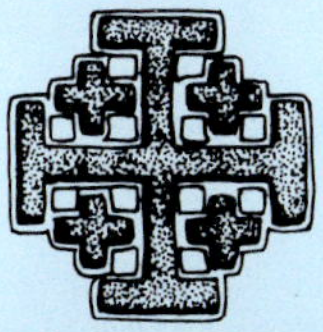

Abzeichen des Ordens vom Heiligen Grab.

Die Kreuzfahrer gründen Staaten

1 **Kreuzfahrerburg Krak des Chevaliers in Syrien.**

Christen und Muslime beim Schachspiel. Aus einem Schachbuch, um 1283.

Schachspiel*:
Das Spiel selbst und der im Spiel übliche Ausruf „Schah matt" (arab. = der König ist tot) sind persisch-arabischer Herkunft. Bekannt wurde es zunächst in Spanien durch die Herrschaft der Araber seit 711. Durch die Kreuzzüge fand es in ganz Europa Verbreitung.

Über eine Million Männer, Frauen und Kinder – so schätzt man heute – haben an den Kreuzzügen teilgenommen. Viele sind den Strapazen unterwegs zum Opfer gefallen, andere wurden in den Kämpfen getötet, manche Kreuzfahrer blieben auf Dauer im Heiligen Land. In den eroberten Gebieten gründeten sie eigene Staaten, die Kreuzfahrerstaaten, wie das Königreich Jerusalem oder die Fürstentümer Antiochia und Tripolis, die sie mit starken Burgen sicherten. Sie nahmen Häuser und Grundstücke der Einheimischen in Besitz und heirateten Frauen aus ihrer neuen Heimat. Zugleich übernahmen sie auch den angenehmeren Lebensstil der Orientalen. Sie statteten z.B. ihre Wohnstätten mit farbenprächtigen Teppichen, bequemen Sofas und Glasfenstern aus und kleideten sich in Seide und Damast. Sie würzten ihre Speisen mit Pfeffer, Muskat oder Nelken und aßen nun mit Messer und Gabel. Sehr beliebt zum Zeitvertreib war auch das Schachspiel*.
Gegen die Kreuzfahrerstaaten und Ritterorden richteten sich die Angriffe der Muslime. Unter ihrem Sultan Saladin konnten sie die meisten Gebiete zurückerobern. Im Jahr 1187 gelang Saladin auch die Besetzung Jerusalems. Dabei sollen so viele Christen in Gefangenschaft geraten sein, dass der Preis für einen christlichen Sklaven nicht höher als für ein Paar Sandalen war. Allen Christen – so berichten muslimische Geschichtsschreiber – gab Saladin die Möglichkeit sich freizukaufen. Wer kein Geld hatte, geriet in die Sklaverei. Witwen und Waisen der gefallenen Kreuzritter soll er unterstützt haben. Nur Mitglieder der Ritterorden wurden grausam bestraft.

Q1 Der Muslim Imad-ad-Din berichtet:
... Manche Christen zahlten neben dem Lösegeld noch einen Tribut und blieben in Jerusalem in aller Ruhe ansässig ...Tausende von Christen blieben in der Stadt und ihrer Umgebung und gingen friedlichen Beschäftigungen nach ...

Im Jahr 1291 wurden die Festung Krak des Chevaliers in Syrien und die Stadt Akkon in Palästina von den Türken erobert; damit war die christliche Herrschaft im Heiligen Land endgültig beendet.

1 *Vergleicht das Vorgehen der Kreuzritter nach der Eroberung Jerusalems (siehe S. 118) mit der Haltung des Sultans.*

Europa und der Orient

2 **Kreuzfahrer und Kaufleute.**

Astronomie *(griech. astron = Stern)*: Stern-, Himmelskunde als exakte Wissenschaft.*

Mit diesem Instrument, einem so genannten Astrolabium, berechneten islamische Astronomen im 13. Jahrhundert die Planetenbahnen. Durch das Einstellen des Zeigers auf die Sonne war es möglich, die geografische Breite zu messen und die genaue Tageszeit zu ermitteln.

Das Aufblühen des Fernhandels

Im Vorderen Orient kamen die Kreuzfahrer mit der hoch entwickelten Kultur und Zivilisation der Muslime in Berührung; ihr Interesse galt nicht nur der Befreiung des Heiligen Landes, sondern auch seinem Reichtum. Den größten wirtschaftlichen Nutzen aus den Kreuzzügen hatte der Fernhandel, da in Europa immer mehr Menschen nach den Luxusgütern aus dem Orient verlangten. Es waren vor allem die italienischen Kaufleute in Genua und Venedig, die diesen Handel organisierten. Sie übernahmen den Transport von Kreuzfahrern und Pilgern, Kriegsmaterial und Verpflegung ins Heilige Land. Dort beluden sie ihre Schiffe mit Waren, die arabische, türkische und jüdische Kaufleute über die Karawanenwege aus dem Innern Arabiens, Asiens und Afrikas herangeschafft hatten: Gewürze, feines Gewebe, Farbstoffe, Porzellan, Elfenbein, Edelsteine und Perlen. Den Weitertransport von den italienischen Hafenstädten über die Alpenpässe nach Norden besorgten insbesondere Kaufleute aus Süddeutschland, die selbst Getreide, Leinen, Pelze und Metallwaren nach Italien und bis in den Orient exportierten. Auf Städte wie Regensburg oder Augsburg wirkte sich der Fernhandel sehr belebend aus.

Die Ausbreitung der islamischen Kultur

Kaum interessiert waren die Kreuzfahrer hingegen an der islamisch-arabischen Kultur. So kamen die Kenntnisse muslimischer Gelehrter in Mathematik, Medizin, Geografie, Astronomie* und in anderen Wissenschaften nicht über die Kreuzfahrerstaaten nach Westeuropa, sondern über das von den Arabern lange Zeit beherrschte Sizilien und Spanien. Nun beschäftigen sich auch europäische Ärzte mit dem Blutkreislauf, der Anatomie*, der Heilwirkung von Pflanzen und mit komplizierten Operationstechniken. In der Mathematik setzte sich das arabische Ziffern- und Zahlensystem sowie das Rechnen mit Buchstaben (Algebra) durch. Arabischen Astronomen verdanken wir unser Wissen über Sterne und Planeten, was die Seefahrt grundlegend verändern sollte.

Welchen Einfluss die arabisch-muslimische Kultur und Zivilisation im Mittelalter auf unser Leben hatte, zeigt sich heute noch in unserer Sprache, in vielen Lehnwörtern, die aus dem orientalischen Kulturkreis stammen und deren Ursprung uns vielfach nicht mehr bewusst ist.

2 *Ordnet folgende Lehnwörter passenden Sachbereichen zu: Aprikose, Flieder, Gitarre, Jacke, Jasmin, Kittel, Kümmel, Laute, Lilie, Melone, Muskat, Mütze, Orange, Pantoffel, Pfeffer, Safran, Sofa, Trompete, Zimt, Zitrone.*

Anatomie*: *Wissenschaft, die sich mit dem Bau und der Form des menschlichen Körpers befasst.*

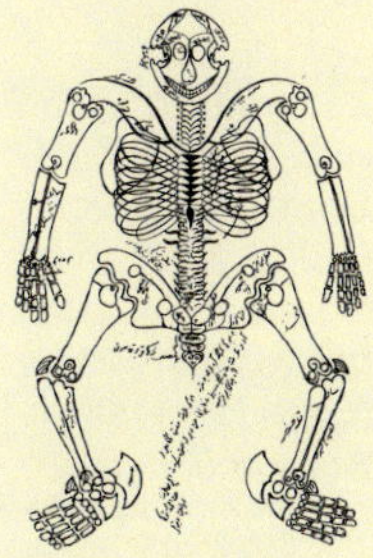

Anatomische Zeichnung eines arabischen Mediziners aus dem 15. Jahrhundert. Die Skizze enthält Hinweise auf Verletzungen, die Bedeutung einzelner Gliedmaßen und Behandlungshinweise.

Muslimische Herrschaft in Europa

Abd ar-Rahman III. an-Nasir *(891–965) begründete 929 das Kalifat von Cordoba.*

Muhammad XI. *übergibt 1492 König Ferdinand von Aragonien die Schlüssel Granadas.*

Al Andalus*: *Bezeichnung für das im Mittelalter von den Mauren beherrschte Spanien, heute Provinz Andalusien in Südspanien.*

Reconquista* *(span. = Rückeroberung): Zwischen dem 8. und 15. Jahrhundert eroberten die Spanier alle von den Mauren (span. los moros = Bezeichnung für die Muslime) beherrschten Gebiete zurück.*

1 Der Löwenhof in der Alhambra bei Granada/ Spanien.

2 Die Iberische Halbinsel um 1000.

Mit der Eroberung Spaniens zu Beginn des 8. Jahrhunderts hatte der Islam seine weiteste Ausdehnung in Europa erreicht. 500 Jahre lang lebten in Al Andalus* Muslime, Christen und Juden weitgehend friedlich miteinander. Hauptstadt dieses muslimischen Reichs wurde Cordoba, wo 929 ein eigenständiges Kalifat entstand. Im 10. Jahrhundert lebten in dieser Stadt etwa 800 000 Menschen in 113 000 Häusern und über 60 000 Villen und Palästen. Neben ungezählten Buchläden gab es 70 öffentliche Büchereien und 700 Bäder standen den Bewohnern zur Verfügung.

In 80 Schulen wurden die Kinder unterrichtet, für die der Schulbesuch kostenlos war. In den öffentlichen Schulen lernten sie Rechnen, Schreiben und Lesen – vor allem den Koran. Wer wollte, konnte anschließend eine Art Gymnasium besuchen. Die besten Schülerinnen und Schüler schließlich gingen an eine der 17 Universitäten um zu studieren. Sie konnten Astronomen, Mathematiker, Ärzte oder auch Theologen werden.

Die Straßen waren teilweise gepflastert und nachts beleuchtet. Die Baukunst der muslimischen Baumeister war zu dieser Zeit ohne Beispiel – nicht nur im christlichen Europa. Die damals sehr „moderne" Mesquita–Moschee erregte auch in der islamischen Welt größte Bewunderung und wurde mit einem Palmenwald verglichen.

Nach dem endgültigen Verlust des Heiligen Landes kehrte der Kreuzzugswahn nach Europa zurück. In den folgenden Jahrhunderten galt der Kampf der christlichen Herrscher den Ketzern im eigenen Land und vor allem den Muslimen auf der Iberischen Halbinsel. In der so genannten Reconquista* wurde Gebiet um Gebiet zurückerobert; bereits 1236 fiel Cordoba, 1248 Sevilla und schließlich 1492 als letzte maurische Festung die Stadt Granada in die Hand der spanischen Könige. Das jahrhundertelange, meist friedliche Zusammenleben der Religionen war zu Ende. In den nun „befreiten" Gebieten durften keine Muslime mehr, sondern nur noch Christen leben. Auch viele Juden wurden 1492 aus Spanien vertrieben.

1 *Stellt eine Collage oder einen Reiseprospekt über die islamische Kunst und Kultur in Spanien her.*

Methode: Arbeit mit Textquellen

Berichte geben uns ein Bild von der Vergangenheit. Doch ist dieses Bild richtig? Entspricht der Bericht der Wahrheit oder enthält er z. B. Übertreibungen, einseitige oder gar falsche Darstellungen? Das folgende Beispiel zeigt euch, mithilfe welcher Fragen ihr den Wahrheitsgehalt eines Textes überprüfen könnt.
Der Mönch Robert von Reims hatte an der Kirchenversammlung in Clermont im Jahr 1095 selbst teilgenommen (siehe Q 1, S. 116).

Q1 Nach seinem Bericht sagte der Papst auf dieser Versammlung:
... Ihr Volk der Franken, ihr seid Gottes geliebtes und auserwähltes Volk. An euch richtet sich unsere Rede: Von Jerusalem und Konstantinopel kam schlimme Nachricht zu uns. Ein fremdes und gottloses Volk hat die Länder der dortigen Christen besetzt und durch Mord, Raub und Brand entvölkert. Die Kirchen wurden gründlich zerstört oder beschlagnahmt ... Unerschrockene Ritter, gedenkt der Tapferkeit eurer Väter. Das Land, in dem ihr wohnt, ist von euch viel zu dicht bevölkert. Es hat keinen Überfluss an Reichtum und liefert seinen Bauern kaum die nötigste Nahrung.
Tretet den Weg zum Heiligen Grab an, nehmt das Land dort dem gottlosen Volk, macht es euch untertan. Jerusalem ist der Mittelpunkt der Erde, das fruchtbarste aller Länder. Wir aber erlassen allen gläubigen Christen, die gegen die Heiden die Waffen erheben, alle Strafen, die die Kirche für ihre Sünden über sie verhängt hat ...

Fragen zum Bericht

1 *Wovon wird im Text berichtet?*
2 *Was steht im Mittelpunkt des Berichts? Wie kann man den Inhalt kurz zusammenfassen?*
3 *Welche Wertungen enthält die Darstellung? Enthält der Bericht Übertreibungen oder ist er einseitig?*
4 *Stimmen heutige Forschungsergebnisse mit diesem Bericht überein?*

1 Mönch in der Schreibstube.

Fragen zum Geschichtsschreiber

5 *Was wissen wir von dem Schreiber?*
6 *Kennt der Schreiber die Ereignisse, über die er berichtet, aus eigener Anschauung?*
7 *Verfolgt der Schreiber mit seiner Darstellung bestimmte Absichten, und wenn ja, welche?*
8 *Wie steht der Schreiber zu den Personen oder Gruppen, über die er schreibt? Ergreift er für eine Seite Partei?*

Das Ergebnis der Überprüfung

zu 1: Der Schreiber gibt laut eigener Angabe die Rede des Papstes wieder, die im Jahr 1095 auf der Kirchenversammlung in Clermont gehalten wurde.
zu 2: Im Mittelpunkt des Berichts stehen die Verfolgungen und Bedrohungen der Christen durch die Seldschuken sowie der Aufruf zur Eroberung Jerusalems.
zu 3: Die Rede des Papstes wurde aus dem Gedächtnis nachgeschrieben; sie ist also sicher keine wortwörtliche Wiedergabe. Möglicherweise hat der Verfasser also einige Aussagen schärfer formuliert, als dies der Papst tat; andererseits: Allzu viel dürfte er nicht verändert haben; schließlich hatten Tausende von Zuhörern dieser Rede beigewohnt, die diesen Bericht dann als unglaubwürdig abgelehnt hätten.
zu 4: Es gibt neben diesem Bericht des Mönches Robert von Reims noch weitere Berichte von Zeitgenossen. Diese Rede dürfte also in dieser oder ähnlicher Form tatsächlich gehalten worden sein.
zu 5/6: Robert von Reims, ein Mönch, behauptet selber an dieser Versammlung teilgenommen zu haben.
zu 7: Der Verfasser will mit der lebendigen Schilderung der Rede des Papstes offensichtlich auch seine Leser, die nicht in Clermont gewesen waren, für die Kreuzzugsidee begeistern.
zu 8: Der Bericht erweckt den Eindruck, dass auch der Verfasser in den Seldschuken die Feinde sieht, gegen die man einen heiligen Krieg führen muss. Er ist sicherlich ein Verfechter des Kreuzzugsgedankens.

Muslime in Deutschland

Sie gehören heute in vielen Städten zum Straßenbild: die Kneipen, Restaurants und Dönerbuden, die Obst- und Gemüseläden, kleinen Kaufhäuser und Reisebüros von Menschen, die aus Nordafrika, dem Nahen Osten und vor allem aus der Türkei eingewandert sind.
Etwa drei Millionen Muslime leben heute in Deutschland, die Mehrzahl von ihnen seit über zehn Jahren. Viele kamen in jungen Jahren und sind hier alt geworden. Ihre Kinder und Enkel kennen das Land ihrer (Groß-)Eltern kaum. Im Alltagsleben spielen die muslimischen Mitbürgerinnen und Mitbürger inzwischen eine wichtige Rolle. Mit ihren deutschen Nachbarn leben sie Tür an Tür, man arbeitet und feiert zusammen, die Kinder gehen in die gleiche Schule. Dennoch sind sich Muslime und Einheimische in vielen Dingen vielfach fremd geblieben.

Abgrenzung oder Integration?

Durch ausländerfeindliche Gewalttaten in den letzten Jahren haben sich die Beziehungen zwischen deutschen und ausländischen Mitbürgerinnen und Mitbürgern stark verändert. Einerseits haben sich die Rufe nach Abschottung und Ausgrenzung vermehrt. Andererseits bemüht man sich auf beiden Seiten darum, das Zusammenleben und die Verständigung zu verbessern.

Islam und Muslime in Deutschland

Als Zeitzeugen für eure Spurensuche könnt ihr einmal eure muslimischen Mitschülerinnen und Mitschüler befragen. Darüber hinaus gibt es die Möglichkeit muslimische Organisationen ausfindig zu machen, die euch beraten können.

1 **Auf dem Schulhof.**

Den größten Anteil der Muslime in Deutschland stellen türkische Mitbürgerinnen und Mitbürger. Ihr könnt also im Telefonbuch nach türkischen oder islamischen Organisationen suchen, etwa nach einem islamischen Zentrum oder einem türkischen Verein. Erkundigt euch nun,
- ob es in eurer Gemeinde eine Moschee gibt,
- ob ihr sie mit eurer Klasse besichtigen dürft und ob euch dabei ein Fachmann führen könnte.

Im Gespräch mit einem fachkundigen Vertreter der muslimischen Gemeinde könnt ihr dann weitere Fragen klären, beispielsweise:
- Wer finanziert den Bau einer Moschee?
- Gehen am Freitag alle Muslime gemeinsam in die Moschee bzw. in den gleichen Raum? Oder gibt es für Frauen und Männer, Mädchen und Jungen getrennte Gebetsräume?
- Wieso ist gerade der Freitag der besondere Gebetstag im Islam?
- Gibt es bei den neu erbauten Moscheen auch den Brauch, dass der Muezzin vom Minarett zum Gebet ruft?
- Wie reagieren deutsche Anwohner, wenn sie erfahren, dass in ihrem Wohnviertel eine Moschee gebaut werden soll?

Ihr könnt euch erkundigen, ob es auch in eurer Gemeinde oder bei der nächsten Moschee einen Laden gibt und ob ihr dort einkaufen könnt.
Vergleicht diesen Laden mit den Geschäften, in denen ihr normalerweise einkauft.
Manche eurer muslimischen Mitschülerinnen und Mitschüler gehen zusätzlich zum normalen Unterricht auch noch in eine Koranschule:
- Fragt sie, was dort unterrichtet wird.
- Informiert euch, ob dieser Unterricht Vorschrift für junge Muslime ist und wer über diesen Unterrichtsbesuch entscheidet.
- Informiert euch über Kommunion- (katholisch) und Konfirmandenunterricht (evangelisch). Vergleicht mit dem Koranunterricht und mit dem Religionsunterricht in der Schule.

Für Christen ist der Sonntag der Gottesdiensttag. Er ist zugleich gesetzlicher Feiertag, an dem die meisten Menschen nicht zur Arbeit gehen müssen.
- Fragt nach, ob muslimische Arbeitnehmer Probleme haben am Freitag die Moschee zu besuchen.
- Fragt auch danach, ob Muslime an ihrem Arbeitsplatz oder in ihrer Wohngegend wegen ihres Glaubens Probleme bekommen haben.

1 *Beschreibt die Abbildung 1 und überlegt euch dazu eine Geschichte: Was könnte jeweils in den Köpfen der Mädchen vorgehen?*

Zusammenfassung

Die Ostsiedlung
Durch den landwirtschaftlichen Fortschritt im 12. Jahrhundert besserte sich die Lage der Bauern, aber die höheren Ernteerträge führten auch zu einer Zunahme der Bevölkerung und damit in manchen Gebieten zu einer Landverknappung. Deshalb wanderten viele Bauern, Handwerker und Kaufleute nach Osteuropa aus, wo deutsche Fürsten im Kampf gegen die Slawen Gebiete erobert hatten, die jetzt erschlossen werden mussten. Die Siedler wurden aber auch von slawischen Fürsten gerufen um das Land zu roden und es zu bestellen. Durch die Kolonisation kam es zu einem wirtschaftlichen und kulturellen Aufschwung, der lange Zeit von einem friedlichen Miteinander der einheimischen und der zugewanderten Bevölkerung geprägt war.

Die Vertreibung der Juden
Osteuropa wurde auch zum rettenden Ufer für viele Juden, die als soziale Randgruppen in den mittelalterlichen Städten lebten, aber wegen ihrer wichtigen Rolle, die sie im Wirtschaftsleben spielten, lange Zeit geduldet wurden. Eine Wende brachte die Kreuzzugsbewegung, die nach ihrem Scheitern in einen Kampf gegen die „Ungläubigen“ im eigenen Land umschlug. In Gettos isoliert, durch die Kleidervorschriften als Außenseiter abgestempelt wurden die Juden in Notzeiten immer wieder zu Sündenböcken gemacht und grausam verfolgt – bis in die jüngste Gegenwart. Den Überlebenden der Pogrome blieb oftmals nur die Möglichkeit der Flucht oder Auswanderung.

Die Kreuzzüge
Mit dem Aufruf Papst Urbans II. begann im Jahr 1096 der erste Kreuzzug, dem noch sechs weitere folgen sollten. Das Ziel der Kreuzfahrer war die Eroberung Jerusalems, das unter muslimischer Herrschaft stand. Zigtausende Menschen, sogar Kinder, zogen teils aus religiöser Überzeugung, teils aus handfesten eigenen Interessen ins Heilige Land, das vorübergehend erobert und beherrscht werden konnte. Nachdem sich die militärische Übermacht der Araber durchgesetzt hatte, konzentrierte sich der Kampf der Christen gegen die Muslime auf der Iberischen Halbinsel, die hier eine hoch stehende und blühende Kultur aufgebaut hatten, die der europäischen in vielen Bereichen überlegen war. Nach dem Fall des letzten maurischen Stützpunkts (Granada 1492) stand nun ganz Europa unter christlicher Herrschaft.

Seit 1200

Beginn der deutschen Ostsiedlung.

Seit dem 12. Jahrhundert

Vertreibung der Juden aus deutschen Städten.

1099

Eroberung Jerusalems durch die Kreuzritter.

1492

Eroberung Granadas durch christliche Heere.

Vom Mittelalter zur Neuzeit

Um 1400 dachten die meisten Menschen in Europa, die Erde sei eine Scheibe, die auf dem Wasser schwimme. Kein Mensch könne auf der anderen Seite der Erde mit dem „Kopf nach unten“ leben. Das Befahren des Ozeans galt als unheimlich. Schiffe, die an den Rand des Ozeans gerieten, würden vom Rand der Scheibe in die Unterwelt abstürzen. Doch nach und nach entwickelten die Menschen eine neue Vorstellung von der Welt. Sie stellten alte Überzeugungen in Frage und sie brachen mit den Regeln ihrer Vorfahren. Mitunter gelang das fast zufällig, so, wie es auf diesem Holzschnitt aus dem 19. Jahrhundert dargestellt wird: Ein Mensch wandert an den Rand der Erdscheibe, mit Wanderstock, Arm und Kopf durchstößt er das Himmelsgewölbe. Ehrfürchtig und neugierig blickt er auf das Geschehen dahinter …

Vorstöße ins Unbekannte gab es im 15. Jahrhundert in vielen Bereichen. Die Menschen entdeckten und erfanden so viel – in der Wirtschaft, in der Technik, in Kunst und Kultur –, dass wir heute von einem Zeitalter der Entdeckungen sprechen. Ihr könnt auf den folgenden Seiten selbst herausfinden, wie es zu all den Erfindungen kam und welche Folgen die Entdeckungen hatten …

Eine neue Denkweise setzt sich durch

1 Die Schule von Athen. Gemälde von Raffael, 1510/11. Das Bild soll den Sieg der Wissenschaften im antiken Griechenland darstellen. Im Mittelpunkt stehen die Philosophen ① Plato und ② Aristoteles. Außerdem sind zu sehen: ③ Sokrates, ④ Pythagoras, ⑤ Euklid und ⑥ Ptolemäus. Sie sind umringt von Männern, die ihnen zuhören.

Antike* *(lat. antiquus = alt): Bezeichnung für die alte, griechische und römische Geschichte von etwa 1000 v. bis 500 n. Chr.*

► ***Renaissance**** *(ital. rinascita = Wiedergeburt): Begriff für die Wiederentdeckung der Antike durch Gelehrte, Künstler und Architekten (1300–1600).*

Humanismus* *(lat. humanum = das Menschliche, den Menschen betreffend): Geistige Bewegung, die sich während der Renaissance von Italien aus in ganz Europa verbreitete. Die Humanisten waren überzeugt, dass die Menschen durch das Studium der antiken Vorbilder vollkommener würden.*

Die Wiedergeburt der Antike*

Seit dem 14. Jahrhundert war in Italien das Interesse an den Schriften der Griechen und Römer erwacht. Im Mittelalter galt alles Griechische und Römische als heidnisch und blieb daher unbeachtet. Allmählich wandten sich die Gelehrten vom so genannten finsteren Mittelalter ab und suchten nicht mehr in der Bibel nach Antworten auf die Fragen der eigenen Zeit, sondern in den Büchern des Altertums. Sie versuchten das verloren gegangene Wissen der Griechen wieder zu entdecken und forschten in den Bibliotheken und Klöstern nach verschollenen Büchern der Antike. Jeder neue Fund wurde abgeschrieben und anderen Gelehrten zugeschickt. Man sprach von einer Wiedergeburt der Antike. Es wurde üblich, dafür den französischen Ausdruck Renaissance* zu verwenden.

Der Humanismus*

Die neue Art zu denken und die neuen Wissenschaften sollten helfen den Menschen und die Erde zu erforschen. Dazu war es nötig, selbst zu beobachten, zu sammeln, zu vergleichen, zu prüfen und eigene Schlüsse zu ziehen. Diese geistige Bewegung breitete sich von Italien über ganz Europa aus und brachte berühmte Gelehrte hervor wie z. B. Philipp Melanchton (1497–1560), der als „Lehrmeister Deutschlands" galt.

Schulen und Universitäten vermittelten das Wissen der damaligen Zeit. Der allseits gebildete Mensch wurde zum Idealbild. Die Gelehrten sprachen und schrieben in Latein. Einer Mode der Zeit folgend nahmen viele Menschen einen lateinischen Familiennamen an: Aus „Bauer" wurde „Agricola", ein „Schuster" nannte sich von jetzt an „Sutor".

1 *Lest im Lexikon nach, was dort über die in Abbildung 1 genannten griechischen Gelehrten steht. Stellt fest, wann sie gelebt haben und wodurch sie berühmt wurden.*

2 *Überlegt, was der Maler mit dem Bild ausdrücken wollte.*

Im Mittelpunkt steht der „neue Mensch"

Die Freude am Leben

Die gebildeten Menschen der Renaissance lösten sich aus der Vormundschaft von Religion und Kirche. Sie fühlten sich als eigenständige Persönlichkeiten, als Individuen. Sie gaben sich nicht mehr damit zufrieden, ein beschwerliches, trostloses Leben zu führen und sich auf das Jenseits vertrösten zu lassen. Bereits im Diesseits wollten sie glücklich sein, sich am Schönen erfreuen und ihr Leben in vollen Zügen genießen. Der selbstbewusste, stolze und glückliche Bürger wurde zur Idealvorstellung der Renaissance.

2 Reiterstandbild des Generalkapitäns von Venedig Colleoni. Andrea del Verrocchio, um 1480.

Q1 Die Rolle dieses „neuen Menschen" beschrieb der italienische Gelehrte Gianozzo Manetti folgendermaßen:

... Die Welt ist wohl von Gott geschaffen, aber der Mensch hat sie verwandelt und verbessert. Denn alles, was uns umgibt, ist unser eigenes Werk, das Werk des Menschen, alle Wohnstätten, alle Schlösser, alle Gebäude aus der ganzen Welt ... Von uns sind die Gemälde, die Skulpturen; von uns kommen der Handel, die Wissenschaften und philosophischen Systeme. Von uns kommen alle Erfindungen und alle Arten von Sprachen und Literaturen ...

3 *Legt mithilfe von Q 1 und Abbildung 2 dar, worin sich das neue Selbstbewusstsein des Menschen in der Renaissance äußerte.*

Schein und Erfolg als Maß aller Dinge?

Vor allem in Italien gab es im 15. Jahrhundert viele durch den Orienthandel reich gewordene Städte wie z. B. Venedig, Mailand oder Florenz. Dort herrschten wohlhabende, mächtige und ehrgeizige Familien. Am bekanntesten wurde die Familie der Medici. Sie stellte Herzöge, Könige und Päpste. Sie beschäftigte die berühmtesten Künstler der damaligen Zeit. Für Kunstliebhaber sind die Medici noch heute der Inbegriff des Mäzenatentums*. Kritiker sehen sie aber auch als skrupellose Machtpolitiker und Geschäftemacher.

Q2 Niccolo Machiavelli (1469–1527), ein Staatsbeamter in Florenz, rechtfertigt die führende Stellung der mächtigen Familien:

... Es ist viel sicherer, gefürchtet als geliebt zu sein. Denn von den Menschen kann man im Allgemeinen sagen, dass sie undankbar, wankelmütig, verlogen, heuchlerisch und raffgierig sind. Solange du ihnen Vorteile verschaffst, sind sie dir ergeben und bieten dir Blut, Habe, Leben und Söhne an, wenn die Not ferne ist. Rückt sie näher, so empören sie sich. Ein kluger Machthaber kann daher sein Wort nicht halten, wenn ihm dies zum Schaden gereichen würde und wenn die Gründe weggefallen sind, die ihn zu diesem Versprechen veranlasst haben. Die Handlungen aller Menschen und besonders die eines Herrschers, der keinen Richter über sich hat, beurteilt man nach dem Enderfolg. Ein Herrscher braucht also nur zu siegen und seine Herrschaft zu behaupten, so werden die Mittel dazu stets für ehrenvoll angesehen und von jedem gelobt. Denn der Pöbel hält sich immer an den Schein und den Erfolg, und in der Welt gibt es nur Pöbel ...

4 *Welche Eigenschaften schreibt Machiavelli den Menschen zu?*

5 *Wie soll sich ein kluger Herrscher folglich laut Machiavelli verhalten?*

6 *Erklärt den letzten Satz in Q 2 „... in der Welt gibt es nur Pöbel."*

7 *Nehmt kritisch zu der Meinung Machiavellis Stellung.*

8 *Welche Bedeutung haben eurer Meinung nach „Schein und Erfolg" in unserer Zeit?*

Cosimo der Alte *(1389–1464): Er festigte die Macht der Medici in Florenz.*

Lorenzo der Prächtige *(1449–1492): Unter seiner Herrschaft erlebte Florenz eine nie da gewesene Pracht.*

Mäzenatentum* *(nach dem Freund des Kaisers Augustus, Maecenas): Freigiebige, gönnerhafte Pflege der Kunst.*

Geld regiert die Welt

1 Jakob Fugger, der Reiche, im Augsburger Kontor mit seinem Buchhalter. An der Wand finden sich Ordner für die Niederlassungen der Fugger. Ofen und Antorff meinen Budapest und Antwerpen. Buchillustration, 1520.

Frühkapitalismus: *Wirtschaftssystem des 14.–16. Jahrhunderts. Das Gewinnstreben und die Gewinnsteigerung des Einzelnen standen im Vordergrund. In der Zeit des Frühkapitalismus sammelte sich immer mehr Kapital in der Hand von Fernhandelskaufleuten und Großunternehmern.*

Schautaler mit dem Bildnis Jakob Fuggers. Der Kaufmann ließ die Münze 1518 prägen.

Monopol* *(lat. monopolium = Alleinhandel): Wirtschaftliche Machtstellung eines Unternehmens, das den größten Teil eines Marktzweiges beherrscht. Es schaltet damit den Wettbewerb aus und kann die Preise bestimmen.*

„Geld darf nicht im Kasten ruhen"

In einem kleinen Buch mit dem Titel „Ratschläge über den Handel", das in Florenz im 15. Jahrhundert erschien, wandte sich ein Kaufmann mit folgenden Worten an einen jungen Geschäftsmann: „Deine Hilfe, deine Ehre, deine Verteidigung, dein Gewinn: Das ist das Geld. Geld, das in Umlauf sein muss und nicht in einem Kasten ruhen darf."

So dachten damals viele Menschen in ganz Europa. Seit dem 12. Jahrhundert entwickelte sich zunächst in Italien als bedeutendes neues Gewerbe das Bankwesen. Reiche Bürger konnten ihr Geld bei einer Bank anlegen und erhielten dafür regelmäßig Zinsen. Die Bank konnte das eingezahlte Geld unterdessen weiterverleihen. Da sie für solche Kredite höhere Zinsen forderte, als sie dem Anleger zahlte, machte sie Gewinn. Dem Anleger bot so eine Geldanlage weitere Vorteile: Er konnte sich das Geld nicht nur dort wieder auszahlen lassen, wo er es eingezahlt hatte, sondern überall in Europa bei den Niederlassungen der Bank oder ihren Partnerbanken. Das Bankwesen eröffnete so ganz neue Möglichkeiten für Kaufleute. Eine der wichtigsten Banken in Europa gehörte der Familie Fugger, die in Augsburg eine bedeutende Handelsgesellschaft aufgebaut hatte.

Der Aufstieg der Fugger

Hans Fugger, der Sohn eines Bauern und Webers aus einem kleinen Dorf nahe bei Augsburg, war noch ein kleiner Händler gewesen. Seine Ware verkaufte er im 14. Jahrhundert – wie damals allgemein üblich – auf dem Markt der eigenen Stadt. Seine Söhne und Enkel schlugen andere Wege ein um schnell reich zu werden. Sie stellten keine Tuche mehr her, sondern ließen andere Weber für sich arbeiten. Die Fugger selber wurden Händler und „Verleger". Das heißt: Sie kauften Flachs und Baumwolle in großen Mengen auf und gaben diese an ärmere Weber und Bauern weiter, die etwas dazuverdienen wollten. Neben den Rohstoffen wurden von ihnen bei Bedarf auch die notwendigen Geräte zur Verfügung gestellt oder – wie man damals sagte – „vorgelegt". Von ihren Webern kauften die Fugger die fertigen Tuche zu einem möglichst niedrigen Preis und verkauften sie überall in Europa mit großem Gewinn. Diese Arbeitsweise nennt man „Verlagssystem".

1 *Erklärt mithilfe des Textes den Begriff „Verlagssystem".*

Die Fugger werden Monopolisten* und Bankiers der Fürsten

Die Fugger errichteten in zahlreichen Städten Europas Handelshäuser und Niederlassungen. Gut bewachte Schnelltransporte brachten die Waren in kürzester Zeit an jeden gewünschten Ort. Außerdem richteten die Fugger eine eigene Post ein, sodass sie über wichtige wirtschaftliche und politische Entscheidungen oft früher informiert waren als ihre Konkurrenten. Außer mit Stoffen handelten die Fugger auch mit Fellen, Schießpulver, mit Gewürzen und Zitrusfrüchten, mit Pelzen, Samt und Seide. Vor allem gelang es ihnen,

Die Macht der Handelshäuser

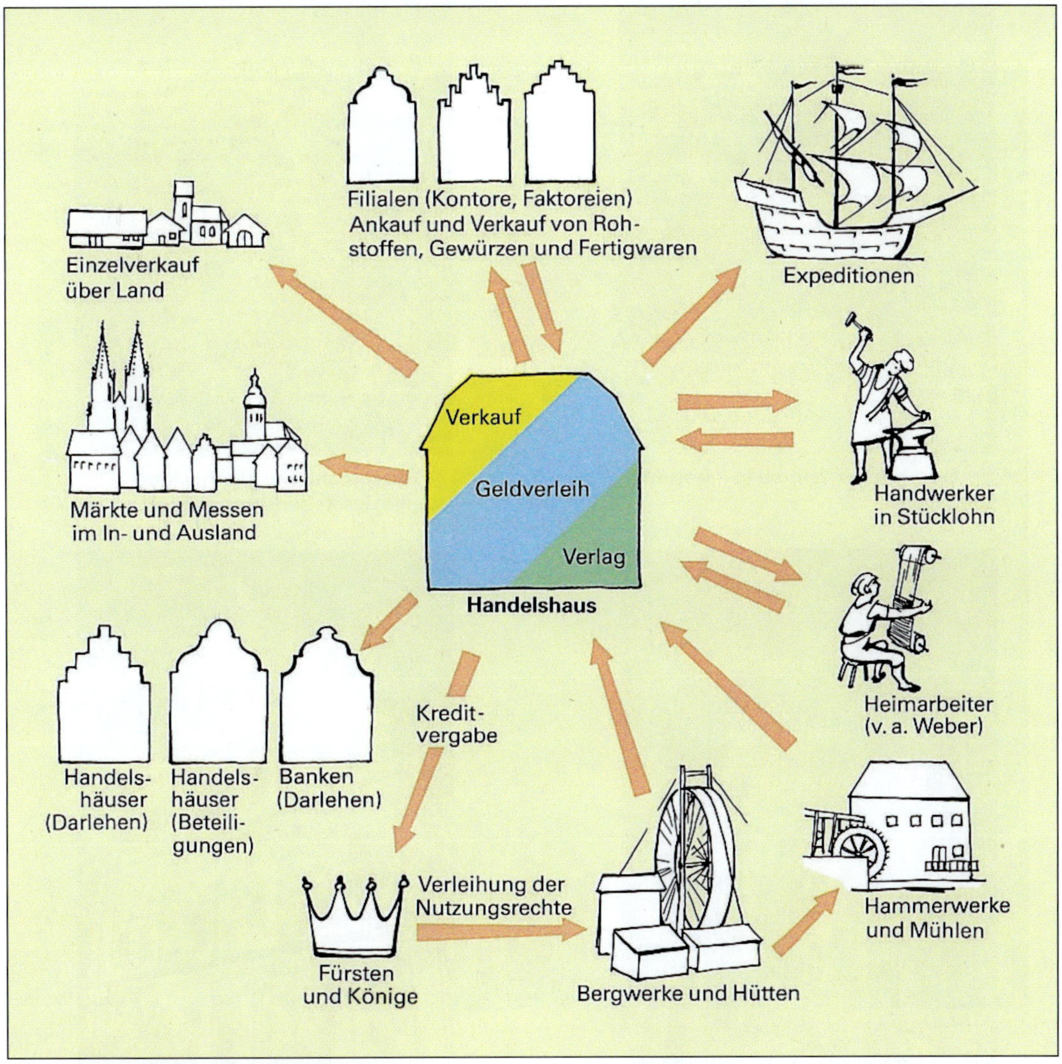

2 **Aufbau eines Handelshauses um 1500.**

alle Gewürze aufzukaufen, die die Portugiesen nach Mitteleuropa lieferten, und ohne Konkurrenz weiterzuverkaufen. Reich wurden die Fugger ferner mit dem Verleihen von Geld. Aus zahlreichen Bankgeschäften mit Päpsten, Königen und Fürsten zogen sie großen Gewinn. Da die Fürsten die geliehenen Gelder oft nicht zurückzahlen konnten, überließen sie den Fuggern Kupfer- und Silberbergwerke zur Ausbeutung. In kürzester Zeit sicherten sich die Fugger das Monopol auf Rohstoffe, das heißt, nur sie konnten diese Rohstoffe verkaufen. Sie bestimmten damit auch deren Preis. Wie viel Einfluss sie auf die Politik nehmen konnten, zeigte sich im Jahr 1519, als sich Karl V. um die Kaiserkrone bewarb. Von den Fuggern erhielt Karl über 500 000 Gulden. Mit diesem Geld kaufte er die Stimmen der deutschen Kurfürsten und wurde von ihnen zum deutschen Kaiser gewählt.

2 *Beschreibt mithilfe der Abbildung 2 die Geschäftstätigkeiten der Fugger.*

3 *Sprecht darüber, was die finanzielle Abhängigkeit des Kaisers für ihn selbst und für die Fugger bedeutete.*

Die Goldmünzen aus Florenz, der Fiorino oder Florino, dienten als Modell für zahlreiche europäische Münzen. Der Fiorino zeigte auf der Rückseite die Lilie von Florenz.

Tipp:
Besucht mit eurer Klasse die Fuggerei in Augsburg. Jakob der Reiche errichtete die älteste Sozialsiedlung der Welt 1525. Sie besteht aus 53 Häusern mit 106 Wohnungen. Die Jahresmiete für eine Wohnung beträgt noch heute umgerechnet einen Euro.

Die Kunst der Renaissance

1 Griechischer Tempel in Paestum/ Süditalien.

2 Die romanische Allerheiligenkapelle des Regensburger Doms.

Die Kuppel des Doms von Florenz beherrscht das Stadtbild. Sie wurde von dem italienischen Baumeister Brunelleschi 1418 entworfen und von 1421 bis 1436 gebaut.

3 Der gotische Dom in Regensburg.

4 Die Michaelskirche in München.

Die Baukunst

Die Renaissance äußerte sich am deutlichsten in der Malerei und in der Baukunst. Die Architekten übernahmen antike Formen wie den römischen Rundbogen oder die griechischen Säulen und vermischten sie mit eigenen Ideen. An die Stelle der gotischen Vertikale (Senkrechte) setzten sie die Horizontale (Waagerechte). Die langen Fassaden mit hohen Spitzbogenfenstern wurden durch viele Fensterreihen aufgelockert. Statt der scharfkantigen Dächer erhoben sich jetzt gewaltige Kuppeln. So entstand ein neuer Stil, der die Gotik ablöste. Im Renaissance-Stil wurden nun Kirchen, Rathäuser, Villen, Zunftgebäude und Kaufhallen errichtet. Nicht die Kirche, sondern Fürsten, Stadtherren und reiche Patrizier gaben die Bauwerke in Auftrag.

1 *Vergleicht die Abbildung 4 mit den Abbildungen 1 bis 3 und nennt die wesentlichen Gemeinsamkeiten und Unterschiede im Baustil.*

Proportion und Perspektive

5 **David.** Skulptur von Michelangelo, 1501–1504.

6 **Perspektivische Arkade.** Entwurf von Francesco Borromini, 1562.

Bildhauerkunst und Malerei
Auch der Inhalt der Kunstwerke änderte sich: Die Verherrlichung Gottes trat in den Hintergrund, die genaue Darstellung des Menschen wurde wichtig. Die Bildhauer wollten den Menschen möglichst naturgetreu und vollkommen, so wie Gott ihn geschaffen hatte, abbilden. Aus diesem Grund stellten sie, wie die antiken Künstler, den nackten Menschen dar. Um die Menschen möglichst vollkommen darzustellen studierten die Künstler die antiken Statuen, wie man sie in Rom fand. Dazu waren ausführliche Studien des menschlichen Körpers nötig.

Q1 Leonardo da Vinci über die Aufgaben des Malers:
... Es ist notwendig, dass der Maler, um ein guter Darsteller der Gliedmaßen ... zu sein, die Anatomie der Sehnen, Knochen, Muskeln und Fasern kenne, damit er bei den verschiedenen Bewegungen und Kraftanstrengungen wisse, welche Sehne und welcher Muskel der Ursprung dieser Bewegung sei, und also nur diesen Muskel deutlich und angeschwollen mache und nicht alle am ganzen Körper, wie manche es tun, die ... ihre nackten Gestalten hölzern und ohne Anmut machen, sodass sie eher einem Sack voller Nüsse als einem menschlichen Äußeren gleichen ...

2 *Weshalb war es nach Meinung Leonardos so wichtig, den menschlichen Körper genau zu studieren?*

3 *Mit wem könnte Leonardo mit dieser Meinung in Konflikt geraten sein? Begründet.*

Die Bildhauer und Maler glaubten sogar den vollkommen schönen Körper mithilfe mathematischer Formeln berechnen zu können. Der so genannte Kanon der Proportionen erlaubte die Berechnung der Größenverhältnisse der menschlichen Körpergestalt.
Auch Landschaften und Gebäude wurden nun so gemalt, wie sie das menschliche Auge tatsächlich wahrnimmt. Italienische Künstler hatten um 1500 entdeckt, dass ihre Bilder der Natur viel näher kamen, wenn sie die Gegenstände in einer Perspektive darstellten. Die Künstler des Mittelalters malten die meist religiösen Figuren in ihren Bildern zweidimensional vor einem goldenen Hintergrund. Jetzt malten sie dreidimensionale Bilder mit räumlicher Tiefenwirkung. Der Betrachter konnte somit klar zwischen Vorder- und Hintergrund unterscheiden.

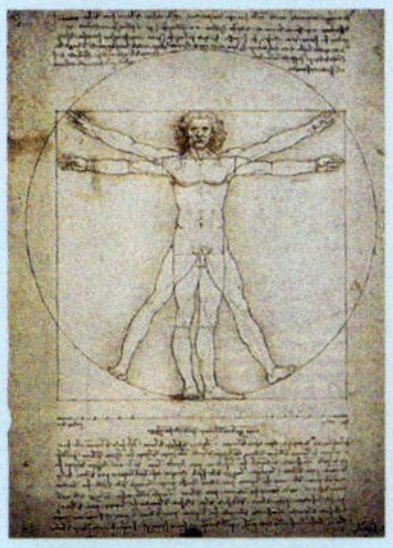

Proportionsschema der menschlichen Gestalt. Skizze von Leonardo, um 1490.

Das neue Denken verändert das Weltbild

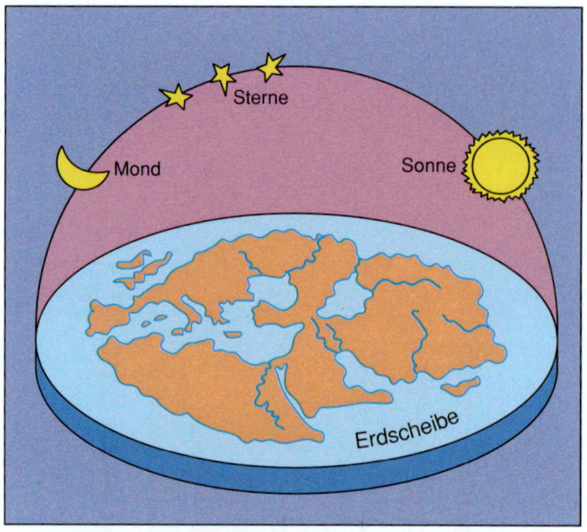

1 **Die Bewegung der Planeten nach der mittelalterlichen Vorstellung.**

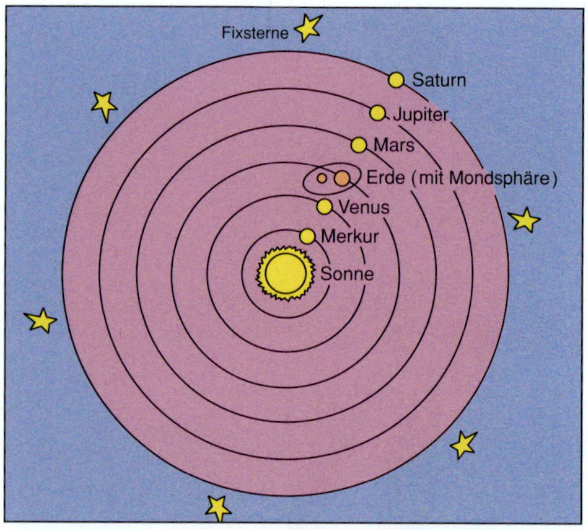

2 **Die Bewegung der Planeten nach der Berechnung des Kopernikus.**

Geozentrisches Weltbild *(griech. ge = Erde): Vorstellung, dass die Erde Mittelpunkt des Weltalls ist und dass sich die Planeten um die Erde drehen.*

▶ ***Heliozentrisches Weltbild*** *(griech. helios = Sonne): Erkenntnis, dass sich die Erde und die Planeten um die Sonne drehen.*

Kopernikus mit einem astronomischen Modell.

Ein neues Bild der Welt entsteht

Im Mittelalter bestimmte in Europa die Religion das ganze Leben. Auch in wissenschaftlichen Fragen gab man sich mit Antworten aus der Bibel zufrieden. Im 15. Jahrhundert aber entstand eine neue Art des Denkens. Jetzt wollte man selbst nachprüfen und nach Beweisen suchen.

Q1 Der niederländische Gelehrte Agricola (1444–1485) schrieb an einen Freund:
... Lass dir verdächtig sein, was du bisher gelernt hast. Verurteile alles und verwirf das, wofür du keine stichhaltigen Beweise findest. Auf dem Glauben beruht die Frömmigkeit, die wissenschaftliche Bildung aber sucht stets nach Beweisen ...

1 *Formuliert die Aufforderung des Agricola mit eigenen Worten.*

2 *Überlegt, worin das Neue dieser Forderung liegt.*

Ein berühmtes Beispiel für diese neue Denkweise bietet uns ▶ Nikolaus Kopernikus (1473 bis 1543). Er war Priester in Ostpreußen, hatte aber auch Medizin und Astronomie studiert. Er wollte den Lauf der Planeten erforschen und ihre Bahnen berechnen.
Jahrhundertelang glaubten die Gelehrten, dass die Erde der Mittelpunkt der Welt sei und dass sich die Sonne und die Planeten um die Erde drehten. Die Kirche hatte dieses Weltbild als verbindlichen Glaubensinhalt verkündet. Auch Kopernikus glaubte zunächst an diese Auffassung. Doch seine jahrelangen Beobachtungen des Planetenlaufs sprachen dagegen. Seine Beobachtungen und Erklärungen passten erst zusammen, als er darauf kam, dass die Erde und die Planeten sich um die Sonne drehen könnten. Die Ergebnisse seiner Forschungen veröffentlichte Kopernikus aber erst nach langem Zögern im Jahr 1543. Nach seinem Tod verbot die Kirche das Buch, weil es der kirchlichen Lehrmeinung widersprach. Aber die neuen Erkenntnisse setzten sich dennoch durch. Die Autorität der Kirche galt nicht mehr unangezweifelt.

3 *Erklärt den Unterschied zwischen dem mittelalterlichen Weltbild und dem Weltbild des Kopernikus.*

4 *Erklärt die Entstehung von Tag und Nacht.*

5 *Wir sagen noch heute: „Die Sonne geht auf." Ist das richtig? Begründet eure Ansicht.*

6 *Nehmt einen Globus und sucht die Länder, die Deutschland auf der anderen Seite der Erdkugel gegenüberliegen.*

7 *Prüft, ob es Ähnlichkeiten in der Auffassung Agricolas und in dem Vorgehen von Kopernikus gibt.*

8 *Überlegt, warum Kopernikus zögerte seine Erklärungen zu veröffentlichen.*

Künstler, Forscher und Erfinder

3 **Rekonstruktion eines von Leonardo da Vinci entwickelten Fluggeräts, das mit Menschenkraft betrieben wird.** Leonardo glaubte, ein Mensch mit künstlichen Flügeln könne fliegen wie ein Vogel.

Neuerungen in der Technik

Die Zeit um 1500 war gekennzeichnet von dem Bestreben die bisherigen Kenntnisse auf fast allen Gebieten zu überprüfen oder neues Wissen zu erlangen. Zu den herausragendsten Vertretern dieses neuen, wissenschaftlichen Ansatzes gehörte auch ▶ Leonardo, der 1452 in dem Dorf Vinci bei Florenz geboren wurde. Jahrelang beschäftigte er sich intensiv mit dem Flug von Vögeln, Fledermäusen und Insekten. Genaue Beobachtungen waren die Grundlage für die Konstruktion von Flugapparaten, aber auch von Waffen und U-Booten. Voll Begeisterung dachte sich Leonardo Maschinen aus, die zur damaligen Zeit unvorstellbar erschienen. So finden wir in seinen Notizbüchern Entwürfe für einen Fallschirm, für ein Auto mit Federantrieb oder auch für eine Schwimmweste. Leonardo war aber nicht nur Künstler, genialer Forscher und Erfinder. Ihn interessierte beinahe alles. Obwohl die Kirche das Sezieren* menschlicher Körper strengstens verboten hatte, nahm Leonardo über 30 Leichenöffnungen vor um sich ein genaues Bild vom menschlichen Körper und seinen Organen sowie den Krankheitsursachen zu machen.

Q2 Sein Vorgehen begründete Leonardo da Vinci folgendermaßen:

... Mir aber scheint, es sei alles Wissen eitel und voller Irrtümer, das nicht von der Erfahrung, der Mutter aller Gewissheit, zur Welt gebracht wird.
Hüte dich vor den Lehren jener Spekulanten, deren Überlegungen nicht von der Erfahrung bestätigt sind ... Wir müssen von der Erfahrung ausgehen und mit dieser das (Natur-)Gesetz erforschen ...

9 *Leonardo wendet sich gegen die „Lehre der Spekulanten". Was meint er damit?*

Gestützt auf das neu erfundene Fernrohr, auf genaue Beobachtungen am Sternenhimmel und auf Experimente erbrachte der italienische Wissenschaftler Galileo Galilei (1564 bis 1642) den Beweis, dass sich die Erde um die eigene Achse dreht und zusammen mit dem Mond um die Sonne. Sein Eintreten für diese Lehre brachte ihn in Konflikt mit dem Papst. Galilei wurde in Rom verhört und in Haft gehalten. Man drohte ihm die Folter an – Galilei widerrief seine Lehre und schwor ihr ab. Die Legende legte ihm den trotzigen Satz in den Mund, den er vor Gericht gesprochen haben soll: „Und sie bewegt sich doch." Das Urteil der Kirche fiel vergleichsweise milde aus: Galilei wurde nicht als Ketzer verbrannt, sondern zu unbefristeter Haft verurteilt, die er (ab 1637 erblindet) in seinem Landhaus verbrachte.

10 *Findet mithilfe von Lexika oder des Internets heraus, welche weiteren Erfindungen zur Zeit der Renaissance die Welt veränderten.*

Sezieren*: *Öffnen und Zergliedern des toten menschlichen Körpers zu Forschungszwecken.*

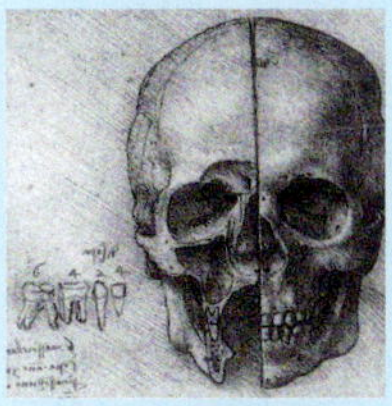

Geteilter Schädel, um 1490. Zeichnung aus den Skizzenbüchern Leonardo da Vincis.

Leonardo da Vinci (1452–1519): *Selbstbildnis, um 1512–15.*

Galileo Galilei. *Ausschnitt aus einem Gemälde, um 1636.*

Fundgrube:
Der Codex über den Vogelflug. Die Multimedia-Manuskripte von Leonardo da Vinci. CD-ROM.

Lettern aus Blei verändern die Welt

1 Ein Buch entsteht. So stellte Gutenberg eine Letter her: ① Er formte eine Musterletter aus hartem Material. ② Dann schlug er sie in ein Klötzchen aus weichem Kupfer. So entstand eine Matrize. ③ In die Matrize goss er flüssiges Blei. ④ Daraus entstand dann eine Bleiletter. ⑤ Die Lettern setzte er zu einer Druckform zusammen, die er schwarz färbte. ⑥ Darauf legte er einen Bogen Papier. ⑦ Er presste Papier und Druckform zusammen. ⑧ Nun war der Bogen bedruckt. ⑨ Die Bögen wurden zu einem Buch zusammengetragen. ⑩ Der Buchblock erhielt einen Einband.

► Johannes Gensfleisch, genannt Gutenberg (1397 bis 1468), Erfinder des Buchdrucks. Kupferstich, 1584.

Die Erfindung des ► Buchdrucks

Die Entdeckungen und Erfindungen hätten damals wohl kaum so schnell eine große Rolle gespielt, wäre nicht zu dieser Zeit auch der Buchdruck erfunden worden.

Im Mittelalter hatten sich neue Ideen oder Erfindungen nur langsam herumgesprochen. Zeitungen gab es nicht und Bücher auch nur sehr wenige. Bücher wurden nämlich – meist in Klöstern – mit der Hand geschrieben. Für die Anfertigung eines einzigen Buches brauchte man häufig viele Jahre. Bücher waren daher sehr teuer. Eine Bibel etwa kostete 60 Gulden; für diese Summe konnte man auch ein kleines Bauerngut erwerben. Nur Klöster, Fürsten oder sehr reiche Bürger konnten sich überhaupt eigene Bücher leisten. Dies änderte sich beinahe schlagartig mit der Erfindung von Johannes Gutenberg.

Q1 Der Abt des Klosters Hirsau berichtet darüber:

... Zu dieser Zeit (1450) wurde in Mainz jene wunderbare und früher unerhörte Kunst Bücher mittels Buchstaben zusammenzusetzen und zu drucken durch Johannes Gutenberg, einen Mainzer Bürger, erfunden und ausgedacht ...

Sie druckten zuerst ein Wörterbuch, indem sie die Buchstaben der Reihe nach in hölzernen Tafeln geschnitzt hatten. Allein mit diesen Tafeln konnten sie nichts anderes drucken, eben weil die Buchstaben nicht von der Tafel ablösbar und beweglich waren. Nach diesen Erfindungen erfolgten kunstreichere. Sie erfanden die Kunst die Formen aller Buchstaben des Alphabets aus Metall zu gießen ...

Die Buchstaben konnten zu Wörtern, zu Seiten zusammengesetzt werden. Nach dem Druck wurden sie wieder auseinander genommen. Dann konnten die Buchstaben für eine neue Seite wieder gesetzt werden.

1 *Erklärt anhand der Abbildung 1 das von Gutenberg erdachte Verfahren.*

2 *Erklärt den Vorteil beweglicher Metallbuchstaben gegenüber dem Druck mit Holztafeln.*

Bücher für alle

Die Druckerkunst verbreitete sich rasch über ganz Europa. Um 1500 gab es in Europa über 1100 Druckereien. Sie legten 40000 verschiedene Werke mit einer Gesamtzahl von mehr als zehn Millionen Büchern auf. An erster Stelle wurden Bibeln und religiöse Schrif-

Mehr Information für weniger Geld

2 **Druckerwerkstatt im 16. Jahrhundert.** Die Herstellung des Druckwerks begann links bei den Setzern. Sie setzten den Text eines geschriebenen Manuskripts mit Metallbuchstaben auf eine Platte. Dann wurde Korrektur gelesen (der stehende Mann mit Brille sucht nach Druckfehlern). Im Hintergrund wurde der Handsatz mithilfe von Druckerschwärze und Lederballen eingefärbt. Dann wurde in der Presse rechts ein Blatt Papier darauf gedrückt. Das bedruckte Papier hing anschließend rechts oben zum Trocknen und wurde zum Schluss von Lehrjungen auf den Stapel im Vordergrund gelegt. Es musste schnell gehen, denn der Kunde (rechts im Bild) fragte schon, ob sein Druckauftrag noch nicht erledigt sei.

ten gedruckt, aber auch wissenschaftliche oder politische Flugschriften. Bücher konnten sich jetzt viele Bürger leisten, denn sie wurden ständig billiger. 1522 kostete z. B. die Bibel nur noch eineinhalb Gulden.

Q2 In einer Lob- und Gedächtnisrede auf die Erfindung der Buchdruckerkunst hieß es im Jahr 1740:

.... Die vormals kostbaren, so seltenen Bücher der alten Weltweisen, Geschichtsschreiber, Redner und Dichter, Rechtsgelehrten und Ärzte wurden nunmehr auf erstaunende Weise vervielfältigt ... Für das Geld, wofür man sonst kaum zwei oder drei Bücher hatte kaufen können, konnte man jetzt ganze Büchersäle auffüllen. Was vorher nur die Großen der Welt und Begüterte im Volk hatten tun können, das war jetzt auch dem einfachen Volk nicht versagt ... Es mehrte sich die Zahl hoher und niederer Schulen. Kurz, ganz Europa ward mit Künsten und Wissenschaften erfüllt ...

3 *Stellt fest, welche Vorteile des Buchdrucks in dieser Gedächtnisrede genannt werden.*

4 *Beschreibt die in der Abbildung 2 dargestellten einzelnen Arbeitsschritte mit eigenen Worten.*

5 *Erläutert den Satz: „Das Buch bildet das erste Massenmedium der Geschichte."*

6 *Erklärt die Behauptung: „Mehr als das Gold hat das Blei die Welt verändert. Und mehr als das Blei in der Flinte das Blei im Setzkasten." – Überlegt bei eurer Antwort, was es ohne die Erfindung des Buchdrucks nicht geben würde.*

3 **Auch die neue Methode der Papierherstellung senkte die Preise. Leinenlumpen wurden zu einem Brei verkocht, der mit einem flachen Sieb abgehoben und ausgepresst wurde. Beim Trocknen verflochten sich die Fasern zu einem Papierbogen.** Rekonstruktion.

Als im 15. Jahrhundert gedruckte Bücher eingeführt wurden, stieg die Nachfrage nach Brillen sprunghaft an.

Neue Perspektiven für die Seefahrt

Ein Seeungeheuer verschlingt ein Segelschiff. Holzschnitt, um 1550.

1 Federuhr des Peter Henlein, 1510.

2 Globus des Martin Behaim, 1492.

3 Kompass, um 1550.

Eine Uhr für die Tasche

Q1 Johannes Cochlaeus, ein Gelehrter, schrieb im Jahr 1512:

… Die Nürnberger Handwerker erfinden von Tag zu Tag immer feinere Dinge. So bringt Peter Henlein … Werke hervor, die selbst die gelehrtesten Mathematiker in Staunen setzen. Aus wenig Eisen fertigt er Uhren an, die, wie man sie auch wendet, ohne irgendein Gewicht 40 Stunden gehen und die Stunden anzeigen, selbst wenn sie an der Brust oder im Beutel getragen werden …

Die Erfindung der ersten Federzuguhren im 15. Jahrhundert kam zunächst einer genauen Regelung der Arbeitszeiten zugute, wurde dann aber auch in der Seefahrt sehr wichtig. Nur wenn man die genaue Zeit wusste, konnte man aus dem Stand der Sonne oder der Sterne die genaue Position errechnen.

1 *Überlegt, bei welchen Gelegenheiten ihr täglich auf die genaue Uhrzeit angewiesen seid.*

Mit Globus und Kompass auf hoher See

Ganz neue Möglichkeiten für die Seefahrt eröffneten sich, als immer mehr Forscher die Ansicht vertraten, dass die Erde keine Scheibe, sondern eine Kugel sei.

Verdeutlicht wurde diese Entdeckung mit einem Globus (s. Abb. 2), den der Kaufmann Martin Behaim 1492 in Nürnberg anfertigen ließ. Eine Kugel aus Pappe wurde mit Pergamentblättern beklebt. Auf die Blätter wurden die damals bekannten Länder eingezeichnet. Wenn die Erde eine Kugel ist, dann kann man sich auch auf das offene Meer hinauswagen ohne befürchten zu müssen hinunterzufallen. Wollte man aber auf das offene Meer hinausfahren, brauchte man gute Schiffe und Messinstrumente um auch wieder zurückzufinden.

Es war daher sehr wichtig, dass gerade zu dieser Zeit ein Kompass (s. Abb. 3) erfunden wurde, der auch bei rauer See zu verwenden war. Außerdem gab es jetzt Tabellen, die den täglichen Stand der Sterne angaben. Wusste man, wie hoch ein Stern zu einer bestimmten Zeit über dem Horizont stand, brauchte man

Sterne weisen den Weg, Karavellen* erobern das Meer

4 **Kogge, um 1350.**

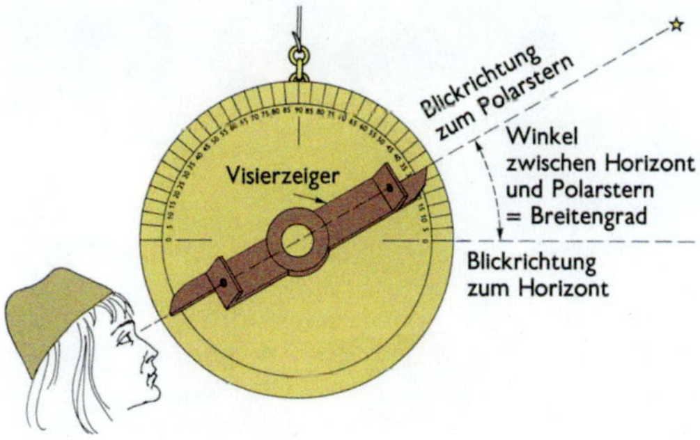

6 **Astrolabium.**

5 **Karacke.**

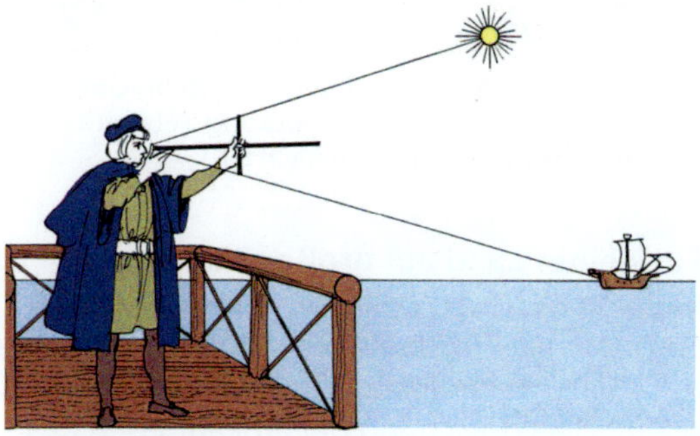

7 **Jakobsstab.**

nur in den Tabellen nachzusehen und fand dort, auf welchem Breitengrad man sich befand. Die Sternenhöhe über dem Horizont wurde mit dem Jakobsstab angepeilt.
Gebaut wurden jetzt auch neue Schiffe, die Karacke (etwa 30 Meter lang) und die Karavelle* (etwa 20 Meter). Die gedrungene Form des Schiffskörpers machte sie sehr seetüchtig. Sie hatten in der Mitte den Hauptmast mit einem großen Vierecksegel, das bei Rückenwind für eine hohe Geschwindigkeit sorgte. Die kleineren Dreiecksegel am vorderen und hinteren Mast erlaubten aber auch ein Segeln fast gegen den Wind. So waren alle Voraussetzungen für weite Seefahrten geschaffen.

2 *Besorgt euch einen Kompass und erklärt, wie er funktioniert.*

3 *Seht euch die Abbildungen 6 bis 9 an und ordnet die folgenden Erklärungen den Erfindungen zu:*

a) Dient zur Messung der Meerestiefe.

b) Gibt an, auf welchem Breitengrad sich das Schiff befindet.

c) Misst Entfernungen.

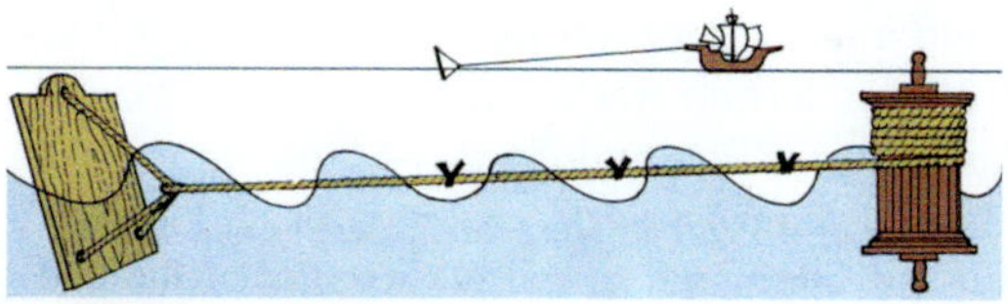

8 **Log mit Knoten.**

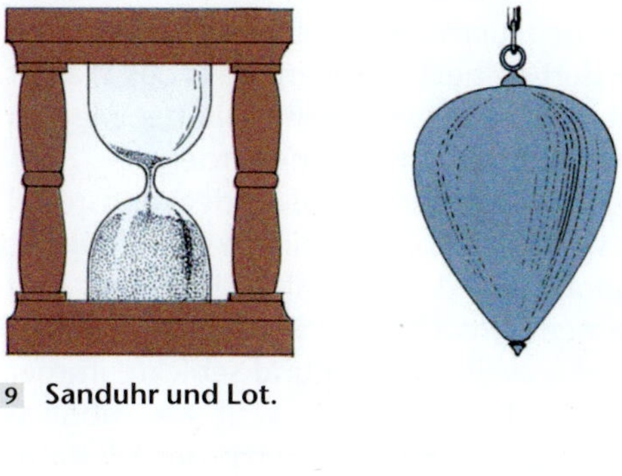

9 **Sanduhr und Lot.**

d) Misst die Fahrtgeschwindigkeit eines Schiffes.

4 *Wenn man von Europa immer nach Westen oder Osten fährt, kommt man schließlich wieder am Ausgangspunkt an. – Überprüft diese Behauptung mithilfe eines Globus.*

Karavelle*: *Hochseesegelschiff (14.–16. Jahrhundert). Dieser neue Schiffstyp war wesentlich schneller als die bisher üblichen, da er weniger Tiefgang und größere Segel hatte. Die gedrungene Form des Schiffskörpers machte die Karavelle sehr seetüchtig.*

Ein Seefahrer bei Eintragungen auf dem Globus. Holzschnitt, 1517.

Die großen Entdeckungsreisen

1 **Heinrich der Seefahrer plant mit seinen Gelehrten und Kartografen eine Entdeckungsreise entlang der afrikanischen Küste nach Süden.**

2 **Eine Seeschlange machte nach mittelalterlichem Glauben angeblich den Atlantik unsicher.** Kolorierter Stich, 1558.

Heinrich der Seefahrer *(1394–1460) förderte sein Leben lang Entdeckungsreisen entlang der afrikanischen Küste. Die Stadt Lagos in Portugal hat ihm ein Denkmal gesetzt.*

Bartolomeu Diaz *(um 1450–1500) umsegelte als erster Europäer das Kap der Guten Hoffnung.*

Ein kleines Land auf großer Fahrt

Es ist nicht genau bekannt, was den Prinzen Heinrich von Portugal (genannt „Der Seefahrer") dazu veranlasste, seinen gesamten Besitz für die Erforschung der afrikanischen Küste einzusetzen. Die Aussicht auf Reichtum allein kann es nicht gewesen sein, denn kein Geschäftsmann der damaligen Zeit hätte sein Geld in ein Unternehmen mit so geringen Erfolgsaussichten gesteckt. Südlich der marokkanischen Küste wurde das Meer wegen der Windverhältnisse und der Strömung nämlich für unbefahrbar gehalten. Schiffe, die sich dorthin wagten, würden unbarmherzig in den trüben Wassern versinken, die angeblich von Ungeheuern bewohnt waren. Die Sonne sollte dort so heiß brennen, dass das Wasser angeblich kochte und weiße Männer wie von Zauberhand zu Schwarzen wurden.

Heinrich ging nie selbst auf Entdeckungsreise. Er versammelte aber an seinem Hof Gelehrte, Astronomen und Kartografen, Seefahrer und Instrumentenmacher. Er ließ schnelle, zuverlässige Karavellen bauen und schickte immer wieder Schiffe aus, die so weit wie möglich Richtung Süden entlang der Küste Westafrikas vorstoßen sollten. Die Entdeckung der Kapverdischen Inseln am westlichsten Punkt Afrikas erlebte Heinrich aber nicht mehr. Er starb 1460. Doch auch nach seinem Tod verfolgten die Portugiesen Heinrichs Ziele weiter.

1487 startete eine Expedition mit zwei Schiffen unter dem Oberbefehl von Bartolomeu Diaz. Diaz hatte bereits an mehreren Entdeckungsfahrten an der afrikanischen Küste teilgenommen. Auf ihrer Rückfahrt bekamen die Seefahrer während eines Sturms ein Kap zu sehen, das sie „Kap der Stürme" nannten. Der König gab dem Kap den Namen „Kap der Guten Hoffnung". Durch die Umseglung der Südspitze Afrikas war der Seeweg nach Indien frei.

1 *Nennt Gründe dafür, dass gerade Portugal zum Wegbereiter der Entdeckungsfahrten wurde.*

Es geht um das Gewürz

An die Stelle der ursprünglichen Forschermotive rückten allmählich politische und vor allem wirtschaftliche Interessen. Indien erschien den Europäern als ein Traumland. Italienische Kaufleute brachten von dort seit dem Mittelalter begehrte Kostbarkeiten wie Gold, Silber, Gewürze, Perlen, Rubine, Duft- und Farbstoffe sowie Zucker mit. Der Indien- und der Mittelmeerhandel wurden aber seit dem Ende des Mittelalters vorwiegend von den Arabern kontrolliert. Da der Transport auf dem Landweg lang und zudem gefährlich war, bemühten sich die Entdecker Indien auf dem direkten Seeweg zu erreichen. Der Hauptgrund für die Eroberung der Welt war also zunächst wirtschaftlicher Natur.

Der Seeweg nach Indien

3 **Die Ankunft der Expedition Vasco da Gamas im südindischen Hafen Calicut 1498.** Die Portugiesen erhielten als Geschenke exotische Tiere wie Strauße, Kamele und ein Einhorn. Flämischer Wandteppich, 1525.

Für 16 000 km nur etwas Pfeffer

Im Juli 1497 segelte die Flotte des jungen portugiesischen Edelmanns Vasco da Gama (1468–1524) von Lissabon los. Auf der nun bekannten Route sollte Indien erreicht werden. Nach der Umrundung des Kaps der Guten Hoffnung folgten die Portugiesen der südafrikanischen Küste. Weiter Richtung Norden wurde die Landschaft immer tropischer. Auf der Höhe der Insel Madagaskar befanden sie sich bereits in der arabischen Handelsregion. Die Lehmhütten wichen Städten, Schiffe aus allen Teilen des Indischen Ozeans waren zu sehen. Der Sultan von Malindi empfing da Gama und seine Mannschaft freundlich und versorgte sie mit Proviant. Nach nur 27 Tagen erreichte die Expedition Ende Mai 1498 die Südküste Indiens. In Calicut gab es einen reichen Markt für Gewürze. Die Portugiesen konnten aber nichts eintauschen, da ihre Federhüte und Glasperlen dem Herrscher von Calicut nicht gefielen. Beim Anblick der Geschenke brach er in Gelächter aus.

Die Rückreise wurde für die Seefahrer zur Katastrophe. Die Mannschaft war erschöpft, viele starben an Skorbut*. Die Fahrt brachte keinen Gewinn, kein Gold, nur etwas Pfeffer und Gewürznelken. Trotzdem konnte Vasco da Gama triumphieren – er hatte endlich Indien erreicht.

Eine Seereise von Lissabon zur indischen Südküste dauerte ungefähr ein halbes Jahr, 16 000 km mussten dabei zurückgelegt werden. Wie gefährlich eine derartige Reise doch war, zeigten die vielen Schiffswracks, die im Durchschnitt alle 130 km im Wasser trieben.

2 *Weshalb erschien Indien vielen Europäern als Traumland?*

3 *Prüft mithilfe der Karte 1 auf Seite 144, auf welchen verschiedenen Routen man Indien von Lissabon aus erreichen konnte. Wägt jede Möglichkeit kritisch ab, indem ihr die Vor- und Nachteile des jeweiligen Seeweges überlegt.*

4 *Weshalb war die Indienreise Vasco da Gamas ein so großes Wagnis? Mit welchen Schwierigkeiten musste er rechnen?*

Vasco da Gama. *Porträt aus einer alten portugiesischen Handschrift. Als Vizekönig von Indien setzte er laut zeitgenössischen Berichten mit grausamer Härte seine Befehle durch.*

Skorbut*: *Eine bei völligem Fehlen von Vitamin C in der Nahrung entstehende Mangelkrankheit; äußert sich in Hautblässe, Mattigkeit, punkt- und streifenförmigen Blutungen in der Haut und im Ausfallen der Zähne.*

Kolumbus will nach Indien ...

Die „Santa Maria", das Schiff des Kolumbus:
Länge: 21 m
Verdrängung: 240 t
Besatzung: 40 Mann

Die „Universe Island", ein modernes Tankschiff (1990):
Länge: 310 m
Verdrängung: 300 000 t
Besatzung: 20 Mann

Mit den Schiffen „Pinta", „Nina" und „Santa Maria" verließ Kolumbus 1492 Spanien. Er suchte den Seeweg nach Indien, doch er entdeckte Amerika. Die Skizzen zeichnete Kolumbus vermutlich selbst.

1 **Schnitt durch die „Santa Maria", das Flaggschiff des Kolumbus.** **1** Admiralskajüte, **2** Steuerruder, **3** Kompass, **4** Luke zum Schiffsladeraum, **5** Entwässerungspumpe, **6** Hebevorrichtung für Anker und Segel, **7** Waffen- und Munitionskammer, **8** geräucherte und getrocknete Fleischwaren, **9** Schiffszwieback, **10** Pökelfleisch in Fässern, **11** Ölvorrat, **12** Wasservorrat, **13** Schiffsladeraum, **14** Weinfässer, **15** getrocknete Hülsenfrüchte in Säcken, Zwiebeln und Knoblauch, **16** Mehlfässer, **17** Abstellkammer für Segel, **18** Laderaum für Taue, **19** Sammelraum für Kondenswasser, **20** Steine als Ballast.

Auf dem Seeweg nach Indien?

1 *Seht euch die Abbildung 1 an und erklärt, wozu die dort gezeigten Dinge auf die Seereise mitgenommen wurden.*

► Christoph Kolumbus, geboren 1451 in Genua, fuhr seit seinem 14. Lebensjahr zur See. Auf diesen Fahrten lernte er die technischen Neuerungen und Erfindungen seiner Zeit kennen. Allmählich erwachte in ihm der Wunsch mit einem gut ausgerüsteten Schiff auf Entdeckungsfahrt zu gehen. Sein Ziel hieß Indien!

Mit Waren aus Indien und China hatten europäische Kaufleute lange Zeit regen Handel getrieben. Begehrt waren vor allem Seidenstoffe sowie Gewürze. Die wichtigsten Handelswege verliefen dabei von Europa über Konstantinopel nach Indien. Im Jahr 1453 eroberten die Türken Konstantinopel. Sie konnten nun die Preise bestimmen. Wenn die Waren auf dem Landweg zu teuer wurden, musste man es eben auf dem Seeweg versuchen. Im Auftrag ihres Königs suchten portugiesische Seeleute jahrzehntelang nach einem Weg um die Südspitze Afrikas. Jedes Mal drangen sie ein Stück weiter vor (siehe S. 140f.). Kolumbus sah eine andere Möglichkeit. Er wollte Indien erreichen, indem er immer westwärts fuhr. Bestärkt in seinem Vorhaben wurde er von Paolo Toscanelli, einem berühmten Arzt und Astronomen aus Florenz.

Q1 Paolo Toscanelli schrieb an Kolumbus:

… Ich habe Kenntnis genommen von deinem hochherzigen und großartigen Plan auf dem Wege nach Westen, den dir meine Karte anzeigt, zu den Ländern des Ostens zu segeln. Besser hätte es sich mithilfe einer runden Kugel klarmachen lassen. Es freut mich, dass du mich richtig verstanden hast. Der genannte Weg ist nicht nur möglich, sondern wahr und sicher …

Neun Jahre lang bemühte sich Kolumbus zunächst beim portugiesischen, dann beim spanischen König um Unterstützung. 1492 erhielt er vom spanischen König und der Königin drei Schiffe, von denen das größte, die „Santa Maria", 21 m lang und 6 m breit war.

2 *Erläutert Toscanellis Brief mithilfe eines Globus.*

2 **Landung des Kolumbus auf der Insel Guanahani.** Kolorierter Kupferstich, 1594.

1492: Kolumbus entdeckt Amerika.

So könnte Kolumbus nach einer Beschreibung seines Sohnes Ferdinand ausgesehen haben. Es gibt keine zeitgenössischen Porträts von Kolumbus.

Eine Fahrt bis an das Ende der Welt?

Vor seiner Abreise ernannte der spanische König Kolumbus zum Vizekönig sämtlicher Inseln und aller Länder, die er entdecken würde. Außerdem sollte Kolumbus den zehnten Teil aller Waren aus diesen Ländern erhalten. Am 3. August 1492 verließ Kolumbus mit den drei Schiffen den spanischen Hafen Palos (s. Karte S. 156).

Q2 In sein Bordtagebuch schrieb Kolumbus:

> ... Bevor ich die erste Zeile niederschreibe, weihe ich dieses Buch der allergnädigsten Jungfrau Maria. Sie möge meine Gebete erhören und mich das finden lassen, was ich suche: INDIEN ...

Woche um Woche fuhren die Schiffe westwärts. Die Vorräte wurden langsam knapp, die Schiffsbesatzung unruhig. Weit und breit war kein Land zu sehen. War die Erde doch nur eine Scheibe – wie die Matrosen glaubten? „In ihren Augen" – so notiert Kolumbus in sein Tagebuch – „sehe ich nur Hass". Doch Kolumbus hielt unbeirrt an seinem Kurs fest. Endlich, am 3. Oktober 1492, wurde Land gesichtet. Im Namen des spanischen Königs ergriff Kolumbus von der Insel Besitz und nannte sie San Salvador, „Heiliger Erlöser". Die Bewohner nannten ihre Insel Guanahani.

Q3 Über die Bewohner schrieb Kolumbus:

> ... Die Eingeborenen sind ohne Zweifel gutmütig und sanft. Da ich ihre Freundschaft gewinnen wollte, gab ich einigen von ihnen ein paar bunte Mützen und Halsketten aus Glasperlen und andere Dinge von geringem Wert, worüber sie sich ungemein freuten ... Sie sind gewiss hervorragende Diener. Sie haben einen aufgeweckten Verstand, denn ich sehe, dass sie sehr schnell alles nachsagen können, was man ihnen vorspricht ...

3 *Erklärt die ersten Handlungen des Kolumbus nach dem Betreten der Insel.*

4 *Beschreibt Abbildung 2. – Wie werden die Spanier, wie die Inselbewohner dargestellt (Kleidung, Haltung, Tätigkeiten)?*

5 *Überlegt, was der Maler mit der Tätigkeit der ganz links dargestellten Person andeuten wollte.*

6 *Schreibt einen Bericht über die Ankunft der Spanier aus der Sicht der Inselbewohner.*

So stellten sich die Europäer die Bewohner in den unbekannten Ländern vor. Aus einem französischen Reisebuch des 14. Jahrhunderts.

Warum heißt Amerika nicht „Kolumba"?

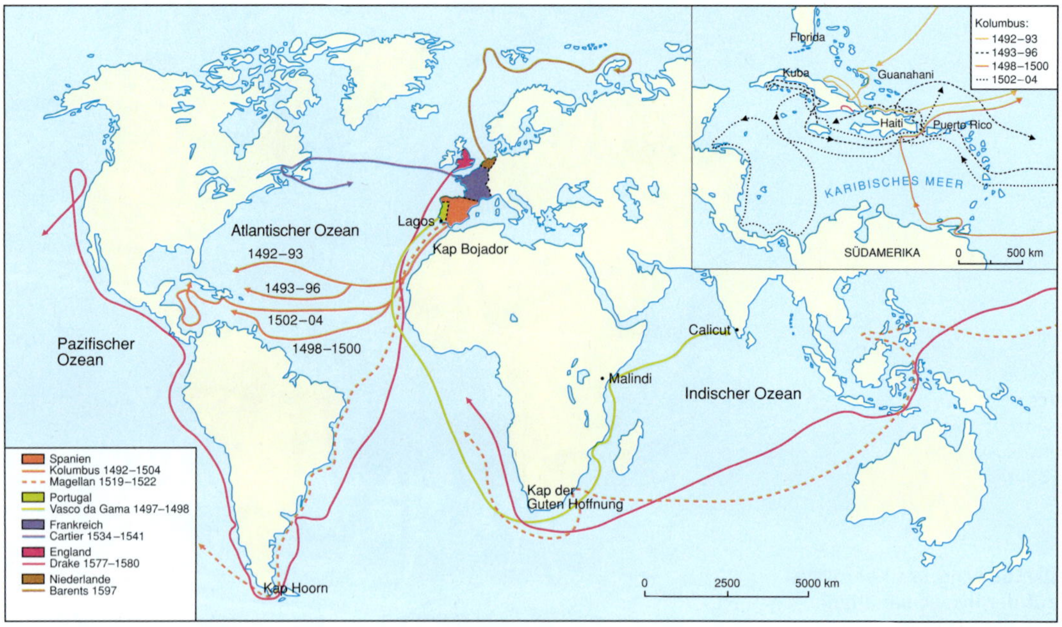

1 Die ► Entdeckungsfahrten im 15. und 16. Jahrhundert.

1508 ernannte der König von Spanien den Italiener Amerigo Vespucci zum obersten königlichen Seelotsen. Auf drei Fahrten erkundete er die Neue Welt.

In den nächsten Tagen und Wochen entdeckte Kolumbus noch weitere Inseln, wie z. B. Kuba und Haiti, und suchte hier nach Gold, Silber, und Gewürzen. Reich beladen kehrte er im April 1493 nach Spanien zurück. Überall jubelten ihm die Menschen begeistert zu. Voller Staunen sahen sie die Papageien, zuvor unbekannte Tiere und Pflanzen, Gold in Körnern und rohen Stücken und die „Indianerinnen und Indianer", die Kolumbus überredet hatte mit nach Spanien zu reisen. Kolumbus nannte die Inselbewohner „Indianer", weil er glaubte auf indischen Inseln gelandet zu sein. Auf drei weiteren Reisen entdeckte Kolumbus Mittelamerika, aber immer noch keine Schätze. Weil er sein Versprechen, große Mengen an Gold und Gewürzen aus dem reichen Indien zurückzubringen, nicht einlösen konnte, wurde er schließlich in Ketten nach Spanien gebracht. Bis zu seinem Tod im Jahr 1506 hat Kolumbus nicht erfahren, dass er einen neuen Erdteil entdeckt hatte.

Kurz bevor er enttäuscht, verbittert und fast vergessen starb, erschien ein schmales Buch mit dem Titel „Mundus Novus" (Die Neue Welt). Der Verfasser dieses Buches war angeblich ein gewisser Amerigo Vespucci, ein Seefahrer in spanischen und portugiesischen Diensten. Da er die Neue Welt spannend und unterhaltsam beschrieb, wurde das Buch sofort zu einem großen Erfolg und von vielen Menschen begeistert gelesen. Der Name Amerigo blieb im Gedächtnis haften und allmählich verband man den Kontinent, den er beschrieb, mit seinem Namen. Vespucci hat zwar Amerika nicht entdeckt, aber im Gegensatz zu Kolumbus als Erster erkannt, dass ein neuer Kontinent gefunden war.

Weitere Entdeckungsfahrten

Der Drang nach Gold und Gewürzen ließ auch andere europäische Staaten nicht ruhen. Auch sie wollten einen Anteil an dem neuen Reichtum haben. Sie schickten nun ihre Schiffe auf Erkundungsfahrten aus und nahmen entdeckte Länder sofort in ihren Besitz.

1 *Nennt mithilfe der Karte 1 Namen und Fahrtrouten weiterer Entdecker.*

2 *Bildet in der Klasse kleine Arbeitsgruppen. Jede Gruppe informiert sich in Lexika oder Sachbüchern über einen Entdecker und berichtet der Klasse darüber.*

Mit Magellan um die Welt

2 **Magellans Schiffe bei der Durchfahrt der nach ihm benannten Meeresenge.** Holzschnitt, 1880.

Die Suche nach der Passage*

Am 10. August 1519 verließen fünf Schiffe mit 265 Mann an Bord den Hafen von Sevilla mit unbekanntem Ziel. Vermutlich wusste nur der Befehlshaber ▶ Ferdinand Magellan (1480–1521), ein Portugiese, der in spanische Dienste getreten war, wohin die Reise ging. Er wollte – wie einst Kolumbus – Indien auf dem Westwege erreichen. Über die Kanarischen Inseln ging es nach Brasilien, der südamerikanischen Ostküste entlang bis hinab zu den schneebedeckten Bergen Feuerlands. Trotz wochenlanger verzweifelter Suche gelang es Magellan nicht, die ersehnte Durchfahrt in den damals noch namenlosen Ozean zu finden. Seine Kapitäne verweigerten ihm den Gehorsam und wollten umkehren – es kam zur Meuterei, die Magellan nur mit Mühe niederschlagen konnte. Einen der aufrührerischen Kapitäne ließ er zur Abschreckung köpfen und vierteilen. Nach mühsamen Erkundungen gelang endlich die Durchfahrt zum Pazifik.

Erschlagen im Streit um eine Ratte

Mit nur drei Schiffen – zwei waren verloren gegangen – begann nun der schrecklichste Teil der Seefahrt. Drei Monate dauerte die Fahrt durch das neue, unbekannte Meer. Der Chronist Pigafetta berichtet, dass die Mannschaft im Kampf um eine Ratte selbst vor Totschlag nicht zurückgeschreckt sei.

Rückkehr mit 18 Mann und einem Schiff

Die Mannschaft war inzwischen so ausgezehrt, dass sie sich gegen Übergriffe von Einheimischen nicht zur Wehr setzen konnte. Nachdem die Seefahrer an unbekannten Inseln angelandet waren, nahmen die Bewohner mit, was ihnen in die Hände fiel. Auf den Philippinen wurden noch einmal Vorräte aufgenommen. Ein einziges Schiff, die Viktoria, kehrte im September 1522 mit 18 Mann nach Spanien zurück. Aber Magellan selbst befand sich nicht unter ihnen. Er fand im Kampf mit den Eingeborenen auf den Philippinen den Tod.

Die erste Weltumseglung war geschafft, aber eine ganze Flotte war verloren, der Expeditionsleiter auf der Fahrt getötet. Die Seefahrer brachten wenigstens 525 Zentner Gewürze aus dem Fernen Osten mit, die Unkosten der Fahrt konnten somit immerhin gedeckt werden. Die Westroute nach Indien war aber zu lang, zu risikoreich und deshalb unwirtschaftlich. Die spanische Krone wandte sich folglich den Schätzen Amerikas zu.

3 *Verfolgt auf der Karte 1 (S. 144) die Weltumseglung Magellans.*

4 *Die erste Weltumseglung dauerte über 1000 Tage. Nennt Gründe, die zu einer so langen Reise geführt haben könnten.*

5 *Sucht im Internet nach weiteren Informationen über Magellan und seine Seefahrten. Berichtet vor der Klasse.*

Passage*: *Durchgang, Durchfahrt; hier: Durchfahrt vom Atlantik zum Pazifik.*

Ferdinand Magellan *(1480–1521). Der Portugiese begann 1519 die erste Weltumseglung in westlicher Richtung.*

Europa und Amerika

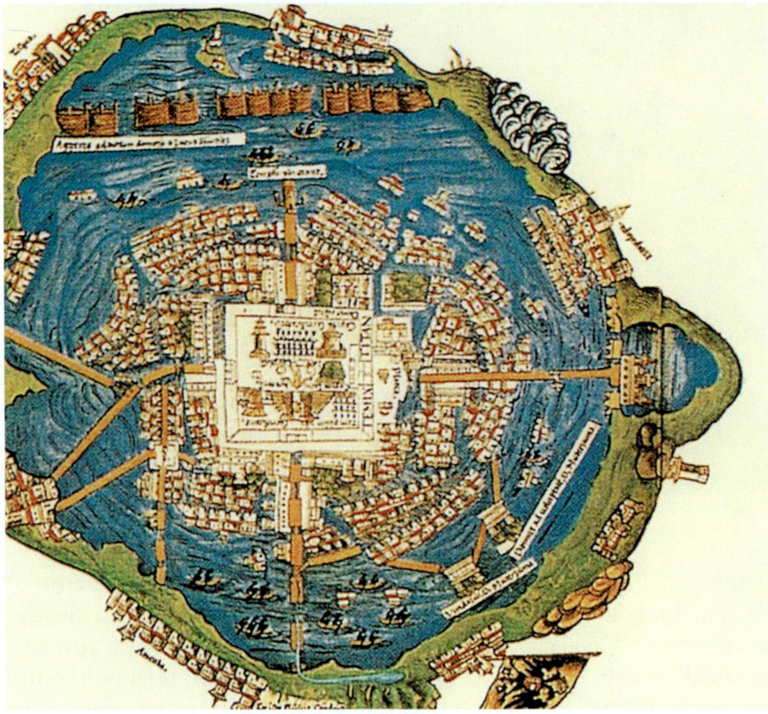

1 Plan der Stadt Tenochtitlan zur Zeit der Entdeckung. Holzschnitt, 1524.

Die Sonnenpyramide der Ruinenstadt Teotihuacán, errichtet im 3. Jahrhundert, war die größte Pyramide der Azteken. Im Gegensatz zu den Pyramiden der Pharaonen in Ägypten war sie gestuft, über Treppen begehbar und diente nicht als Herrschergrab, sondern als eine Art künstlicher Berg. Auf dieser Plattform erhob sich eine Tempelanlage.

Aztekische Töpferwaren, so genannte Schwarz-auf-Orange-Keramik.

Tenochtitlan: Hauptstadt der Azteken

Es gab und gibt in Amerika sehr unterschiedliche Indianerkulturen. So lebten im Gebiet des heutigen Mexiko zur Zeit der Entdeckungen die Azteken.

Q1 Über ihre Hauptstadt Tenochtitlan schrieb am 30. Oktober 1520 der spanische Eroberer Hernan Cortez in einem Brief:

... Die Hauptstadt Tenochtitlan liegt in einem salzigen See. Sie hat vier Zugänge, alle über Steindämme führend, die von Menschenhand erbaut sind. Sie sind etwa zwei Lanzen breit. An einem der Dämme laufen zwei Röhren aus Mörtelwerk entlang, jede etwa zwei Schritte breit und eine Mannslänge hoch. Durch eine Röhre kommt ein Strom süßen Wassers bis in die Mitte der Stadt. Alle Menschen nehmen davon und trinken es. Die andere Röhre wird benutzt, wenn die erste gereinigt wird ...

Die Stadt hat viele öffentliche Plätze, auf denen ständig Markt gehalten wird. Dann hat sie noch einen anderen Platz ..., wo sich täglich mehr als 60 000 Einwohner treffen: Käufer und Verkäufer von Lebensmitteln, Kleinodien aus Gold, Silber, Blech, ... Außerdem verkauft man Steine, Bauholz, Kalk und Ziegelsteine ...

... Es gibt Apotheken ..., es gibt Häuser, wo man für Geld essen und trinken kann. Es gibt Leute zum Lasttragen ...

Es gibt in dieser Stadt viele sehr gute und sehr große Häuser, weil alle großen Herren des Landes ... ihre Häuser in der Stadt haben, sie wohnen dort eine gewisse Zeit des Jahres. Aber auch sonst gibt es viele reiche Bürger, die gleichfalls sehr schöne Häuser besitzen. Sie alle haben außer sehr schönen, großen Gemächern auch sehr hübsche Blumengärten ...

An allen Eingängen der Stadt, wo die Kähne ausgeladen werden, also an den Stellen, durch die der größte Teil der Lebensmittel in die Stadt gelangt, sind Hütten gebaut. In ihnen halten sich Wachtposten auf, die eine Abgabe von allem erheben, was in die Stadt gebracht wird. Ich weiß aber nicht, ob diese Beträge für den Herrscher oder für die Stadt erhoben werden ...

2 **Menschenopfer.** Illustration aus einer zeitgenössischen aztekischen Handschrift.

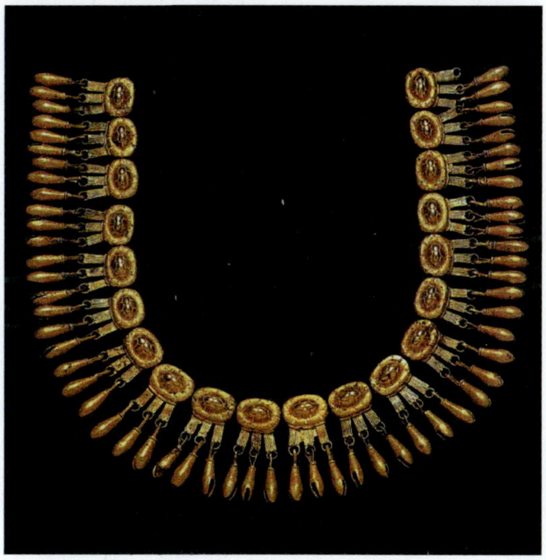

3 **Aztekisches Schmuckstück.** Um 1480.

1 *Erläutert die Abbildung 1 mithilfe des Textes auf S. 146.*

2 *Tragt zusammen, was nötig ist um eine solche Stadt zu versorgen.*

3 *Vergleicht Tenochtitlan mit einer modernen Stadt.*

Vom Leben der Azteken

Tenochtitlan war die Hauptstadt eines großen Staates. Mithilfe von Beamten und Priestern regierte der König Montezuma seit 1502 das Reich der Azteken.

Die Religion spielte im Leben dieser Menschen eine sehr große Rolle. Die Azteken glaubten an viele Götter, von denen sie meinten, dass sie auf verschiedene Weise in das Leben der Menschen eingriffen. Besonders wichtig war der Sonnengott Huizilopochtli; denn die Sonne galt als Voraussetzung für alles Leben.

Dieser Sonnengott, so glaubten die Azteken, verbrauchte für seinen Tageslauf seine ganze Energie. Deshalb brauchte er, um jeden Tag wieder neu aufzustehen, Nahrung – Menschenblut. Menschenopfer waren das einzige Mittel das Überleben der Menschheit zu sichern. Ohne ständige neue Menschenopfer käme die Sonne zum Stillstand und die Welt müsse sterben. Durch die geopferten Menschen könnten alle Menschen die Sonne weiter genießen, weiterleben. Deshalb wurden jährlich Tausende von Menschen geopfert.

Auch der Kalender wurde durch die Religion bestimmt. Das Jahr war in 18 Monate mit je 20 Tagen und fünf Schalttagen eingeteilt. Jeder Monat war einer Göttin oder einem Gott geweiht. Wie die Christen glaubten auch die Azteken an ein Leben nach dem Tod.

Wie im Europa des 16. Jahrhunderts lebten die meisten Menschen als Bauern. Daneben gab es die Gruppen der Handwerker, Kaufleute, Krieger, Beamten und Priester.

Ähnlich wie in Europa spielten die Frauen im öffentlichen Leben eine untergeordnete Rolle. Ihre Haupttätigkeit war auf den häuslichen Rahmen eingeengt.

Bis zum 15. Lebensjahr war die Familie die Welt der Kinder. Die Mütter erzogen die Mädchen und die Väter die Jungen. Von klein auf nahmen die Kinder an den Arbeiten der Eltern teil. Die Jugendlichen konnten auch in öffentliche Schulen gehen um sich weiterzubilden.

4 *Erklärt, warum die Azteken ihren Göttern Menschen opferten.*

5 *Überlegt, wie diese Handlungsweise aus Sicht der damaligen Europäer und aus unserer heutigen Sicht beurteilt werden kann.*

Die Götter des Feuers und des Wassers waren die ältesten Götter der Azteken. Der Gott des Feuers trug eine Schale für die Flammen auf seinem Rücken. Der Regengott Tlaloc war bei allen Völkern Mexikos ein übermächtiger Herr. Jeder Berg hatte seinen Tlaloc, der die Regenwolken einsammelte und sie über den Himmel verteilte.

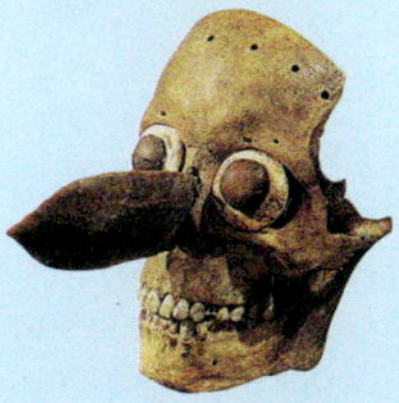

Die erschreckende Maske wurde aus einem menschlichen Schädel gefertigt. Bei der Vollendung eines Bauwerks. z. B. eines Tempels, hinterlegten die Azteken derartige Masken als Opfergaben.

Dekorierter Schöpflöffel: Bei Opferhandlungen verbrannten die Azteken in solchen Schöpfkellen Weihrauch.

Goldgierige Eroberer

1 Begegnung zwischen dem Spanier Cortez und dem Azteken Montezuma in Tenochtitlan. Hinter Cortez steht die indianische Dolmetscherin. Mexikanische Darstellung auf einem Teppich, 1590.

1519:
Im Auftrag der spanischen Krone landet Hernan Cortez im heutigen Mexiko. Im Landesinneren entdeckte er das mächtige Reich der Azteken, das er mit seinen Truppen innerhalb von zwei Jahren völlig zerstörte.

Der Federfächer mit einem Schmetterling in der Mitte gehörte zum Schatz des Montezuma.

Diesen Kopfschmuck trug vermutlich Montezuma. Er bestand aus 500, fast einen Meter langen Federn. 250 Vögel mussten dafür sterben. So genannte Federarbeiter waren damit beschäftigt, für hochgestellte Persönlichkeiten und militärische Führer solche Schmuckstücke herzustellen.

Ankunft der Götter

1519 landete der spanische Adlige Hernan Cortez mit 550 Männern, 16 Pferden und 11 Kanonen auf dem Festland Amerikas. Er wollte die sagenhaften Goldschätze erbeuten, von denen er gehört hatte. Die Spanier zogen von der Küste aus in das Binnenland von Mexiko.

Dort herrschte seit 1502 Montezuma als König der Azteken. Die Azteken lebten in ständiger Furcht vor Göttern und Dämonen. In ihren Sagen hieß es, eines Tages würde der Gott Quetzalcoatl von Osten her ins Land kommen. Weiße Boten würden seine Ankunft melden. Das Eindringen der Spanier wurde Montezuma mit den Worten gemeldet: „Weiße Männer sind an der Küste gelandet." Montezuma erschrak. Waren das die Boten des Gottes?

Montezuma sandte den Fremden eine Gesandtschaft mit reichen Geschenken. Die Gesandten baten Cortez nicht weiter ins Land einzudringen. Der aber ließ sich durch die Bitten und Geschenke nicht aufhalten. Er marschierte mit seinen Männern nach Tenochtitlan, der Hauptstadt des Aztekenreiches.

Montezuma hatte von seinen zurückgekehrten Gesandten gehört, dass die Spanier sich ganz in Eisen kleideten und von Hirschen auf dem Rücken getragen würden. Nur ihre Gesichter seien nicht bedeckt und die Haut weiß wie Kalk. Weiß wie das Gesicht Quetzalcoatls. Montezuma begrüßte die Fremden.

Q1 Die Begrüßungsrede hat Bernal Diaz del Castillo, ein spanischer Krieger, der dabei war, aufgeschrieben:

... O unser Herr, mit Mühsal hast du es erreicht, ... dass du in deiner Stadt angekommen bist, dass du auf deinem Stuhl Platz nehmen kannst, den ich für dich eine Weile gehütet habe.

Das haben uns die Häuptlinge überliefert, dass du kommen wirst deine Stadt aufzusuchen ... Und jetzt ist es wahr geworden. Du bist zurückgekehrt. Mit Ermüdung hast du es erreicht. Sei nun wohl angekommen! Ruhe dich aus. Besuche deinen Palast ...

Montezuma führte die Spanier in seinen Palast und ließ ihnen wieder reiche Geschenke übergeben. Sie aber wollten das königliche Schatzhaus sehen.

Q2 In dem aztekischen Bericht heißt es dann:

... Alles Gold rafften die Spanier zu einem Haufen. An die anderen Kostbarkeiten legten sie Feuer und alles verbrannte. Das Gold schmolzen sie zu Barren, von den wertvollsten grünen Edelsteinen nahmen sie nur die besten ... Das ganze Schatzhaus durchwühlten die Spanier, sie drängten und fragten und griffen nach allem, was ihnen gefiel ...

1 *Erklärt, was Montezuma meinte, wenn er sagte: „Du bist in deiner Stadt angekommen."*

2 *Benennt das Ziel der Spanier und beurteilt ihr Verhalten aus der Sicht der Azteken.*

Cortez erobert Mexiko

2 **Aztekischer Angriff auf die in einem Palast eingeschlossenen Spanier.** (Oben links spricht Montezuma beruhigende Worte zu den Azteken.) Mexikanische Darstellung, 16. Jahrhundert.

Der Aufstand der Azteken

Als dann noch der aztekische Tempeldienst durch die Spanier gestört wurde und als ihre Götterbilder aus den Tempeln geworfen wurden, erhoben sich die Azteken. Nach blutigen Kämpfen mussten die Spanier fliehen. Sie verloren fast die gesamte Beute. Bei den Kämpfen wurde Montezuma getötet.

3 *Beschreibt die Spanier aus der Sicht der Azteken. Beschreibt die Azteken aus der Sicht der Spanier.*

4 *Stellt Vermutungen darüber an, warum sich die Stimmung der Azteken geändert hatte.*

Cortez sammelte seine Leute nach der Flucht, zog Verstärkungen heran und bereitete einen neuen Angriff auf Tenochtitlan vor. Nachdem er sich mit anderen Indianerfürsten verbündet hatte, ließ er Tenochtitlan einschließen. Die Bewohner wurden ausgehungert. Die Belagerung dauerte 93 Tage. Die ehemals glänzende Stadt wurde völlig vernichtet. Man schätzt, dass im Kampf 300 000 Azteken starben.

Q3 Über das Ende der Stadt berichtet eine aztekische Chronik:

… Noch einmal fingen die Spanier an zu morden. Und viele Azteken starben. Die Flucht aus der Stadt begann … Viele flohen über den See, andere auf den großen Dammstraßen. Auch da wurden viele getötet … (Die Spanier) suchten einige Männer aus. Man trennte sie von den anderen. Das waren die stärksten und tapfersten Krieger, die männliche Herzen hatten. Aber auch Jüngere, die ihnen als Diener nützlich waren, suchten sie aus. Die Spanier zeichneten sie sofort. Mit heißen Eisen drückten sie ihnen Brandmale auf die Wangen …

5 *Vergleicht die Abbildungen 2 und 3. Achtet besonders darauf, wie die Menschen dargestellt sind.*

6 *Findet heraus, ob und wodurch die Abbildungen parteiisch sind.*

3 **Spanischer Überfall auf Indianer.** Kupferstich von Theodor de Bry, 1596.

Montezuma wird als Gefangener in Eisen gelegt.

Lesetipp:
Jakob Wassermann: Das Gold von Caxamalca. Stuttgart: Reclam 1953.

Das spanische Weltreich

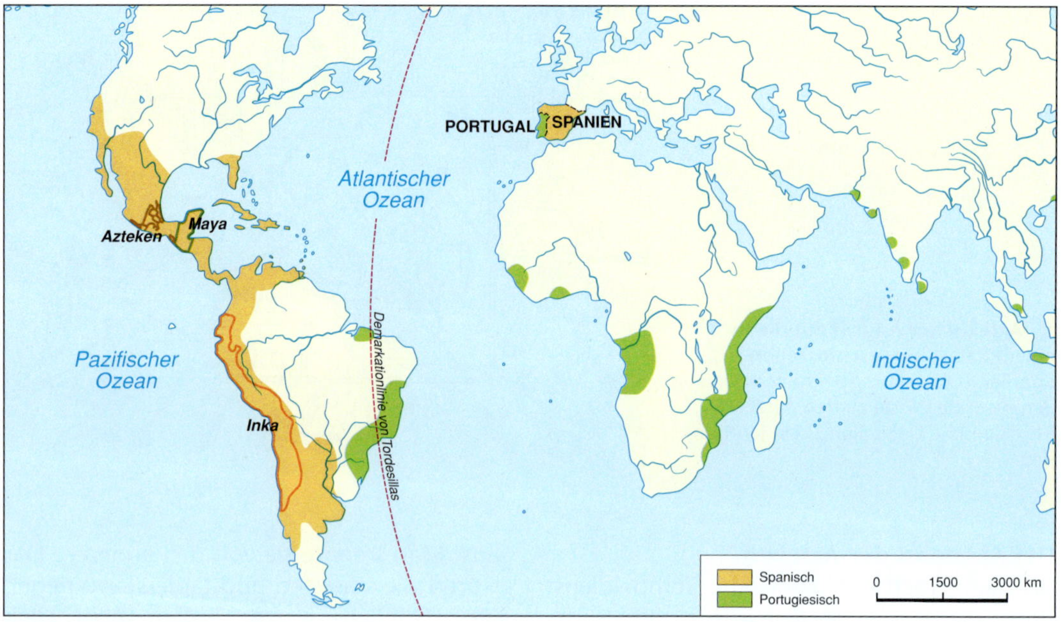

1 **Spanische und portugiesische Kolonien um 1550.**

„Las Indias" – ein neues Land der spanischen Krone?

Die Eroberung Mexikos ist nur ein Beispiel aus der langen Reihe der Eroberungen. Meist spielten List, Grausamkeit und Habgier eine Rolle. So brachten Spanien und Portugal die Länder unter ihre Herrschaft, die von den Seefahrern entdeckt worden waren. Die unterworfenen Gebiete wurden Kolonien* genannt und vom Mutterland aus verwaltet. Am spanischen Königshof war man der Auffassung, dass das eroberte Land in Amerika kein Ausland sei, sondern als „las Indias" ein neues Land der Krone.

In allen spanischen Kolonien gründeten die Eroberer nach ihrer Ankunft Städte. Von den Städten aus wurde das umliegende Land verwaltet und beherrscht. Seine Bewohner sollten freie Untertanen der Krone sein. Da man sich Heiden aber nicht als Untertanen vorstellen konnte, sollten sie zum christlichen Glauben bekehrt werden. Mit den spanischen Eroberern kamen daher auch Mönche und Priester. Sie führten in allen Gebieten den christlichen Glauben ein und bekämpften den Glauben der Indios als Götzendienst.

Q1 Der Mönch Peter von Gent schrieb 1529:
... In dieser Provinz Mexikos haben ich und ein anderer Mitbruder mehr als zweihunderttausend Menschen getauft. Jede Provinz, Ortschaft und Pfarrei hat ihre Kirche. Meine Aufgabe ist es zu predigen und zu lehren. Während des Tages lehre ich Schreiben, Lesen und Singen. Nachts lese ich den christlichen Katechismus vor und predige ...

Die spanischen Beamten förderten die Missionierung. Sie verfolgten damit aber andere Ziele. Durch den christlichen Glauben sollten die „wilden Indios" an die spanische Lebensweise gewöhnt und zu gehorsamen Untertanen erzogen werden. Diese Umerziehung wurde oft mit Gewalt gegen den Willen der Indios durchgeführt.

1 *Nennt mithilfe vom Karte 1 die Gebiete, die von Spaniern oder Portugiesen erobert wurden, und begründet, warum sie erobert wurden.*

2 *Begründet die unterschiedlichen Missionsziele aus der Sicht der Indios und der Spanier.*

Kolonien*/ Kolonialismus:
Die Eroberung zumeist überseeischer Gebiete durch militärisch überlegene Staaten (vor allem Europas) seit dem Ende des 15. Jahrhunderts bezeichnet man als Kolonialismus. Die Kolonialmächte errichteten in den unterworfenen Ländern Handelsstützpunkte und Siedlungskolonien. Sie verfolgten vor allem wirtschaftliche und militärische Ziele. Man spricht von einer ▶ Europäisierung der Welt.

Die Ausbeutung der Kolonien

Das Hauptziel der spanischen Herrschaft in Amerika war es, so viel wirtschaftlichen Gewinn wie möglich aus den Kolonien nach Spanien zu ziehen. Deshalb wurde die gesamte Wirtschaft, besonders der Handel, von Spanien aus gelenkt und kontrolliert. Überall, wo es Bodenschätze gab, wurden Bergwerke angelegt. Der König von Spanien bekam von allen gefundenen Edelmetallen (Gold, Silber) ein Fünftel als Steuer. Deswegen achteten die königlichen Beamten genau auf die Produktion. Die jährlichen Silberlieferungen nach Spanien stiegen von 17 500 kg im Jahr 1550 auf 270 000 kg im Jahr 1600. Reichen Gewinn erwirtschafteten die europäischen Eroberer auch in der Landwirtschaft. Nach der Eroberung wurden die Felder der Indios an die wenigen Eroberer verteilt. So entstanden große landwirtschaftliche Güter: Latifundien. Auf ihnen wurde vor allem angebaut, was man in Europa benötigte, also z. B. Zucker, Tabak, Baumwolle oder Mais. Die Plantagenbesitzer beschränkten sich meist auf die Anpflanzung eines Produkts. Bis heute sind diese Monokulturen charakteristisch für die Landwirtschaft Südamerikas.

Bartolomé de las Casas – Anwalt der Indios

Die Indios mussten unter den härtesten Bedingungen auf den Latifundien und in den Bergwerken Sklavenarbeit leisten. Der Dominikanermönch und spätere Bischof von Mexiko Bartolomé de las Casas (1484–1566) schrieb mehrere Berichte an den spanischen König, in denen er das Verhalten der Kolonialherren gegenüber den Indios anprangerte.

Q2 In einem seiner Schreiben heißt es:

… Ein königlicher Beamter erhielt 300 Indios als Arbeitskräfte zugeteilt. Nach drei Monaten hatte er durch die Arbeiten in den Gruben 270 davon zu Tode gebracht, sodass ihm nur der zehnte Teil blieb. Danach gab man ihm wiederum dieselbe Zahl und noch mehr; doch er brachte sie wieder um, und je mehr man ihm gab, desto mehr mordete er … In drei oder vier Monaten starben in meinem Beisein mehr als 7000 Kinder, weil ihre Väter und Mütter in die Gruben geschickt wurden …

2 **Gezüchtigte Indianer.** Illustration aus den Schriften des Bartolomé de las Casas.

Die Zahl der Indianer, die in den spanischen Kolonien lebten, wurde immer geringer. Neben der Behandlung durch die Spanier waren eingeschleppte Krankheiten wie Typhus, Pest und Masern die Ursachen für den Tod sehr vieler Indianer. Die Bemühungen des Bartolomé de las Casas hatten den Erfolg, dass neue Gesetze in Spanien erlassen wurden. Sie sollten die Indianer schützen. Aber die gut gemeinten Gesetze konnten in den Kolonien nicht durchgesetzt werden. Die Spanier in Amerika richteten sich nicht nach ihnen. Als Bartolomé de las Casas einsehen musste, dass auf diesem Wege den Indianern nicht zu helfen war, machte er den Vorschlag schwarze Sklaven aus Afrika zu holen. So wollte er das Los der Indianer erleichtern.

3 *Beschreibt und besprecht anhand des Textes und der Abbildung 2 das Verhalten der Spanier gegenüber den Indianern.*

4 *Erläutert die Tabelle in der Randspalte.*

5 *Überlegt, worin nach eurer Meinung die Ursachen für die Handlungsweise der Spanier lagen.*

6 *Sprecht über den Vorschlag des Bartolomé de las Casas.*

Nach einer Schätzung lebten in Mittelamerika:

1519:
11 000 000 Menschen

1540:
6 500 000 Menschen

1560:
4 400 000 Menschen

1597:
2 500 000 Menschen

Die „Neue Welt" wird europäisch

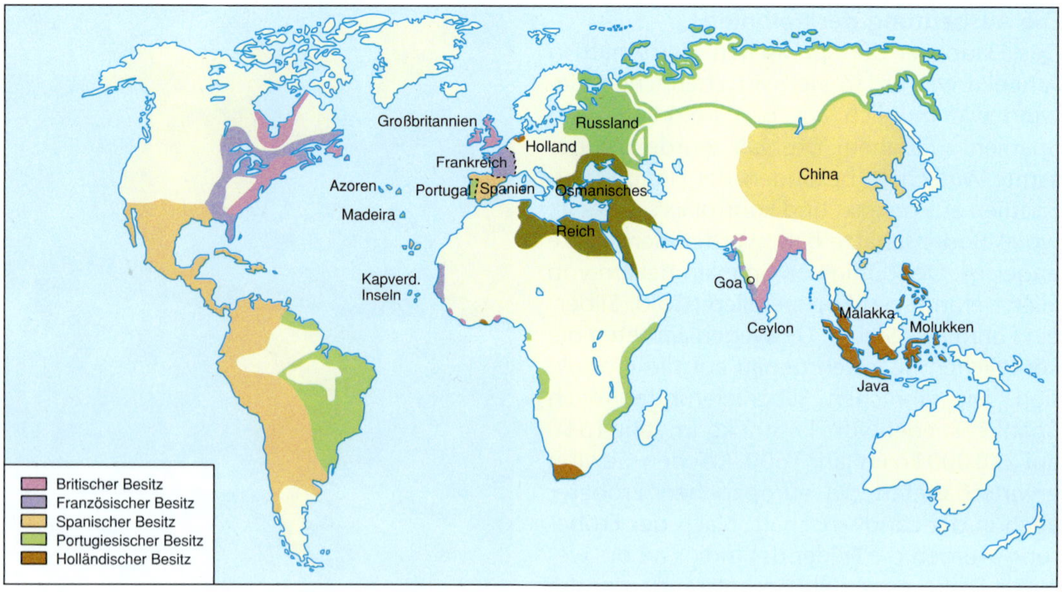

1 Die europäischen Kolonialreiche um 1760.

1588:
Mit dem Untergang der spanischen Armada beginnt der Aufstieg Englands zur See- und Kolonialmacht.

Englische Kolonien in Nordamerika?
Der Reichtum Spaniens verlockte auch andere europäische Staaten dazu, Kolonien zu gründen. Vor allem Frankreich, die Niederlande und England sahen darin eine Möglichkeit, in kurzer Zeit große Gewinne zu erzielen. Da Südamerika von Spanien und Portugal bereits in Besitz genommen war, wandten sich diese Staaten jetzt Nordamerika zu.

Q1 Im Jahr 1590 schrieb z.B. Richard Hakluyt, ein englischer Geograf:
... England ist in den vergangenen einhundert Jahren dank einer besonderen Ware, der Wolle, zu größerem Reichtum aufgestiegen ... Und nun geschieht es, dass aufgrund der großen Anstrengung zur Ausdehnung des Wollhandels in Spanien und Westindien die Wolle aus England und die daraus gefertigte Kleidung an Wert verliert. Falls das englische Königreich nicht in die alte Bedeutungslosigkeit zurücksinken soll, dann muss es in Nordamerika eine Niederlassung gründen um dort seine Wollwaren zu verkaufen. Diese Unternehmung mag den spanischen König davon abhalten, seine Macht über das ganze weite Festland von Amerika auszudehnen ... Mit unserer Niederlassung werden wir den Ruhm des Evangelismus verbreiten und aus England die wahre Religion mitbringen ...

Hakluyt fand mit seinem Aufruf in England viel Zustimmung. Schon lange forderten die großen Handelsgesellschaften an der Ausbeutung der Kolonien teilnehmen zu können. Wichtigste Voraussetzung hierfür war die Beherrschung der Weltmeere. 1588 wurde die spanische Großflotte, die Armada, vernichtend geschlagen. Damit war der Weg frei für die Gründung eines großen englischen Kolonialreiches. Zielstrebig wurden jetzt Kolonien gegründet, und zwar in
- Nordamerika, wo mit Jamestown im Jahr 1607 die erste englische Niederlassung gegründet wurde,
- Indien, wo man Franzosen, Holländer und Portugiesen nach und nach verdrängte um den Handel allein zu kontrollieren,
- Afrika um am Gewinn bringenden Sklavenhandel teilnehmen zu können.

1 *Nennt alle Argumente, die Hakluyt in seinem Aufruf anführt. Welches sind seiner Ansicht nach die wichtigsten?*

2 *Bearbeitet die Karte 1 mithilfe der Fragen auf der Methodenseite (S. 79).*

Stoffe und Schnaps gegen Sklaven und Gold

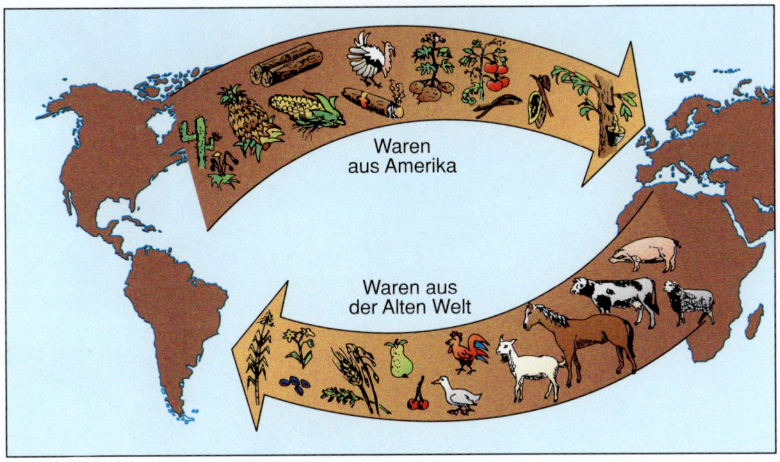

2 **Warenaustausch zwischen Amerika und Europa.**

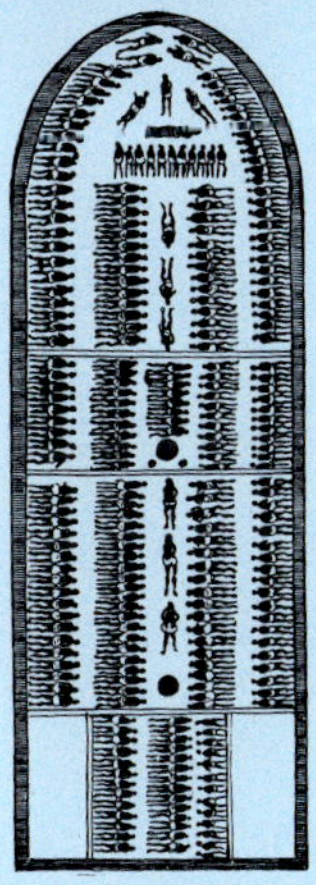

Laderaum eines Sklavenschiffes.

Geschätzte Sklaventransporte:

16. Jahrhundert: 900 000 Menschen

17. Jahrhundert: 2 750 000 Menschen

18. Jahrhundert: 7 000 000 Menschen

19. Jahrhundert: 4 000 000 Menschen

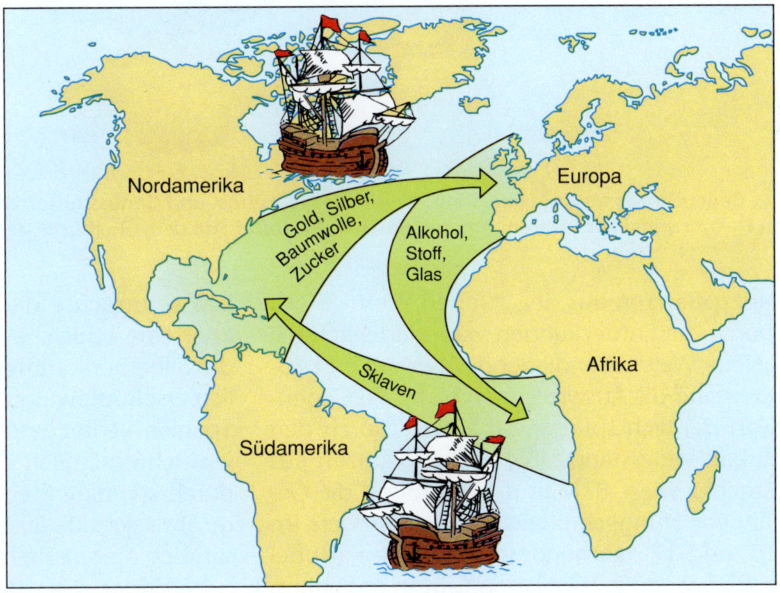

3 **Dreieckshandel zwischen Afrika, Amerika und Europa.**

Der Dreieckshandel im Atlantik

Die Abhängigkeit der Kolonien von ihren Mutterländern zeigte sich besonders in der Wirtschafts- und Handelspolitik. Die Kolonien waren ganz auf die Wünsche der europäischen Staaten ausgerichtet. Damit der heimischen Wirtschaft keine Konkurrenz entstand, wurde die Produktion von Eisenwaren, Stoffen, Glas, Büchern und Papier in vielen Kolonien verboten, selbst der Abbau von Eisenerzen wurde eingeschränkt. Rohstoffe und landwirtschaftliche Produkte mussten nach Europa geliefert werden. Das führte in den Kolonien zu Monokulturen (siehe S. 151) und für die entsprechende Plantagenwirtschaft benötigte man viele Sklaven. Die Kaufleute entwickelten einen Dreieckshandel, der in allen Schritten in der Hand der Europäer war und vor allem den Engländern hohe Gewinne einbrachte.

3 *Beschreibt anhand der Abbildung 3 die einzelnen Schritte des Dreieckshandels und die Gewinnmöglichkeiten.*

4 *Sprecht über die Folgen des Sklavenhandels sowohl für Afrika wie für Amerika.*

5 *Listet auf, welche Waren durch die Entdecker in Europa bekannt und welche in Amerika eingeführt wurden. Überlegt, wie sich der Alltag der Menschen in den beiden Kontinenten durch die neuen Güter verändert hat.*

Die „Neue Welt“ verändert Europa

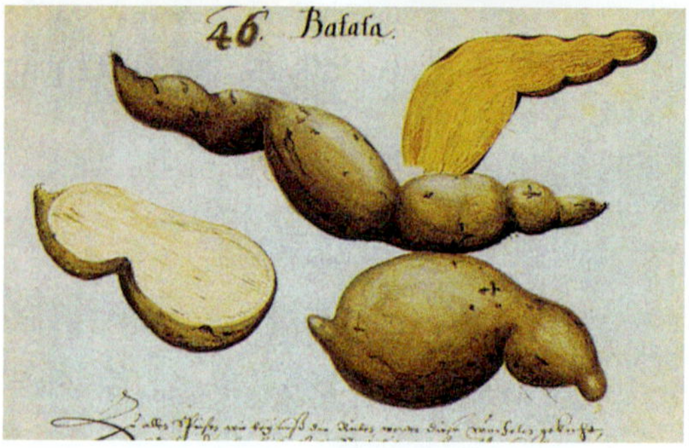

1 Bedeutsamer als Gold und Silber waren die Nahrungs- und Genussmittel, die bis zu den Entdeckungen in Europa unbekannt waren: Ananas, Banane, Kartoffel. Aus dem „Tierbuch“ des Z. Wagner, 1637.

***Kartoffel*:** Ursprünglich ein italienisches, kein indianisches Wort. „tortufo“ = Trüffel, daraus „Tartofel“ → „Kartoffel“.*

Nutzpflanzen aus der „Neuen Welt“

Durch die Entdeckungen veränderte sich die „Neue Welt“ grundlegend. Aber auch in Europa sind die Auswirkungen bis in die Gegenwart deutlich spürbar. So konnte durch den Anbau widerstandsfähiger Nutzpflanzen aus Amerika wie z. B. Mais und Kartoffel* die Gefahr von Hungersnöten verringert werden. Im 16. und 17. Jahrhundert wurde die Kartoffel zunächst nur in fürstlichen Gärten angebaut. Die ländliche Bevölkerung nannte sie „Unglückswurzel“, weil sie in der Bibel nicht erwähnt wurde. Später wurde in Notzeiten der Kartoffelanbau in Deutschland befohlen. Auch die Tomate, die Schokolade und der Tabak beeinflussten die Ess- und Lebensgewohnheiten der Europäer nachhaltig.

Gold und Silber aus Amerika – ein Segen für Europa?

Vor allem die Spanier und die Portugiesen brachten riesige Mengen Gold und Silber aus Übersee nach Europa. Sie erhofften sich von diesem neuen Reichtum eine enorme Ausdehnung des Handels, einen höheren Lebensstandard und Machtzuwachs. Letztendlich verursachte die Einfuhr der Edelmetalle aber eine schleichende Geldentwertung. Als die Silbervorkommen in Südamerika allmählich erschöpft waren, hatte dies besonders für Spanien verheerende Folgen. Die Regierung versuchte nämlich die finanziellen Einbußen durch ständige Steuererhöhungen und riesige Staatskredite auszugleichen. Im Jahr 1649 sah sich die spanische Regierung gezwungen zum dritten Mal den Staatsbankrott anzumelden, da sie nicht mehr in der Lage war die Zinsen zu zahlen.

Durch die Verlagerung des Handels an den Atlantik und durch den wirtschaftlichen Niedergang Spaniens waren die Handelsplätze der Zukunft nun nicht mehr Lissabon, Sevilla, Istanbul, Venedig oder Genua, sondern London und Amsterdam.

1 *Folgende Wörter aus der Sprache der Ureinwohner Amerikas sind heute noch in Gebrauch: Agave, Ananas, Anorak, Avocado, Cayenne, Chinin, Coca, Hurrikan, Kajak, Kannibale, Kanu, Kautschuk, Lama, Mokassin, Potato, Poncho, Squaw, Tabak, Tipi, Truthahn. Erklärt die Wörter und schlagt dazu in einem Wörterbuch nach.*

Maisanbau, Pflege und Ernte durch die Azteken. Aus dem Codex Florentino, 16. Jahrhundert.

Herrschaft über Kolonien

2 Villen in Santiago/Chile. In solchen Häusern wohnen Kaufleute, Unternehmer, Richter und Ärzte. Alle gehören zur weißen Bevölkerung.

3 Arbeiterwohnungen in Santiago/Chile. Hier leben nicht die Ärmsten, die es in großer Zahl gibt, sondern Arbeiter und kleine Angestellte. Viele von ihnen sind Mestizen.

Spätfolgen der Kolonialzeit

1810 begannen in Südamerika Befreiungskriege gegen Spanien. Aber nicht die Indianer oder Mestizen* waren die treibenden Kräfte, sondern die weißen Südamerikaner. Sie wollten die spanische Herrschaft abschütteln und selbst regieren. Bis 1825 dauerten die Kämpfe, dann hatten die Staaten Lateinamerikas* die Unabhängigkeit erworben. Was änderte sich? Die Weißen blieben im Besitz von Grund und Boden. Sie hatten Handel und Industrie in ihrer Hand. Für ihre Kinder schufen sie Schulen und Universitäten. Ihre Söhne besetzten die führenden Stellen in der Verwaltung und beim Militär.

Auch in der Kirche bestimmten sie. Für die Indianer und Mestizen änderte sich bis heute fast nichts. Um eine moderne Wirtschaft aufbauen zu können benötigten die Besitzenden in Südamerika viel Kapital. Sie liehen das Geld vor allem aus den USA, England, Frankreich und aus Deutschland. Wer das Geld gibt, hat das Sagen. So bestimmten die USA und ehemalige Kolonialmächte über die Wirtschaft der südamerikanischen Staaten und zogen auch den größten Gewinn daraus.

1970 lebten in Südamerika ca. 280 Mio. Menschen. Von ihnen hungerten 120 Mio. (= 43 %). Weitere 80 Mio. (= 28 %) galten als unterernährt. Heute leben mehr als 420 Mio. Menschen in Südamerika und der Kampf gegen Hunger und Armut dauert immer noch an. Kirchliche Hilfswerke wie „Misereor", „Adveniat" oder „Brot für die Welt" versuchen durch jährliche Spendenaktionen die schlimmste Not zu lindern.

In Chile vereinbarten Regierung und Arbeiterorganisationen 1993 den Mindestlohn von ca. 76 auf 86 € zu erhöhen. Er reicht aber immer noch nicht aus um die Versorgung mit 2000 kcal pro Person und Tag sicherzustellen. Kinder und Jugendliche müssen zum Lebensunterhalt der Familien beitragen. Laut Regierungsangaben lebte Mitte der 90er Jahre ein Drittel der Chilenen unter der Armutsgrenze – und Chile gilt bei weitem nicht als ärmstes Land Lateinamerikas.

2 *Vergleicht die Abbildungen 2 und 3.*

3 *Sprecht darüber, welche politischen Folgen die Unterschiede haben könnten.*

4 *Überlegt, wie die heutige Not in Südamerika mit der Kolonialzeit zusammenhängt.*

5 *Prüft nach, was im Internet, in Zeitungen und Zeitschriften über diese Länder berichtet wird.*

Mestizen*:
Mischlinge zwischen Weißen und Indianern.

Lateinamerika*:
Gesamtheit der Spanisch und Portugiesisch sprechenden Länder Mittel- und Südamerikas. Beide Sprachen haben ihre Wurzeln im Lateinischen.

Spanien feierte die Entdeckung Amerikas 1992 mit großem Aufwand. Das Motto der Feierlichkeiten lautete: „Begegnung zweier Welten". Doch gegen die 500-Jahr-Feier meldete sich starker Protest. Die Gegner der 500-Jahr-Feier stellten dem offiziellen spanischen Symbol der Feiern ein eigenes, verfremdetes Symbol aus Lateinamerika entgegen.

1492 - 1992
COMISION
QUINTO CENTENARIO

Werkstatt Geschichte: Mit Kolumbus auf hoher See

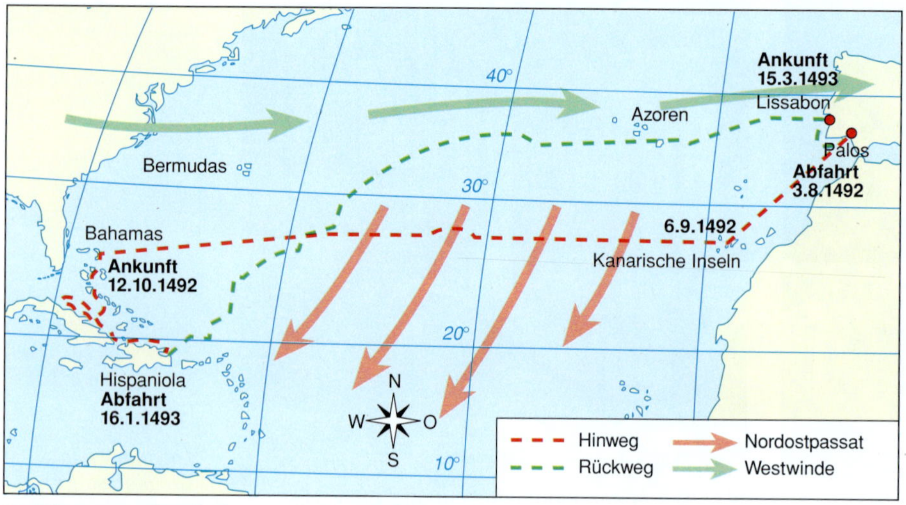

1 **Die erste Atlantiküberquerung des Kolumbus.**

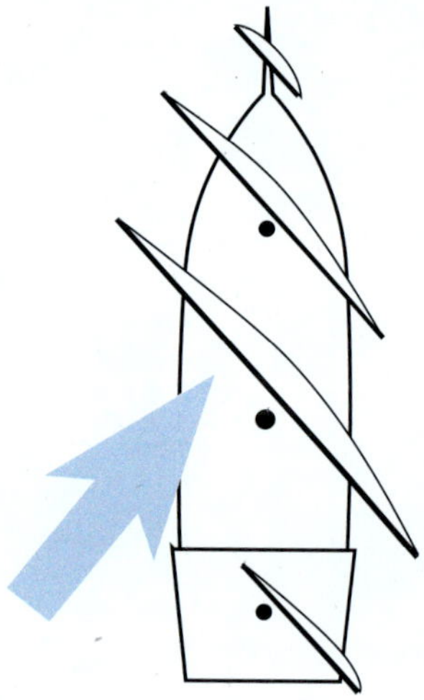

2 **Funktionsskizze eines Segelschiffes.**

Wie segelt die „Santa Maria"?
Segelschiffe wie die „Santa Maria" bewegen sich allein durch die Kraft des Windes. Sie ist kostenlos und kann sehr stark sein. Kein Mensch kann jedoch die Richtung beeinflussen, in die der Wind weht. Nur wenn der Wind bis zu einem bestimmten Winkel in das Segel einfällt, kann seine Kraft zur Fortbewegung des Schiffes benutzt werden. Wenn ein Schiff in eine bestimmte Richtung fahren soll, muss die Stellung der Segel der Windrichtung angepasst werden.

1 *Erklärt anhand des Schiffsmodells, wie sich Windrichtung, Kurs und Segelstellung zueinander verhalten.*

Kolumbus und die Passatwinde
Auf der Hinreise segelte Kolumbus zunächst nach Südwesten, obwohl er nach Westen wollte. Er wusste, dass er auf der Höhe der Kanarischen Inseln mit einem stetigen Nordostwind rechnen konnte. Mithilfe dieses Windes wollte er direkt nach Westen segeln. Heute nennen wir diese Winde Passatwinde. Die Passate sind regelmäßig, das ganze Jahr über wehende Winde. Sie wehen nur zwischen dem 30. Breitengrad und dem Äquator und kommen auf der nördlichen Halbkugel stets aus nordöstlicher Richtung. Davon wusste Kolumbus, als er seine Route auswählte.

2 *Zeigt mithilfe einer Skizze (ähnlich Abbildung 1), wie Kolumbus mithilfe des Nordostpassats nach Amerika segelte.*

Wie schnell war Kolumbus?
Kolumbus führte zwei Listen über die zurückgelegten Seemeilen. Am 10. September z. B. errechnete Kolumbus eine bis dahin zurückgelegte Gesamtstrecke von 189 Meilen, die er in seine private, geheime Liste eintrug. In die offizielle Liste trug er nur 144 Seemeilen ein. Wie schnell Kolumbus wirklich war, könnt ihr aber leicht errechnen. Die Entfernung zwischen den Kanarischen Inseln (Start am 6.9.1492) und den Bahamas (Ankunft: 12.10.1492) beträgt etwa 3000 Seemeilen (1 Seemeile = 1852 m).

3 *Überlegt, warum Kolumbus zwei Listen führte.*

4 *Berechnet die tägliche Durchschnittsgeschwindigkeit in Kilometern.*

Wie kommen wir zurück?
Lange überlegte Kolumbus, auf welcher Route seine Flotte wieder nach Hause segeln sollte. „Am sichersten wäre es", so dachte er zunächst, „wenn wir auf dem gleichen, bekannten Weg zurückfahren." Doch dann entschloss sich Kolumbus für einen Umweg.

5 *Erklärt mithilfe einer Skizze, wie Kolumbus hätte segeln müssen, wenn er den gleichen Weg zurückgefahren wäre.*

6 *Erklärt mithilfe der Karte 1, wie Kolumbus am günstigsten zurückkehren konnte.*

Zusammenfassung

Die Wende zur Neuzeit
Das 15. Jahrhundert ist die Zeit, in der sich ein neues Denken durchsetzt. Bisher hatte man sich in naturwissenschaftlichen Fragen mit Antworten aus der Bibel zufrieden gegeben. Doch jetzt wollte man alles selber nachprüfen. So wurde das 15. Jahrhundert zu einer Zeit zahlreicher Entdeckungen und Erfindungen.
Weil man sich auf Werte der Antike zurückbesann, heißt die Epoche, die den Übergang vom Mittelalter zur Neuzeit darstellt, Renaissance. In den Mittelpunkt des Denkens rückte der Mensch. Diese geistige Grundhaltung bezeichnete man als Humanismus.

Entdeckungen und Erfindungen
Eine der wichtigsten Erfindungen dieser Zeit war der Buchdruck durch Johannes Gutenberg. Erfunden wurden auch ein seetüchtiger Kompass, die mechanische Uhr, der Jakobsstab und hochseetaugliche Schiffe. Dies waren die Voraussetzungen für die Entdeckung Amerikas durch Christoph Kolumbus im Jahr 1492.

Vernichtete Hochkulturen
In Mittel- und Südamerika gab es einige indianische Hochkulturen, z. B. bei den Azteken in Mexiko und den Inkas in Peru. Diese Hochkulturen wurden zu Beginn des 16. Jahrhunderts von den Spaniern auf ihrer Suche nach Gold und Reichtümern zerstört.
Die Bemühungen des Bischofs Bartolomé de las Casas die Unterdrückung und Ausbeutung der Indianer zu beseitigen hatten zunächst nur geringen Erfolg.
Um das Leben der Indianer zu schonen soll Bartolomé de las Casas vorgeschlagen haben afrikanische Sklaven in die spanischen Kolonien zu holen. Zwischen 1550 und 1800 wurden vermutlich weit über 30 Millionen Menschen in die Sklaverei geführt.

Die „Neue Welt" wird europäisch
Dem Beispiel Spaniens und Portugals folgten bald noch weitere europäische Staaten wie Frankreich, die Niederlande und England. Ein Dreieckshandel, bei dem billige Waren nach Afrika gebracht wurden, Sklaven von dort nach Amerika und von Amerika wiederum wertvolle Edelmetalle und Rohstoffe nach Europa, brachte den europäischen Staaten hohe Gewinne. Auch Handel und Wirtschaft in den Kolonien wurden ganz auf die Bedürfnisse der „Mutterländer" abgestimmt. Schon bald hielt auch die europäische Lebensweise Einzug in die Kolonien – die „Neue Welt" wurde europäisch.

Seit 1400

Mit dem Humanismus und der Renaissance beginnt in Europa eine neue Art des Denkens.

Um 1450

Johannes Gutenberg erfindet den Buchdruck.

1492

Kolumbus entdeckt Amerika.

1519

Cortez erobert Mexiko. Die Europäer errichten ihre Herrschaft in den Kolonien.

Großreiche im Südosten Europas

Der Maler Franz Geffels hielt 1688 in seinem Gemälde einen denkwürdigen Augenblick fest: Der polnische König Johann III. erstürmt das Zelt des Feldherrn Kara Mustafa. Ein christliches Heer unter der Führung des polnischen Königs hatte die Osmanen in der Schlacht am Kahlenberg bei Wien 1683 entscheidend geschlagen. Nicht bloß das belagerte Wien wurde befreit, das ganze Abendland konnte aufatmen, wurde doch die Angst vor den Türken gebannt. Wie aber kamen diese bis vor die Tore Wiens?
Zwischen dem 14. und 17. Jahrhundert dehnte sich im Südosten Europas das Reich der Osmanen immer weiter aus. An das Osmanische Reich aber grenzte das Reich der Habsburger. Beide Herrscherhäuser kämpften um Macht und Einfluss. Sie waren verfeindet und bekriegten sich über Jahrhunderte hinweg. Beide gaben vor, dass sie gegen die Ungläubigen und für den wahren Glauben kämpfen würden.
Auf den folgenden Seiten erfahrt ihr, was nach 1453 aus dem Oströmischen Reich geworden ist, wie die Kämpfe zwischen den Habsburgern und Osmanen ausgingen und welche Folgen sie für Europa hatten. Aber auch weitere Fragen werden beantwortet, z. B. was ein Harem und ein Sultan ist, was Heiraten mit Politik zu tun hat und warum ein Kaiser als Schlafmütze bezeichnet wird …

Wie entstand das Osmanische Reich?

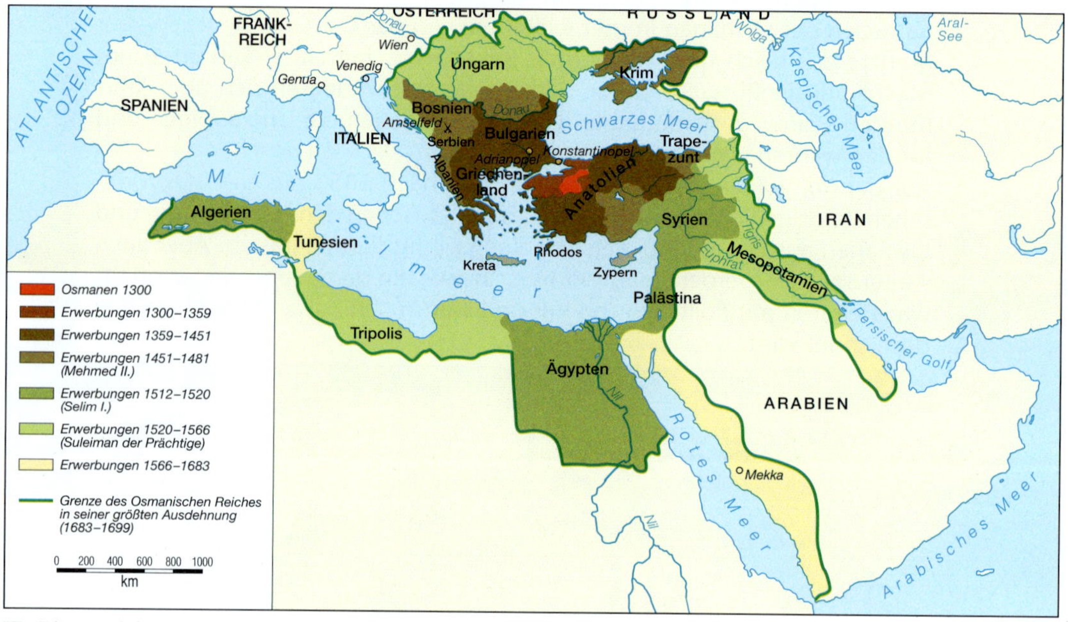

1 **Die Ausdehnung des Osmanischen Reiches zwischen dem 14. und dem 17. Jahrhundert.**

Mongolen*: *Steppen- und Nomadenvolk aus Innerasien, das vom Baikalsee aus ihr Herrschaftsgebiet unter ihrem Anführer Dschingis Khan bis zum Schwarzen Meer ausdehnte.*

Dschingis Khan. Chinesische Seidenmalerei, 13./14. Jahrhundert.

Anatolien*: *Griechische Bezeichnung für Kleinasien.*

Sultan* *(arab. = Herrschaft): osmanischer Herrschertitel seit Murad I. (1359–1389).*

1389: Schlacht auf dem Amselfeld.
Die Türken schlagen ein christliches Heer vernichtend und errichten für Jahrhunderte ihre Herrschaft über den Balkan.

Bedrohung aus der Steppe

So wie die Hunnen zur Zeit der Völkerwanderung die Menschen in Europa in Angst und Schrecken versetzten, taten es im 13. Jahrhundert die Mongolen* unter ihrem Anführer Dschingis Khan. Sie begannen ihren Siegeszug in China, durchquerten Russland und Zentralasien und gelangten bis nach Polen und in den Vorderen Orient.

Auf der Flucht vor den Mongolen siedelte sich der Volksstamm der Türken in Anatolien* als Nachbar des Oströmischen Kaiserreichs an. Zu ihrem Herrscher wählten sie Osman I., der fortan den Titel Emir (= Fürst) trug. Sie nahmen den islamischen Glauben an. Der Heilige Krieg gegen die Ungläubigen spielte für die Osmanen eine besondere Rolle. Dadurch gelang es ihnen, ihr Fürstentum in Kleinasien zu vergrößern und in kurzer Zeit zu einem Großreich aufzusteigen, vor dem die benachbarten Staaten zitterten. Osman I. wurde zum Namengeber für das 1300 gegründete und bis 1922 bestehende Osmanische Reich.

Die Osmanen eroberten große Teile des Oströmischen Kaiserreichs, machten 1365 Adrianopel zur Residenz ihres Sultans* und errichteten nach dem Sieg über die Serben in der Schlacht auf dem Amselfeld (1389) ihre Vorherrschaft auf dem Balkan. Erst 13 Jahre später konnte ihr Vormarsch gestoppt werden. Noch einmal versuchten die Mongolen einen Eroberungszug nach Westen zu starten und stießen dabei auf das erstarkende Osmanische Reich. In der Schlacht bei Ankara (1402) erlitten die Türken eine schwere Niederlage, die ihr Reich fast zerstörte hätte.

1 *Beschreibt die Anfänge des Osmanischen Reiches.*

2 *Übertragt die Tabelle in euer Heft und fertigt mithilfe der Karte 1 eine Übersicht über die Gebietserweiterungen des Osmanischen Reiches an.*

Zeit	*Gebiet*
1300–1359	*Nordwesten Kleinasiens*
1359–1451	*Nordosten und Südwesten Kleinasiens*

Wie wurde das Osmanische Reich regiert?

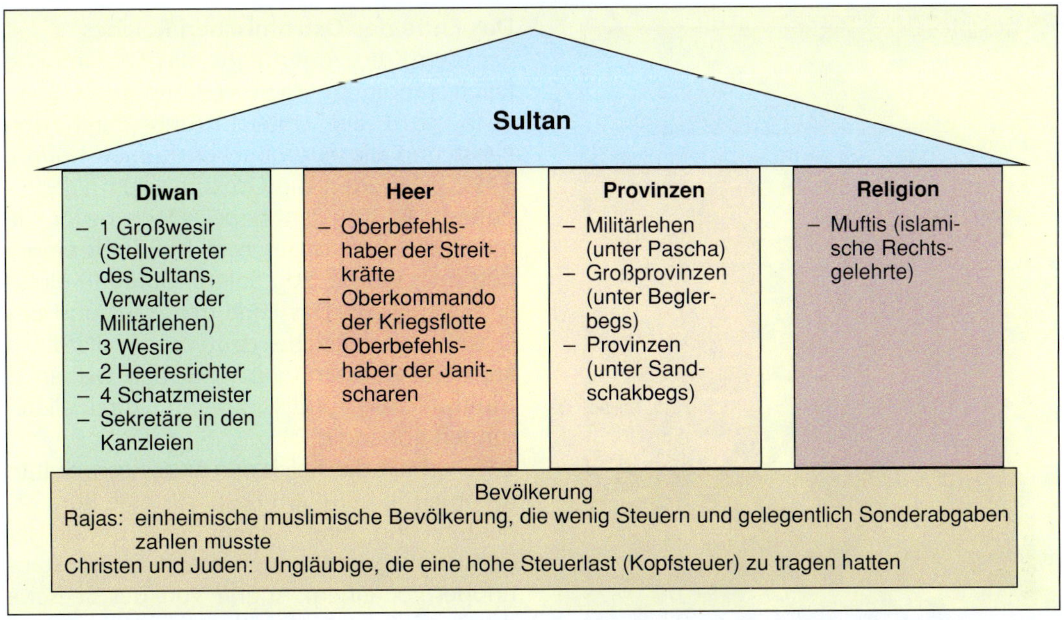

2 Die Verwaltung des Osmanischen Reiches (vereinfacht).

Das Reich wuchs schnell – war es auch regierbar?

An der Spitze des Staates stand der Sultan. Seit Mehmed II. (1451–1481)* wurde der Brudermord als Mittel der Politik im Osmanischen Reich praktiziert. Dabei tötete man die Brüder des Thronfolgers um künftigen Thronstreitigkeiten von vornherein aus dem Weg zu gehen. Diese blutige Sitte wurde bis 1595 beibehalten.

Das Serail war der Regierungssitz des Sultans und zugleich sein Hofstaat. Dort tagte der Diwan (= Staatsrat), der den Sultan beraten konnte; die Entscheidungen fällte der Sultan aber allein. Ein mächtiger Verwaltungsapparat war notwendig um die einzelnen Provinzen zu kontrollieren.

Das Staatswesen funktionierte, solange die Einkünfte aus Steuern und Eroberungen pünktlich und reichlich flossen, der Sultan die Staatsgeschäfte klug leitete, Machtkämpfe im Reich unterbinden konnte und das Heer beschäftigt war. Trotzdem blieb es nicht aus, dass Thronkämpfe, Aufstände und Korruption (= Bestechung) das Reich erschütterten.

3 *Nennt mithilfe der Grafik 2 die vier Säulen des Osmanischen Reiches.*

4 *Erklärt, wie es gelang, ein Staatsgebiet zu verwalten, das in kurzer Zeit ein Großreich wurde.*

5 *Wie wurde das Staatswesen finanziert?*

Die Rolle des Heeres

Die Voraussetzung für die auf Eroberungen ausgerichtete Politik der osmanischen Herrscher war ein gut bewaffnetes, diszipliniertes und motiviertes Heer. Es untergliederte sich in Kavallerie (= berittene Truppe), Infanterie (= Fußsoldaten), Marine und die Elitetruppe der Janitscharen*.

Die Janitscharen waren ursprünglich zum Militärdienst gezwungene christliche Gefangene. Später gingen die Osmanen an den gezielten Aufbau dieser Truppe. Alle zwei bis fünf Jahre wurde in den Provinzen auf dem Balkan die so genannte Knabenlese durchgeführt. Nach Aussehen und Statur wurde entschieden, welche Christenkinder den Eltern weggenommen und zu Muslimen umerzogen werden sollten. Später wurden einige in der Verwaltung und die meisten militärisch ausgebildet. Den Janitscharen war es verboten zu heiraten und Besitz anzuhäufen. Sie sollten nur für den Sultan kämpfen.

6 *Erklärt die Begriffe „Knabenlese" und „Janitscharen".*

Mehmed II., der Eroberer*:
Unter seiner Herrschaft bekam das Osmanische Reich eine zentrale Verwaltung, er gewann viele Gebiete hinzu und legte so den Grundstein für den Aufstieg des Osmanischen Reiches zur Großmacht.

Janitscharen*
(= neue Truppe): Sie waren Grundpfeiler des türkischen Heeres und trugen maßgeblich zu den militärischen Erfolgen der Türken bei.

Der Fall Konstantinopels

1 **Die Belagerung Konstantinopels durch die Türken, 1453.**

Das osmanische Heer ist bereit

Ein stehendes Heer von etwa 300 000 Mann stand dem Sultan ständig kampfbereit zur Verfügung. Ein fester Sold war den Soldaten sicher und reiche Beute winkte bei Eroberungen. Der Einsatz von Schusswaffen (Kanonen, Musketen* und Pistolen) brachte den Osmanen bereits zu einer Zeit strategische Vorteile, als die Europäer noch Ritter- und Söldnerheere mit Armbrust und Schwert einsetzten.

Dieses riesige Heer verschlang Unsummen an Geld. Um es erhalten zu können wurden an höhere Dienstränge Militärlehen vergeben, die sie auf Zeit nutzten konnten. Kriegsmüdigkeit oder zu großem Interesse am zivilen Leben als Bauer oder Grundbesitzer wurde dadurch vorgebeugt, dass das Lehen bei Nichterfüllung der Dienstpflicht aberkannt werden konnte und nicht erblich war. Dem Großwesir unterstand die Verwaltung der Militärlehen.

1 *Nennt die Vor- und Nachteile des osmanischen Heeres.*

2 *Wiederholt, was ein „Lehen" ist.*

Das Ende des Oströmischen Reiches

Seit den Kreuzzügen hatte das Oströmische Reich ständig an Macht verloren und konnte auch nicht auf Unterstützung durch den Papst und die europäischen Könige hoffen. 1422 belagerten die Osmanen zum wiederholten Mal Konstantinopel. Doch bevor die militärisch bereits geschwächte Stadt eingenommen wurde, zog Sultan Murad II. plötzlich wieder ab. Das Ende der Stadt und des Oströmischen Reiches deutete sich allerdings an, denn Konstantinopel war den Osmanen tributpflichtig* und von deren Getreidelieferungen abhängig.

1453 erhielt das Reich den Todesstoß. Sultan Mehmed II. hatte am Bosporus eine Burg errichten und eine Kanone von gewaltiger Durchschlagskraft bauen lassen. Da Konstantinopel vor einem Angriff von der Seeseite durch eiserne Sperrketten im Wasser geschützt war, ließ Mehmed die Schiffe auf dem Landweg in den Hafen von Konstantinopel schleppen.

Anfang April begann die Belagerung. Eine Übermacht von 80 000 Osmanen kämpfte gegen 7000 Verteidiger Konstantinopels, die sich tapfer wehrten. Nach sechs Wochen Belagerung gingen die Osmanen zum Sturmangriff über, den der Sultan für den Morgen des 29. Mai befahl.

Q1 Der Derwisch* Ahmed berichtete später über diesen Tag:

... Die Gazi* stürmten, und am Dienstag wurde die Festung genommen. Da gab es gute Beute. Gold und Silber und Juwelen und kostbare Stoffe wurden auf den Markt ins Heerlager gebracht und in Haufen aufgestapelt; all dieses wurde nun feilgeboten. Die Giauren* von Istanbul wurden zu Sklaven gemacht, und die schönen Mädchen wurden von den Gazi in die Arme genommen ... Am ersten Freitag nach der Eroberung wurde in der Aya Sofya das Gemeinschaftsgebet verrichtet und die islamische Freitagspredigt im Namen des Sultan Mehmed Gazi Han gehalten ...

3 *Fasst zusammen, was zum Fall Konstantinopels führte.*

Muskete*: *Gewehr mit einem Luntenschloss, das seit dem 15. Jahrhundert eingesetzt wurde. Allerdings war die Reichweite der Bleikugeln mit 30 bis 50 Metern gering und genaues Zielen schwer.*

Tribut*: *Erzwungene Abgabe in Form von Geld oder Naturalien.*

Derwisch*: *Angehöriger eines islamischen Ordens oder einer Bruderschaft.*

Gazi*: *Bezeichnung für Muslime, die als Freiwillige am Kampf gegen die Christen teilnahmen.*

Giauren*: *Türkisches Schimpfwort für Ungläubige.*

1453:
Eroberung Konstantinopels durch die Türken.

Konstantinopel und die Folgen

2 **Die Seeschlacht von Lepanto, 1571.**

Kaiser Konstantin versuchte bis zum Schluss seine Hauptstadt und sein Reich zu verteidigen. Schließlich wurde er im Kampf von einem Janitscharen getötet. Sein Kopf wurde Mehmed als Siegestrophäe gebracht und später öffentlich ausgestellt. Der Sultan gab Konstantinopel drei Tage für Plünderungen frei. Viele Kulturgüter wurden dabei zerstört. Mehmed verbot aber Baudenkmäler zu beschädigen. Die einstige Hauptstadt des Oströmischen Reiches wurde die neue Hauptstadt des Osmanischen Reiches und blieb es bis 1923. Seitdem heißt die Stadt Istanbul, was Griechisch ist und „in die Stadt" bedeutet. Die Hagia Sophia wurde zu einer Moschee mit Minaretten umgebaut.

Mit der Eroberung Konstantinopels kontrollierten die Osmanen den Zugang zum Schwarzen Meer und den Handel auf dem Landweg nach Indien. Damit waren sie zu einer wirtschaftlichen Bedrohung für Europa und besonders für die Handelsmächte Venedig und Genua geworden.

Nach 1453 eroberten die Osmanen Serbien, Bosnien, Trapezunt, die Dardanellen, Rhodos und Zypern. Damit kontrollierten sie den Schwarzmeer- und Mittelmeerhandel.

Sie waren zu Nachbarn des Habsburgerreiches geworden. Deren Hauptstadt Wien wurde 1529 und 1683 wiederholt von den Osmanen bedroht.

4 *Welche Folgen hatte die Eroberung Konstantinopels*
- *für die Bewohner der Stadt,*
- *für das Oströmische Reich und*
- *für Europa?*

Das Kriegsglück wendet sich

Einen schweren Rückschlag erlebte die osmanische Flotte, als sie 1571 in der Bucht von Lepanto* vernichtend geschlagen wurde. Dadurch verloren sie die Vorherrschaft im Mittelmeer. Zahlreiche Kriege gegen die Perser, Ungarn und Habsburger brachten keine entscheidenden Vorteile mehr. Dazu kamen eine wachsende Inflation (Geldentwertung) und Korruption im Reich. Der Krieger- und Erobererstaat schöpfte aber seine Macht aus gewonnenen Schlachten. Kriege waren notwendig um das riesige Heer zu beschäftigen und die Staatskasse zu füllen. Das Osmanische Reich befand sich in einem Teufelskreis, der seinen langsamen Verfall andeutete.

5 *Erklärt, warum man von einem Machtverlust des Osmanischen Reiches ab dem Ende des 16. Jahrhunderts sprechen kann.*

1922/23:
Exil des letzten türkischen Sultans und Ausrufung der Republik unter Kemal Atatürk („Vater aller Türken"). Ankara wurde neue Hauptstadt.

1571: Seeschlacht bei Lepanto*.
Eine vereinigte Flotte von Schiffen aus Spanien, Venedig und Malta schlug die bis dahin sehr erfolgreiche türkische Flotte in der Bucht von Lepanto (im Norden der Peloponnes). Diese letzte Galeerenschlacht der Geschichte stand unter dem Oberbefehl des Sohnes von Kaiser Karl V., Don Juan d'Austria.

Der Zauber des Orients

1 **Die blaue Moschee, erbaut 1609–1616.** Innenansicht.

2 **Festsaal im Harem.**

Ein Bummel durch Konstantinopel

Dank der Märchen aus „Tausend und eine Nacht" ist uns die Welt des Orients nicht unbekannt. Aber was ist wahr und was nur Märchen? Die Europäer waren beeindruckt von der Architektur des Orients: den Moscheen, Bibliotheken, Bädern und Palästen. Sultan Suleiman (1494–1566) erhielt den Beinamen „der Prächtige", da unter seiner Herrschaft die Hauptstadt und andere Städte des Reiches prunkvoll ausgebaut wurden. Er schätzte die Kunst und soll auch selbst Gedichte geschrieben haben.

Q1 Der französische Botaniker Joseph Pitton de Tournefort (1656–1708) beschrieb die Hauptstadt des Osmanischen Reiches so:
... Wohl lässt sich nichts Schöneres denken als der äußere Anblick von Konstantinopel. Häuser, Dächer, Terrassen, Balkons und Gärten bilden verschiedene Amphitheater, über welche die schönsten Bazare, Serails und Moscheen hervorragen. Diese Moscheen sind sehr große Gebäude, mit Blei bedeckt und mit kleinen Türmen versehen, auf welchen der Halbmond glänzt ...

1 *Wiederholt, was eine Moschee ist.*
2 *Schlagt im Lexikon nach und erklärt die Begriffe „Bazar" und „Serail".*

Besonderes Interesse weckten Erzählungen über den Harem. Das arabische Wort „Haram" bedeutet Sperrzone oder verbotener Ort. Schöne Frauen aus verschiedenen Provinzen und Ländern wurden im Harem von Eunuchen* bewacht und in unterschiedlichen Tätigkeiten (z.B. Handwerk oder Musik) unterrichtet. Sie lebten in einem goldenen Käfig. Nur der Sultan, reiche Kaufleute oder Provinzverwalter konnten sich solch einen Harem leisten, der ihrer Unterhaltung und auch Bildung diente. Nur ihnen war der Zutritt zum Harem gestattet.
Gelegentlich nutzte eine Sultansmutter den Harem um die Politik ihres Sohnes zu beeinflussen oder Intrigen gegen hohe Staatsbeamte zu spinnen. Die Flucht einer Haremsdame endete meist tödlich.

3 *Lest in den Erzählungen aus „Tausend und eine Nacht" nach, was über das Leben im Sultanspalast berichtet wird.*

Eunuchen* *(griech. = Betthüter): Kastrierte Männer, die den Harem bewachten.*

Lesetipp:

Tausend und eine Nacht. Die schönsten Geschichten.

Elsa S. von Kamphoevener: An Nachtfeuern der Karawan-Serail. Märchen und Geschichten alttürkischer Nomaden. Reinbek: Rowohlt.

Der Zauber des Orients

Der Kulturaustausch zwischen Orient und Okzident

Begehrte Güter aus dem Osmanischen Reich waren Gewürze, edle Stoffe wie Brokat und Seide, Miniaturen, kunstvolle Waffen (Schwerter und Pistolen), reich verzierte Handschriften über den Islam und Mohammeds Leben sowie Gedichtbände. Der Kaffee* gelangte aus dem Osmanischen Reich über die bekannten Handelswege nach Venedig. Ab 1645 gab es die ersten öffentlichen Kaffeehäuser in Westeuropa.

Der Augsburger Arzt Rauwolf beschrieb 1582 das Getränk als wohltuend für den Magen und das gesamte Befinden. Allmählich wurden die Biersuppe und das Dünnbier zum Frühstück durch den „Muntermacher" Kaffee ersetzt. Laut Legende sollen die Türken nach der gescheiterten Belagerung Wiens 1683 einen Sack mit ungerösteten Kaffeebohnen bei ihrem übereilten Abzug zurückgelassen haben und damit das belebende Getränk in Österreich und Europa bekannt gemacht haben.

4 **Goldener Dolch, besetzt mit Smaragden.**

3 **Türkische Miniatur.** 16. Jahrhundert.

Hohes Ansehen bei den Europäern genoss auch die arabische Medizin. Sie legte großen Wert auf das genaue Studium des Krankheitsbildes. Komponisten wie Mozart (1756 bis 1791) ließen sich bei ihren Kompositionen vom Klang türkischer Musikinstrumente inspirieren.

Aber auch die abendländische Kultur übte einen Einfluss auf den Orient aus. Französische Bücher wurden ins Türkische übersetzt, europäische Musik wurde bei Festen gespielt. Studenten schrieben sich an westeuropäischen Universitäten ein und Elemente der abendländischen Bau- und Gartenkunst wurden im Orient übernommen.

4 *Nennt Produkte des Orients, die in Europa gefragt waren.*

5 *Informiert euch über Mozarts Oper „Entführung aus dem Serail" und stellt sie der Klasse vor.*

6 *Gestaltet eine Wandzeitung über die heutige Türkei. Ihr könnt dazu auch Urlaubsfotos oder Bilder aus Reiseprospekten verwenden. Überlegt auch, welche Speisen und Getränke aus dem Orient in unsere Küche gelangt sind.*

Kaffee* *(arab. qahwa, türk. kahve): Der Genuss von Kaffee lässt sich im arabischen Raum seit dem 15. Jahrhundert nachweisen.*

Kaffeestrauch: Spross mit Blüten und Früchten, unten eine Kaffeebohne.

Fundgrube:
Weitere Informationen findet ihr im Internet unter: http://www.türkei.com.

Das Geschlecht von der Habichtsburg

1 Die habsburgischen Stammlande.

Rudolf I., deutscher König 1273–1291.

Habichtsburg*: *Der Name der Burg soll der Legende nach entstanden sein, als ein zur Jagd ausgebildeter Habicht dem Grafen Radbot (um 1000) entflogen sein soll. An der Stelle, an der ihn Radbot wieder fand, ließ er seine Burg errichten.*

Österreich*: *Abgeleitet von der karolingischen Bezeichnung „Ostgau" (pagus orientalis). Ende des 10. Jahrhunderts tauchte die Bezeichnung „Ostaticha" auf und im 12. Jahrhundert wurde daraus „Austria".*

Vom „armen Grafen" zum deutschen König

1268 starb Konradin, der letzte Stauferherrscher auf dem deutschen Thron. Da das Reich vor zahlreichen Problemen stand, forderte der Papst, dass sich die Fürsten auf einen gemeinsamen Kandidaten für das deutsche Königsamt einigen sollten. Die Wahl fiel auf den 54-jährigen Rudolf von Habsburg. Der Name des Geschlechts leitete sich von der Habichtsburg* im heutigen Schweizer Kanton Aargau ab. Im Vergleich mit anderen Territorialfürsten verfügten die Habsburger über kein zusammenhängendes Herrschaftsgebiet, hatten wenig Geld und somit wenig Macht. Das war auch der Grund, warum sich die Kurfürsten 1273 in Frankfurt am Main auf Rudolf einigten. Für sie war ausschlaggebend, dass der künftige König ihre Vorrechte, die sie sich inzwischen erkämpft hatten, anerkannte. Als ein Bote Rudolf über die Wahl informierte, befand sich dieser gerade im Feldlager vor Basel. Sein Gegner, der Bischof der Stadt, soll auf die Kunde gesagt haben: „Herrgott, jetzt sitze fest auf deinem Stuhl, sonst nimmt der Habsburg ihn dir ab."

1 *Erklärt die Motive der Kurfürsten, Rudolf von Habsburg zum deutschen König zu wählen.*

2 *Was brachte der Bischof mit seiner Aussage über den neuen König zum Ausdruck?*

Österreich geht an die Habsburger

Die Krönung Rudolfs wurde in Aachen vollzogen. Die erste Machtprobe mit einem deutschen Fürsten bahnte sich sogleich an: Ottokar von Böhmen, der selbst damit gerechnet hatte, deutscher König zu werden, hatte sich nach dem Aussterben der Babenberger deren Reichslehen (Österreich*, Steiermark, Krain und Kärnten) einverleibt. Rudolf I. forderte Ottokar auf, die Gebiete an die Krone zurückzugeben, und belagerte mit 2000 Rittern Wien. Ottokar musste nachgeben und die Gebiete, die er sich widerrechtlich angeeignet hatte, wieder abtreten.

1282 belehnte Rudolf seine Söhne mit Österreich und der Steiermark. Zudem erhob er sie in den Reichsfürstenstand. Damit hatte er den Grundstein für die Hausmacht der Habsburger gelegt. Ein weiterer Machtzuwachs gelang ihm, als er drei seiner Töchter mit deutschen Kurfürsten verheiratete.

Bevor er seine Ziele, die Kaiserkrönung und den Aufbau einer Erbmonarchie, erreichte, starb Rudolf 1291 in Speyer. Nachdem sein Sohn Albrecht 1298 ermordet worden war, wurde die Herrschaft der Habsburger für einige Zeit unterbrochen.

3 *Beschreibt, wie es Rudolf von Habsburg gelang seine Hausmacht auszubauen.*

4 *In welchem Teil des Deutschen Reiches lagen die meisten Gebiete der Habsburger?*

Die Dynastie der Habsburger

2 **Maximilian I. mit seiner Frau Maria, seinen Kindern und Enkeln.** Gemälde von Bernhard Strigel, um 1515/20. Die Heirat mit der burgundischen Erbtochter 1477 entledigte die Habsburger der dringendsten finanziellen Sorgen (siehe S. 168).

„Tu, felix Austria, nube ..."
„Mögen die anderen Krieg führen, du glückliches Österreich heirate, denn den anderen gibt der Kriegsgott Mars die Macht, dir aber schenkt sie die Liebesgöttin Venus." Das war der Wahlspruch des Hauses Habsburg, das nach 130 Jahren Herrschaft der Luxemburger im Jahr 1438 wieder auf den Königsthron gelangte. Herzog Albrecht II. war mit der Tochter von Kaiser Sigismund verheiratet und erhielt laut Erbvertrag nach dessen Tod Ungarn und Böhmen. Somit wurde Albrecht König von Böhmen, Ungarn und Deutschland.

5 *Erklärt den Wahlspruch der Habsburger.*

Zu Albrechts Nachfolger wurde Friedrich III. gewählt. Er war der erste und letzte Habsburger, der in Rom zum Kaiser gekrönt wurde. Bis 1806 blieb die Kaiserkrone fast ununterbrochen im Besitz der Habsburger, die bis dahin die Politik im Heiligen Römischen Reich Deutscher Nation bestimmten.
Friedrich III. hatte ein schweres Erbe angetreten: Die Ungarn unter ihrem König Matthias Corvinus griffen das Reich an und eroberten 1485 Wien. Bereits 1453 hatten die Türken Konstantinopel eingenommen und waren in der Steiermark eingefallen.

6 *Nennt die außenpolitischen Ziele Friedrichs III.*

Q1 Papst Pius II. berief 1459 einen Fürstenkongress nach Mantua ein und klagte in seiner Rede:
... Um kleiner Ursache willen greifen die Christen zu den Waffen. Gegen die Türken, die unseren Gott lästern, unsere Kirchen zerstören, den göttlichen Namen völlig auszurotten trachten, will indessen niemand die Hand heben. Wahrlich alle sind abgewichen, alle sind unnütz geworden. Da ist keiner, der Gutes tut, auch nicht einer ...

7 *Welche Vorwürfe erhebt der Papst?*

Da Friedrich III. sehr unschlüssig war und Problemen lieber aus dem Weg ging, wurde er auch „des Reiches Erzschlafmütze" genannt. Mit der Anerkennung des Privilegium maius* (Großer Freiheitsbrief) allerdings verschaffte er dem Haus Habsburg eine Sonderstellung im Reich. Das Privilegium maius war eine im Winter 1358/59 angefertigte Reihe gefälschter Urkunden. Herzog Rudolf IV. (1339–1395) hatte es nicht verwunden, dass die Habsburger in der „Goldenen Bulle" (siehe S. 39) übergangen wurden. Er ließ deshalb in seiner Kanzlei fünf Urkunden anfertigen, die den Habsburgern umfassende Sonderrechte einräumen sollten, die aber zunächst keine Anerkennung erfuhren.

8 *Beurteilt das Vorgehen Friedrichs III.*

1438–1806:
Fast ununterbrochene Herrschaft der Habsburger im Deutschen Reich. Die Herrschaft der Habsburger in Österreich dauerte bis 1918.

Privilegium maius*:
Die in der Kanzlei Rudolfs IV. hergestellten Urkunden enthielten folgende Bestimmungen:
- *Verleihung des „Erzherzog"-Titels an die österreichischen Landesherrn;*
- *Unteilbarkeit der habsburgischen Länder;*
- *Erbfolge auch in der weiblichen Linie;*
- *Steuerfreiheit gegenüber dem Reich und uneingeschränkte Gerichtsbarkeit ohne Berufungsrecht.*

Fundgrube:
Weitere Informationen zu den Habsburgern findet ihr im Internet unter: www.Habsburg.net.

Das Heilige Römische Reich

1 **Heiliges Römisches Reich Deutscher Nation.**

Maximilian I.*, *ab 1486 deutscher König, 1508–1519 deutscher Kaiser. Wegen seiner Vorliebe für Waffen, Ritterturniere und die Jagd erhielt er den Beinamen „der letzte Ritter".*

Fehde*: *Bewaffnete Auseinandersetzung zwischen Adligen.*

Die Herrschaft des letzten Ritters
1486 wurde Maximilian I.* deutscher König; er nahm 1508 den Titel „Erwählter römischer Kaiser" an. Sein Vater Friedrich III. hatte bei der Wahl einer Ehefrau für seinen Sohn eine glückliche Hand bewiesen. 1477 heiratete Maximilian Maria von Burgund. Als wenig später ihr Vater ohne männliche Erben verstarb, fielen Burgund, Flandern und Holland an die Habsburger, die damit ihren Besitz im Westen des Reiches abrundeten. Außerdem war Burgund in der Hofkultur und Mode führend in Europa und brachte ein wenig Glanz an den Hof der Habsburger. Neben Venedig zählte Burgund zu den reichsten Staaten Europas, was den chronisch finanzschwachen Habsburgern sehr gelegen kam.

1 *Listet mithilfe der Karten und Texte auf den Seiten 166 und 168 auf, welche Gebiete zu den ursprünglichen Besitzungen der Habsburger seit 1273 hinzugekommen sind. Unterscheidet dabei zwischen Stammlanden, Erblanden und Heiratslanden.*
Beispiel: Stammlande: das Aargau, Gebiete in Schwaben, im Elsass und am Oberrhein …

Maximilian I. wollte sein Reich, für das sich nun die Bezeichnung „Heiliges Römisches Reich Deutscher Nation" durchsetzte, reformieren. 1495 wurde auf dem Reichstag in Worms der „Ewige Landfriede" verkündet. Er untersagte die Fehde* und schuf das Reichskammergericht in Frankfurt (später Speyer). Der gemeine Pfennig wurde als Reichssteuer eingeführt. Der Reichstag 1512 in Köln legte fest, dass er in Zukunft die Vorschläge der kaiserlichen Regierung in den drei Kollegien aus Kurfürsten, Fürsten und Reichsstädten beraten sollte. Ebenso wurde die Bildung von zehn Reichskreisen und die Aufstellung eines Reichsheeres beschlossen.
All das führte aber nicht zur erhofften Überwindung der territorialen Zersplitterung und zum Ende der Kämpfe im Reich. Stattdessen musste Maximilian mitansehen, wie die Schweizer Eidgenossen 1499 im Schwabenkrieg ihre Unabhängigkeit gewannen.
Die einzelnen Landesfürsten bauten ihre Herrschaftsbereiche aus, sicherten sich die Regalrechte (Münz-, Zoll-, Markt- und Bergrechte) und bauten ihre Territorien zu selbstständigen Staaten aus. Die Kaiser im Heiligen Römischen Reich verloren im Gegenzug an Macht und mussten versuchen die Gunst der Fürsten, besonders der Kurfürsten, durch weitere Zugeständnisse zu gewinnen.

2 *Überlegt, warum Maximilians Reformversuche scheiterten.*

Die Türken vor Wien

2 **Das Lager der Türken vor den Toren der Stadt Wien, 1529.**

„Auf zum goldenen Apfel"

Ab dem 15. Jahrhundert stellten Österreich und besonders dessen Hauptstadt Wien das Hauptangriffsziel der Türken dar. Mehmed II. ließ seine Akindschi*-Soldaten Verwüstung und Terror ins Donauland bringen und das Gebiet auskundschaften. 1480 drangen die Türken mit 16 000 Mann bis in die obere Steiermark vor.

1526 besiegten sie unter Sultan Suleiman die Ungarn bei Mohacs. Ein Teil Ungarns behielt allerdings einen eigenen, den Osmanen ergebenen König und wurde so zum Pufferstaat zwischen den Osmanen und den Habsburgern. Drei Jahre später zogen die Türken erneut in den Kampf um sich den „goldenen Apfel", wie sie Wien nannten, zu holen.

Mit 150 000 Soldaten, aber nur leichter Artillerie wollte Suleiman Wien belagern und erobern. Er hatte aber die Befestigung der Stadt und die Ausdauer der 8000 Landsknechte bei der Verteidigung der Hauptstadt unterschätzt. Ein deutsches Heer, das zur Verstärkung heranrückte, und der frühe Herbsteinbruch sorgten dafür, dass im Oktober 1529 die Türken nach wenigen Wochen ihre Belagerung aufgeben und abziehen mussten.

3 *Nennt die Gründe für das Scheitern der Türken 1529.*

Die Gefahr bleibt bestehen

Q1 Der Großwesir Ibrahim an den Großherzog von Österreich und König von Böhmen und Ungarn Ferdinand I., einen Bruder Kaiser Karls V.:

… (Der Sultan lässt wissen,) dass, wenn er will, wir nicht nur Ferdinand, sondern auch die Freunde Ferdinands (gemeint war Karl V.) in Staub, ihre Berge mit den Hufen unserer Rosse in Ebenen verwandeln werden …

4 *Erklärt, was der Großwesir mit dieser Aussage erreichen will.*

Nach der Niederlage versuchten die Türken die Habsburger auf diplomatischem Weg in die Knie zu zwingen. Durch ihre Bündnisse mit Ungarn und Frankreich stellten sie Kaiser Karl V. vor große außenpolitische Probleme. Mehr als 150 Jahre später, 1683, versuchten die Türken erneut Wien zu erobern. Durch die ständige Angst vor der Bedrohung durch das Osmanische Reich hatten die Kaiser aber vorgesorgt. Mit Türkengebeten, Türkenläuten und Türkenpredigten wurden die Untertanen und Reichsstände an die notwendigen Sicherungsmaßnahmen des Reiches immer wieder erinnert. 1683 wurden die Türken endgültig in die Flucht geschlagen.

3 **Der Türke, wie er von der feindlichen Propaganda gesehen wurde.** Anonyme Radierung, 16. Jahrhundert.

1526:
Sieg der Osmanen über die Ungarn in der Schlacht bei Mohacs.

1529 und 1683:
Erfolglose Belagerungen Wiens durch die Türken.

Akindschi*: *Halbreguläre, berittene Einheiten, die vor einem Feldzug das Land auskundschafteten und das Hinterland verwüsteten. Sie wurden auch als „Renner und Brenner" bezeichnet.*

Methode: Arbeit mit Bildern

Bilder sind eine wichtige Informationsquelle im Geschichtsunterricht. Mit ihrer Hilfe können wir uns Ereignisse und Personen besser vorstellen. Aber Vorsicht: Einige Bilder wurden erst nach dem Tod einer Person oder lange nachdem ein Ereignis stattgefunden hat angefertigt. Manche Künstler haben Dinge anders dargestellt, als sie in Wirklichkeit waren. Wir müssen bei Bildbetrachtungen immer kritisch sein. Oft genügt es, ein Bild genau anzuschauen um zu erfahren, wer oder was dargestellt ist. Manchmal benötigen wir aber zusätzliche Informationen um den Sinn eines Bildes zu verstehen und die Symbole richtig deuten zu können. Folgende Fragen können uns helfen die Botschaft von Bildern zu entschlüsseln.

Fragen zum Kunstwerk
– Welche Daten des Bildes sind bekannt (Name des Künstlers, Bildtitel, Entstehungszeit, Auftraggeber)?
– Was ist dargestellt (Personen, Dinge, Ereignisse, Natur usw.)?
– Wie ist es dargestellt (naturgetreu oder nicht? Farben, Helligkeit, Anordnung der Personen, Dinge usw.)?
– Gibt es einen Mittelpunkt, auf den das Auge des Betrachters gelenkt wird? Was ist im Vorder- und was im Hintergrund erkennbar?
– Welchen Eindruck will der Künstler durch die Darstellung vermitteln?
– Zu welchem Zweck wurde das Bild geschaffen?

Fragen an den Betrachter
– Wie wirkt das Bild als Ganzes auf mich?
– Welche Einzelheiten sprechen mich besonders an? Was finde ich interessant, schön, hässlich, abstoßend usw.?
– Wo finde ich weitere Informationen (im Geschichtsbuch, im Lexikon, im Internet usw.)?

Betrachtet das Bild auf dieser Seite genau und geht nach den oben gestellten Fragen vor.

1 *Beschreibt das Bild (gemalt um 1610) und erklärt, was mit den gewählten Symbolen*
– Viktoria mit Lorbeerkranz,
– Krieger mit Krummschwert und Turban,
– Adler mit Kugel und Szepter,
– Figur mit Posaunen und Fahnen in den Farben Österreichs (rot und silber) und des Reiches (schwarz und gold) ausgedrückt werden soll.

2 *Vergleicht die Aussage des Bildes mit dem Inhalt von Q 1 auf S. 169.*

3 *Erarbeitet anhand des Bildes sowie der Quelle 1 und der Abbildung 3 auf S. 169, was mit dem Begriff „psychologische Kriegführung" gemeint ist.*

4 *Findet in den Medien mithilfe eures Lehrers/eurer Lehrerin aktuelle Beispiele für Intoleranz und psychologische Kriegführung gegenüber anderen Kulturen und Religionen. Diskutiert in der Klasse über die Folgen.*

Zusammenfassung

Die Habsburger

Nach dem Tod des letzten Staufers einigten sich die deutschen Kurfürsten 1273 auf den Habsburger Rudolf I. als deutschen König. Zielstrebig bauten die Habsburger durch geschickte Heirats- und Erbverträge seit dem 15. Jahrhundert ein Großreich auf, das vom Balkan bis an die Westgrenze des Heiligen Römischen Reiches Deutscher Nation reichte. Durch Zugeständnisse an die deutschen Fürsten sicherten sie sich den Thron, verloren aber an Einfluss und Macht im Reich.

Das Osmanische Reich

Ausgelöst durch den Zug der Mongolen nach Westen wanderten die Türken nach Kleinasien ein und gründeten um 1300 unter ihrem Emir Osman I. ein Reich. Die Osmanen dehnten in mehreren Kriegen ihr Reich von Kleinasien bis zum Balkan, zum östlichen Mittelmeer, nach Nordafrika und bis zur arabischen Halbinsel aus. Ein schlagkräftiges, motiviertes Heer, eine gut ausgerüstete Flotte sowie ein straff organisierter Staat mit dem Sultan an der Spitze waren die Grundlagen für die außenpolitischen Erfolge der Osmanen in den ersten 200 Jahren ihrer Reichsgeschichte.

Die Eroberung Konstantinopels

Das Oströmische Kaiserreich lag in unmittelbarer Nachbarschaft zu den Osmanen. Mit dem Wachstum ihres Reiches ging die Verkleinerung des Byzantinischen Reiches einher. In der ersten Hälfte des 15. Jahrhunderts war die alte Kaiserstadt Konstantinopel wiederholt Ziel türkischer Angriffe. Bis auf wenige Gebiete bestand das Oströmische Reich nur noch aus seiner Hauptstadt Konstantinopel. Am 29. Mai 1453 gab der osmanische Sultan Mehmed II. den Befehl zum Sturm auf die Stadt. Die einst am besten befestigte Stadt des Mittelalters wurde von den Osmanen eingenommen und zur neuen Hauptstadt des Osmanischen Reiches.
1529 und 1683 versuchten die Türken Wien zu erobern. Beide Versuche scheiterten, aber die Osmanen blieben eine dauerhafte Bedrohung für ihre Nachbarn und die Ostgrenze des Deutschen Reiches.
Trotz ihrer Feindschaft sind die gegenseitigen kulturellen Einflüsse von Osmanen und ihren europäischen Nachbarn deutlich sichtbar.

1273

Wahl Rudolfs I. zum deutschen König.

14.–17. Jahrhundert

Entstehung des Osmanischen Reiches.

1453

Belagerung Konstantinopels durch die Türken.

1529

Die Türken vor Wien.

Reformation und Glaubenskriege

Chaos und Durcheinander: Inmitten einer Schlacht versammeln sich Männer um einen Brunnen. Unter ihnen finden wir berühmte Persönlichkeiten des 16. Jahrhunderts wie Martin Luther, Lucas Cranach oder Philipp Melanchthon. Die Schlacht soll den Bauernkrieg von 1525 zeigen. Das Original ist 14 Meter hoch und 123 Meter lang. Es wurde 1987 von dem Künstler Werner Tübke fertiggestellt …

Manches war in Deutschland zu Beginn des 16. Jahrhunderts tatsächlich durcheinander geraten. Pest und Krieg bedrohten das Leben der Menschen und die Mehrheit der Bevölkerung litt unter Armut und besaß wenig Rechte. Viele Menschen fragten sich, nach welchen Vorbildern sie sich überhaupt noch richten konnten. Sie protestierten gegen Missstände in der Kirche; die Forderung nach der Reformation (= Erneuerung) der alten Kirche war in aller Munde. Zur gleichen Zeit verschafften sich die Bauern Gehör; im ganzen Deutschen Reich kam es zum Aufstand des gemeinen Mannes gegen Unrecht und Leibeigenschaft. Die Alte Welt, so schien es, war an ihr Ende gekommen …

Am Vorabend der Reformation*

1 Vorzeichen des Jüngsten Gerichts. Ausschnitte aus einem Altarbild von Wolfram Rinke aus der Liebfrauenkirche in Oberwesel, um 1500.

► ***Reformation*:*** *Erneuerung oder Umgestaltung. Damit ist der Reformprozess der Kirche gemeint, der durch das Wirken der Reformatoren Wiclif, Hus und Luther ausgelöst wurde.*

Jüngstes Gericht*: *Begriff aus der Bibel für das Weltgericht Gottes. Es erfolgt am Ende der Welt mit der Auferstehung der Toten und der Vergeltung der guten und bösen Taten der Menschen.*

Höllenangst und Todesfurcht

Die Angst vor dem Tod gehörte schon immer zum Leben der Menschen. Um 1500 steigerte sich diese Furcht noch und viele Menschen bewegte die Frage, wie sie die Höllenqualen nach dem Tod aushalten sollten und ob es einen Ausweg aus dieser Situation gebe. Maler stellten immer wieder das Jüngste Gericht* in Bildern dar. Volksprediger traten auf und verkündeten das Ende der Welt. Sie forderten die Gläubigen zu Umkehr und Buße auf. Bei auftretenden Katastrophen, Krankheiten und persönlichen Schicksalsschlägen bestimmten Todesfurcht und Sehnsucht nach Erlösung die Gefühle der Menschen besonders stark. Die folgenden Beispiele verdeutlichen das:

– Die Bewohner eines Dorfes mussten hungern, weil die Ernte schlecht gewesen war. Außergewöhnlich viele Todesfälle kamen hinzu. Die Menschen fürchteten sich vor dem Zorn Gottes und glaubten, ihr Ende sei nah. Sie beteten zu Gott und riefen die Schutzheiligen an.
– Ein Bauer hatte eine gute Ernte gehabt und die Familie war gesund. Er sah darin ein gütiges Zeichen Gottes und dankte ihm.

Am Vorabend der Reformation

2 Schutzmantelmadonna.
Michael Erhard, um 1480. Lindenholz.

3 Wallfahrt zur schönen Maria von Regensburg. Ausschnitt aus einem Holzschnitt von Michael Ostendorfer, 1519.

Wallfahrtsorte und Heiligenverehrung
In ihrer Not pilgerten die Menschen in großen Zügen zu den christlichen Wallfahrtsorten um zu beten. Die Menschen glaubten, dass eine solche Wallfahrt zur Vergebung ihrer Sünden beitragen und ihnen möglicherweise einen Platz im Himmel verschaffen würde.
Kathedralen, die die Reliquien von Heiligen aufbewahrten, zogen viele Wallfahrer an. Allein im Jahr 1520 kamen 120 000 Pilger nach Regensburg. Mit guten Werken hofften viele Gläubige die Gnade und Vergebung Gottes zu erlangen. Sie stifteten den Kirchen kostbare Altäre, Bilder und Skulpturen. Andere unterstützten mit Stiftungen die Armen, Alten und Kranken in den Städten.
Für jeden Berufsstand und für jedes Leiden gab es einen Heiligen, zu dem man beten konnte. Bei Zahnschmerzen z. B. sollte ein Gebet zur heiligen Appolonia (um 250 n. Chr.) helfen; ihr sollen vor dem Märtyrertod alle Zähne ausgeschlagen worden sein.
Das Sammeln von Heiligenbildern und Reliquien wurde für manche Gläubige zu einer Leidenschaft und brachte Geschäftsleuten, die mit diesen Artikeln handelten, einen guten Gewinn ein. Besonders in Krisenzeiten nahm die Zahl der Erscheinungen und Visionen zu. Natürliche Dinge wurden als Fingerzeig Gottes gewertet. Diese gesteigerte Form der Volksfrömmigkeit führte auch zu Ausschreitungen gegen angebliche Gotteslästerer wie Juden und Hexen.

1 *Beschreibt die Abbildung 1. Was sagt sie über die Ängste und Sehnsüchte der Menschen aus?*

2 *Erklärt die Ursachen für die Ängste der Menschen.*

3 *Welche Sehnsucht der Menschen drückt die Abbildung 2 aus?*

4 *Erkundigt euch, welche Wallfahrtsorte es in Bayern gibt.*

5 *Betrachtet die Abbildung 3 und beschreibt, was die Menschen tun.*

6 *Nennt positive und negative Aspekte der Heiligenverehrung und gesteigerten Frömmigkeit.*

Missstände in der Kirche

1 Nonnen und ein Abt auf dem Heimweg von einem Trinkgelage. Auf einem Spruchband rechts oben steht: „Geschwollen und voll". Die Personen im Vordergrund fordern dazu auf, noch mehr zu trinken. Holzschnitt, um 1450.

*__John Wiclif*__ (1320 bis 1384) war Professor in Oxford. Er ließ nur die Bibel als Grundlage der christlichen Lehre gelten und übersetzte sie ins Englische. Er war gegen Ablasshandel und Zölibat und für das Armutsideal der Kirche.*

*__Jan Hus*__ (1369 bis 1415) war tschechischer Prediger, griff die Ideen von Wiclif auf und verbreitete sie in Böhmen.*

Priester im Wirtshaus, Papst auf der Jagd

So oder ähnlich hätte eine Schlagzeile für Flugblätter der Kirchenkritiker lauten können. Trost, Hilfe und Hoffnung erwarteten die Gläubigen in ihrer Not von der Kirche. Doch viele Geistliche vernachlässigten ihre Ämter. Sie waren schlecht ausgebildet und kaum jemand verstand ihre lateinisch gelesenen Messen. Manche kümmerten sich nicht um die Seelsorge und hielten den Zölibat nicht ein. Auch der Papst und die Bischöfe sorgten sich vor allem um weltliche Dinge, Einnahmen und Prachtentfaltung in Kirchen und Palästen.

M1 Über das Leben am Hofe Papst Leos X. heißt es in einem heutigen Bericht:

... Leos Hofstaat bestand aus 683 Menschen, vom Erzbischof bis zum Elefantenwärter, vom Hoforchester bis zum Hofpoeten und zum Hofnarren verschlang es Unsummen. Dauernd mussten Komödien aufgeführt werden und oft war Leo wochenlang auf Jagden, an denen bis zu 2000 Menschen teilnahmen ...

1 *Nennt die in der Abbildung 1 und im Text genannten Missstände in der Kirche.*

Jan Hus klagt die Kirche an

Angesichts dieser Missstände wurde der Ruf nach einer Erneuerung der Kirche immer lauter. In England forderte der Gelehrte John Wiclif* die Abschaffung des Papsttums. Er kritisierte die Verweltlichung der Kirche, den Zölibat und die Abendmahlslehre. Er meinte, dass die Bibel als Richtschnur für die Gläubigen ausreiche. In England wurde Wiclifs Lehre unterdrückt, in Böhmen aber fand sie Anhänger.

Wiclifs Forderungen wurden von dem tschechischen Prediger Jan Hus* aufgenommen und erweitert. Hus erregte um 1400 großes Aufsehen, als er das zügellose Leben der Geistlichen heftig kritisierte. Er forderte die Enteignung des kirchlichen Besitzes, die Rückkehr zum Armutsideal der Kirche und eine Reform des Gottesdienstes. 1402 hatte Hus eine Predigerstelle in Prag erhalten und predigte in der Landessprache. Seine Vorwürfe gegen die Kirche fanden großen Anklang bei der tschechischen Bevölkerung, die durch ihre Abgaben das prunkvolle und luxuriöse Leben der Geistlichen finanzieren musste. Allein der Bischof von Prag verfügte über die Einnahmen von 500 Dörfern. Die hohe Geistlichkeit war natürlich empört über den tschechischen Priester. 1412 verhängte die Kirche den Bann über Jan Hus.

2 *Erklärt, warum über Jan Hus der Kirchenbann verhängt wurde.*

Jan Hus – ein Priester ruft zur Umkehr auf

2 **Die Hussitenkriege (1419–1437).**

Das Konzil von Konstanz und Jan Hus

1414 rief der deutsche Kaiser Sigismund ein Konzil nach Konstanz ein um die Missstände in der Kirche zu beheben. Auch Jan Hus wurde nach Konstanz eingeladen um sich vor dem Konzil zu verantworten. Der Kaiser sicherte Hus freies Geleit zu, doch nachdem ihn das Konzil der Ketzerei* angeklagt hatte, fühlte er sich nicht mehr an sein Versprechen gebunden. Jan Hus wurde festgenommen, als Ketzer verurteilt, verbrannt und seine Asche in den Rhein geschüttet. Seine Anhänger sollten keine Möglichkeit bekommen seine Überreste als Reliquien zu bergen. Jan Hus wurde trotzdem zum Märtyrer.

3 *Beurteilt die Vorgänge auf dem Konzil in Konstanz.*

Aufstände brechen aus

Als die Nachricht vom Flammentod des Jan Hus Böhmen erreichte, griffen seine Anhänger – die Hussiten – zu den Waffen. Sie plünderten in ganz Böhmen Kirchen und Klöster. Radikale Hussiten zerstörten Kruzifixe und Heiligenbilder, da sie das Anbeten dieser als Götzendienst betrachteten.

Viele Deutsche, die in Böhmen lebten, wurden vertrieben, ihr Besitz beschlagnahmt. Die Hussiten und die tschechische Bevölkerung übertrugen die Vorwürfe, die Hus an die Adresse der Kirche gerichtet hatte, auf die Deutschen insgesamt. Vor allem in Prag hatten sich deutsche Kaufleute niedergelassen und großen Reichtum erworben. Sie besetzten fast alle hohen Ämter in der Kirche und in der Verwaltung und waren wegen ihres herrischen Auftretens unbeliebt.

4 *Fasst die Ursachen und die Auswirkungen der Aufstände zusammen.*

Die Hussitenkriege

Der Papst rief daraufhin zum Kreuzzug gegen die Hussiten auf, doch das kaiserliche Heer wurde 1420 bei Prag vernichtend geschlagen. Die Hussiten kämpften hoch motiviert und hatten spezielle Kampftechniken wie die Errichtung von Wagenburgen eingeführt.

Die Hussitenkriege blieben nicht nur auf Böhmen beschränkt. Sie breiteten sich aus und brachten viel Zerstörung und Elend in die benachbarten Gebiete. Erst 1437 kam es nach jahrelangen Kämpfen zu einem Friedensschluss zwischen den gemäßigten Hussiten, dem Kaiser und der Kirche. Zuvor hatte ein Konzil in Basel den Hussiten die freie Predigt in Böhmen zugestanden.

5 *Beschreibt mithilfe der Karte 2 den Verlauf der Hussitenkriege.*

6 *Findet heraus, ob sich die Hussitenkriege auf eure Heimat ausgewirkt haben.*

1414–1418:
Konzil von Konstanz.

1420–1437:
Hussitenkriege.

Ketzerei*: *Der Vorwurf der Ketzerei bedeutete, dass die Kirche die Aussagen von so genannten Ketzern als Verstoß gegen die christliche Lehre und die Bibel einschätzte. Gerade unliebsame Reformer wurden von der Kirche mit diesem Vorwurf belegt.*

Fundgrube:
Besuch des historischen Freilichtspiels „Vom Hussenkrieg" im Burghof von Neunburg vorm Wald (alljährlich im Sommer). Weitere Informationen im Internet unter: www.neunburg.de.

Der Ablasshandel: Geschäfte mit der Seele

1 **Der Ablasshandel.** Holzschnitte von Lucas Cranach, 1521.

Johannes Tetzel (1465–1519). Kupferstich.

Die Kirche handelt mit Ablassbriefen

Auf dem Konzil von Konstanz hatte man sich nicht zu grundlegenden Reformen durchringen können. Weiterhin löste das zügellose Leben vieler Geistlicher bei den Gläubigen große Empörung aus. Es gab aber auch noch andere Ärgernisse. So benötigte z. B. der Papst für den Bau der Peterskirche in Rom viel Geld. Die Peterskirche sollte an Größe, Reichtum und Schmuck alle Gebäude übertreffen. Um diesen Bau bezahlen zu können ließ der Papst durch Bischöfe und Mönche Ablassbriefe an die Gläubigen verkaufen.

Ablass bedeutet in der katholischen Kirche, dass die Strafe für eine Sünde „erlassen" wird. Er entstand Ende des 11. Jahrhunderts und war gegen 1500 weit verbreitet. Die „abgelassene" Strafe galt für Ausnahmefälle. Sie sollte nur bei solchen Sündern angewandt werden, die z. B. wegen Krankheit echte Bußstrafen (z. B. Fasten) nicht auf sich nehmen konnten. Ihnen wurde diese Buße erlassen. Sie konnten dafür Geld an die Kirchen bezahlen und erhielten eine Bescheinigung, den Ablassbrief.

1 *Beschreibt genau die beiden Holzschnitte von Lucas Cranach (Abbildung 1).*

2 *Erklärt, welchen Widerspruch Cranach darstellte.*

Der Ablassprediger Tetzel

Es entwickelte sich ein richtiger Handel mit Ablassbriefen. Der Mönch Tetzel war ein bekannter Ablassprediger. Er reiste im Auftrag des Papstes von Ort zu Ort und redete vor vielen Menschen.

Q1 Friedrich Myconius, ein Prediger und Zeitgenosse Tetzels berichtet:

... Johannes Tetzel predigte unzählig viel Geld, das er alles nach Rom schickte. Besonders in dem neuen Bergwerk Annaberg, wo ich ihn selbst zwei Jahre gehört habe, erlangte er trefflich viel Geld. Wann immer man den Gesandten in eine Stadt einführte, alle Priester, Mönche, der Rat, die Schulmeister, Schüler, Mann, Weib und Kinder gingen ihm mit Fahnen, Kerzen und Gesang in langer Prozession entgegen. Da läutete man alle Glocken, spielte alle Orgeln, begleitete ihn in die Kirche, richtete ein großes Kreuz mitten in der Kirche auf, an das man des Papstes Fahne hängte ...

Zahlen oder büßen? Martin Luther und der Ablass

2 **Die Seele zwischen Himmel und Hölle.** Ausschnitt aus dem Gemälde „Der Sterbende“ von Lucas Cranach d. Ä., 1518.

Q2 In einem Ausschnitt aus einer der Predigten Tetzels heißt es dann:

… Wisse, dass ein jeder, der gebeichtet, bereut und Geld in den Schrein (Kasten) getan hat, so viel ihm der Beichtvater geraten hat, eine volle Vergebung seiner Sünden haben wird. Habt ihr nicht die Stimmen eurer Verstorbenen gehört, die rufen: „Erbarmt euch, denn wir leiden unter harten Strafen und Foltern, von denen ihr uns durch eine geringe Gabe loskaufen könnt.“ …

3 *Beschreibt mithilfe von Q 1, wie die Menschen Tetzel empfangen haben.*

4 *Erklärt, worauf der Erfolg von Tetzels Predigten beruhte.*

Martin Luther – Mönch und Theologe

Nicht alle Geistlichen waren mit den Reden Tetzels einverstanden. Zu den Gegnern Tetzels gehörte auch der Mönch und Theologieprofessor Martin Luther. Er war im Jahr 1505 in das Kloster der Augustinermönche in Erfurt eingetreten. Immer wieder stellte er sich hier die Frage: Wird Gott mir Sünder gnädig sein?

Q3 In der folgenden Erzählung berichtet Luther von dieser Angst:

… Jedes Mal beim Verlassen unserer Klosterkirche blickte ich auf ein Bild, das Gott als den Richter über die Menschen zeigte. Einmal dachte ich voll Schrecken daran, dass ich heimlich über Bruder Albertus gelacht hatte, der wieder während des Morgengebetes eingenickt war. In meiner Zelle kniete ich daraufhin nieder und bat Gott wegen dieser Sünde um Vergebung. Häufig geißelte ich mich, bis ich blutete um Gott zu zeigen, wie ernst ich es meinte. Immer wieder tauchte das Bild über unserer Kirchentür auf und ich fragte mich voller Angst: Stünde ich jetzt vor Gottes Gericht, welche Strafe hätte ich wohl zu erwarten? Immer wieder schlug ich mich, geißelte mich und fastete. So hoffte ich von Gott angenommen zu werden …

5 *Beschreibt die Abbildung 2. Erklärt, warum Bilder wie dieses Luther Angst einflößten.*

6 *Wie versuchte Luther Gott gnädig zu stimmen?*

Luther verurteilt den Ablasshandel

Q4 Dem Einfluss, den Tetzels Predigten ausübten, begegnete Luther in Wittenberg:

… 1517 kamen etliche mit den gekauften Ablassbriefen zu Martin nach Wittenberg und beichteten. Als sie dabei aber sagten, dass sie weder von Ehebruch, Wucher noch unrechtem Gut und dergleichen Sünde und Bosheit ablassen wollten, da sprach sie Martin Luther nicht frei von ihren Sünden … Da beriefen sie sich auf die Ablassbriefe. Diese wollte Luther nicht anerkennen. Er berief sich auf die Aussagen der Bibel: Wenn ihr eure Sünden nicht bereut und Buße tut, werdet ihr alle umkommen …

7 *Vergleicht die Abbildungen in der Randspalte auf dieser Doppelseite. Erklärt, warum Tetzel den Geldkasten in der Hand hält, Luther die Bibel.*

► ***Martin Luther*** *(1483–1546). Kupferstich. 1483 in Eisleben (Sachsen-Anhalt) als Sohn eines Bergmanns geboren; Schulbesuche in Mansfeld, Magdeburg und Eisenach; ab 1501 Studium der Rechtswissenschaften in Erfurt; 1505 Eintritt ins Augustinerkloster in Erfurt; 1507 Priesterweihe; 1512 Doktor für Theologie und Professorenstelle für Bibelauslegung in Wittenberg (Kurfürstentum Sachsen).*

Die Wittenberger Thesen: Luther greift die Kirche an

1 **Luthers Thesen gegen den Missbrauch des Ablasshandels werden an der Schlosskirche in Wittenberg angeschlagen.** Lithografie, 1835.

► ***31. Oktober 1517:*** *Veröffentlichung der 95 Thesen Luthers gegen den Ablasshandel. Beginn der Reformation. Der 31. Oktober ist noch heute ein Gedenktag in der evangelischen Kirche.*

Die Schlosskirche zu Wittenberg. Holzschnitt von Lucas Cranach, 1509.

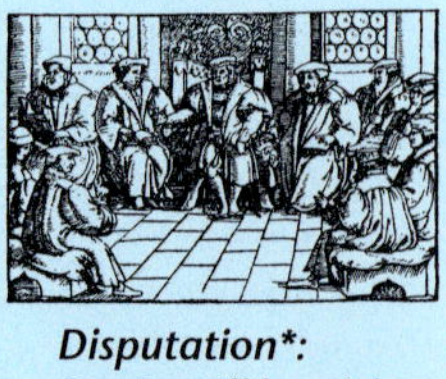

Disputation*: *Der Begriff bezeichnet wissenschaftliche Streitgespräche, die früher an den Universitäten veranstaltet wurden. Der Holzschnitt zeigt die Leipziger Disputation 1519.*

Fundgrube: *Stadtrundgang durch Augsburg: Besuch der zwölf historischen Plätze der Reformationszeit. Weitere Informationen über Augsburg findet ihr im Internet unter www.augsburg.de.*

Die Wittenberger Thesen

Q1 Am 31. Oktober 1517 veröffentlichte Luther in Wittenberg eine Schrift gegen den Missbrauch des Ablasses durch die Kirche:

… 21. Es irren die Ablassprediger, die da sagen, dass durch des Papstes Ablässe der Mensch von aller Sündenstrafe losgesprochen und erlöst werde …

27. Eine falsche Lehre predigt man, wenn man sagt: Sobald das Geld im Kasten klingt, die Seele aus dem Fegfeuer springt …

32. Wer glaubt durch Ablassbriefe das ewige Heil erlangen zu können, wird auf ewig verdammt werden samt seinen Lehrmeistern …

36. Jeder Christ, der wahrhaft Reue empfindet, hat einen Anspruch auf vollkommenen Erlass der Schuld auch ohne Ablassbrief …

43. Man soll die Christen lehren, dass, wer den Armen gibt und dem Bedürftigen leiht, besser tut, als wer Ablassbriefe kauft …

1 *Stellt eine Liste auf. Tragt in die linke Spalte ein, was Luther verurteilt, in die rechte, was er fordert.*

Luthers Flucht aus Augsburg

Luthers Thesen hatten eine Lawine ausgelöst. 1518 begann in Rom der Prozess gegen Luther, der als Ketzer angeklagt wurde. Der Kurfürst Friedrich von Sachsen setzte sich dafür ein, dass Luther auf dem Reichstag in Augsburg verhört wurde. Der Beauftragte des Papstes versuchte Luther erst väterlich, dann drohend zum Widerruf zu bewegen. Doch Luther beharrte auf seinem Standpunkt und flüchtete nach einigen Tagen aus Angst vor Verhaftung heimlich aus Augsburg, wo er im Karmelitenkloster übernachtet hatte.

Luther wollte mit seinen 95 Thesen zunächst keine neue Glaubenslehre aufstellen, sondern nur Missstände aufdecken. Erst in den nun folgenden Streitgesprächen mit anderen Theologen zeigte sich, dass Luther nicht nur den Ablasshandel verwarf.

Die Disputation* von Leipzig

Der Ingolstädter Professor für Theologie, Johannes Eck, war ein Verfechter der Interessen des Papstes und ein entschiedener Gegner Luthers, den er als „hussitischen" Ketzer bezeichnete. Auf den Wunsch Ecks ermöglichte Herzog Georg von Sachsen eine Disputation in der Pleißenburg, dem heutigen neuen Rathaus in Leipzig. Seine Gegner im Rededuell waren der Wittenberger Professor für Theologie, Andreas Bodenstein, genannt Karlstadt, und Martin Luther. Die Auseinandersetzung dauerte vom 27. Juni bis zum 17. Juli 1519. Es ging dabei um die Frage: Gilt das, was der Papst sagt, für alle Christen oder gilt, wie der einzelne Christ die Bibel liest und versteht?

Vor dem Reichstag in Worms: Luther wird angeklagt

2 Vor dem Elstertor in Wittenberg verbrennt Martin Luther die Bannandrohungsbulle des Papstes. Holzschnitt, um 1520.

3 Martin Luther vor dem Reichstag in Worms. Der Text auf dem unteren Bildrand lautet: Hier stehe ich, ich kann nicht anders, Gott helfe mir. Amen. Holzschnitt, 1557.

Im Verlauf der Disputation formulierte Luther eine schwer wiegende Behauptung: Papst und Konzilien haben schon mehrmals geirrt. Für den Gläubigen verpflichtend ist allein das Wort Christi in der Heiligen Schrift.

Der Papst verhängt den Kirchenbann

Luthers Aussagen verbreiteten sich innerhalb kürzester Zeit in ganz Deutschland. Das war möglich, weil in vielen Orten neue Druckereien entstanden, die Luthers Schriften immer wieder nachdruckten.
Gegen diese Schriften wandte sich Papst Leo X. In einem Schreiben forderte er Luther auf innerhalb von 60 Tagen seine Lehre zu widerrufen.

Q2 Luther meinte dazu:
... Was mich angeht, so sind die Würfel gefallen. Ich will nie und nimmer Versöhnung oder Gemeinschaft mit ihnen. Mögen sie meine Schriften verdammen und verbrennen, ich meinerseits werde das päpstliche Recht öffentlich verbrennen ...

Am 10. Dezember 1520 versammelten sich vor der Stadtmauer in Wittenberg Studenten und Professoren, unter ihnen auch Luther, um einen brennenden Scheiterhaufen. Sie verbrannten Bücher über das katholische Kirchenrecht und das Schreiben, in dem der Papst Luther mit dem Ausschluss aus der katholischen Kirche gedroht hatte.
Der Papst verhängte daraufhin 1521 über Luther den Bann. Der Kaiser war verpflichtet anschließend über Luther die Reichsacht* zu verhängen. Auf Bitten seines Kurfürsten, Friedrichs des Weisen von Sachsen, erhielt Martin Luther jedoch die Möglichkeit sich vor dem Reichstag in Worms zu verteidigen.

Luther vor dem Reichstag in Worms

Die Reise nach Worms wurde für Luther zum Triumphzug. Überall winkten und jubelten ihm die Menschen zu. Am 18. April 1521 stand Luther schließlich vor dem Kaiser. Vor fast einhundert Fürsten des Reiches und weiteren einhundert Zuhörern ließ der Kaiser Luther auffordern seine Schriften sofort zu widerrufen. Dieser bat um Bedenkzeit. Einen Tag später hielt er vor dem Kaiser eine Rede, in der er sich zu seinen Lehren bekannte und den Widerruf verweigerte. Unmittelbar nach dem Reichstag verhängte der Kaiser die Reichsacht über Luther (Wormser Edikt vom 8.5.1521). Zudem wurde es ihm verboten, seine Lehren weiterhin öffentlich zu vertreten und zu verbreiten.

2 *Vermutet, woher Luther die Sicherheit nahm in Worms nicht zu widerrufen.*

Reichsacht*:
Bei schweren Verbrechen konnten der König oder ein königlicher Richter den Täter ächten. Dieser war damit aus der Gemeinschaft ausgestoßen und vogelfrei. Jeder hatte das Recht ihn zu töten. Der Geächtete verlor seinen Besitz und wer ihn aufnahm, verfiel selbst der Reichsacht.

Junker Jörg übersetzt die Bibel

► ***Evangelisch*:***
Für Luthers Anhänger waren nicht der Papst und die Konzilien verpflichtend, sondern allein das Wort Christi in der Heiligen Schrift, dem Evangelium. Die Anhänger Luthers bezeichnete man daher als Evangelische.

1 Luther als Junker Jörg. Gemälde von Lucas Cranach, 1521.

Titelblatt des ersten Drucks der Lutherbibel, 1534.

Die Entführung Luthers

Das kaiserliche Gebot hatte Luther noch 21 Tage freies Geleit für seine Rückkehr zugesichert. So gelangte er im Mai 1521 nach Möhra zu seinen Verwandten. Dort wurde er im Wald nahe Altenstein, auf Anweisung des sächsischen Kurfürsten Friedrich des Weisen, zum Schein entführt und auf die Wartburg gebracht. Der Kurfürst wollte dadurch das Leben Luthers vor dem Papst und dem Kaiser schützen. Kurz vor Mitternacht stand Luther mit seinen „Entführern" vor der Zugbrücke der Wartburg. Burghauptmann Hans von Berlepsch empfing ihn mit der Weisung, dass er nun ein Ritter werden müsse und im Rittergefängnis der Burg zu verweilen habe.

Junker Jörg übersetzt die Bibel

Luther lebte nun mehrere Monate unerkannt auf der Wartburg und wurde Junker Jörg genannt. Er hatte die Kutte abgelegt, trug volles Haupthaar, einen Bart und einen Lederwams. Seinen Aufenthalt nutzte er um einen Teil der Bibel, das Neue Testament, aus dem Lateinischen in die deutsche Sprache zu übersetzen. Die Bibelübersetzung und die von Luther neu gedichteten Kirchenlieder sollten den evangelischen* Glauben allgemein verständlich machen. Doch noch gab es keine einheitliche deutsche Sprache, sondern nur verschiedene Mundarten. Luther gelang es, für die Übersetzung eine Sprache zu finden, die alle verstanden und die sehr anschaulich war, da er – wie er sagte – „dem Volk aufs Maul schaute". Mithilfe des Buchdrucks (siehe S. 136/137) wurde die Luther-Bibel zum meistgelesenen Buch in Deutschland. Die Bibelübersetzung und Luthers Kirchenlieder wurden entscheidend für die Entwicklung einer einheitlichen, neuhochdeutschen Sprache.

Die Ausbreitung der Reformation

Das Wormser Edikt konnte die Reformation nicht aufhalten. Bücher und Flugblätter verbreiteten Luthers Lehre. Laienprediger zogen durch die Orte und predigten in deutscher Sprache. In vielen Kirchen wurden die bisherigen Priester verjagt. Oft kam es zu handgreiflichen Auseinandersetzungen, wenn ein Priester den Gottesdienst in lateinischer Sprache abhielt und die Anhänger Luthers dagegen laut deutsche Kirchenlieder sangen. Auch Landesfürsten und zahlreiche Reichsstädte beachteten die Befehle des Kaisers nicht. Sie förderten die Reformation und erließen neue Kirchenordnungen für ihre Territorien. In der weiteren Entwicklung entstand so – gegen den ursprünglichen Willen Luthers – eine neue, evangelische Kirche. Luther glaubte anfänglich, dass die Gemeinden die sie betreffenden Fragen selbst regeln könnten. Die Unruhen von 1524/25 und der Bildersturm (siehe S. 183) in einigen Gegenden machten ihm aber deutlich, dass eine neue Organisation der Kirche notwendig war.

Die neue Lehre – Zwischen Geschäft und Zerstörung

Nachdem sich die neue Lehre rasch im Kurfürstentum Sachsen verbreitet hatte, fasste sie auch Fuß in Thüringen, Brandenburg, Hessen, im Herzogtum Braunschweig-Lüneburg und in verschiedenen Reichsstädten.

Eine neue Lehre entsteht

2 Das untere Bild des Reformationsaltars in Wittenberg. Luther zeigt seiner Gemeinde die Grundlagen des neuen evangelischen Glaubens. 1547.

Q1 An seinen Landesherrn, Kurfürst Friedrich den Weisen, schrieb Luther 1525:

… Die Pfarreien liegen überall elend; da gibt niemand, da bezahlt niemand. So achtet der gemeine Mann weder Predigt noch Pfarrer. Wenn hier nicht eine tapfere Ordnung und staatliche Erhaltung der Pfarrer und Predigtstühle vorgenommen wird, gibt es in kurzer Zeit weder Pfarrhöfe noch Schulen und das Wort Gottes wird zu Grunde gehen …

1 *Erklärt, was Luther mit seinem Brief erreichen wollte.*

Luther legte fest, dass die jeweiligen Landesherren auch oberste Kirchenherren, so genannte Notbischöfe, in ihren Territorien sein sollten. In dieser Rolle legten sie neue Kirchen- und Gemeindeordnungen fest, setzten die Geistlichen und die oberste Kirchenbehörde (das Konsistorium) ein.

Dabei ging es den jeweiligen Landesherren nicht nur um die Verbreitung der Lehre Luthers und um die Reform der Kirche. Viele sahen auch ihre Chance finanziellen Gewinn zu machen. Kirchengüter wurden eingezogen und zum Teil verkauft, Klöster wurden geschlossen. Das Kirchenvermögen füllte die Kassen der Landesherren. Ein Teil des Geldes aus dem Verkauf von Kirchenbesitz wurde zwar für die Bezahlung der Pfarrer und Prediger, für deren Ausbildung, für Schulen, Universitäten und zur Krankenpflege eingesetzt, aber einige Landes- und Ratsherren zogen auch persönlichen Gewinn daraus.

In manchen Orten kam es in den Kirchen zu mutwilligen Zerstörungen von Kultgegenständen und Bildern. Leuchter, Schalen aus Gold oder Kelche wurden eingeschmolzen und zu Münzen verarbeitet. Darstellungen von Heiligen wurden verbrannt, Verzierungen am Chorgestühl abgeschliffen und Skulpturen aus Stein zum Teil als Baumaterial verwendet.

2 *Erklärt die Aussage: „Die Reformation ist ohne die Entdeckung der Buchdruckerkunst nicht denkbar."*

3 *Benennt wichtige Unterschiede zwischen der neuen Lehre Luthers und der alten, römischen Kirche. Berücksichtigt hierbei auch die Abbildung 2.*

4 *Übertragt die Lebensdaten Luthers aus der Randspalte auf S. 179 in euer Heft und ergänzt wichtige Daten und Ereignisse, denen ihr auf den letzten Seiten begegnet seid.*

3 Der so genannte Bildersturm. Altgläubige Flugschrift mit Holzschnitten, um 1525–1527.

In evangelischen Kirchen wurden von den ehemals sieben Sakramenten nur noch zwei – die Taufe und das Abendmahl mit Brot und Wein – anerkannt. Die evangelischen Pfarrer waren für die Spendung der Sakramente, für Predigt und Seelsorge zuständig. Luther schrieb als Lehrbuch seiner Lehre den kleinen und den großen Katechismus und auch viele Kirchenlieder. Damit wollte er seine Lehre vor der willkürlichen Auslegung durch die Landesbischöfe und die Pfarrer schützen.

Titelblatt einer von Luther überarbeiteten Leipziger Ausgabe des Katechismus (= Lehrbuch des christlichen Glaubens).

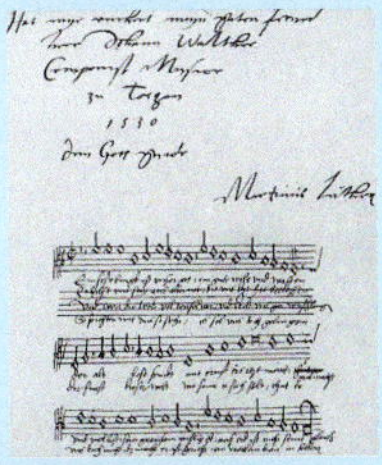

Handschrift des Liedes „Ein feste Burg ist unser Gott" mit einer Notiz Luthers, 1527.

Methode: Recherche im Internet

Stellt euch folgende Situation vor: Ihr müsst zu einem bestimmten Thema ein Kurzreferat vorbereiten. Die Zeit drängt und es stellt sich die Frage: Wo könnt ihr euch schnell die notwendigen Informationen beschaffen? In einer Bibliothek? Ja, aber wo findet man eine, die keine Öffnungszeiten hat? Und wie findet man die benötigten Dinge vor allem schnell?
In so einer Situation ist es günstig, wenn ihr mit dem Internet vertraut seid. Eine online-Recherche (Nachforschung) ermöglicht einen schnellen und einfachen Zugriff auf Informationen aus Datenbanken und elektronischen Lexika. Aber beachtet, dass man bei der riesigen Informationsfülle im Netz schnell den Überblick verlieren kann.
Folgende Arbeitsschritte erleichtern euch den Besuch im Internet:

1. Schritt
Wonach suche ich?

Findet heraus, nach welchen Begriffen, Personen, Orten oder Ereignissen ihr im Internet suchen wollt um den Arbeitsauftrag zu erfüllen. Notiert euch diese Schlagwörter um bei der online-Suche Zeit zu sparen.

2. Schritt
Wie finde ich die benötigten Informationen?

Ihr könnt eine offene Suche starten. Dazu benutzt ihr eine der bekannten Suchmaschinen wie www.yahoo.de, www.fireball.de, www.altavista.com oder eine Suchmaschine für deutsche Suchmaschinen www.metager.de o. a. Sie durchforsten in kurzer Zeit ihre Inhaltsverzeichnisse, ob sie Informationen zu eurem eingegebenen Stichwort beinhalten.
In den so genannten Katalogen www.lycos.de oder www.web.de findet ihr Verweise auf gesammeltes Wissen nach Oberbegriffen sortiert.
Es ist auch möglich, Kontakte über die Homepage eines Netzbetreibers wie T-Online oder AOL herzustellen.
Am besten ist es, wenn ihr eine konkrete Internetadresse für euer Thema habt (z. B. www.augsburg.de oder www.dreissigjaehrigerkrieg.de).
Sammelt diese Adressen in einem Ordner, damit ihr sie bei Bedarf schnell wieder findet. Ihr könnt sie für die häufige Nutzung auch als Lesezeichen (Bookmark) im Browser (Programm zum Betrachten von Seiten im Internet) eintragen.

3. Schritt
Wie recherchiere ich zeitsparend?

Wenn ihr mithilfe einer Suchmaschine oder über die direkte Internetadresse Erfolg hattet und die gewünschten Informationen gefunden habt, dann beginnt der eigentliche Teil der Arbeit.
Ihr könnt die gefundenen Informationen herunterladen und in einer normalen Textdatei speichern. Somit habt ihr später die Möglichkeit sie in Ruhe durchzuarbeiten. Beachtet, dass beim Herunterladen die Bilder einer Internetseite verloren gehen können.
Falls es nur wenige Informationen im Internet gibt, lest diese schnell durch und macht euch Notizen. Diese könnt ihr dann später bei der Bearbeitung eures Themas verwenden. Achtet auch auf Querverweise, so genannte Links und Hyperlinks, die es auf vielen Seiten im Netz gibt und die weitere Informationen für eure Arbeit liefern können. Notiert euch diese nützlichen Adressen. Für weitere Recherchen und für eure Adressensammlung zum Thema ist das sehr wichtig.

4. Schritt
Wie verarbeite ich die gefundenen Informationen?

Nicht alles, was ihr im Internet findet, wird euch bei der Bearbeitung eures Themas helfen. Es ist wichtig, wertvolle von unnötigen Informationen zu trennen.
Überlegt, was ihr mit dem gefundenen Material macht. Lest euren Arbeitsauftrag nochmals gründlich durch. Ihr könnt kurze Artikel oder eine Zusammenfassung mithilfe der im Netz gefundenen Informationen schreiben. Denkt auch an die Verwendung von gutem Bildmaterial aus dem Netz. Vielleicht bietet sich die Gestaltung einer kleinen Schautafel an.

Methode: Recherche im Internet

5. Schritt
War die Recherche nützlich?

Das Internet ist wie eine riesige Bibliothek, in der man sich auch verlaufen kann. Nicht immer ist eine Suche erfolgreich.
– Diskutiert, wie nützlich die Internetrecherche für die Bearbeitung eures Themas war.
– Überlegt, ob die Benutzung anderer Medien (Lexika, Fachbücher, Zeitschriften, Filme etc.) günstiger gewesen wäre. Schreibt euch diese kritischen Anmerkungen hinter die jeweiligen Internetadressen in eurem Ordner.
Falls eure Schule eine Homepage hat, könnt ihr über eure Recherche auch hier kurz berichten und die Ergebnisse zusammenfassen.
Gebt gute Internetadressen zu bestimmten Themen als Links an.

Auf den Spuren von Martin Luther
Nach diesen theoretischen Vorüberlegungen könnt ihr jetzt die Methode „Recherche im Internet" selbst anwenden.

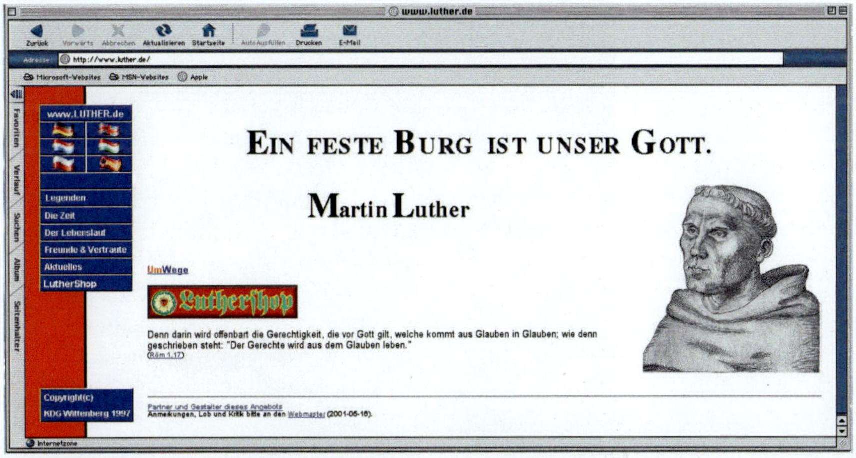

1 Sucht Informationen über den Privatmann Martin Luther und weit verbreitete Legenden über diesen Reformator im Netz.
2 Geht ins Internet und gebt die Adresse http://www.metager.de ein. Auf dieser Seite tragt ihr den Suchbegriff „Luther" in die Maske ein. Ihr erhaltet nach wenigen Sekunden eine Flut von Treffern bei den deutschen Suchmaschinen. Es würde viel Zeit kosten alles zu lesen.
Klickt auf www.luther.de. Diese Seiten könnten das Gesuchte beinhalten. Ihr seht beim Öffnen der Seite ein Inhaltsverzeichnis, das euch die Suche nach Informationen erleichtert.
3 Lest euch die angebotenen Materialien durch und entscheidet, welche ihr ausdrucken oder in einer Textdatei speichern wollt. Denkt daran, euch die Adresse zu notieren.
4 Sortiert die gefundenen Informationen: Welche informieren über den Privatmann Luther? Welche geben Auskunft über Legenden über Martin Luther?
5 Arbeitet in Kleingruppen zusammen um das Material zu sichten, auszuwerten und aufzuarbeiten. Denkt darüber nach, wie ihr die Informationen vorstellen könnt.
6 Geht nach den oben angegebenen Arbeitsschritten vor um eure Internetrecherche über Luther kritisch auszuwerten.

Von der Reformation zum Bauernkrieg

1 **Bauern beim Frondienst in der Scheuer (Scheune) eines Gutsherrn.** Kalenderbild für den Monat August von Hans Wertinger, um 1525.

„Als Adam grub und Eva spann, wo war denn da der Edelmann?" Holzschnitt zu einem Bauernlied, um 1525.

Unruhe auf dem Land und in den Städten

Immer breitere Kreise der Bevölkerung schlossen sich zwischen 1521 und 1524 der reformatorischen Bewegung an. In den Reichsstädten waren es oft als Erste die ärmeren Handwerker, die die Entmachtung und die Umgestaltung der Kirche verlangten. Häufig stellten sie noch weitergehende Forderungen: Der Zehnt und die Wucherzinsen sollten abgeschafft werden; auch müsse man die Macht der reichen Bürger, die in den Stadträten den Ton angaben, einschränken. Auch die Bauern fühlten sich durch den Erfolg der Reformation ermutigt für bessere Lebensbedingungen zu kämpfen.

Bereits 1520 hatte Luther eine Schrift veröffentlicht mit dem Titel „Von der Freiheit eines Christenmenschen". Der Christ – so hatte Luther geschrieben – sei im Glauben nur an das Wort Gottes gebunden, sonst aber ein freier Herr und niemandem untertan. Die unterdrückten Bauern bezogen diese religiöse Aussage auf ihr eigenes Leben. Nicht nur die Kirche müsse reformiert werden, auch ihr eigenes Leben sollte jetzt von Zwang und Willkür befreit werden.

1 *Fasst zusammen, womit die ärmeren Handwerker und Bauern unzufrieden waren.*

Die Lage der Bauern

Im Deutschen Reich lebten zur Zeit Luthers etwa 16 Mio. Menschen. Mehr als 12 Mio. davon waren Bauern. Ihre wirtschaftliche und rechtliche Situation hatte sich im 15. und 16. Jahrhundert drastisch verschlechtert.

Q1 In einem Bericht aus dem Jahr 1520 heißt es über die Lage der Bauern:

... Landleute heißen die, die das Land von Dorf zu Dorf und Hof zu Hof bewohnen und bebauen. Sie führen ein elendes und hartes Leben. Jeder von ihnen lebt demütig für sich, von anderen getrennt, mit seiner Familie und seinem Vieh. Ihre Wohnungen sind aus Lehm und Holz errichtete und mit Stroh bedeckte Hütten, die nur wenig über den Erdboden hervorragen.

Hausbrot, Haferbrei, gekochtes Gemüse sind ihre Speisen; Wasser und geronnene Milch ihre Getränke, ein leinener Kittel, ein Paar Stiefel, ein farbiger Hut ihre Kleidung. Die Leute stecken alle Zeit in Arbeit, Unruhe und

Von der Reformation zum Bauernkrieg

2 **Ein bewaffneter Bauer verhandelt mit seinem Grundherrn, einem Ritter.** Holzschnitt, 1521.

3 **Ein Bauer als Fahnenträger.**

Dreck. In die benachbarten Städte schleppen sie zum Verkauf, was sie von ihren Feldern und ihrem Vieh gewinnen. Sie selbst kaufen sich dort, was sie eben brauchen … Den Herren müssen die Bauern oftmals im Jahr dienen: Das Feld beackern, säen, ernten und die Frucht in die Scheuern bringen, Holz fällen, Häuser bauen, Gräben ausheben. Es gibt nichts, wovon die Herren nicht behaupten, dass das geknechtete und arme Volk es ihnen nicht schulde. Die Leute können auch nicht wagen einen Befehl nicht auszuführen, da sie dann schwer bestraft werden …

2 *Beschreibt die Tätigkeiten der Bauern in Abbildung 1 und Q 1. Überlegt, wogegen sich die Bauern wohl wehrten und warum ihnen Luthers Schrift dabei half.*

„Gott will's nicht länger haben!"

Immer wieder kam es im 15. Jahrhundert zu Bauernaufständen, vor allem im Südwesten Deutschlands. Dreimal hatte z. B. Joß Fritz, ein leibeigener Bauer des Bischofs von Speyer, Aufstände der Bauern organisiert. Das Losungswort der Bauern war: „Was ist das für ein Wesen? – Wir mögen von den Pfaffen genesen." Eine Fahne mit dem bäuerlichen Schuh, der mit langen Riemen geschnürt wurde, war das gemeinsame Zeichen der Bauern. Joß Fritz forderte die Abschaffung der Leibeigenschaft. Kirchen und Klostergüter sollten aufgeteilt werden, Wasser, Wald und Weide der Gemeinde sollten alle Bauern nutzen dürfen. Doch die Aufstandsversuche des Bundschuhs wurden verraten. Den Fürsten und Herren war es immer wieder gelungen, die örtlich begrenzten Aufstände niederzuschlagen. Dennoch warnte Luther die Fürsten vor der Unzufriedenheit der Bauern.

Q2 In einem Brief Luthers heißt es:

… Gott will's nicht länger haben! – Es ist nicht mehr dieselbe Welt wie früher, da ihr die Bauern wie das Wild jagen und treiben konntet. Darum lasst ab von eurem Frevel und eurer Gewalttat. Bemüht euch gerecht zu handeln und lasst Gottes Wort seinen Lauf nehmen …

Doch die Fürsten hörten nicht auf Luther. Sie waren völlig überrascht, als die Aufstände im Sommer 1524 begannen und sich über weite Teile des Deutschen Reiches ausdehnten.

3 *Wie wird das Verhalten von Fürsten und Herren durch Luther beurteilt?*

4 *Seht euch Abbildung 2 an. Überlegt, welches Gespräch zwischen dem Bauern und dem Ritter stattgefunden haben könnte.*

5 *Vergleicht die Abbildungen 2 und 3 mit der Abbildung 1. Betrachtet Haltung und Aussehen der Bauern.*

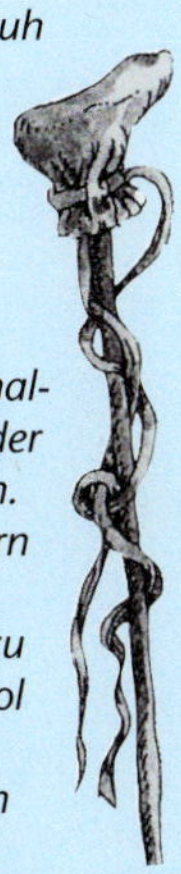

Der Bundschuh war die Fußbekleidung des gemeinen Mannes, während die Adligen Schnallenschuhe oder Stiefel trugen. Für die Bauern wurde der Bundschuh zu einem Symbol für ihren Kampf gegen das Unrecht.

Die Herren wollen Zeit gewinnen

1 Aufrührerische Bauern umringen einen Ritter. Holzschnitt von Hans Schäuffelein (1480 bis 1540).

Der Sturm bricht los

Der offene Aufruhr der Bauern begann 1524 im Südwesten Deutschlands. Seit der Jahreswende 1525 dehnten sich die Aufstände wie ein Flächenbrand über das Deutsche Reich aus. Die Herren waren überrascht. Frühere Erhebungen waren meist örtlich begrenzt gewesen. Daher wollten die Herren Zeit gewinnen und forderten die Bauern auf ihre Klagen schriftlich einzureichen.

Die zwölf Artikel der Bauernschaft

1524–1526: Großer Deutscher Bauernkrieg.

Die Bauern gaben über 300 Klageschriften ab. Die wichtigsten Forderungen fasste der Memminger Kürschnergeselle Sebastian Lotzer im Februar 1525 zusammen.

Q1 Aus den „12 Artikeln" des Sebastian Lotzer:

... 1. Unser demütig Bitte und Begehr (ist), dass ... jede Gemeinde ihren Pfarrer selbst wählen und auch wieder absetzen kann ...
2. Den Kornzehnten wollen wir gern geben ... Da man ihn Gott und den Seinen geben soll, gebührt er einem Pfarrer, so er das Wort Gottes klar verkündet. Was über bleibt, soll man teilen mit armen Bedürftigen, wenn solche im Dorfe vorhanden sind.
Den kleinen Zehnt (= Viehzehnt) wollen wir nicht geben, denn Gott der Herr hat das Vieh frei dem Menschen geschaffen.
3. Zum Dritten ist es bisher Brauch gewesen, uns als Leibeigene zu halten, was zum Erbarmen ist ... Es ergibt sich aus der Hl. Schrift, dass wir frei sind, und wir wollen es sein. Nicht, dass wir völlig frei sein und keine Obrigkeit haben wollen; das lehrt uns Gott nicht ...
5. Zum Fünften sind wir auch beschwert im Hinblick auf die Holznutzung. Denn unsere Herrschaften haben sich die Wälder alle allein zugeeignet. Unsere Meinung ist: Was es an Waldungen gibt, mögen sie nun Geistlichen oder Weltlichen gehören, das soll, wenn jene sie nicht gekauft haben, der ganzen Gemeinde wieder gehören.
Die weiteren Forderungen sind:
6. Die Frondienste müssen verringert werden.
7. Der Herr darf von den Bauern keine willkürlichen Dienste verlangen.
8. Zu hohe Pachtzinsen müssen ermäßigt werden.
9. Gestraft wird nach altem überlieferten Recht.
10. Auch die Allmende darf von allen genutzt werden.
11. Witwen und Waisen darf der Grundherr nichts von ihrem Erbe nehmen.
12. Sollte eine unserer Forderungen der Hl. Schrift widersprechen, wollen wir sie sofort fallen lassen ...

Die Bauern greifen zu den Waffen

Die Bauern ziehen in den Krieg

Die Bauern merkten schnell, dass die adligen Herren an ernsthaften Verhandlungen nicht interessiert waren. Sie griffen deshalb zu den Waffen. In Schwaben, im Elsass, in Franken und in Thüringen kam es zu blutigen Aufständen.

1 *Lest Q 1 und überlegt, welche ihrer Forderungen die Bauern in Abbildung 1 dem Ritter vorgetragen haben könnten. Arbeitet in Kleingruppen zusammen. Einer von euch übernimmt die Rolle des Ritters und versucht sich gegenüber den Forderungen der Bauern zu rechtfertigen. Spielt dieses Gespräch nach.*

2 *Vor allem der dritte und der letzte Artikel in Q 1 zeigen den Einfluss Luthers. Erklärt diese Behauptung.*

3 *Nennt mithilfe der Karte 3 die Zentren der Bauernaufstände und beschreibt den Verlauf des Bauernkriegs.*

2 **Bauern kämpfen mit Rittern.** Glasmalerei, 1525.

3 **Bauernaufstände und Bauernkrieg 1525.**

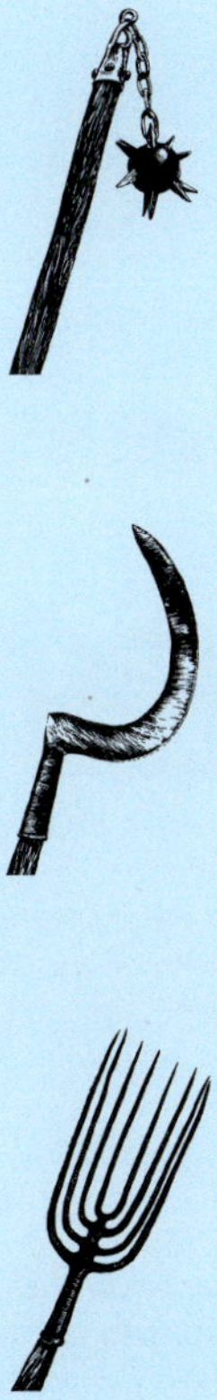

Waffen und Arbeitsgeräte, mit denen die Bauern kämpften.

Luther unterstützt die Herren

Auf ihrer Seite – so glaubten die Bauern – standen das Recht und Martin Luther. Doch Luther schwieg zunächst. Als er sich im April 1525 schließlich äußerte, waren die Bauern überrascht.

Q2 Luther äußerte zu den „12 Artikeln":

… Die 12 Artikel handeln alle von weltlichen, zeitlichen Dingen. Ihr sagt, dass ihr nicht länger Unrecht leiden wollt. Das Evangelium handelt nicht von diesen weltlichen Dingen. Ihr Bauern habt gegen euch die Hl. Schrift und die Erfahrung, dass ein Aufruhr noch nie ein gutes Ende genommen hat. Denkt an das Wort der Bibel (Matth. 26, 52): „Wer das Schwert nimmt, soll durch das Schwert umkommen." …

Nach weiteren bewaffneten Zusammenstößen veröffentlichte Luther im Mai 1525 eine zweite Schrift.

Q3 Aus Luthers Schrift „Wider die räuberischen und mörderischen Rotten der Bauern":

… Der Bauer führt das Schwert gegen Gottes Wort und Gehorsam. Er ist ein Glied des Teufels. Deshalb soll die Obrigkeit mutig vorstoßen und mit gutem Gewissen dreinschlagen. Darum, ihr lieben Herren: Steche, schlage, würge hier, wer kann. Bleibst du darüber tot – wohl dir! Einen seligeren Tod kannst du niemals erreichen, denn du stirbst im Gehorsam gegen das göttliche Wort …

4 *Vergleicht die verschiedenen Stellungnahmen Luthers (Q 2 auf S. 187, Q 2 und 3 auf dieser Seite) miteinander. – Sucht nach einer Erklärung für die unterschiedlichen Aussagen.*

Thomas Müntzer – Bauernführer mit Visionen

1 **Thomas Müntzer.** Zeichnung nach einem Stich von C. van Sichem, 1525.

Die ersten Pulvergeschütze gab es seit dem 14. Jahrhundert. Sie wurden aus Bronze gegossen oder aus Eisen geschmiedet.

Mai 1525:
Schlacht von Frankenhausen, Niederlage der Bauern, Hinrichtung Thomas Müntzers.

„Die Herren machen das selber, dass ihnen der arme Mann Feind wird"

Anders als Luther verhielt sich der Prediger Thomas Müntzer. Er stellte sich ganz auf die Seite der Bauern. In seinen Predigten forderte Müntzer zunächst die Errichtung des Reiches Gottes auf Erden. Ein „Bund der Auserwählten des Herrn", in dem Fürsten, Bürger, Bauern und Bergleute gemeinsam gegen das Böse kämpfen sollten, wurde von ihm vorgeschlagen. Die Fürsten aber verweigerten die Mitarbeit und bekämpften stattdessen Müntzers Lehren als Aufruhr. Müntzer predigte nun immer stärker für die einfachen Leute.

Q1 Den Bauern erklärte Müntzer die Ursache ihres Elends 1524:

… Sieh zu, die Grundsuppe des Wuchers, der Dieberei und Räuberei sind unsere Herren und Fürsten; sie nehmen alle Kreaturen als Eigentum: Die Fische im Wasser, die Vögel in der Luft, das Gewächs auf Erden muss alles ihrer sein. Darüber lassen sie dann Gottes Gebot ausgehen unter die Armen und sprechen: Gott hat geboten, du sollst nicht stehlen; es hilft ihnen aber nicht. So sie nun alle Menschen nötigen, den armen Ackersmann, Handwerksmann und alles, was da lebt, schinden und schaben, und wenn einer sich am Allergeringsten vergreift, so muss er hängen. Da sagt dann der Doktor Lügner (Luther) auch noch: Amen. Dabei machen die Herren das selber, dass ihnen der arme Mann Feind wird. Die Ursache des Aufruhrs wollen sie nicht wegtun, wie kann es auf die Dauer gut werden? Wenn ich das sage, muss ich aufrührerisch sein, wohlan …

1 *Sagt mit euren Worten, worin Müntzer die Ursache des Elends der Bauern sah.*

2 *Stellt fest, wie Müntzer zu Luther stand.*

Müntzer, Luther und der Thüringer Bauernhaufen

Wie ein Lauffeuer sprachen sich diese Lehren in Thüringen herum. Im April 1525 zog Müntzer mit 9000 Aufständischen durch das Land. Sie stürmten zahlreiche Kirchen, Klöster, Schlösser und Adelshöfe. Auch Martin Luther reiste durch die Aufstandsgebiete und versuchte vergeblich die Bauern zur Mäßigung aufzurufen. Er wurde sogar bedroht und entkam den wütenden Bauern nur mit Mühe.

Am 15. Mai 1525 kam es zwischen den Truppen der Fürsten und 6000 aufständischen Bauern unter der Führung Müntzers zur Schlacht bei Frankenhausen (siehe Karte 3, S. 189). Die Bauern konnten sich in ihrer Wagenburg und mit einfacher Bewaffnung nicht gegen die fürstliche Reiterei, die Landsknechte und den Kugelhagel der Geschütze behaupten. 5000 Aufständische starben, 600 gerieten in Gefangenschaft. Müntzer wurde festgenommen, gefoltert und öffentlich enthauptet.

2 **Mühlhausen wird vom Heer der Fürsten eingenommen. Die Aufständischen müssen den Schlüssel der Stadt übergeben.** Rekonstruktion.

Die Niederlage der Bauern

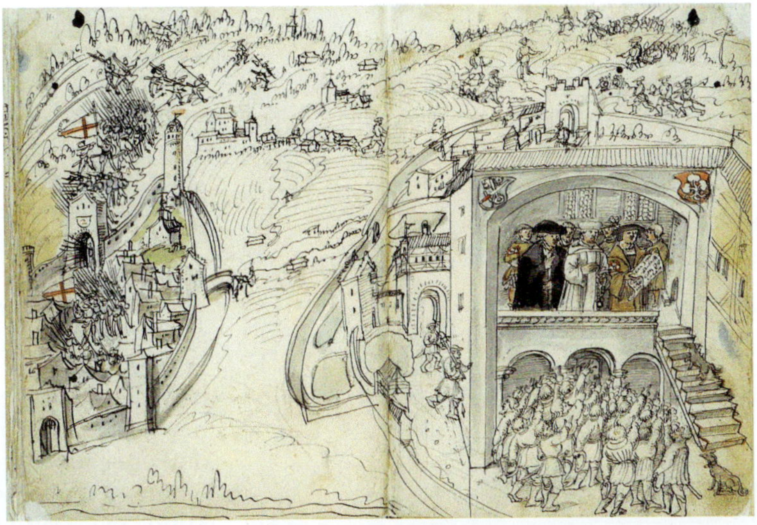

3 **Nachdem die aufständischen Bauern den Abt und die Mönche aus dem Kloster Weißenau vertrieben und das Kloster geplündert hatten, huldigten sie nach ihrer Niederlage im Bauernkrieg dem Abt, ihrem Grundherrn, wieder.**
Federzeichnung von Jakob Murer, 1525/26.

Mit Flugblättern und Liedern warben die Bauern für ihren Kampf:

Aufstehlied
Steh auf, gemeiner Mann!
Der Winter, der ist um.
Jetzt musst du ran, ran!
Jetzt hilft nicht Bitten, hilft nicht Beten,
Gerechtigkeit marschiert voran.
Steh auf, gemeiner Mann!
Da geht ein Frühlingswind.
Jetzt musst du ran, ran.
Dies ist des Glücksrads Stund und Zeit,
Gott weiß, wer oberst bleibt.

Das Ende des Krieges

Mehr als tausend Klöster, Burgen und Schlösser wurden von den Bauern niedergebrannt, geplündert und ausgeraubt. In Schwaben waren besonders die Klöster in Kempten, Ottobeuren, Elching und Irsee von der Zerstörungswut der Bauern betroffen. Es gelang ihnen zwar Dörfer und Städte zu erobern, aber die Herren organisierten ihre Kräfte und holten zum Gegenschlag aus.

Q2 Ein Adliger schrieb:

… Die Bauern sind Ungeheuer. Ich habe um meine Lachsforelle Sorge. Sonst bekümmert mich ihr Vorhaben nicht. Es muss gestraft werden. Wer die Bauern verschont, der zieht seinen Feind groß …

Die Fürsten nutzten die Schwächen der Aufständischen aus. Oft mangelte es den Bauernhaufen an einer klaren Führung, an geeigneten Waffen und an der Verbindung zu anderen Haufen um gemeinsam zu kämpfen. Die Aufstände der Bauern wurden entweder auf dem Verhandlungsweg beendet oder niedergeschlagen. So wurde der Baltringer Haufen im April 1525 bei Leipheim (siehe Karte 3, S. 189) aufgerieben. Im Juni endete der Bauernkrieg in Franken, nachdem es 20 000 Bauern nicht gelungen war die Festung Marienberg einzunehmen und 5000 von ihnen auf dem Schlachtfeld starben.

Nach wenigen Wochen und verlustreichen Kämpfen brach der Aufstand der Bauern 1525 weitestgehend zusammen. Nur in Tirol zogen sich die Kämpfe noch ein weiteres Jahr hin.

3 *Fasst die Gründe zusammen, die zur Niederlage der Bauern führten.*

4 *Erklärt, warum der Adlige in Q 2 sich für eine harte Bestrafung der Bauern ausspricht.*

Die Folgen des Krieges

Etwa 70 000 Bauern waren in den Kämpfen gefallen oder auf der Flucht umgekommen. Die überlebenden Bauern mussten an die Herren eine Entschädigung zahlen, ihre Anführer wurden hingerichtet. Um neuen Aufständen vorzubeugen untersuchte man einige Forderungen der Bauern genauer und beseitigte Missstände. Auf dem Reichstag in Speyer 1526 erging an die Grundherren die Ermahnung die Bauern so zu behandeln, wie es mit „Gewissen und göttlichem Recht und Billigkeit" zu vereinbaren sei. Doch die Geringschätzung des Bauernstandes verstärkte sich noch durch den erfolglosen Aufstand. Den Bauern standen 300 Jahre politische und soziale Rechtlosigkeit bevor. Die Landesherren konnten durch den Sieg über die Bauern ihre Stellung im Heiligen Römischen Reich Deutscher Nation festigen.

5 *Welche Folgen hatte die Niederlage für die Bauern? Betrachtet dazu auch Abbildung 3.*

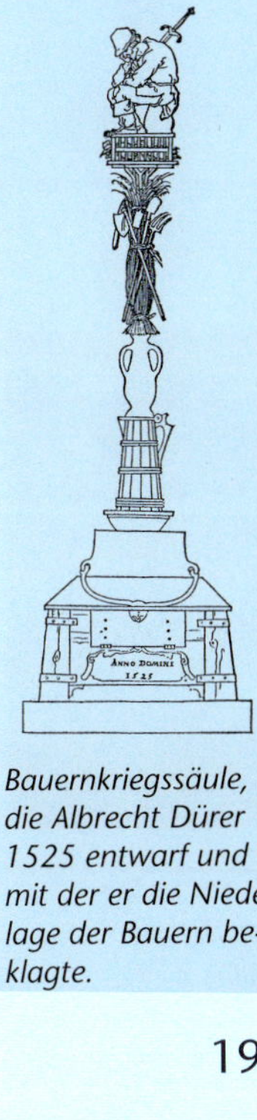

Bauernkriegssäule, die Albrecht Dürer 1525 entwarf und mit der er die Niederlage der Bauern beklagte.

Die Ausbreitung der Reformation

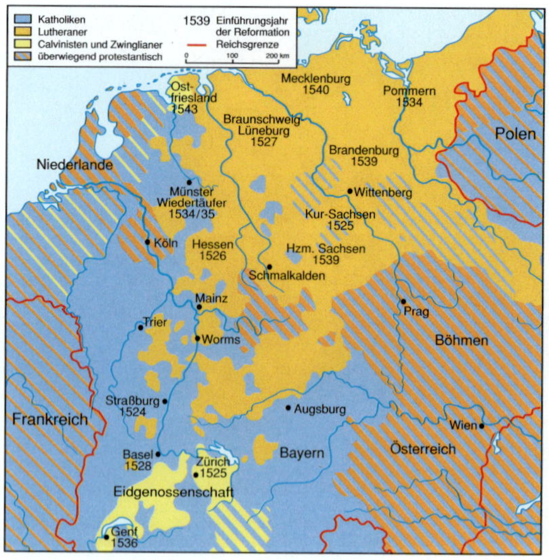

1 **Die Konfessionen in Deutschland und Mitteleuropa 1555.**

Die evangelische Ersatzkultur

Im Herzogtum Bayern konnte sich die Lehre Luthers auf Dauer nicht durchsetzen. In Franken und in Reichsstädten wie Augsburg, Nürnberg, Weißenburg, Kempten und Memmingen kam es zum Aufbau evangelischer Gemeinden.

In den fränkischen Markgrafschaften bekannten sich von 300 Geistlichen 220 zur neuen Ordnung und bauten die evangelischen Landeskirchen auf. Die Bischöfe von Würzburg und Bamberg begrüßten anfänglich die Kritik Luthers am so genannten Peterspfennig. Sie schlugen sich aber wenig später auf die Seite des Kaisers und förderten den Kampf gegen die Lehre Luthers.

Verbunden mit den neuen Ideen waren auch andere Anforderungen an den Gottesdienst und die Ausgestaltung der evangelischen Kirchen. Berühmte Künstler wie Lukas Cranach (Kronach), Tilman Riemenschneider (Würzburg) oder Albrecht Dürer (Nürnberg) gestalteten Gemälde und Altäre, die der neuen Lehre gerecht wurden. An die Stelle prunkvoller Messgeräte traten in den evangelischen Kirchen anfänglich Abendmahlskelche aus Holz oder Zinn. Als Ersatz für das Glockengeläut der katholischen Kirchen, das der Tageseinteilung der Menschen diente, wurden evangelische Kirchen mit Turmuhren ausgestattet.

1 *Fasst zusammen, wie auf Luthers Lehre im süddeutschen Raum reagiert wurde.*

2 *Vergleicht die Ausstattung evangelischer und katholischer Kirchen.*

Der gekaufte Thron

Als Maximilians Enkel Karl V. 1519 an die Macht kam, war er gleichzeitig König von Spanien. Ein Reich, in dem die Sonne niemals untergeht, so beschrieb Karl V. sein Herrschaftsgebiet.

Es war allerdings eine teure Angelegenheit gewesen den deutschen Königstitel zu erwerben. Für 825 000 rheinische Gulden, die ihm die Fugger und Welser aus Augsburg geliehen hatten, erkaufte sich Karl V. die Stimmen der Kurfürsten. Den Fürsten musste er ihre Vorrechte bestätigen.

3 *Erklärt mithilfe der Karte 1 auf Seite 168, was Karl V. damit meinte, dass in seinem Reich die Sonne nicht untergehe.*

Der Kaiser in Bedrängnis

Auf dem Reichstag 1521 in Worms hatte Karl V. geschworen die Einheit der Kirche zu erhalten. Er verteidigte den katholischen Glauben und verbot die Lehre Luthers als Ketzerei. Zahlreiche Landesfürsten und Reichsstädte gingen ihren eigenen Weg und befolgten seine Befehle nicht. Da Karl V. in den ersten Regierungsjahren ununterbrochen Krieg gegen Frankreich führte und es zu türkischen Angriffen im Osten des Reiches kam, reagierte er erst spät auf die Folgen der Reformation im Reich.

Auf dem Augsburger Reichstag 1530 forderte er von den protestantischen* Fürsten energisch die Rückkehr zum katholischen Glauben. Sie lehnten aber ab und legten dem Kaiser ihr Glaubensbekenntnis, die Augsburger Konfession, vor. 1531 bildeten sie zur Verteidigung ihres Glaubens und ihrer Fürstenrechte den Schmalkaldischen Bund.

4 *Fasst die wichtigsten Ereignisse, die zur Glaubensspaltung führten, zusammen und zählt die protestantischen Gebiete mithilfe der Karte 1 auf.*

protestantisch/ Protestanten*: *Auf den Reichstagen in Speyer 1526 und 1529 wurden die Reichsstände angehalten, das Wormser Edikt durchzusetzen. 1529 protestierten fünf Landesherren und 14 Reichsstädte gegen die Mehrheitsentscheidung. Von dieser Protestaktion leitet sich der Begriff „Protestanten" ab.*

Abendmahlskelch aus Holz.

Kaiser Karl V. *(1519–1556). Gemälde von Tizian, 1548.*

Konfessionen im Deutschen Reich

2 **Reichstag zu Augsburg 1530: Überreichung der Augsburgischen Konfession* an Kaiser Karl V.** Die Protestanten bekennen sich in dieser Schrift zur Glaubenslehre Luthers. Kupferstich, 1650.

Der Schmalkaldische Krieg

Karl V. musste jahrelang warten, bis er gegen seine Gegner vorgehen konnte. Doch 1545 entschloss er sich den Glaubensstreit militärisch zu beenden. Bei Mühlberg in Sachsen setzte er mit seiner Armee über die Elbe und besiegte die Truppen des Schmalkaldischen Bundes. Unerwartete Unterstützung erhielt der Kaiser bei seinem kurzen Feldzug von dem protestantischen Fürsten Moritz von Meißen. Der Fürst hatte es auf die Kurwürde seines Vetters Johann Friedrich in Wittenberg abgesehen, die ihm der Kaiser nach dem Sieg verlieh.

Der Augsburger Religionsfriede

Der Kaiser erließ eine Religionsordnung, die das Ziel hatte die Protestanten wieder in die katholische Kirche einzugliedern. Zugleich verlangte er die völlige Unterordnung der deutschen Fürsten unter seine Herrschaft. Daraufhin wechselte Kurfürst Moritz erneut die Seite. Unter seiner Führung und durch ein Bündnis der protestantischen Fürsten mit Frankreich (1552) gelang es Karls Gegnern, einen Überraschungsangriff zu starten und den Kaiser in die Flucht zu schlagen. Gedemütigt und enttäuscht überließ er seinem Bruder, König Ferdinand, die weiteren Verhandlungen. 1555 kam es auf dem Reichstag in Augsburg zur Einigung. Der Augsburger Religionsfriede legte fest:

- Das katholische und das lutherische Bekenntnis sind gleichberechtigt.
- Die Reichsstädte und Landesherren (Fürsten, Grafen und Städte) konnten wählen, ob sie den katholischen oder den lutherischen Glauben annehmen wollten.
- Die Untertanen mussten den Glauben ihres Landesherrn annehmen oder auswandern.

Karl V. hatte sein Ziel, die Einheit der Christenheit, nicht erreicht. 1556 dankte er ab und übertrug die Kaiserwürde seinem Bruder Ferdinand.

5 *Die außenpolitischen Probleme trugen zur innenpolitischen Niederlage Karls V. wesentlich bei. Beweist diese Aussage mithilfe des Textes.*

6 *Überlegt, welche Schwierigkeiten sich für den Einzelnen durch die Augsburger Regelung von 1555 ergaben.*

► ***Konfession*:*** *Glaubensbekenntnis.*

► ***1555:*** *Augsburger Religionsfriede.*

Die Reformation in der Schweiz

1 **Der Reformator Zwingli.** Gemälde.

2 **Der Reformator Calvin.** Gemälde.

1531:
Religiöse Kämpfe in der Schweiz zwischen Zwinglianern und Katholiken. Der Friedensschluss sichert allen Kantonen die freie Wahl ihrer Religion zu.

Zwingli – Reformator in Zürich

Luthers Schriften wurden in zahlreiche Sprachen übersetzt und seine Ideen fanden viele Anhänger. Auch in der Deutschschweiz fiel die Lehre Luthers auf fruchtbaren Boden. Ulrich Zwingli (1484–1531), der Pfarrer vom Großmünster in Zürich und ein Freund des Humanismus, übernahm viele Gedanken Luthers. Auch er ließ nur die Heilige Schrift gelten, lehnte die Berufung auf den Papst oder kirchliche Überlieferungen ab. Die kirchlichen Gebote und Bräuche verwarf er alle, besonders die damals sehr verbreiteten Wallfahrten, Prozessionen, Heiligen- und Reliquienverehrungen. Klöster wurden aufgelöst, Pfarrer durch die Gemeindemitglieder gewählt.
Er verlangte die Entfernung aller Bilder aus den Kirchen, da sie zum Götzendienst verleiten würden. Die volle Konzentration der Gemeindemitglieder sollte der Predigt und dem Gebet gelten, selbst der Gemeindegesang wurde abgeschafft. Der Rat der Stadt Zürich stimmte den Wünschen Zwinglis zu.

Q1 Über die Entfernung der Bilder im Sommer 1524 wurde berichtet:
... Die Entfernung sämtlicher Bilder aus allen Kirchen geschah in nur 13 Tagen. Ich meine, dass es ein großes Wunder und eine Gnade Gottes war, dass dies alles friedlich geschah und kein Aufruhr entstand, obwohl viele darüber traurig waren ...

Zwinglis Reform betraf auch das Privatleben. Ihm schwebte eine Verchristlichung der Gesellschaft vor. Der Lebenswandel der Bürger wurde vom Rat der Stadt überwacht.

Q2 Zwingli schrieb dazu 1530:
... Wir gebieten, dass jedermann ohne Ausnahme, der sich nicht durch Krankheit oder andere redliche Gründe bei der Gemeinde oder beim Pfarrer entschuldigen kann, alle Sonntage bei guter Zeit zur Kirche gehe und bis zu Ende verbleibe.
Kein Wirt darf Einheimischen an Sonn- und Feiertagen vor der Kirche Speise und Trank geben. Kein Einheimischer soll sich nachts nach 9 Uhr mehr im Wirtshaus finden lassen ...

1 *Nennt die wichtigsten Punkte der Kirchenreform Zwinglis.*
2 *Vergleicht die Reformgedanken Zwinglis mit denen Luthers.*

In den städtischen Regionen der Deutschschweiz fanden die Ideen Zwinglis Verbreitung, aber nicht auf dem Land. Im Bürgerkrieg gegen die katholische Innerschweiz starb Zwingli 1531.

Die Reformation erobert Europa

3 **Taufgottesdienst in einer calvinistischen Kirche in Lyon.** Gemälde, 1564.

Calvin und die „wahre Kirche" in Genf

Johannes Calvin (1509–1564) gilt neben Luther und Zwingli als der dritte große Reformator. Die Zwinglianer gründeten mit den Anhängern des Franzosen Calvin die evangelisch-reformierte Konfession. Zu den wesentlichen Gedanken der Lehre Calvins gehörten folgende:

- Gott habe aus der großen Zahl der Menschen einige auserwählt für die ewige Seligkeit, alle anderen Menschen für die ewige Verdammnis. Sichere Beweise für die Auserwählung sind Erfolg im Beruf und Ansehen (Prädestinationslehre; Prädestination = Vorherbestimmung).
- Gegen Herrscher, die das Evangelium unterdrückten und Gläubige verfolgten, haben die Gläubigen das Recht und die Pflicht aktiv Widerstand zu leisten.
- Die Gemeinden sollen ihre Pfarrer und die Kirchenleitung selbst wählen.

Da die französische Regierung keine Protestanten duldete, ging Calvin nach Genf. Ab 1541 sorgte er im Einvernehmen mit dem Genfer Stadtrat für eine besonders strenge Ordnung. Genf sollte zum „protestantischen Rom" werden. Verboten waren z. B.:

- Wirtshausbesuche und Tanzveranstaltungen, Würfel- und Kartenspiele, Familienfeste mit mehr als zwanzig Personen;
- das Kräuseln der Frisur bei den Frauen, lang gescheiteltes Haar bei den Männern, das Tragen von Schmuck.

Sogar die Kleidung der Frauen war vorgeschrieben. Ein Sittengericht überwachte die Einhaltung der Ordnung. Verstöße wurden hart bestraft. Als sich der Arzt Michael Servet öffentlich gegen die Kirchenordnung wandte, wurde er von Calvin angeklagt und 1553 in Genf hingerichtet.

3 *Beschreibt den Innenraum der calvinistischen Kirche in Abbildung 3.*

Die Ausbreitung des Calvinismus

Auch Calvin fand in Westeuropa zahlreiche Anhänger. In Schottland und England nannten sie sich Puritaner, in Frankreich wurden sie Hugenotten (= Eidgenossen) genannt.
Die französischen Könige fürchteten, durch die Einführung des Calvinismus werde die Einheit Frankreichs gefährdet. Die Hugenotten wurden daher von ihnen blutig verfolgt. Trauriger Höhepunkt war die so genannte Pariser Bluthochzeit: Während der Hochzeit des späteren fanzösischen Königs Heinrich IV. am 24. August 1572 in Paris wurden fast 20000 Hugenotten ermordet. Erst das Edikt von Nantes 1598 gewährte den Hugenotten fast 100 Jahre lang Schutz vor Verfolgungen. Aus Sicherheitsgründen blieb es ihnen aber verwehrt, Gottesdienste in Paris abzuhalten.

4 *Erklärt, worauf der Erfolg der Lehre Calvins und Zwinglis basierte.*

24.8.1572:
In Paris wurden fast 20 000 Hugenotten bei der so genannten Pariser Bluthochzeit ermordet.

Die katholische Kirche ergreift Gegenmaßnahmen

1 Das Konzil von Trient. Gemälde aus dem Frauenkloster St. Klara in Stans (Schweiz).
Die Konzilsväter (Bischöfe, Äbte, Kardinäle) bilden ein Halbrund. Hinter dem Kreuz sitzen auf erhöhten Bankreihen die Vertreter des Papstes. Über allen: Gottvater, der Heilige Geist in der Gestalt einer Taube und Jesus Christus.

1545–1563: *Konzil von Trient.*

„Luther – des Teufels Dudelsack". Spottbild auf Luther aus der Zeit der Reformation.

Das Konzil von Trient

Die Erfolge der Reformation veranlassten die katholische Kirche zu Gegenmaßnahmen. Der Papst berief deshalb 1545 eine große Kirchenversammlung, ein Konzil, nach Trient ein. Die Fürsten der evangelischen Länder, die Bischöfe ihrer Landeskirchen waren, hatten die Teilnahme abgelehnt. Sie erkannten nicht an, dass der Papst die höchste Gewalt in der Kirche behalten sollte.

Q1 Zu Beginn des Konzils ließ der Papst durch seinen Gesandten eine Botschaft verlesen:
… Es werden, um es kurz und bündig zu sagen, für das Konzil folgende Aufgaben gestellt: Die Ausrottung der kirchlichen Irrlehren, die Reform der kirchlichen Disziplin und Sitten, schließlich der ewige Friede der ganzen Kirche …

1 *Sagt mit euren Worten, welche Aufgabe das Konzil nach Meinung des Papstes hatte.*

Das Konzil dauerte mit Unterbrechungen 18 Jahre und traf eine Vielzahl von wichtigen, bis heute gültigen Entscheidungen. Einige Beschlüsse des Konzils von Trient lauteten:
- Nur der Papst ist berufen die Kirche zu leiten; Beschlüsse eines Konzils sind nur gültig, wenn sie der Papst verkündet und bestätigt.
- Nur die Kirche besitzt das Recht die Bibel auszulegen. Sie bestimmt, was unter dem rechten Glauben zu verstehen ist.
- Nicht nur durch den Glauben, sondern auch durch gute Werke kann ein Mensch sich die Gnade Gottes verdienen.
- Dem Missbrauch des Ablasses wird Einhalt geboten.
- Die Geistlichen haben ein Leben zu führen, wie es die Kirche vorschreibt.
- Ein Bischof darf nur ein Bistum innehaben. Die Bischöfe müssen innerhalb der Grenzen dieses Bistums wohnen.

2 *Versucht die Beschlüsse des Konzils zuzuordnen. Welche Beschlüsse betrafen*
- *die Stellung des Papstes,*
- *die Glaubenslehre,*
- *die Reform der Kirche?*

Die Jesuiten – Vorkämpfer der Gegenreformation*

2 **Papst Paul III. bestätigt den Orden der Gesellschaft Jesu (Jesuiten).** Ignatius von Loyola kniet vor dem Papst und nimmt die päpstliche Bulle in Empfang. Gemälde, 1540.

Die Jesuiten als „Soldaten Christi"

Die Beschlüsse des Konzils von Trient führte vor allem der Jesuitenorden durch. Die Jesuiten gelobten dem Papst und der katholischen Kirche unbedingten Gehorsam. Gründer des Ordens war der spanische Adlige und Offizier Ignatius von Loyola (1491–1556).

Q2 Ignatius gab 1545 folgende Ratschläge, mit deren Hilfe die Reformation zurückgedrängt werden sollte:

… Die Protestanten verstehen es, ihre falsche Lehre mundgerecht zu machen, indem sie ihre Lehren in den Schulen verkünden und kleine Heftchen unter das Volk bringen, die leicht zu verstehen sind. Somit wäre die Errichtung von Schulen vor allem dort, wo mit vielen Schülern gerechnet werden kann, das beste Mittel um der katholischen Kirche zu Hilfe zu kommen.

Wir müssen außerdem jegliche Habsucht unterlassen. Dann können wir den stärksten Angriffsgrund der Reformatoren entkräften, nämlich ihren Hinweis auf das unfromme Leben der Geistlichen …

Die Jesuiten gründeten Universitäten und Schulen, vorwiegend in der Nähe von Fürstenhöfen. Diese Gründungen dienten dem Ziel das öffentliche Leben mit katholischem Geist zu durchdringen. Wie erfolgreich das Wirken der Jesuiten war, zeigt ein Brief des Statthalters in den Niederlanden.

Q3 Er schrieb im Jahr 1580 an den spanischen König:

… Eure Majestät haben den Wunsch geäußert, dass ich in Maastricht eine Zitadelle* bauen lassen soll. Ich war der Meinung, dass eine Jesuitenschule viel geeigneter sei zur Verteidigung der Einwohner gegen die Feinde des Altars und des Thrones. Deshalb habe ich so eine Schule bauen lassen …

3 *Erklärt, durch welche Maßnahmen die Jesuiten die Reformation zurückdrängen wollten.*

4 *Besprecht, warum eine Jesuitenschule zur Verteidigung der Einwohner besser geeignet sein sollte als eine Zitadelle.*

Gegenreformation*: *Bezeichnung für die Maßnahmen der katholischen Kirche, die zur Zurückdrängung der Reformation dienen sollten.*

Die von den „Soldaten Christi" gegründeten Schulen zur Verbreitung des katholischen Glaubens und zur Ausbildung des Ordensnachwuchses hießen ***Jesuitenkollegien****. In Bayern, Schwaben und Franken gab es zahlreiche Schulen der Jesuiten (München, Augsburg, Mindelheim, Würzburg u. a.).*

Zitadelle*: *Festung innerhalb einer Stadt.*

1540: *Gründung des Jesuitenordens durch Ignatius von Loyola.*

Religiöse Intoleranz: ...

1 **Hexereivorstellungen: Teufelsbuhlschaft, Wetterzauber, Hexensabbat.**

Der Glaube an Hexerei und Zauberei war seit jeher unter den Menschen verbreitet. Schon aus dem Altertum sind Geschichten von Wetterzauber, Liebestränken, Heil- und Schadenszauber überliefert. Auch die Germanen und Kelten glaubten an magische Kräfte. Mit der Ausbreitung des Christentums wurde dieser Volksglaube sehr schnell als Aberglaube und Zauberei, sogar als Ketzerei, als Abfall vom rechten – christlichen – Glauben verdammt. Im späten Mittelalter artete diese Ablehnung in blutige Verfolgung aus, der Tausende zum Opfer fielen. Der Zerfall der mittelalterlichen Weltordnung, Hungersnöte, Seuchen, Kriege und nicht zuletzt die Glaubensspaltung hatten die Menschen zutiefst verunsichert. Sie fürchteten sich vor den Qualen des Fegefeuers und der Hölle und bangten um ihr Seelenheil, das durch die Allmacht des Teufels in Gefahr war.

Titelblatt des „Hexenhammers", erschienen 1519 in Nürnberg.

***Inquisitor*:** Richter eines katholischen Ketzergerichts.*

Die „Hexenlehre"

Diese Angst des Volkes vor dem Teufel wurde durch die Lehren der Kirche noch verstärkt. Eine neue Auffassung von Hexerei entstand. Früher hatte man geglaubt, dass magische Kräfte vererbt würden oder erlernbar seien. Nun ging man davon aus, das nur ein Vertrag mit dem Teufel Menschen übernatürliche Kräfte verleihen konnte. Das Verbrechen der Hexerei umfasste nach der neuen „Hexenlehre" folgende Vergehen:

- den Teufelspakt, bei dem Gott geleugnet und ein Bündnis mit dem Satan geschlossen wird;
- die Teufelsbuhlschaft, bei der eine sexuelle Vereinigung mit dem Teufel vollzogen wird;
- den Hexensabbat, an dem die Hexen und Hexer einmal im Jahr (in der Nacht des 30. April) mit dem Teufel ein ausschweifendes Fest feiern;
- den Hexenflug, mit dem die Hexen zum Hexensabbat gelangen;
- den Schadenszauber, durch den Mensch und Tiere geschädigt werden.

Der „Hexenhammer"

In der 1484 veröffentlichten „Hexenbulle" verdammte Papst Innozenz VIII. die „große Anzahl von Personen beiderlei Geschlechts", die vom katholischen Glauben abfielen und sich mit dem Teufel einließen um dadurch Zauberkräfte zu erlangen. Um diese wirksamer bekämpfen zu können ernannte er die Dominikanermönche Heinrich Kramer (= Institoris) und Jacob Sprenger zu Inquisitoren* für Deutschland. Diese gaben im 1487 erschienenen „Malleus maleficarum", dem so genannten Hexenhammer, genaue Anleitun-

... Hexenwahn und Hexenverfolgung

gen zum Ablauf von Hexenprozessen. Außerdem stellten sie erstmals die Frauen als Hauptverdächtige dar.

Q1 Aus dem Hexenhammer 1487:

... Bezüglich des ersten Punktes, warum in dem so gebrechlichen Geschlechte der Weiber eine größere Menge Hexen sich findet als unter den Männern ..., können wir bei genauerer Prüfung der Ursache ... sagen, dass, da sie in allen Kräften, der Seele wie des Leibes, mangelhaft sind, es kein Wunder ist, wenn sie gegen die, mit denen sie wetteifern, mehr Schandtaten geschehen lassen ...

Diese Mängel werden auch gekennzeichnet bei der Schaffung des ersten Weibes, indem sie aus einer krummen Rippe geformt wurde, d. h. aus einer Brustrippe, die gekrümmt und gleichsam dem Mann entgegen geneigt ist. Aus diesem Mangel geht auch hervor, dass, da das Weib nur ein unvollkommenes Tier ist, es immer täuscht ...

Auch die Etymologie* des Wortes sagt: Das Wort „femina“ nämlich kommt von „fe“ und „minus“ (fe = fides = Glaube, minus = weniger, also femina = die weniger Glauben hat). Also schlecht ist das Weib von Natur, da es schneller am Glauben zweifelt, auch schneller den Glauben ableugnet, was Grundlage für die Hexerei ist ...

1 *Findet heraus, warum die Frauen der Meinung der Autoren nach anfälliger für die Hexerei sind.*

2 *Gebt an, wie die Verfasser die angebliche Schlechtigkeit der Frauen begründen.*

3 *Überlegt, woher diese Einstellung Frauen gegenüber kommen könnte.*

Der Ablauf der Hexenprozesse

Die Prozesse gegen die Hexen führte die weltliche Macht, die dazu verpflichtet war, die Kirche im Kampf gegen die Ketzerei zu unterstützen. Sie hatte auch die Urteile zu vollstrecken, wenn die Inquisitoren die Angeklagten für schuldig befunden hatten. Grundlage für die Prozessführung und Strafzumessung war seit 1532 die Peinliche Gerichtsordnung Karls V, das erste allgemeine Strafgesetzbuch für Deutschland. In vielen Fällen genügte

2 Verbrennen der an einer Leiter festgebundenen Anne Heinrichs 1571 in Amsterdam. Illustration von Jan Luyken, 1685.

schon eine anonyme Anzeige, damit ein solcher Hexenprozess in Gang kam. Die Beschuldigten wurden sofort gefangen genommen und in den Kerker geworfen. Im Prozess wurden die Angeklagten nach einem festgelegten Fragenkatalog verhört. Stritten sie die Verbrechen ab, wurden sie der Folter und so genannten Hexenproben* unterzogen. Unter unsäglichen Qualen gestanden die meisten die Vorwürfe der Anklageschrift und nannten darüber hinaus noch die geforderten „Mittäter“ ihrer Untaten. Damit kam ein Teufelskreis in Gang, der immer neue Verfahren nach sich zog, ja, zum Teil regelrechte Verfolgungswellen auslöste. Überstanden Angeklagte die Folter ohne Schuldbekenntnis, waren sie frei. Alle anderen wurden zum Tod durch Verbrennen verurteilt. Drei Viertel aller Hingerichteten waren Frauen, ein Großteil Außenseiterinnen, alte und verwitwete Frauen. Auch so genannte weise Frauen (Hebammen und heilkundige Frauen) waren besonders gefährdet wegen Hexerei angeklagt und verurteilt zu werden. Gerade in Krisenzeiten wurden Personen, die niemand hatten, der sich in der Gesellschaft schützend vor sie stellte, schnell für Unglück oder Leid verantwortlich gemacht und der Hexerei verdächtigt. Oft reichte schon üble Nachrede um einen Prozess mit tödlichem Ausgang auszulösen.

Etymologie*: *Lehre vom Ursprung der Wörter.*

Hexenproben*:

Wasserprobe:
Eine „Hexe“ wird gefesselt ins Wasser geworfen. Wenn sie nicht untergeht, ist der Beweis erbracht, dass sie mit dem Teufel im Bunde ist.

Nadelprobe:
Alle Muttermale am Körper eines Angeklagten werden aufgestochen. Bluten sie nicht, hat er ein Hexenmal und ist schuldig. Bluten sie, wird ihm unterstellt, er hätte sich vom Teufel kein Hexenmal machen lassen.

Wiegeprobe:
Das Gewicht einer „Hexe“ wird geschätzt, dann wird sie gewogen. Wenn sie deutlich leichter ist, ist sie des Verbrechens überführt.

Hexenwahn und Hexenverfolgung

1 **Hexensabbat, Gerichtsverhandlung und anschließende Verbrennung.** Kolorierte Zeichnung in der Nachrichtensammlung des Johann Jakob Wick, 1568.

Lesetipp:

Ingeborg Engelhardt: Hexen in der Stadt. dtv, München 1979.

Leif Esper Andersen: Hexenfieber. dtv, München 1979.

Widerstand gegen die Hexenprozesse

Als einer der ersten Gegner der Hexenprozesse veröffentlichte der Jesuit Friedrich von Spee anonym eine Kritik an den bestehenden Verhältnissen.

Q1 Friedrich von Spee schrieb 1631:

… Häufig sind die Richter, denen die Hexenprozesse anvertraut werden, schamlose, niederträchtige Menschen; die Folter wird oft übermäßig und grausam angewandt; viele Indizien sind unzuverlässig und gefährlich … Man kann nicht alles Ärgernis aus der Welt schaffen, man muss vieles geschehen lassen, was sich nicht gut ändern lässt. Es ist besser, dreißig und noch mehr Schuldige laufen zu lassen, als auch nur einen Unschuldigen zu bestrafen … Die Gefolterten sagen zu allem ja, und weil sie dann nicht zu widerrufen wagen, müssen sie alles mit dem Tode besiegeln …

1 *Fasst die Gründe zusammen, die Friedrich von Spee gegen die Prozesse vorbringt.*

2 *Überlegt, warum der Autor seine Kritik anonym veröffentlichen ließ.*

Friedrich von Spee war vermutlich selbst bei Hexenprozessen anwesend und kannte wohl Prozessakten solcher Verfahren. Seine Schrift „Cautio Criminalis" erschien, als die letzte große Verfolgungswelle in Europa (1560 bis 1690) gerade auf dem Höhepunkt angelangt war. Er versuchte aufzuzeigen, wie wertlos durch Folter und Hexenproben erlangten Indizien tatsächlich waren. Die Abhandlung wurde europaweit bekannt und trug mit dazu bei, dass die Hexenprozesse nach und nach eingestellt wurden. Als 1782 in der Schweiz die letzte Hexenverbrennung stattfand, waren in Europa seit dem 15. Jahrhundert etwa 100 000 Menschen dem Hexenwahn zum Opfer gefallen. Davon hatten allein im Deutschen Reich geschätzte 30 000 Männer, Frauen und sogar Kinder ihr Leben gelassen.

Methode: Ein Museum erkunden

Bei der Erarbeitung der Geschichte der Hexenverfolgung waren sicher viele von euch entsetzt darüber, wie diese Hexenprozesse abgelaufen sind. Um diese Form der Rechtsprechung besser verstehen zu können bietet sich ein Besuch im Mittelalterlichen Kriminalmuseum Rothenburg an. Dort haben Wissenschaftler Urkunden, Bücher, Münzen und viele andere Gegenstände zusammengetragen, die die Entwicklung des Rechts in Deutschland vom frühen Mittelalter bis ins 19. Jahrhundert aufzeigen. Der Hexenverfolgung ist sogar eine eigene Ausstellung gewidmet. Wenn ihr das Museum erkundet, erfahrt ihr Einzelheiten über den Ablauf des mittelalterlichen Strafprozesses, seht ihr Folterinstrumente und Geräte zum Vollzug der Leibes- und Lebensstrafen. Dabei wird erklärt, welche Bedeutung die Folter im Prozess hatte und welchen Symbolcharakter die einzelnen (Todes-)Strafen hatten. Auch Geräte, die zum Vollzug von Ehrenstrafen dienten (Halsgeigen, Schandmasken und Pranger) sind ausgestellt.
In der Sonderausstellung „Die Maleficia der Hexenleut" geht ihr dem Phänomen der Hexerei auf den Grund. Vieles, was ihr bereits im Unterricht erarbeitet habt, der Hexenprozess, die „Hexenlehre", der „Hexenhammer" usw. wird euch hier wieder begegnen.
Ob ein Besuch langweilig und ermüdend oder interessant und spannend verläuft, hängt vor allem von einer guten und sorgfältigen Planung ab.
Ihr bereitet den Museumsbesuch am besten schrittweise vor:

1. Schritt
Planung und Organisation

- Legt einen Tag für den Museumsbesuch fest.
- Erkundigt euch bei der Informationsstelle des Museums über die Öffnungszeiten, Eintrittspreise und mögliche Führungen. Dazu wendet ihr euch an das
Kriminalmuseum
Burggasse 3–5
91541 Rothenburg
e-mail: info@kriminalmuseum.rothenburg.de
http://www.kriminalmuseum.rothenburg.de
- Informiert euch über Anreisemöglichkeiten, Fahrzeiten und Fahrkosten.

2. Schritt
Inhaltliche Vorbereitung

- Sucht im Internet nach Informationen über Themen und Ausstellungen des Museums.
- Erarbeitet einen Fragenkatalog, z. B.: Welche Folterinstrumente gab es? Wie lief ein Hexenprozess ab? Welche Strafen wurden für die verschiedenen Verbrechen verhängt?
- Überlegt, auf welche Weise ihr eure Arbeitsergebnisse festhalten wollt (Notizen, Zeichnungen, Fotos, Videoaufzeichnungen …).

3. Schritt
Durchführung

- Verschafft euch zu Beginn des Besuchs einen Überblick über den Aufbau des Museums.
- Nehmt an einer Führung teil.
- Füllt angebotene Arbeitsbögen aus.
- Erschließt in kleinen Gruppen ausgewählte Themenbereiche.

4. Schritt
Auswertung der Arbeitsergebnisse

- Vergleicht eure Aufzeichnungen und ergänzt eventuell noch fehlende Informationen (Lexikon, Museumsführer …).
- Fertigt eine Wandzeitung für das Klassenzimmer an.
- Schreibt einen Bericht für die Schülerzeitung.

Der Dreißigjährige Krieg

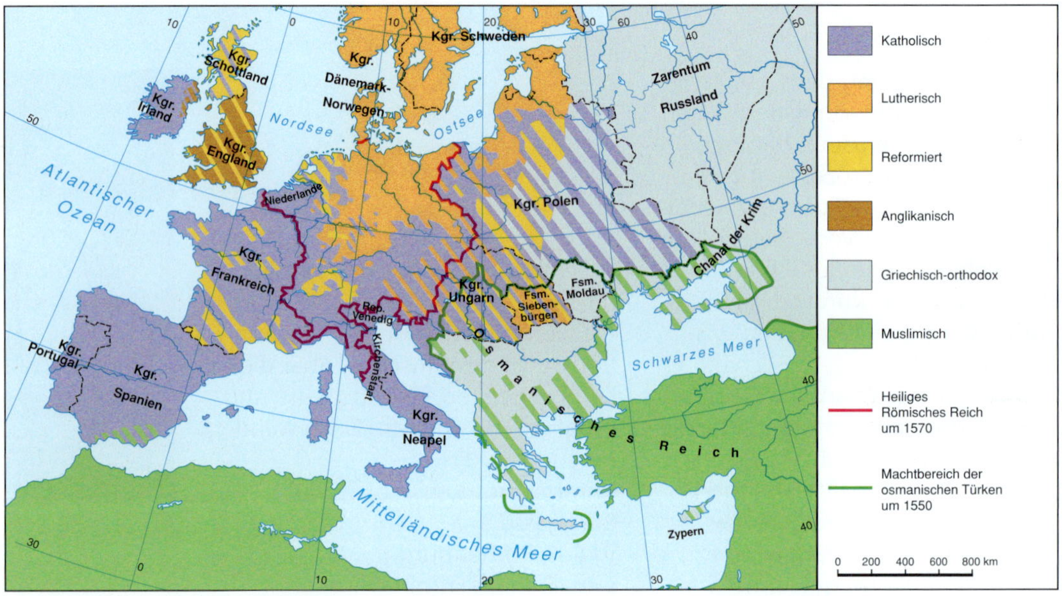

1 Staaten und Konfessionen in Europa um 1570.

Augsburg bringt keinen Frieden

Im Frieden von Augsburg wurden 1555 Lutheraner und Katholiken als gleichberechtigt anerkannt. Doch das Misstrauen blieb auf beiden Seiten bestehen. Vor allem die in Europa vorherrschenden katholischen Habsburger versuchten die protestantischen Gebiete ihres Reiches wieder zu katholisieren. Typisch für die Stimmung im Deutschen Reich waren die Vorgänge in Donauwörth im Jahr 1607.

M1 In einem Bericht aus heutiger Zeit heißt es über die Vorgänge in Donauwörth:
... Donauwörth war eine freie Reichsstadt mit etwa 4000 Einwohnern, von denen sich nur noch wenige zum katholischen Glauben bekannten. Als im April 1607 die kleine katholische Gemeinde am Fronleichnamsfest in feierlicher Prozession durch die Straßen der Stadt zog, wurde sie von den protestantischen Bürgern behindert. Der Kaiser verhängte daraufhin die Reichsacht über die Stadt. Er beauftragte den bayerischen Herzog Maximilian* mit der Durchführung. Die Stadt wurde erobert, die evangelischen Bürger gezwungen katholisch zu werden oder auszuwandern. Die protestantische Pfarrkirche erhielten die Jesuiten ...

1 *Überlegt, wie der Kaiser die Verhängung der Reichsacht begründet hat. Nehmt Stellung zu dieser Maßnahme aus der Sicht eines protestantischen Bürgers von Donauwörth.*

Katholische Liga und protestantische Union

Durch dieses Vorgehen des Kaisers und Herzog Maximilians fühlten sich die Protestanten in ganz Deutschland bedroht. Die evangelischen Fürsten schlossen sich daher 1608 zur Verteidigung ihrer Interessen in einem Bündnis, der Union, zusammen. Nur ein Jahr später bildeten die katholischen Fürsten, Bischöfe und Äbte ein Gegenbündnis, die Liga. Katholische und evangelische Fürsten standen sich nun, tief verfeindet, gegenüber.
Der Streit um Glaubensfragen war zu einem Machtkampf zwischen dem katholischen Kaiser und den evangelischen Landesfürsten geworden. Es ging jetzt weniger um Glaubensfragen, als darum, ob der Kaiser oder die Fürsten in Deutschland die Politik bestimmten. Auch die europäischen Könige ergriffen Partei. Das katholische Frankreich unterstützte aus Furcht vor dem Kaiser die Union. Spanien unterstützte die Liga aus Feindschaft gegen Frankreich.

2 *Tragt in einer Tabelle in eurem Heft ein, wie Europa konfessionell aufgeteilt war.*

► ***Maximilian I.****, *bayerischer Herzog (1597 bis 1651): Er machte Bayern zur katholischen Vormacht im Reich. Er unterstützte die Arbeit der Jesuiten und erhob Maria zur Schutzpatronin Bayerns.*

1608/09:
Gründung der Union durch die protestantischen Fürsten und Gründung der katholischen Liga.

Lesetipp:
Tilman Röhrig: In 300 Jahren vielleicht. Würzburg: Arena 1999.

Fundgrube:
Das Zeitalter des Dreißigjährigen Krieges. Alltagsleben und Fortschritt in Jahren des Umbruchs. CD-ROM. MicroMediaArts, Köln.

Ein folgenreicher Fenstersturz

2 **Der Prager Fenstersturz.** Gemälde von Wenzel v. Brozik, 1889.

1618: Prager Fenstersturz. *Er ging für die kaiserlichen Beamten zwar glimpflich aus, wurde aber zum zündenden Funken für den Dreißigjährigen Krieg.*

Der Ausbruch des Krieges

Böhmen mit seiner Hauptstadt Prag zählte zu einem der reichsten Länder des Habsburgerreiches. Die Bevölkerung war überwiegend protestantisch, ihr König, der Habsburger Ferdinand II., dagegen katholisch. Vor der Krönung musste Ferdinand brieflich zusichern, dass er den böhmischen Ständen die Religionsfreiheit gewährt. Doch tatsächlich hielt sich Ferdinand nicht an diese Zusage und so begannen die böhmischen Adligen gegen den König zu rebellieren. Ausgangspunkt war ein harmloser Zwischenfall.

Im Jahr 1617 errichteten Protestanten eine Kirche auf einem Grundstück, das Katholiken gehörte. Es kam zu einem Prozess, den die Protestanten verloren. Die Kirche musste 1618 wieder abgerissen werden. Voller Empörung drangen protestantische Adlige daraufhin in den Hradschin, die königliche Burg in Prag, ein. Im Verlauf eines hitzigen Wortgefechts wurden zwei hohe Beamte und deren Sekretär aus dem Fenster geworfen. Sie stürzten siebzehn Meter tief in den Burggraben, doch sie landeten auf einem Misthaufen und blieben unverletzt. Aber die Spannungen zwischen König Ferdinand II. und Böhmen nahmen seit diesem Vorfall immer mehr zu.

Im folgenden Jahr wurde Ferdinand II. zum deutschen Kaiser gewählt. Die böhmischen Stände setzten den katholischen Kaiser Ferdinand als König von Böhmen ab. An seiner Stelle wählten sie Kurfürst Friedrich von der Pfalz, den Führer der Union, zu ihrem König. Friedrich nahm die Wahl an und bezog die Residenz in Prag. Kaiser Ferdinand, der um sein Ansehen und seine Macht bangte, gab die Parole aus: „Ich will lieber ein verwüstetes als ein verdammtes Land." Mit dem Kampf um die Vorherrschaft in Böhmen begann ein Krieg, der dreißig Jahre dauern und ganz Europa in Mitleidenschaft ziehen sollte.

3 *Betrachtet die Abbildung 2 genau. – Überlegt, was die Beamten und der Sekretär dem Kaiser über die böhmischen Adligen berichtet haben könnten.*

4 *Unterscheidet zwischen der Ursache und dem Anlass des Krieges.*

5 *Fertigt in den nächsten Wochen eine Wandzeitung für euer Klassenzimmer an unter dem Thema: Religionskriege heute. – Erklärt mithilfe von Bildern und Texten, bei welchen Kriegen auch religiöse Fragen eine wichtige Rolle spielen.*

1619–1637:
Kaiser Ferdinand II.

Der Verlauf des Krieges

1 **Die Schlacht am Weißen Berg bei Prag 1620. Die kaiserlichen Truppen schlagen die böhmische Armee.** Gemälde, 17. Jahrhundert.

Tilly*: *Feldherr der Liga und ab 1630 auch der kaiserlichen Truppen. Er starb 1632 in der Schlacht bei Rain am Lech.*

► Etappen des Dreißigjährigen Krieges:

1618–1623: Böhmisch-Pfälzischer Krieg.

1625–1629: Niedersächsisch-Dänischer Krieg.

1630–1635: Schwedischer Krieg.

1636–1648: Schwedisch-Französischer Krieg.

Kriege überziehen das Land

Unter der Führung des bayerischen Feldherrn Tilly* zogen die Truppen der Liga und des Kaisers gegen das böhmische Heer zu Felde. Mit der Schlacht am Weißen Berg bei Prag endete 1620 der Kampf um Böhmen. Friedrich von der Pfalz erlitt durch die Truppen der Liga eine vernichtende Niederlage. Sie verfolgten den König, der nur einen Winter lang regierte („Winterkönig") bis in die Pfalz, die sie in den Jahren 1621 bis 1623 verwüsteten. Nach dem Sieg der kaiserlichen Truppen wurden böhmische Aufständische 1621 in Prag hingerichtet und ihr Besitz beschlagnahmt. Katholische Adlige kauften ihn billig auf. Besonders Bayern hatte den Kaiser im Kampf gegen Böhmen unterstützt. Als Belohnung erhielt der Herzog die ersehnte Kurwürde.

Nun stellte sich der dänische König Christian IV. an die Spitze der Protestanten. Er marschierte 1625 mit seinen Soldaten nach Norddeutschland, wurde aber nahe Goslar von den Truppen der Liga besiegt. Die Armeen Tillys und Wallensteins (siehe S. 205) eroberten bis 1630 ganz Norddeutschland.

1629 erließ Kaiser Ferdinand II. das Restitutionsedikt. Darin wurde die Rückgabe aller von den Protestanten ab 1552 eingezogenen Kirchengüter gefordert.

Um die Protestanten zu unterstützen und seine Interessen im Ostseeraum zu verteidigen griff nun der schwedische König Gustav Adolf in den Jahren 1630–1635 in die Kämpfe ein. Er drang bis nach Bayern vor und marschierte 1632 in München ein. Um Plünderungen zu vermeiden zahlte die Stadt etwa 300 000 Gulden. Beim Rückzug nach Sachsen fiel Gustav Adolf in der Schlacht bei Lützen.

1636 bis 1648 kämpfte das katholische Frankreich, das vorher die Protestanten schon finanziell unterstützt hatte, auf der Seite Schwedens. Frankreichs Ziel war es, Kaiser Ferdinand II. so zu schwächen, dass der französische König zum mächtigsten Herrscher Europas wurde.

1 *Beschreibt mithilfe der Abbildung 1 die Kampftaktik des Krieges.*

2 *Informiert euch in einem Lexikon und fertigt eine Übersicht an, in die ihr die Kriegsziele, Kriegsetappen, Kriegsgegner, Kriegsschauplätze und die jeweiligen Sieger eintragt.*

Der Krieg ernährt den Krieg

2 **Die Ermordung Wallensteins am 25. Februar 1634 in Eger.** Kolorierter Kupferstich von Matthäus Merian.

Der Krieg als Geschäft – ein Feldherr als Geschäftsmann

Die meisten Länder waren nicht in der Lage Armeen aufzustellen. Diese Aufgabe übernahmen vielmehr Heerführer, die Söldner anwerben ließen. Werbeoffiziere zogen durch die Orte und suchten nach geeigneten Männern, die ins Heer eintreten wollten. Fußsoldaten wurde ein Anlaufgeld und Berittenen ein Anreitgeld gezahlt. Reiche Beute und Abenteuer wurden versprochen. Je mehr Rekruten ein Offizier werben konnte, desto höher war seine Prämie. Die Soldaten wurden mit Waffen ausgestattet (Pike, Degen, Hellebarde, Muskete) und an Fürsten oder Könige für viel Geld vermietet. Für den Sold, die Verpflegung und das Quartier der Truppen musste das Land, in dem die Truppen lagen, aufkommen. Während der Feldzüge durften die Söldner zur eigenen Versorgung plündern und sie machten dabei keinen Unterschied zwischen Freund und Feind. Gebiete, die verschont blieben, mussten Tribute zahlen. Die hohen Kriegskosten führten zu einer Inflation. Der Edelmetallgehalt der Münzen sank und die Preise für Lebensmittel stiegen.

Der bekannteste Kriegsunternehmer war Albrecht von Wallenstein. Seine Armee zählte bis zu 100 000 Soldaten. Nach der Niederschlagung des protestantischen Aufstands in Böhmen erwarb er zu Schleuderpreisen riesigen Grundbesitz aus den beschlagnahmten Gütern der hingerichteten und vertriebenen Adligen. 1623 besaß er bereits ein Herrschaftsgebiet, das ungefähr ein Viertel des Königreichs Böhmen umfasste. Misstrauen, Neid und Unverständnis gegenüber den Entscheidungen Wallensteins führten 1634 dazu, dass Wallenstein von seinen eigenen Offizieren in Eger ermordet wurde.

3 *Erklärt, was mit dem Ausspruch „Der Krieg ernährt den Krieg" gemeint war.*

Werbetrommler lockten die Armen in die Söldnerarmeen.

Waffen und Ausrüstung:

Musketier mit Muskete und Stützgabel.

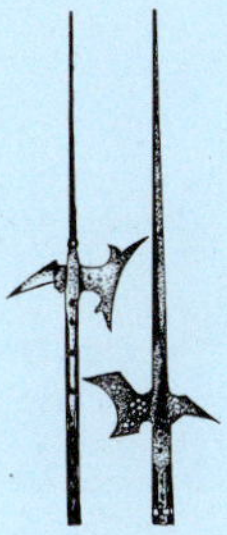

Hellebarde.

Reiterharnisch.

Der Kriegsalltag

Kinderlieder aus dem Dreißigjährigen Krieg:

Maikäfer, flieg!
Dein Vater ist im Krieg.
Mutter ist im Pommerland,
Pommerland ist abgebrannt.
Maikäfer, flieg!
(norddeutsch)

Der Schwed is komme,
Hat alles mitgenomme,
Hat d'Fenster eingschlage
Und's Blei davontrage,
Hat Kugle draus gosse
und d'Bauer tot gschosse.
Bet, Kindle, bet,
Jetzund kommt der Schwed.
(badisch)

Soldaten überfallen Frauen.

Ein Krüppel der Nachkriegszeit.

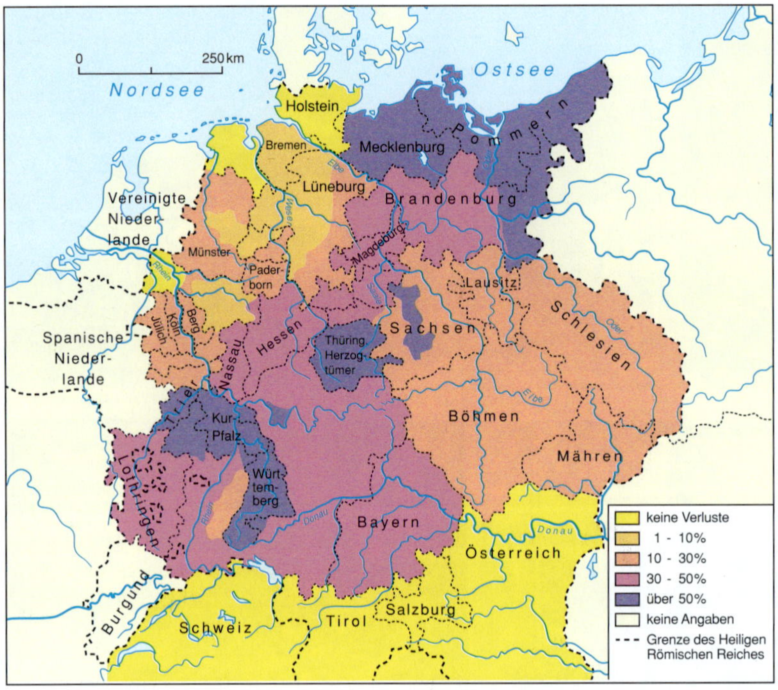

1 Bevölkerungsverluste im Dreißigjährigen Krieg.

Die Leiden der Bevölkerung

Fast 30 Jahre lang zogen deutsche, dänische, schwedische und französische Truppen durch Deutschland, folterten, mordeten, vergewaltigten, plünderten, steckten Dörfer und Städte in Brand. Sie handelten nach dem Motto: „Nehmen wir's nicht, so nimmt's der Feind." Der tägliche Kampf ums Überleben führte zu einer völligen Verwahrlosung und Verrohung unter den Soldaten und unter der Bevölkerung. Die Folgen waren grausam.

Q1 Aus der Beschreibung des Albrecht Sachs:
... Der wirtschaftliche Niedergang, ja Untergang der meisten deutschen Städte war aber nicht allein durch Brandschatzung, Plünderung und Brand hervorgerufen, sondern ebenso sehr, wenn nicht mehr, durch Hunger und Seuchen. Sie wüteten in ihren Mauern entsetzlicher als Kugel und Schwert. In Augsburg schoss man bei einer Belagerung 1634 jeden Vogel aus der Luft, der zur Stadt flog. Als alle gewöhnlichen Nahrungsmittel aufgezehrt waren, verkaufte man auf den öffentlichen Brücken Fleisch von Hunden, Pferden, Katzen. Die armen Leute, denen auch das noch zu kostbar war, kochten sich Leder, speisten Ratten und Mäuse. Der wütende Reiz des Hungers vertilgte zuletzt den Schauder vor faulendem Aas und die Gier verschmähte selbst das Fleisch menschlicher Leichname nicht. Es wandelten lebendige Gerippe in verblichener Menschengestalt auf den Gassen und priesen das Glück der Toten ...

Krankheiten und Seuchen breiteten sich aus und kosteten mehr Menschen das Leben als die Kriegshandlungen selbst. 1634 starb ein Drittel der Bevölkerung von München an der Pest. Die Einwohnerzahl von Augsburg sank von 45 000 im Jahr 1618 auf 16 432 im Jahr 1635. Man schätzt heute, dass etwa 40 Prozent der Dorfbewohner dem Krieg, Hunger und Seuchen zum Opfer gefallen sind.

1 *Beschreibt mithilfe des Textes und der Abbildungen auf dieser Seite die Leiden der Bevölkerung.*

2 *Erkundigt euch in einem Museum, ob es in eurer Heimat Spuren des Dreißigjährigen Krieges gibt. Bereitet gegebenenfalls eine Ausstellung (zur Methode siehe S. 213) vor.*

Das Ende des Krieges und der Westfälische Friede

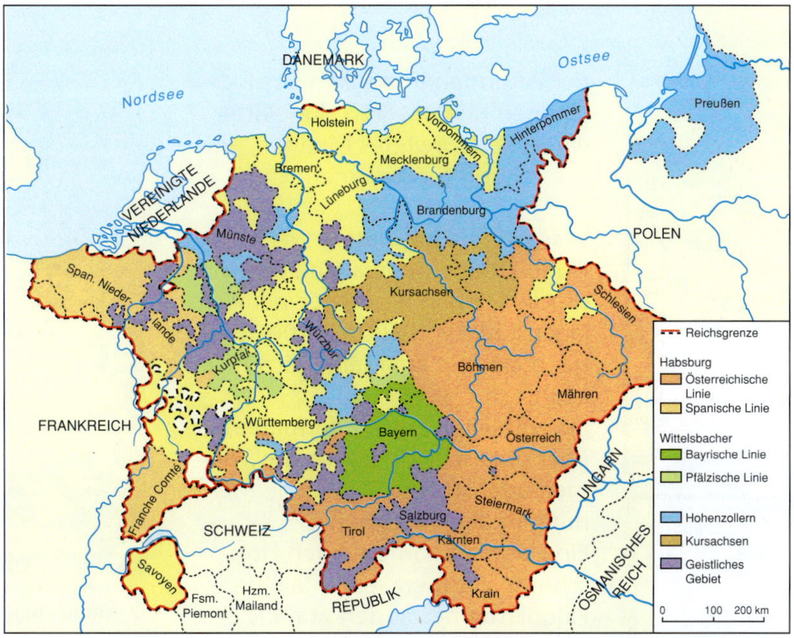

2 **Deutschland nach dem Westfälischen Frieden 1648.**

Der ▶ Westfälische Friede

Keine der am Krieg beteiligten Parteien konnte den Krieg auf den Schlachtfeldern gewinnen. Das Land war zerstört, die Heere waren erschöpft und die übrig gebliebene Bevölkerung wartete sehnsüchtig auf ein Ende des Schreckens. Doch erst im Jahr 1643 kam es zu Friedensverhandlungen zwischen den beteiligten Mächten. Es dauerte weitere fünf Jahre, bis am 25. Oktober 1648 der Friedensvertrag in Münster und Osnabrück unterzeichnet wurde. Dieser Friede hatte für das Deutsche Reich tief greifende Folgen.

Religiöse Bestimmungen

- Der Augsburger Religionsfriede von 1555 wird erweitert: Katholiken, Lutheraner und Calvinisten sind gleichberechtigt.
- Der Landesherr bestimmt in seinem Land die Religion.
- Der Reichstag erhält eine getrennt von den Katholiken tagende evangelische Kammer.

Politische Bestimmungen

- Die Rechte des Kaisers werden stark eingeschränkt. Will der Kaiser im Reich neue Gesetze erlassen oder Steuern erheben, braucht er die Zustimmung der Fürsten.
- Die Fürsten werden politisch völlig selbstständig. Damit zerfällt das Deutsche Reich in 300 Einzelstaaten.

Gebietsveränderungen

- Schweden erhält Küstengebiete an der Nordsee und an der Ostsee.
- Frankreich erhält Gebiete im Elsass sowie Breisach und Philippsburg auf dem rechten Rheinufer.
- Bayern erhält die Oberpfalz.
- Die Schweiz und die Niederlande scheiden aus dem Reichsverband aus.

3 *Beurteilt die Ergebnisse des Westfälischen Friedens aus der Sicht des Kaisers und der deutschen Fürsten sowie aus der Sicht der Bevölkerung.*

4 *Vermutet, wie die katholischen und evangelischen Menschen über den Friedensvertrag gedacht haben.*

5 *Nennt mithilfe der Karte 2 die Gebiete, die dem Deutschen Reich verloren gingen.*

6 *Diskutiert folgende Meinungen:*

– Der Dreißigjährige Krieg war ein Religionskrieg zwischen Protestanten und Katholiken.

– Der Dreißigjährige Krieg war ein Kampf um die Vorherrschaft in Europa.

1648:
Der Westfälische Friede beendet den Dreißigjährigen Krieg.

Methode: Analyse politischer Propaganda: ...

Johannes Tezelius Dominicaner Münch/mit seinen Römischen Ablaßkram/welchen er im Jahr Christi 1517. in Deutschlanden zu marckt gebracht/wie er in der Kirchen zu Pirn in seinem Vaterland abgemahlet ist.

O ihr deutschen mercket mich recht/
Des heiligen Vaters Papstes Knecht/
Bin ich/und br ing euch jtzt allein/
Zehn tausent und neun hundert carein/
Gnad und Ablaß von einer Sünd/
Vor euch/ewer Eltern/Weib und Kind/
Sol ein jeder gewehret sein
So viel ihr legt ins Kästelein/
So bald der Gülden im Becken klingt/
Im hup die Seel im Himel springt/

Als Babst Leo der zehend genandt/
Nu mehr fast unmüglich befand/
Das er das Römisch Jubel Jahr
Erlebet/hat er die faule wahr/
Des Ablaßkrams in Deutschenland/
Durch seine Kramknecht ausgesandt/
Dazu sich denn ohn all verdrieß/
Johann Tetzel gebrauchen ließ/
Der was jtzt kaum dem Hencker entlauffen/
Als er wegen Ehebruchs solt ersauffen/
Wo nicht der from Fürst Friederich/
Seiner het angenommen sich/
Und beim Keyser Maximilian/
Ein gnedigste Fürbit gethan/
Hierbey es aber so nicht blieb/
Aus eim Ehebrecher wurd ein Dieb/
Welchr durch vermeint gewalt und macht/
Viel Gelds und Guts zu weg gebracht/

Als er die blinde Welt bered/
Das er den Himel feil tragen thet/
Wenn man nu Gelt gnug gebe dar/
Hets mit den Menschen kein gefahr/
So bald der Grosch im Kasten klingt/
So bald die Seel in Himel sich schwingt/
Durch diesen Teuffelischen Tandt/
Hat er betrogen sein Vaterland/
Biß jhn Gott hat ins Spiel gesehen/
Durch Doctor Luthern seligen/
Welcher jhm seinen Krämertisch/
Gewaltiglich zu Boden stieß/
Daher/Gott lob/biß auff die zeit/
Der Ablaßkram zerstrewet leit/
So bleibet nun Christi verdienst/
Einig allein unser Gewinst/
Des Tetzels Kram und Bapsts Betrug/
Findet bey uns kein recht noch fug.

1 Anonymer Holzschnitt, 16. Jahrhundert.

Die Vorgeschichte

Durch die Erfindung des Buchdrucks wurde das Buch von einem Luxusartikel zur Massenware. In der Reformationszeit stieg die Zahl der Bücher und Schriften gewaltig an. Das Bedürfnis nach Information wuchs. Besonders nach dem Wormser Edikt befassten sich immer mehr gedruckte Schriften mit der Sache Luthers.

Mit der Übersetzung der Bibel ins Deutsche leistete Luther einen wichtigen Beitrag zur Entwicklung der neuhochdeutschen Schriftsprache. Getreu seinem Motto, dass man dem Volk aufs Maul schauen müsse um es zu verstehen, entwickelte sich eine mit volkstümlichen Ausdrücken durchsetzte deutsche Sprache. Besonders im konfessionellen Zeitalter, also von der Reformation bis zum Dreißigjährigen Krieg, waren Flugblätter ein weit verbreitetes Medium, eine Art Zeitung für jedermann.

Was ist ein Flugblatt?

Flugblätter wurden auch „Einblattdrucke" genannt und in einer Auflagenstärke von 500 bis 1000 Stück gedruckt und auf Marktplätzen verkauft.

Sie enthielten kurze Informationen über politische oder religiöse Themen oder stellten die eigene Meinung in den Mittelpunkt.

Ein Flugblatt konnte durch Holzschnitte illustriert sein. Manche Flugblätter bestanden nur aus einem Holzschnitt mit Bildunterschrift oder Titel. Für uns Menschen heute sind die Informationen auf alten Flugblättern nur schwer verständlich. Die Themen können durch die Verwendung von damals gängigen Symbolen oder durch bildhafte Vergleiche so dargestellt sein, dass wir den „Code" erst knacken müssen um die Flugblätter lesen und verstehen zu können.

Sehr beliebt bei den Lesern damals waren so genannte Rebus-Blätter. Die abgedruckten Texte waren mit Piktogrammen kombiniert und ihre kritische Botschaft musste erst gedeutet werden.

Welche Botschaften vermittelte ein Flugblatt?

1. Schritt
Von wem stammt das Flugblatt?

Um ein Flugblatt zeitlich einordnen zu können müssen wir herausfinden, wer es verfasst oder wer den Holzschnitt auf dem Flugblatt angefertigt hat. Falls der Verfasser nicht bekannt ist, versuchen wir zu klären, wessen Interessen der Verfasser/Künstler vertrat: War er z. B. Protestant oder Katholik, Bauer oder Adliger, Kaiser oder Landesfürst?

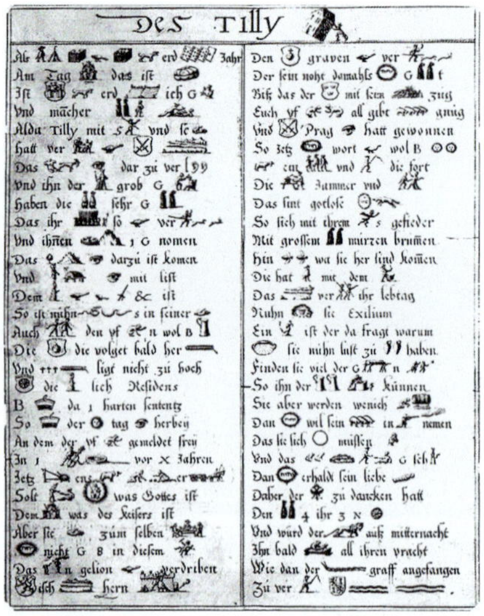

2 Rebus-Blatt.

2. Schritt
Was ist das Thema des Flugblatts?

Diese Frage lässt sich bei einigen Flugblättern leicht mithilfe der Überschrift beantworten. Bei anderen müssen wir erst genauer den Bildinhalt oder, wenn vorhanden, den Text studieren und herausfinden, wer oder was gemeint war.

– Sind bekannte Personen zu erkennen?
– Ist ein Ort oder ein Ereignis dargestellt?
– Was ist in dem genannten Jahr geschehen?

3. Schritt
Wie ist das Flugblatt gestaltet?

Flugblätter waren teils sehr einfache und schnell gefertigte Blätter, die nur der sofortigen Information dienten. Andere wurden künstlerisch gestaltet und ihr Inhalt war tiefgründiger, manchmal spöttisch, manchmal entlarvend.
- Wie wurden die Personen dargestellt?
- Welche Symbole (z. B. Lorbeerkranz) wurden verwendet?
- Wurden Tiere benutzt um menschliche Eigenschaften, Schwächen oder Stärken auszudrücken?
- Wie sind die Größenverhältnisse?
- Was soll groß und mächtig und was klein und hilflos oder unbedeutend wirken?
- Was geschieht im Hintergrund?

4. Schritt
Welche Wirkung soll das Flugblatt erzielen?

Mit dem Druck von Flugblättern wurden auch politische Ziele verfolgt. Gerade in der Zeit der Reformation und des Dreißigjährigen Krieges sollte für die eigenen Interessen und Standpunkte geworben und der Gegner nach Möglichkeit bloßgestellt werden. Bei Flugblättern wie in Abbildung 1 lässt sich diese Wirkung schnell erschließen. Komplexere Darstellungen mit einem größeren Textanteil müssen genau betrachtet und gelesen werden um diese Frage beantworten zu können.

Abbildung des vnbarmhertzigen/ abschewlichen/ grausam- vnd grewlichen Thiers/

Welches in wenig Jahren/ den grösten Theil Teutschlandes erbärm- vnd jämmerlichen verheeret/ außgezehret vnd verderbet. Beneben einem Bericht/ woher dasselbe seinen Vrsprung/ wer solches erzogen/ ernehret/ &c. Endlich durch was Mittel seiner wieder loß zu werden. Männiglich an Tag gegeben.

Einem Wolffe/ im Walde grünn/ vnd auff breiter Heydt/
Der Menschn vnnd Vieh' zerreist im Grimm vnd die Schaf zerstreut/
Einem Löwn/ Einem wilden Roß/ man sehr wenig trawt/
Jngleichn einm Menschn zornig böß/ der seinr Sinn beraubt/
Schlangn/ Eydern/ Ratten vnd Krötn/ man sehr fürchtē thut
Bringen die Menschen oft in Nöthn/ auch vmb Leib vnd Gut
Jhrs gleichen ander schädlich Vieh/ vnterm Himmel hoch/
Welche den Menschn spat vnd frü/ zu Schadn schleichen nach/
Billich seynd diesen Bestien alln/ die Menschn feindlich gram/
Keines man leben lassen soll sie tödtn wo man kan/
Wer abr solche lieben thut/ auffzeucht vnd ernehrt/
Demselbn ist an Leib vnd Gut/ viel Vnglück beschert
Der Mensch' so nun auf dieser Welt/ sein Creutz vnd Vnglück/
Mit allem Fleise selber holt/ vnd tregts auff dem Rück/
Ob er sich dessn kunt entschlagen/ b'gehrts aber mit zuthun/
Wem wil er dann sein Schadn klagn/ den er bkömbt davō/
Solt man dan auch jetz in Teutschland/ dergleichn Leute findn?
Ach Gott es ist zusagen ein Schand/ daß s' voll forn vnd hindn/
Dan wie gschwind ist kommn herfür/ in vnsr liebs Teutschlād/
Von allen Qualiteten/ ein Thier/ der Bestien vorgnant.
Diß Thier laufft aufgerichts einher/ mit zornigm Gesicht/
Wie ein Löwe/ Wolff vnd Beer/ keins Menschen schonet nicht.
Mit Furcht vnd Schreckn/ in der Zeit/ die armn Leut mit Hauffn/
Machn sich zu der Flucht bereit/ dem Thier zuentlauffn/
Was nun diß Thier ergreiffen thut/ Städ Dörfr Land vn̄ Leut
Ja die Menschen mit Leib vnd Gut/ macht es jhm zur Beut/
Dann es einen Wolffsrachn hat/ der nicht ist zurfülln
Mit Gold vnd Geld frü vnd spat/ muß man sein Geitz stilln.
Zur Seitn/ hat es eins Menschen Hand/ mit Fewr/ Büchs/ Spieß/ Degn/
Verheert verderbet Leut vnd Land/ was jhm kömbt entgegn.
Des Löwens Klau zur linckn Seit/ thut scharff vmb sich greifn/
Macht viel arm' in kurtzer Zeit/ mit durchziehn vn̄ Streiffn
Wer sich jhm wiedersetzen thut/ muß es schwerlich büssn/
Verleurt zugleich Leib vnd Gut/ wird vntergetrettn mit Füssn
Die Frucht' so kaum auß der Erd/ in vollr Blüete stahn/
Verderbt es wie ein wilds Pferdt/ das niemand halten kan.
Es hat ein giftign Rattnschwantz/ mit viel Würmern vnrein/
Die im Abzug verderbn gantz/ was noch könt nutzlich seyn.
Jhm folgt auf dem Fuß geschwind/ Hungersnoth vnd die Pest/
Die raumn weg biß auff den Grund/ was sich noch finden lest.
Wie nennet man dann dieses Thier? Es wird Krieg genant/
Von wannen kommet es dann her? Auß vnserm Vatrland/
Der Menschn Sünde in gemein/ diß bös Thier gebährn/
Welchs selbst thut die Eltrn sein/ vnbarmhertzig verzehrn/
Wer hat abr diß schrecklich Thier/ biß daher aufferzogn?
Es hat/ sag ich gewiß allhier/ vnsr allr Brüst' gesogn/
Wer hat diesem Thier grausam/ geholfn auff die Bein/
Thüer vnnd Thor weit auffgethan? wir all groß vnd klein/
Aber wenig diß recht verstehn/ das Gotts Straff [illegible]
Die Welt dencket es thut geschehn/ ohng'fehr/ was [illegible] wundr.
Weil die Menschn in Sünd' verharrn kein Besserung zu spürern
Daß außg'reckt bleibt Gotts Arm/ die Straff continuirn
Würd nun die Sünde nicht erkent/ Gott vmb Gnad gebethn/
Vnd bessert sich ein jeder Stand/ wie es hoch von nöthn/
Würd Gott/ wie er g'than gar vieln/ dem Thier sein Willn lahn/
Mit vns den gar auß zuspieln/ welchs niemand hindrn kan/
Alleine wahre Rew vnd Buß/ wer ein Mittel gut/
Daß Gott von seinem Zorn abließ/ wänd von vns sein' Ruth'/
So könen wir ein gnädign Gott/ durch from werdn erlangn
Würdn bald diß Thier sehen todt/ verdorbn vnd vntergangn/
Es würde sich mit seinem Schwerdt/ selbst würgen vnd tödtn/
Also Teutschland geholfn werdn/ aus diesm Jammer vnnd Nöthn
Darzu alls/ was es verschlungn/ heuffig wieder außspeyn/
Drüber viel Arm verjagt vertrungn/ sich würdn hertzlich frewn
Durch diß Mittel würden wir bald/ von Gott Hülf erwerbn/
Wo nicht/ müssn wir gleichr Gestalt wie ander' gantz verderbn/
Der ist nun weis vnd wolglehrt/ wird selig gehaltn.
Der sich an andr Leut Schadn kehrt/ habn g'sagt die liebn Altn.

ENDE.

3 **Anonymes satirisches Flugblatt auf den Dreißigjährigen Krieg.** Radierung und Typendruck, um 1630–1648.

1 *Seht euch die Abbildung 3 genau an und untersucht das Flugblatt mithilfe der genannten Arbeitsschritte.*
2 *Versucht selbst ein Flugblatt oder ein Rebus-Blatt über eine Person oder ein Ereignis aus der Zeit der Reformation oder des Dreißigjährigen Krieges zu entwerfen und zu gestalten.*
3 *Vergleicht die Flugblätter von damals mit den heutigen. Welche Gemeinsamkeiten, welche Unterschiede könnt ihr feststellen?*

Die Nachricht vom Frieden

1 **Der Friedensbote von Münster.** Kolorierter Holzschnitt von Max Anton Hannas, 1648.

Der Friedensreiter

Die Nachricht von der Unterzeichnung des Friedensvertrags verbreitete sich wie ein Lauffeuer im Reich. Postreiter trugen sie von Ort zu Ort. Sie kündigten sich mit ihrem Horn an und machten den Zuhörern schon an ihrer Kleidung deutlich, dass sie im Auftrag des Kaisers unterwegs waren. Sie wurden begleitet von Fama, der Verkörperung der Botschaft, und Merkur, dem Götterboten.

1 *Seht euch die Abbildung 1 genau an und sucht die im Text genannten Dinge und Personen.*

2 *Was könnt ihr noch erkennen? Beschreibt die Abbildung detailliert.*

Friedens-Freude, Krieges-Leid

Nach 30 Jahren Krieg auf deutschem Boden wurde die Nachricht vom lang ersehnten Frieden mit Festen, Feuerwerken und Friedensessen begrüßt. 1649 fand solch ein Friedensmahl in Nürnberg statt.

Aber es musste auch die Frage geklärt werden, was mit den etwa 150 000 Soldaten geschehen sollte, die nun nichts mehr zu tun hatten. Allein Schweden hatte noch 60 000 Mann unter Waffen und erst 1650 erfolgte der Abzug der Schweden aus Bayern. Das Deutsche Reich war infolge des Krieges wirtschaftlich weit hinter den anderen europäischen Mächten zurückgeblieben.

Der Westfälische Friede brachte ganz Europa den Frieden, der anderthalb Jahrhunderte Bestand hatte. Keine der Mächte war mit den Verhandlungsergebnissen zufrieden. Das Deutsche Reich war durch die Aufsplitterung in zahlreiche Kleinstaaten handlungsunfähig geworden.

3 *Beschreibt, mit welchen Mitteln die Kriegszerstörungen und der Neuaufbau des Landes in Abbildung 2 dargestellt werden.*

Der Friedenskuss. *Relief über dem Portal des Schlosses zu Gotha, um 1648. In der Umarmung der Friedensgöttin Pax mit Justitia ist die Hoffnung auf Frieden nach dem Dreißigjährigen Krieg versinnbildlicht.*

2 **Friedens-Freude, Krieges-Leid.** Kupferstich und Radierung, 1649.

Zusammenfassung

Die Reformation

Inmitten des geistigen Umbruchs, der das Ende des Mittelalters besiegelte, wurde der Ruf nach Reformen in der Kirche immer stärker. Im 14. und 15. Jahrhundert gelang es der katholischen Kirche noch, ihre Kritiker und die von ihnen geistig geprägten Glaubensgemeinschaften zu unterdrücken. Der Tscheche Jan Hus wurde 1415 auf dem Scheiterhaufen verbrannt, doch in der Papstkirche kehrte keine Ruhe mehr ein. Auch Martin Luther ging es bei seinen Wittenberger Thesen zunächst um Reformen in der katholischen Kirche. Deren Reformunwilligkeit und -unfähigkeit spitzte den Konflikt rasch zu. Luthers Ideen fanden – durch den Buchdruck schnell verbreitet – großen Zuspruch unter der Bevölkerung. Die reformatorische Bewegung nahm ihren siegreichen Lauf. Für viele Fürsten war die Reformation auch ein Mittel um ihre politische Unabhängigkeit zu festigen. Sie unterstützten Luther, als der Kaiser die Reichsacht über ihn verhängte.
Der habsburgische Kaiser Karl V. bekämpfte dagegen die Reformation. Ihm ging es in erster Linie um die Einheit seines Reiches.

Der Aufstand des gemeinen Mannes

Die Gedanken der Reformation fanden ihre besondere Anhängerschaft unter den Bauern, die unter Leibeigenschaft und Abgaben litten. Sie beriefen sich auf die Bibel und forderten von den Fürsten und Grundherren einschneidende Verbesserungen ihrer Lage. Was ihnen friedlich nicht gewährt wurde, versuchten sie mit gewaltsamen Mitteln zu erreichen. Der radikalere Reformator Thomas Müntzer stellte sich auf die Seite der Bauern. Er verlor mit ihrer Niederlage in der Schlacht bei Frankenhausen auch sein Leben.

Gegenreformation und Dreißigjähriger Krieg

Der Augsburger Religionsfriede von 1555 sollte einen Ausgleich im Sinne der fürstlichen Interessen schaffen. Die Fürsten konnten in der Folgezeit die Religion ihres Landes bestimmen. Die Fürsten der verschiedenen Konfessionen organisierten sich in unterschiedlichen Lagern, der evangelischen Union und der katholischen Liga. Der Streit um die böhmische Krone wurde zum Ausgangspunkt des Dreißigjährigen Krieges. Unter ungeheuren Verlusten der Bevölkerung kämpften die Truppen der europäischen Mächte auf deutschem Boden. Der Krieg führte zur Verwüstung Deutschlands und zur weiteren staatlichen Zersplitterung des Deutschen Reiches.

30.10.1517

Luthers Wittenberger Thesen zur Kirchenreform lösen die Reformation aus.

1524–1525

Der Bauernkrieg erfasst weite Teile des Deutschen Reiches.

1. Hälfte des 16. Jh.

Die Reformation verbreitet sich rasch in Europa.

1618–1648

Der Dreißigjährige Krieg wütet in ganz Europa.

Vom Federkiel zum Laserdrucker

1

2

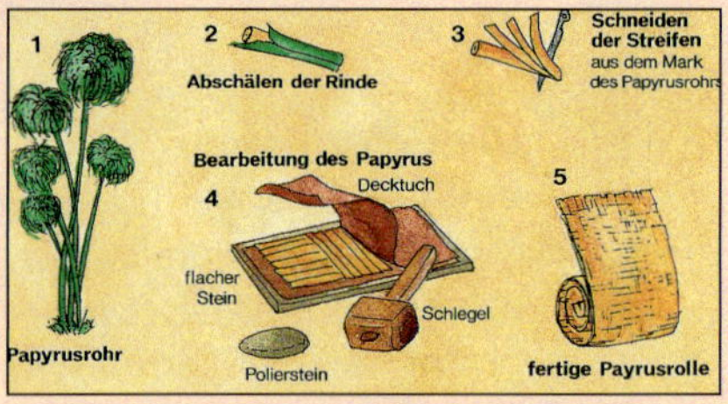

3

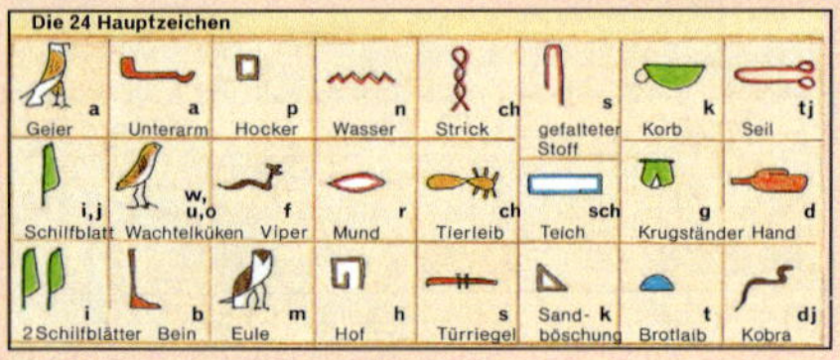

4

5

Ein Kennzeichen einer Hochkultur ist es, sich mittels Schrift ausdrücken zu können. Dabei haben sich das Arbeitsmaterial, die Verbreitung der Texte und die Schrift selbst stark verändert.

1 *Ordnet die Bilder oben jeweils zu einem der folgenden Texte zu.*

A Ein Abt schreibt: ... Sie erfanden eine Kunst die Formen aller Buchstaben zu gießen. Diese Formen nannten sie Matrizen und aus ihnen gossen sie hinwiederum eherne oder zinnerne, zu jeglichem Drucke geeignete Buchstaben. Solche hatte man früher mit den Händen geschnitzt ... (S. 136/137)

B Bald gab es neue Möglichkeiten Informationen zu verbreiten. Flugblätter konnten Marktschreier und fahrende Sänger ersetzen. Der Grundstein für das Zeitungswesen war gelegt. So wird heute behauptet: „Mehr als das Gold hat das Blei die Welt verändert. Und mehr als das Blei der Flinte das Blei im Setzkasten." (S. 208/209)

C Nach fachgerechter Bearbeitung des Papyrusrohrs werden die so entstandenen Streifen kreuzweise aufeinander gelegt. Danach wird mit einem Schlegel sanft auf das Papyrusgitter geschlagen. Der Saft tritt aus und die einzelnen Streifen verkleben zu einem Bogen „Papyrus". (Band 6, S. 60/61)

D Dem Karthäusermönch gebe man ein Tintenfass, Federn, Kreide, zwei Bimssteine, zwei Winkel, ein Federmesser, zwei Klingen um das Pergament abzuschuppen, einen feineren und einen gewöhnlichen Stichel, einen Stift aus Blei, ein Lineal, Schreibtäfelchen und ein Stilett. (S. 16/17)

E Jahrtausende sind sie alt – jene Schriftzeichen, die in Pyramiden und auf Papyrusrollen zu finden sind. Lange Zeit konnte man die Symbole, die die Griechen als Hieroglyphen beschrieben, nicht deuten. Erst 1822 gelang es einem französischen Forscher, das Geheimnis zu lüften. Die Schriftzeichen stellten nicht nur ganze Begriffe dar, sondern auch einzelne Laute. (Band 6, S. 60/61)

2 *Versucht dann die Bilder in die richtige zeitliche Reihenfolge zu bringen.*

3 *Erklärt, welche Stationen der Schriftentwicklung dargestellt sind. Wenn ihr nicht mehr genau wisst, worum es geht, schlagt auf den angegebenen Seiten nach.*

Methode: Geschichte selbst präsentieren

Oft hört man im Unterricht Referate, die eine so große Fülle von Informationen enthalten, dass man das Gehörte in der kurzen Zeit gar nicht verarbeiten kann. Auch bei Buchtexten fällt es uns nicht selten schwer, das Gelesene zu speichern. Die Informationen rauschen sozusagen an uns vorbei.
Die Inhalte von Ausstellungen bleiben dagegen besser im Gedächtnis verankert. Das liegt daran, dass uns das Thema auf vielfältige Weise nahe gebracht wird: Filme, Tondokumente, Fotos, Bilder, Plakate, Urkunden, Münzen, aus der entsprechenden Zeit stammende Gebrauchsgegenstände und vieles mehr wird uns geboten.

Wir stellen unser Wissen aus
Ihr habt im Verlauf eures Geschichtsunterrichts inzwischen viel über die Entwicklung der Schrift erfahren. Es wäre schade, wenn ihr das Gelernte gleich wieder vergesst. Stellt euer Wissen aus!

Wie entsteht eine Ausstellung?

1. Schritt
Informationen sammeln und auswählen

– Worüber soll die Ausstellung informieren (z. B. Wandel des Schreibmaterials, Entwicklung der Schreibtechnik, Veränderung der Schriftzeichen usw.)?
– Welche Informationen sind wichtig, damit die Besucher die Ausstellung auch verstehen können? Was kann man weglassen?
– Wie könnt ihr euer Fachwissen erweitern (Bücherei, Internet, Museum usw.)?

2. Schritt
Arbeitsschritte planen

– Wie soll die Ausstellung aufgebaut sein? In welche Themengebiete soll sie eingeteilt werden?
– Wie viel Zeit, Arbeits- und Ausstellungsraum, Material (Geld?) steht euch zur Verfügung? Braucht ihr die Unterstützung anderer Fachlehrer/innen (Musik, Kunst, Werken, Religion, Englisch usw.)?
– Wie sollen die Informationen der einzelnen Themengebiete vermittelt werden? Wo ist es z. B. sinnvoll, Plakate mit erklärenden Texten anzufügen? Für welche Stationen sollen besondere Ausstellungsstücke hergestellt werden?
– Wie soll der Zeitplan aussehen, nach dem gearbeitet wird?
– Welches Material ist nötig? Wer kann dieses besorgen?
– Wie soll die Arbeitsverteilung innerhalb der Klasse aussehen? Wer erarbeitet welches Themengebiet? Innerhalb dieser Expertengruppen gilt es festzulegen: Wer möchte die Texte für die Plakate erstellen, wer übernimmt die Gestaltung dieser Plakate, wer stellt die Ausstellungsstücke her, wer überwacht die Einhaltung des Zeitplans?

3. Schritt
Die Ausstellung erarbeiten

„Zwischenstopps“, bei denen sich die ganze Klasse trifft, bieten die Möglichkeit über den Fortgang der Arbeit zu sprechen. Ist man noch im Zeitplan? Wo treten Probleme auf? Wie kann man Abhilfe schaffen? Wo ist man von der Planung abgewichen? Gibt es neue Anregungen? Braucht man die Unterstützung einer anderen Gruppe?

4. Schritt
Die Ausstellung präsentieren

Vor allem der Tag der offenen Tür, ein schulischer Projekttag oder der Elternsprechtag bieten sich an die Arbeitsergebnisse darzustellen oder die Ausstellung „zu eröffnen“.
– Macht Werbung für eure Ausstellung.
– Es ist sinnvoll, wenn die Besucher sich bei Fragen an jemanden wenden können. Deshalb sollten am Tag der Eröffnung jeweils ein oder zwei Schüler/innen die Ausstellungsgegenstände erklären. Es ist zweckmäßig, schichtweise zu arbeiten.

5. Schritt
Die Erfahrungen auswerten

Sprecht abschließend über eure Erfahrungen. Was würdet ihr das nächste Mal anders machen? Was hat gut geklappt?

Hier sind einige Anregungen, die ihr nutzen könnt, wenn ihr eine Ausstellung organisieren wollt.

1. Einen Hieroglyphenfries aus Gips herstellen

Ein Hieroglyphenfries ist ein waagerechter Zierstreifen, wie man ihn an vielen ägyptischen Bauwerken finden kann. Wenn ihr selbst so ein Kunstwerk herstellen wollt, braucht ihr Papier, Bleistift, Modellgips, eine schmale Schachtel, ein Messer, Deckfarben und einen Pinsel. Übertragt zunächst den Umriss der Schachtel auf ein Blatt Papier. Stellt dann einen flüssigen Gipsbrei her. Diesen müsst ihr nun in die abgedichtete Schachtel gießen. Achtet darauf, dass die Oberfläche glatt ist. Während die Masse trocknet, übertragt ihr euren Namen oder andere Wörter in die Hieroglyphenschrift auf das Blatt Papier. Wenn der Gips fest geworden ist, löst ihr ihn vorsichtig aus der Form, legt ihn mit der glatten Seite nach oben auf den Tisch und bedeckt ihn mit dem Blatt, auf dem die Schriftzeichen stehen. Zeichnet diese Hieroglyphen mit dem Bleistift nach, sodass sie im Gips leicht zu sehen sind. Ritzt die Linien dann mit dem Messer vorsichtig nach. Reinigt die Vertiefungen mit dem Haarpinsel und malt dann die Hieroglyphen mit Deckfarben aus. Ordnet dann die einzelnen Tafeln nebeneinander an. So entsteht ein typischer ägyptischer Fries.
Achtung: Gips trocknet recht schnell. Säubert deswegen die benutzten Arbeitsgeräte möglichst sofort nach der Benutzung.

2. Echten Papyrus beschriften

In vielen Bastelläden kann man echtes Papyrus oder Pergamentpapier kaufen. Daneben benötigt ihr Pinsel in verschiedenen Größen, Farben (Plakatfarben, Wasserfarben oder Tempera-Farben), einen schwarzen Faserstift und Lackstifte. Teilweise sind bereits ägyptische Motive auf dem Papyrus vorgedruckt. Ist dem nicht so, übertragt ihr ein Motiv eurer Wahl mit dem Faserstift oder einem dünnen Lackstift auf das Papyrus. Dann füllt ihr die gekennzeichneten Flächen mit verschiedenen Farben. Die Ränder des Papyrus werden traditionsgemäß nicht geschnitten. Stellt euer Gemälde hinter Glas aus, dadurch kommt es besonders gut zur Geltung.

3. Eine Schreibfeder anfertigen

Jahrhundertelang schrieben die Menschen mit dem Federkiel. Dieser wird in mehreren Arbeitsschritten hergestellt:

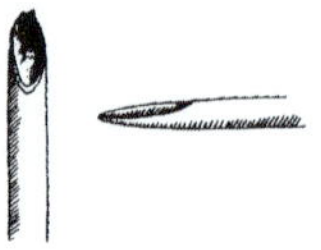
(1) Schrägschnitt des Federendes

(2) In die Mitte des Kiels wird eine Spalte geschnitten.

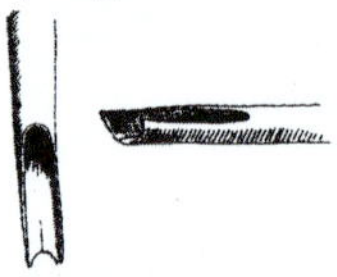
(3) Den Schnabel erhält man, indem man beide Seiten gleichmäßig ausschneidet.

(4) Wenn die Unterseite des Schnabels zu konkav ist, muss man das Ende abplatten.

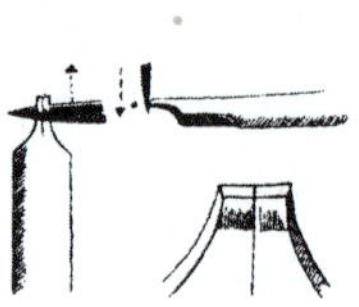
(5) Um den Schnabel zu schneiden benötigt man eine harte, glatte Unterlage.

4. Eine Minuskelschrift anfertigen

Zur Zeit Karls des Großen wurden die Schriftzeichen vereinheitlicht. Diese neuen Buchstaben nennt man „karolingische Minuskeln“. Diese Schrift weist einige Besonderheiten auf. Das „v“ wird zum Beispiel wie ein „u“ geschrieben, einen i-Punkt gibt es nicht. Fertigt einen Text in dieser Schreibweise an. Denkt daran: Der erste Buchstabe eines Textes wurde damals als „Initiale“ geschrieben, das heißt, er wurde besonders kunstfertig und auffallend dargestellt.

5. Einen mittelalterlichen Prachteinband herstellen

Ihr wisst ja, dass es im Mittelalter üblich war, besonders wichtige Bücher reich zu verzieren. Wenn ihr das auch einmal versuchen wollt, könnt ihr folgendermaßen vorgehen:
Besorgt euch eine Metallfolie, eine Goldkordel, Glassteinchen, Pailet-

mit der Einband nicht mehr verrutschen kann. Klebt auf die Vorderseite Glimmer, Glassteinchen und andere Verzierungen, so wie es euch gefällt. Fertig ist euer Prachteinband!

6. Ein Flugblatt anfertigen, das zum Besuch der Ausstellung einlädt
Es sollen ja möglichst viele eure Ausstellung besuchen. Besonders wirkungsvoll ist es, wenn die Einladung originell, also einzigartig ist. Es gibt viele Techniken, wie ihr die Plakate und Flugblätter herstellen könnt. Vielleicht versucht ihr es mit einem Linolschnitt oder ihr fertigt selbst einzelne Drucklettern aus Kartoffeln oder Holz an. Beachtet dabei, dass ihr die Buchstaben spiegelverkehrt einritzen müsst. Ihr könnt aber auch den Computer nutzen um ein originelles Plakat zu gestalten.
Vielleicht führt ihr einen Wettbewerb durch und der beste Entwurf wird vervielfältigt.

ten und andere glänzende Bastelutensilien, Zeitungspapier und Kugelschreiber, Lineal, Schere, Kleber und Tesafilm. Legt das Buch, das ihr einbinden wollt, aufgeschlagen auf die Rückseite der Metallfolie. Zeichnet den Buchumriss nach, gebt auf jeder Seite 2 cm zu und schneidet die entstehende Fläche aus. Die Ecken müssen schräg abgeschnitten werden. Legt dann die Folie mit der Vorderseite nach unten auf mehrere Lagen Zeitungspapier und zeichnet mit dem Kugelschreiber ein Muster auf die Rückseite der Folie. So entstehen auf der Vorderseite hervortretende Muster. Legt nun das Buch auf die Folie, knickt die Ränder um und klebt über die Ecken Tesafilm, da-

– Wenn ihr eure Arbeit mit dem Fotoapparat festhaltet, könnt ihr die so entstandenen Aufnahmen in eure Ausstellung vielleicht miteinbeziehen.
– Fertigt eine „Projektzeitung" an. Ihr könnt eure Erfahrungen auch anderen Schülerinnen und Schülern in der Schülerzeitung mitteilen.

Acht Kreuzzüge – ein Ziel?

1 Peter der Einsiedler ruft die verzagten Kreuzritter zum Sturmangriff auf Jerusalem auf.

Vom Kreuzzug zur Entdeckungsfahrt

Siebenmal war die Ritterschaft des christlichen Abendlandes ausgezogen und hat letztendlich vergeblich versucht dem Islam die heiligen Stätten zu entreißen. Weshalb folgten Hunderttausende dem Aufruf des Papstes, obwohl sie wussten, auf welch gefährliches Wagnis sie sich einließen? Zehntausende starben auf dem gefährlichen Treck nach Jerusalem und auf den Schlachtfeldern des Nahen Ostens.

Im Jahr 1492 musste der letzte islamische Kalif in Spanien das Feld räumen. Im gleichen Jahr glaubten die Spanier, sie zögen auf einen neuen, den „achten Kreuzzug" aus. Bei diesem „Kreuzzug" erschlossen sich die Europäer ein neues Feld, den amerikanischen Kontinent.

Was trieb die Seefahrer an der Wende des 15. zum 16. Jahrhundert immer wieder hinaus auf die See, fremden Welten entgegen? Die meisten haben nur geringen Dank von ihren Königen erhalten, obwohl sie ganze Welten für ihr Land eroberten. Kolumbus wurde in Ketten nach Spanien zurückgebracht, Cortez fiel in Ungnade, andere Entdecker wurden sogar ermordet. Als Bettler und Krüppel, verlaust, verwahrlost und fieberkrank kehrten viele in ihre Heimat zurück.

Sowohl die Kreuzritter als auch die Entdeckungsfahrer hätten aus ihren Fehlern und schlimmen Erfahrungen lernen können – warum brachen sie aber immer wieder auf? Aus Neugier und Abenteuerlust?

1 *Versucht mithilfe der Seiten „Das spanische Weltreich" (S. 150) und „Die Kreuzzüge" (S. 116) herauszufinden, welche gemeinsamen Gründe die Kreuzritter und die Entdeckungsfahrer für ihre Eroberungen hatten.*

2 *Q 1 auf S. 118 und Q 3 auf S. 149 berichten über die Vorgehensweise der Europäer im Kampf gegen fremde Völker. Vergleicht beide Quellen. Was fällt euch dabei auf?*

3 *Was veranlasst die Menschen heute Kriege zu führen? Gibt es im Vergleich mit den Kreuzzügen und den Entdeckungsfahrten mehr Unterschiede oder mehr Gemeinsamkeiten? Begründet eure Meinung.*

2 Kolumbus auf seinem Schiff. Stich, 1594. Kolumbus hält eine Fahne mit dem Kreuz in der Hand. Unter diesem Zeichen brachen bereits die Kreuzritter ins Heilige Land auf.

Das Recht des Stärkeren
Die europäischen Staaten bemühten sich den Kampf gegen die Muslime und die Unterwerfung der Eingeborenen in der Neuen Welt als etwas ganz Selbstverständliches erscheinen zu lassen. Es sollte der Eindruck entstehen, als ob die Europäer nicht nur einen Rechtsanspruch auf die Eroberung fremder Welten hätten, sondern dass es geradezu ihre Pflicht sei die „Heiden" zu unterwerfen und zum Christentum zu bekehren. Aus diesem Grund wurden die besten Rechtsexperten der damaligen Zeit eingesetzt um überzeugende Argumente auszuarbeiten.

A Argumente, die die Kreuzzüge rechtfertigen sollten
1. Die europäischen Völker sind, wie ihre Taten zeigen, Gottes geliebtes und auserwähltes Volk. Sie stehen über allen Völkern aufgrund der Lage des Landes, des Glaubens und der Hochschätzung für die heilige Kirche.
2. Die Moslems vertrauen nicht auf Gott. Sie haben die Länder der Christen besetzt, durch Mord, Raub und Brand entvölkert und die Gefangenen teils verschleppt, teils umgebracht. Diese Feinde haben Kirchen entweiht und zerstört, Männer gefoltert und Frauen vergewaltigt.
3. Die Christen haben die Aufgabe diese Schmach zu rächen und das Heilige Land zu befreien.

B Argumente, die die Eroberung der Neuen Welt rechtfertigen sollten
1. Der Kaiser ist der Herr der Welt, weil Gott als Schöpfer der Welt ihm die neu entdeckten Länder geschenkt hat. Also hat er auch Anspruch auf die Inbesitznahme der Neuen Welt. Demnach müssen die Eingeborenen ihre neuen Herren anerkennen und das Christentum annehmen. Für den Fall der Weigerung sieht sich der Kaiser der Welt leider gezwungen mit Krieg und Versklavung zu drohen.
2. Der Papst ist der Herr der ganzen Welt, also hat er auch das Recht Könige zu Fürsten der Eingeborenen einzusetzen.
3. Am Anfang der Welt, als alles allen gehörte, war es jedermann erlaubt, nach seinem Belieben überall hinzugehen. Also haben die Eingeborenen nicht das Recht den Europäern den Zugang zu ihrer Welt zu verwehren.

4 *Vergleicht die Argumente A mit den Argumenten B. Welche Übereinstimmungen könnt ihr feststellen? Worin unterscheiden sie sich? Nennt konkrete Beispiele.*

5 *Versetzt euch in die Lage eines Muslims bzw. eines Eingeborenen der Neuen Welt und versucht die oben aufgeführten Argumente zu widerlegen.*

6 *Erklärt das „Prinzip des Stärkeren". Überlegt, welche negativen Folgen die Anwendung dieses Prinzips haben könnte. Nennt Beispiele aus eurem Alltag.*

Altsteinzeit — 2 Millionen

Jungsteinzeit — 8000 v. Chr.

Metallzeit / *Altertum* — 3000 v. Chr.

vor ca. 2 Mio. Jahren	Erste Menschen
vor ca. 600 000 Jahren	Ältester Menschenfund in Deutschland
vor ca. 35 000 Jahren	Cro-Magnon-Mensch

In der gesamten Altsteinzeit lebten die Menschen als Jäger und Sammler.

10 000 v. Chr.	Erster Getreideanbau und erste Viehzucht im Vorderen Orient
7000 v. Chr.	Erste stadtähnliche Siedlung in Jericho

Bronzezeit/Eisenzeit

um 3000 v. Chr.	Erste Bronzeverarbeitung im Vorderen Orient
um 2000 v. Chr.	Ausdehnung der Bronzetechnik bis Mitteleuropa
um 1300 v. Chr.	Erste Eisenverarbeitung in Kleinasien
um 500 v. Chr.	Jüngere Eisenzeit in ganz Deutschland

Ägypten

3000 v. Chr.	Staatsgründung in Ägypten
1900 v. Chr.	Ägypten wird Großmacht
1000 v. Chr.	Ägyptens Großreich zerfällt
30 v. Chr.	Ägypten wird römische Provinz

Mittelalter

500 v. Chr. — Christi Geburt — 500 n. Chr.

Griechenland

750–550 v. Chr.	Griechische Kolonisation
500 v. Chr.	Entstehung der Demokratie in Athen
477 v. Chr.	Gründung des Attischen Seebundes
356–336 v. Chr.	Philipp von Makedonien unterwirft Griechenland
300–30 v. Chr.	Hellenistische Staaten entstehen in Ägypten, Persien und Makedonien

Rom

753 v. Chr.	Gründung Roms (Sage)
500 v. Chr.	Beginn der römischen Republik
um 250 v. Chr.	Rom ist stärkste Landmacht im Mittelmeerraum
44 v. Chr.	Alleinherrschaft Caesars
31 v.–14 n. Chr.	Herrschaft des Kaisers Augustus

Das Christentum

391 n. Chr.	Das Christentum wird Staatsreligion
395 n. Chr.	Teilung des Römischen Reiches
476 n. Chr.	Der letzte weströmische Kaiser wird von den Germanen abgesetzt

Der Islam

570	Geburt Mohammeds in Mekka
622	Mohammed flieht nach Medina
630	Mohammed erobert Mekka
632–715	Ausbreitung des Islam bis Indien und Europa
632	Tod Mohammeds
711	Araber dringen in Europa (Spanien) ein

Mittelalter

800 900 1000 1100 1200

Vom Frankenreich zum Reich der Deutschen

482 Chlodwig wird König der Franken
722 Bonifatius wird mit der Missionierung der Germanen beauftragt

722–804 Sachsenkriege
800 Kaiserkrönung Karls des Großen in Rom
814 Tod Karls des Großen

919 Wahl Heinrichs I. zum ersten deutschen König
936–973 Otto I.
955 Sieg über die Ungarn auf dem Lechfeld
962 Otto I. wird in Rom zum Kaiser gekrönt

Deutsches Reich

1056–1106 Kaiser Heinrich IV.
1075 Beginn des Investiturstreits
1077 Heinrich IV. in Canossa

1095 Papst Urban ruft zum Kreuzzug auf
1099 Eroberung Jerusalems
1122 Wormser Konkordat

1212–1250 Friedrich II.
12./13. Jh. Aufstieg der Fürsten zu Landesherren / Besiedlung der Gebiete östlich der Elbe
um 1300 Muslime erobern die letzten Kreuzfahrerstaaten

1300 Neuzeit 1400

1356 Karl IV. erlässt die „Goldene Bulle“

Vom Mittelalter zur Neuzeit

14.–15. Jh. Humanismus und Renaissance erobern Europa
um 1450 Gutenberg erfindet den Buchdruck
1473–1543 Nikolaus Kopernikus
seit 1487 Erste Entdeckungsreisen
1492 Kolumbus sucht den Westweg nach Indien und entdeckt Amerika
1519 Cortez erobert Mexiko. Die Europäer errichten ihre Herrschaft in den Kolonien

Reformation und Glaubenskriege

1483–1546 Martin Luther
31.10.1517 Luther veröffentlicht die Wittenberger Thesen gegen den Missbrauch des Ablasses. Beginn der Reformation

1519–1556 Regierungszeit Kaiser Karls V.
1521 Reichstag zu Worms. Der Kaiser verhängt die Reichsacht über Luther (Wormser Edikt)

1525 Bauernkrieg
1547 Karl V. besiegt den Schmalkaldischen Bund
1555 Augsburger Religionsfriede

1545–1563 Konzil von Trient. Die katholische Kirche ergreift Maßnahmen gegen die Reformation
1618–1648 Dreißigjähriger Krieg
1648 Westfälischer Friede

Städte in Europa

12.–15. Jh. Städteboom in Europa
seit 1300 Gotische Kirchen werden in ganz Europa errichtet
1300–1400 Zünfte erkämpfen sich in zahlreichen Städten ein Mitspracherecht
14. Jh. Die Hanse beherrscht Nordeuropa

Begriffe – Namen – Daten

Mittelalter
(ca. 500–1500 n. Chr.)
Erneuerung des Kaisertums: Das Reich der Franken ging aus dem zerfallenen Weströmischen Reich hervor und stieg unter Karl dem Großen (747–814) zum mächtigsten Reich in Westeuropa auf. Karl der Große fühlte sich dem oströmischen Kaiser ebenbürtig. Der Papst war ebenfalls daran interessiert, die Bedeutung des fränkischen Königs, des Schutzherrn der Kirche, hervorzuheben. Er wollte sich aus der Abhängigkeit des oströmischen Kaisers lösen. So wurde Karl der Große zu Weihnachten des Jahres 800 in Rom vom Papst zum Kaiser gekrönt. Dies bedeutete die Erneuerung des römischen Kaisertums im Westen Europas.
Lehen: Im Mittelalter das Nutzungsrecht an einer Sache (Grundbesitz, Rechte, Ämter); es wird vom Eigentümer (Lehnsherr) an einen Lehnsmann übertragen. Der Lehnsmann verspricht dem Lehnsherrn dafür die Treue und bestimmte Leistungen.
Vasall: Der vom Lehnsherr mit einem Lehen ausgestattete Freie. Wenn ein Lehen vergeben wurde, geschah dies in feierlicher Form. Der Vasall versprach seinem Herrn Treue, Rat und Hilfe. Seine Hauptaufgabe bestand dabei in der Verpflichtung zum Kriegsdienst. Der Lehnsherr versprach dem Vasallen Treue und Schutz.
Grundherr: Um dem Kriegsdienst zu entgehen übergaben viele freie Bauern ihr Land einem Herrn, der dadurch ihr Grundherr wurde. Dieser übernahm für sie den Heeresdienst und die nun abhängigen Bauern unterstanden seinem Schutz. Ihr Land durften Grundholde weiter bebauen, doch sie mussten bestimmte Verpflichtungen erfüllen. Von den Erträgen aus der Landwirtschaft hatten sie einen bestimmten Anteil der Ernte an den Grundherrn abzuliefern. Da dies ungefähr ein Zehntel des Ertrages war, sprach man vom „Zehnt".
Frondienste: Neben Naturalabgaben an den Grundherrn waren die Grundholden dazu verpflichtet, bestimmte Arbeiten zu leisten, z. B. Mithilfe auf den Wiesen oder Feldern, Zäune errichten, Wege anlegen oder Brücken bauen. Diese Arbeiten werden Frondienste (fron = Herr) genannt.
Kloster: Die von Mönchen bzw. Nonnen gebildete Gemeinschaft, aber auch die von ihnen bewohnten Gebäude, werden Kloster genannt. Sie waren im Mittelalter wichtige Kulturträger.
Die Mönche lebten, von der Außenwelt durch Mauern abgeschirmt, nach festen Regeln unter der Leitung eines Abtes. Gebet und Arbeit bestimmten den Tagesablauf. Diese Lebensform wurde zum Vorbild für Benedikt von Nursia in Italien. Er hatte einige Jahre als Eremit gelebt, bevor er 529 auf dem Monte Cassino ein Kloster gründete.
Abt: Der von Mönchen gewählte Vorsteher eines Klosters.
Äbtissin: Die von Nonnen gewählte Vorsteherin eines Frauenklosters. Eine der bekanntesten Äbtissinnen des Mittelalters ist Hildegard von Bingen (1098–1179). Sie wurde in einem Kloster erzogen, in dem sie dann auch als Nonne verblieb. Als Äbtissin gründete sie weitere Abteien. Sie verfasste neben theologischen auch zahlreiche naturwissenschaftliche und medizinische Schriften, die ihren Ruhm als Naturforscherin und Ärztin bis heute begründeten.
Beginn der deutschen Reichsgeschichte/Heiliges Römisches Reich: Otto I. (912–973, seit 936 deutscher König) überstand Auseinandersetzungen mit den Herzögen erfolgreich und stützte seine königliche Herrschaft fortan auf die Reichskirche. Er sicherte die Ostgrenze des Reiches durch Gründung neuer Bistümer. 955 gelang ihm die Vernichtung des ungarischen Heeres auf dem Lechfeld. Im Jahr 962 wurde Otto I. vom Papst in Rom zum Kaiser gekrönt. Mit dieser Kaiserwürde erhielt der deutsche König eine Auszeichnung, die ihn über alle anderen christlichen Herrscher Europas erhob. Ab diesem Zeitpunkt wird das Deutsche Reich bis zu seinem Zerfall im Jahr 1806 als „Heiliges Römisches Reich" bezeichnet.
Reichsinsignien: Symbole der deutschen Königsherrschaft. Um König zu werden musste der Thronanwärter im Besitz der Insignien sein: Reichskrone, Schwert, Reichsapfel, Reichskreuz. Heute werden die Insignien in der Hofburg in Wien aufbewahrt.
Investitur/Investiturstreit (lat.: investitura = Einkleidung): Einsetzung in ein geistliches Amt. Im Mittelalter stritten Kaiser und Papst um das Recht zur Investitur von Bischöfen und Äbten.
Kirchenbann: Durch den Kirchenbann wurde eine Person aus der Kirche ausgeschlossen. Einem Gebannten war es z. B. verboten, eine Kirche zu betreten, und er konnte auch nicht kirchlich bestattet werden. Kein Christ durfte mit einem Gebannten sprechen, Geschäfte

abschließen usw. Nach geleisteter Buße konnte der Kirchenbann aber wieder aufgehoben werden.
Konkordat: Bezeichnung für einen Vertrag zwischen dem katholischen Kirchenstaat (Vatikan) und einem anderen Staat. Das Wormser Konkordat beendete 1122 den Streit zwischen Papst und Kaiser um die Investitur.
Canossa: Auf dieser Burg im Apennin bat Heinrich IV. den Papst um Vergebung, die dieser ihm nach einer dreitägigen Wartezeit gewährte. Durch die Lossprechung vom Kirchenbann durch Papst Gregor VII. gewann der Kaiser seine politische Handlungsfähigkeit zurück.
Landesherr/Territorialstaat: Schon unter Otto I. regierten viele Herzöge in ihren Besitzungen wie kleine Könige. Kaiser Friedrich II. (1194–1250), der Unterstützung für seine Italienpolitik suchte, verbriefte zwischen 1220 und 1232 den deutschen Fürsten königliche Rechte. Auf diese Weise erhielten die Fürsten in ihren Gebieten eine beinahe unbeschränkte Landeshoheit. Aus Lehnsmännern wurden Landesherren, die in ihren Territorien (von lat. terra = Land) weitgehend unabhängig vom Kaiser regieren konnten.
Erbfolge/Wahlrecht/Kurfürsten: Seit der „Goldenen Bulle" 1356 bezeichnete man die Fürsten, die den König wählten, als Kurfürsten. Das Reichsgesetz legte die Wahl des deutschen Königs durch die sieben Kurfürsten fest. Das Wahlrecht durch die Kurfürsten löste damit endgültig die automatische Vererbung in der Thronfolge ab. Als Wahlgesetz blieb die „Goldene Bulle" bis 1806 wirksam. Sein Name stammt von dem Siegel der Urkunde, das nicht aus Wachs, sondern aus Gold gefertigt wurde.
Ständeordnung: Zu welchem Stand man gehörte – Adel, Klerus, Bürgertum, Bauernstand – bestimmte im Mittelalter die Geburt bzw. Abstammung. Die Schranken zwischen den einzelnen Ständen zu überwinden war kaum möglich, da die Ständeordnung eine gottgewollte Ordnung darstellte.
Rittertum: Berittene und in der Regel gepanzert in den Kampf ziehende Krieger nennt man Ritter. Da die freien Bauern mit der Professionalisierung des Kriegshandwerks nicht mehr Schritt halten konnten und die Adligen lieber ein sorgenfreies Leben führten, musste der König anderweitig Reiterkrieger zur Verfügung haben. Daher wurden auch Nichtadlige mit Lehen bedacht. Sie wurden als Ministeriale Verwalter auf Burgen und waren sogar Heerführer. In ihrer gesamten Lebensweise glichen sie sich bald dem Adel an. So verschwanden die alten Unterschiede zwischen den Adligen von Geburt und den nichtadligen Reiterkriegern als unfreie Dienstmannen sehr schnell. Zusammen bildeten sie als „Ritter" einen neuen Stand. Im Verlauf des 12. Jahrhunderts schloss sich der Ritterstand endgültig nach unten hin ab. Er entwickelte eine ritterliche Kultur und Lebensformen, die im Minnesang und in den höfischen Epen ihren Ausdruck fanden. Mit dem Aufstieg des Rittertums sanken zugleich die Stellung und das Ansehen des Bauernstandes in der mittelalterlichen Gesellschaft.
Städtewesen: Eine Stadt ist eine größere Siedlung mit eigenen Stadtrechten, z. B. Markt- und Münzrecht, eigener Gerichtsbarkeit und dem Recht der Selbstverwaltung. Städte entwickelten sich in Deutschland aus alten Römer- und Bischofsstädten oder aus Kaufmannssiedlungen. Seit dem Hochmittelalter wurden immer häufiger Städte von einem Stadtherrn gegründet. Die Rechte der Stadtherren wurden seit 1200 fast überall von den Patriziern, reichen Kaufleuten, übernommen. Erst im Spätmittelalter erkämpften sich die Zünfte der Handwerker in vielen Städten ein Mitspracherecht.
Zunft: Zusammenschluss von Handwerkern in einer Stadt zur Verteidigung gemeinsamer Interessen. Auch im Alltagsleben zeigte sich die enge Verbundenheit der Zunftmitglieder. Heute erinnern noch Straßennamen in zahlreichen Städten an die mittelalterlichen Berufe.
Hanse: Im 12. Jahrhundert schlossen sich Kaufleute aus verschiedenen Städten zu Fahrtgenossenschaften zusammen. Diese Genossenschaften trugen den Namen „Hanse" (= Schar). Ihr Ziel war der Schutz der Transporte und die Vertretung gemeinsamer Interessen im Ausland. Die Hanse in Norddeutschland beherrschte den gesamten Fernhandel im Nord- und Ostseeraum. Mit der Entdeckung Amerikas und der nachfolgenden Verlagerung des Handels zum Atlantik setzte im 15. Jahrhundert der Niedergang der Hanse ein.
Romanik: Zwischen 950 und 1250 entstanden in ganz Europa Tausende von Kirchen; sie alle weisen gemeinsame Baumerkmale auf. Die mittelalterlichen Baumeister verwendeten Bauformen und -teile, die für die Bauten im Römischen Reich bezeichnend gewesen waren.

Deshalb wurde Anfang des 19. Jahrhunderts die Bezeichnung Romanik/romanisch für diesen Baustil gewählt, den wir auch bei nichtkirchlichen Bauten wie Burgen, Bürger- und Rathäusern finden. Kennzeichnend für romanische Bauten sind die gewölbten Bögen, Rundbögen an den Türen (Portalen) und bei den kleinen Fenstern an den Seitenwänden.
Gotik: Der romanische Baustil wurde in Deutschland ganz allmählich durch einen Baustil ersetzt, den die Italiener als „gotisch" bezeichneten, was so viel wie „barbarisch" oder „fremd" bedeutete. Bis zum Beginn des 16. Jahrhunderts wurden ausgehend von Frankreich überall gotische Kirchen errichtet; berühmte Kathedralen, Dome oder Münster stehen z. B. in Chartres, Reims, Canterbury oder Freiburg. Kennzeichen des gotischen Baustils sind schlanke Säulen, die das Dach tragen, lange, schmale, spitz zulaufende und bemalte Fenster und Bogenrippen an den Decken.
Kreuzzüge/Jerusalem: Von der Kirche geforderte und zwischen dem 11. und 13. Jahrhundert unternommene Züge um die heiligen Stätten, vor allem Jerusalem, von muslimischer Herrschaft zu befreien. Wanderprediger verbreiteten den Aufruf des Papstes zum ersten Kreuzzug in ganz Europa. Der Hass gegen die Muslime schlug bereits im Reich in einen Hass auf Andersgläubige überhaupt um. Das führte zu pogromartigen Ausschreitungen gegen Juden. Hunderttausende waren bereit ihre Familien und ihre Heimat zu verlassen um unter dem Zeichen des Kreuzes ins Heilige Land zu ziehen. Aber nicht nur religiöse Aspekte wie die versprochene Vergebung der Sünden und das ewige Leben für die im Kampf Gefallenen, sondern auch Abenteuerlust und wirtschaftliche Gründe waren maßgeblich.
Kaum interessiert waren die Kreuzfahrer an der islamisch-arabischen Kultur. So kamen die Kenntnisse muslimischer Gelehrter nicht über die Kreuzfahrerstaaten nach Westeuropa, sondern über das von den Arabern lange Zeit beherrschte Spanien. Der Einfluss der arabisch-muslimischen Kultur und Zivilisation auf die christlich geprägte Kultur des Abendlandes ist in vielen Bereichen (Medizin, Mathematik, Astronomie) bis heute spürbar.
Ostsiedlung: Durch die starke Bevölkerungszunahme in Westeuropa seit dem 11. Jahrhundert und infolge von Naturkatastrophen gerieten zahlreiche bäuerliche Familien in Not. Gleichzeitig eroberten Fürsten und Herzöge weite Gebiete jenseits der Elbe, der Ostgrenze des Reiches, unterwarfen die slawischen Stämme, gründeten Marken und holten Siedler ins Land um es zu erschließen und gleichzeitig ihre Herrschaft zu sichern.
Slawische Fürsten sandten ihre Boten um Siedler ins Land zu holen. Viele folgten ihrem Ruf und wanderten aus. Man schätzt ihre Zahl auf 600 000. Es wurden Dörfer angelegt und zahlreiche Städte gegründet. In ihnen lebten die Bürger nach deutschem Recht. Viele von ihnen, wie z. B. Prag und Breslau, Krakau und Danzig, Posen und Stettin, wurden wegen ihrer Größe und ihres Reichtums berühmt. Über Jahrhunderte hinweg bestand ein friedliches Mit- und Nebeneinander zwischen der einheimischen slawischen Bevölkerung und den deutschen Auswanderern. Erst das übersteigerte Nationalbewusstsein des 19. Jahrhunderts entzweite die Menschen und zwang schließlich die deutschstämmige Bevölkerung zu Flucht und Auswanderung, zur Rückkehr in die alte Heimat.
Deutscher Orden: Am erfolgreichsten in der planmäßigen Besiedlung des Ostens war der Deutschritterorden, der nach dem Scheitern der Kreuzzüge neue Aufgaben suchte. Vom polnischen Herzog gegen die heidnischen Pruzzen zu Hilfe gerufen und von Kaiser Friedrich II. zur selbstständigen Landesherrschaft ermächtigt konnte er in Ostpreußen und in den baltischen Ländern einen eigenen Ordensstaat aufbauen, der bis 1525 Bestand hatte.

Neuzeit (ca. ab 1450)
Renaissance (ital. rinascita = Wiedergeburt): Begriff für die Wiederentdeckung der Antike durch Gelehrte, Künstler und Architekten (1300–1600).
Die Zeit um 1500 war gekennzeichnet von dem Bestreben die bisherigen Kenntnisse auf fast allen Gebieten zu überprüfen oder neues Wissen zu erlangen. Zu den herausragendsten Vertretern dieses neuen, wissenschaftlichen Ansatzes gehörte Leonardo, der 1452 in dem Dorf Vinci bei Florenz geboren wurde.
Die Renaissance äußerte sich auch in der Malerei und in der Baukunst. Die Architekten übernahmen antike Formen und vermischten sie mit eigenen Ideen. Die Künstler der Renaissance bevorzugten die Horizontale (Waagerechte), Fassaden mit vielen Fensterreihen, gewaltige Kuppeln. So entstand ein neuer

Begriffe – Namen – Daten

Baustil, der die Gotik ablöste. Auch der Inhalt der Kunstwerke änderte sich: Die Verherrlichung Gottes trat in den Hintergrund. Ausdruck des neu gewonnenen Selbstbewusstseins war die naturgetreue Abbildung des menschlichen Körpers.
Italienische Künstler hatten um 1500 entdeckt, dass ihre Bilder der Natur viel näher kamen, wenn sie die Gegenstände in einer Perspektive darstellten. Die Renaissance-Künstler malten dreidimensionale Bilder mit räumlicher Tiefenwirkung. Der Betrachter konnte somit zwischen Vorder- und Hintergrund unterscheiden.

Heliozentrisches Weltbild (griech. helios = Sonne): Erkenntnis, dass sich die Erde und die Planeten um die Sonne drehen.
Ein berühmter Vertreter dieser neuen Denkweise war Nikolaus Kopernikus (1473–1543). Er war Priester in Ostpreußen, hatte aber auch Medizin und Astronomie studiert. Er wollte den Lauf der Planeten erforschen und ihre Bahnen berechnen.

Buchdruck: Johannes Gensfleisch, genannt Gutenberg (1397–1468), erfand die Technik des Buchdrucks mit beweglichen Metalllettern. Seine Erfindung verbreitete sich rasch über Europa und wurde eine der Voraussetzungen für die Durchsetzung der Reformation.

Entdeckungsfahrten: Forscher und Entdecker gingen im 14. und 15. Jahrhundert daran, einen Seeweg nach Indien um die Südspitze Afrikas herum zu finden. Auf der Suche nach einem Weg in westlicher Richtung entdeckte Christoph Kolumbus 1492 einen neuen Kontinent: Amerika.
Der Portugiese Magellan befehligte 1519 die Expedition, der bis 1522 die erste Weltumseglung gelang.

Europäisierung der Welt: Waren es zunächst nur Portugal und Spanien, die die „Neue Welt" entdeckten, so schlossen sich ihnen bald noch andere Länder wie Frankreich, die Niederlande und England an. Handel und Wirtschaft in der „Neuen Welt" wurden ganz auf die Belange der europäischen Mutterländer abgestimmt. Schattenseiten dieser „Europäisierung" waren der beginnende Sklavenhandel sowie die Zerstörung hoch stehender Kulturen in Mittel- und Südamerika (Azteken, Inka, Maya).

Reformation: Erneuerung oder Umgestaltung. Damit ist der Reformprozess der Kirche gemeint, der durch das Wirken der Reformatoren Wiclif, Hus und Luther ausgelöst wurde.

95 Thesen: Am 31. Oktober 1517 veröffentlichte Luther 95 Thesen gegen den Ablasshandel und löste damit die Reformation aus. Der 31. Oktober ist noch heute ein Gedenktag in der evangelischen Kirche.

Augsburger Religionsfriede: Verkündet 1555 zur Beilegung der Religionskämpfe. Die evangelisch-lutherische und die katholische Konfession wurden als gleichberechtigt anerkannt.

Konfession: Glaubensbekenntnis.

katholisch: Seit dem 2. Jahrhundert Bezeichnung für die von Jesus Christus gestiftete Kirche.

evangelisch-lutherisch: Für Luthers Anhänger waren nicht der Papst und die Konzilien verpflichtend, sondern allein das Wort Christi in der Heiligen Schrift, dem Evangelium. Die Anhänger Luthers bezeichnete man daher als Evangelische.

Dreißigjähriger Krieg: Ausgelöst 1618 durch den Prager Fenstersturz weitete sich der Krieg von einem Religionskonflikt zu einem europäischen Staatenkrieg auf deutschem Boden aus. Die Folgen waren katastrophal: Neben den Verwüstungen wogen die Bevölkerungsverluste am schwersten.
Einer der Hauptführer der katholischen Partei im Dreißigjährigen Krieg – er gründete 1609 die katholische Liga – war der bayerische Herzog Maximilian I. (1597 bis 1651). Er machte Bayern zur katholischen Vormacht im Reich, unterstützte die Gegenreformation der Jesuiten und erhob die Gottesmutter zur Schutzpatronin Bayerns. Gegenüber dem Kaiser verfocht er die Interessen der Kurfürsten.

Westfälischer Friede: Der am 25. Oktober 1648 in Münster und Osnabrück geschlossene Friedensvertrag beendete den Dreißigjährigen Krieg. Er beinhaltete Regelungen zur Religionsfrage, verfassungsrechtliche Bestimmungen und territoriale Veränderungen in Europa.

Register / Verzeichnis der Worterklärungen*

Register / Verzeichnis der Worterklärungen*

Register / Verzeichnis der Worterklärungen*

Register / Verzeichnis der Worterklärungen*

Quellenverzeichnisse

Textquellen

S. 10: G. von Tours: Historiarum libri decem II. Kap. 28–31. Zit. nach: Geschichte in Quellen, Bd. 2, S. 27 – S. 11: R. Rau (Hrsg.): Quellen zur karolingischen Reichsgeschichte I, 1955, S. 15 – S. 12: J. Bühler: Das Frankenreich. Leipzig 1923, S. 415f. – S. 15: F. Faßler, in: H. U. von Balthasar: Die großen Ordensregeln. Johannes Verlag, Freiburg i. Br. [7]1994, S. 149f. – S. 16: Zit. nach: V. Trost: Skriptorium. Die Buchherstellung im Mittelalter. Belser Verlag, Stuttgart 1991 – S. 18: Einhard: Vita Caroli Magni. Kap. 19, 22–26 – J. Bühler: Das Frankenreich. Leipzig 1923, S. 370f. – S. 22: J. Bühler: Das Frankenreich. Leipzig 1923, S. 393f. – S. 23: S. Epperlein: Karl der Große. VEB Deutscher Verlag der Wissenschaften. Berlin (Ost) 1971, S. 128 – S. 24: Geschichte in Quellen, Bd. 2, Nr. 73 – S. 25: Einhard: Vita Caroli Magni. Kap. 19, 22–26 – S. 26: Geschichte in Quellen, Bd. 2, S. 147f. – S. 30: Geschichte in Quellen, Bd. 2, S. 146f., Nr. 145 – S. 31: Geschichte in Quellen, Bd. 2, Nr. 319 – S. 33: Geschichte in Quellen, Bd. 2, S. 299f. – Geschichte in Quellen, Bd. 2, Nr. 372c – S. 34: Geschichte in Quellen, Bd. 2, Nr. 269 – Geschichte in Quellen, Bd. 2, Nr. 276 – S. 37: Fedor Schneider: Das Mittelalter bis zur Mitte des 13. Jahrhunderts. Wissenschaftliche Buchgesellschaft. Darmstadt 1967, S. 436 – S. 39: Zit. nach: Geschichte in Quellen, Bd. 2, S. 774f. – S. 42: G. v. Lerchenfeld: Die altbaierischen landständischen Freiheitsbriefe mit den Landesfreiheitserklärungen. München 1853, S. 311f. – S. 46: J. Bühler: Die Kultur im Mittelalter. Stuttgart 1954, S. 123 – Zit. nach: Deutsche Dichtung. Literaturgeschichte in Beispielen für den Deutschunterricht. bsv, München 1995, S. 40f. – S. 47: Norbert Fuchs/Werner Goez: Die deutsche Stadt im Mittelalter. Oldenbourg, München 1977, S. 28 – S. 50: T. P. Thornton: Höfische Tischzuchten. Texte des späten Mittelalters, Bd. 4. Berlin 1957, S. 39f. – S. 57: O. Borst: Alltagsleben im Mittelalter. Insel Taschenbuch, Frankfurt/Main 1965, S. 95 – S. 60: Zit. nach: O. Borst: Alltagsleben im Mittelalter. Insel Taschenbuch, Frankfurt/Main 1965, S. 115f. (überarb.) – S. 61: H. G. Goetz: Leben im Mittelalter. München 1986, S. 157 – S. 62: O. Borst: Alltagsleben im Mittelalter. Insel Taschenbuch. Frankfurt/Main 1965, S. 146 – S. 63: Zit. nach: D. Starke: Herrschaft und Genossenschaft im Mittelalter. Klett, Stuttgart o. J., S. 75f. (überarb.) – S. 70: Wurzeln unserer Gegenwart, Bd. 2, S. 46 – S. 71: H. Pleticha: Deutsche Geschichte, Bd. 2. Gütersloh 1982, S. 213 – S. 72: F. Keutgen: Urkunden zur städtischen Verfassungsgeschichte. Berlin 1965, Nr. 133 – S. 74: A. Siegfried: Auf der Gasse und hinter dem Ofen. Eine Stadt im Spätmittelalter. Sauerländer, Frankfurt/Main 1995, S. 40 – S. 75: Weltgeschichte im Aufriss, Bd. 2. Diesterweg, Frankfurt/Main 1971, S. 73f. – S. 84: Heinrich Bullinger: Von der nötigen Vorsorge und sich gebührender christlicher Haushaltung, 1548. Zit. nach: Paul Münch (Hrsg.): Ordnung, Fleiß und Sparsamkeit. Texte zur Entstehung der „bürgerlichen Tugenden". München 1984, S. 56–60 – S. 85: I. Seltmann: Frauenleben – Frauenarbeit. In: Praxis Geschichte, Heft 2/1994, S. 37 – S. 87: O. Borst: Alltagsleben im Mittelalter. Insel Taschenbuch, Frankfurt/Main 1983, S. 213 – Geschichte in Quellen, Bd. 2, S. 724f. – S. 89: W. Ripper: Von den bürgerlichen Revolutionen bis zum Imperialismus. Diesterweg, Frankfurt/Main 1973, S. 165 – S. 92: G. Arnhardt: Zur Ausgestaltung des höheren Schulwesens in Sachsen zur Zeit des Kurfürsten August. In: Sächsische Heimatblätter 1987, S. 13 – S. 109: Kleinknecht/Krieger: Materialien für den Geschichtsunterricht, Bd. 3. Frankfurt/Main 1978, S. 149f. – S. 110: Geschichte in Quellen, Bd. 2, Nr. 567 – S. 114: Kleinknecht/Krieger: Materialien für den Geschichtsunterricht, Bd. 3. Frankfurt/Main 1978, S. 309 – S. 115: Interview mit der Tochter von Frau B. Kugelmann, 1994 – S. 116: R. von Reims: Historien. Übers. nach A. Borst: Lebensformen im Mittelalter. München 1979, S. 318ff. – S. 117: A. Borst/J. Fleckenstein (Hrsg.): Idee und Wirklichkeit der Kreuzzüge. Germering 1965, S. 19 – S. 118: G. Guggenbühl: Quellen zur allgemeinen Geschichte, Bd. 2. Zürich [5]1973 – S. 119: P. Milger: Die Kreuzzüge. München 1988, S. 223 – S. 120: F. Gabrieli (Hrsg.): Die Kreuzzüge in arabischer Sicht aus arabischen Quellen. München 1973, S. 49 – S. 123: R. von Reims: Historien. Übers. nach A. Borst: Lebensformen im Mittelalter. München 1979, S. 318ff. – S. 129: Zit. nach: John Hale: Fürsten, Künstler, Humanisten. Rowohlt, Reinbek 1973, S. 26 – Zit. nach: Herbert A. Stützer: Die italienische Renaissance. DuMont, Köln 1977, S. 22 (leicht verändert) – S. 133: Leonardo da Vinci: Philosophische Tagebücher. Hrsg. v. G. Zomboni. Hamburg 1985, S. 85 – S. 134: G. Agricola. Zit. nach: Der Mensch und seine Welt, Bd. 2. Dümmler, Bonn 1974, S. 105 – S. 135: Leonardos Worte, ausgew. v. A. M. Brizio. Stuttgart/Zürich 1985, S. 133ff. – S. 136: Guggenbühl-Weiß: Quellen zur allgemeinen Geschichte, Bd. 2. Zürich 1954, S. 264 – S. 137: I. Kästner: Johannes Gutenberg. Teubner, Leipzig 1978, S. 58 – S. 138: J. Cochlaeus: Brevis Germaniae Descriptio, 1512. Hrsg. v. K. Lagosch. Wissenschaftliche Buchgesellschaft, Darmstadt 1976, S. 91 – S. 142: E. Schmitt: Dokumente zur Geschichte der europäischen Expansion, Bd. 2. C. H. Beck, München 1984, S. 113 – S. 143: Ch. Kolumbus: Das Bordbuch 1492. Hrsg. v. R. Grün. Erdmann, Tübingen/Basel 1978, S. 86, 20 – S. 146: H. Cortez: Die Eroberung Mexikos. Tübingen/Basel 1975, S. 86ff. – S. 148: B. Diaz del Castillo: Wahrhafte Geschichte der Eroberung und Entdeckung Mexikos. Stuttgart 1965, S. 240 – Codex Florentinus. Zit. nach: Rückkehr der Götter. München 1965, S. 46 – S. 149: Kolonialismus. Die Entstehung der Unterentwicklung am Beispiel Lateinamerikas. Beltz, Weinheim 1978, S. 65 – S. 150/151: Ch. Strosetzki (Hrsg.): Griff nach der Neuen Welt. Frankfurt/Main 1990, S. 274 – S. 152: U. Bitterli: Die Entdeckung und Eroberung der Welt, Bd. 1: Amerika – Afrika. München 1980, S. 94ff. – S. 162: Zit nach: Ferenc Majoros/Bernd Rill: Das Osmanische Reich 1300–1922. Pustet, Regensburg 1994, S. 163 – S. 164: Zit nach: Istanbul. Baedeckers Allianz Reiseführer. Stuttgart 1991, S. 29 – S. 167: Zit. nach: Gerhard Herm: Der Aufstieg des Hauses Habsburg. Düsseldorf 1993, S. 142 – S. 169: Zit nach: Ferenc Majoros/Bernd Rill: Das Osmanische Reich 1300–1922. Pustet, Regensburg 1994, S. 229 – S. 178: F. Myconius: Historia reformationis, S. 14f. Zit. nach: D. Steinwede: Martin Luther in seiner Zeit. Christophorus Verlag, Freiburg i. Br. 1982, S. 21 – S. 179: H. Kühner: Neues Papstlexikon. Fischer, Frankfurt/Main, S. 43 – H. Fausel (Hrsg.): Martin Luther. Siebenstern TB, 1967, S. 188, 191 – S. 180: H. Junghans (Hrsg.): Die Reformation in Augenzeugenberichten. München 1973, S. 58 – S. 181: O. Thulin: Martin Luther. München 1958, S. 51 –

Quellenverzeichnisse

S. 183: Geschichte in Quellen, Bd. 3, S. 52ff. – S. 186: H. Junghans (Hrsg.): Die Reformation in Augenzeugenberichten. München 1973, S. 269ff. – S. 187: Martin Luther. Ausgewählte Werke, Bd. 4. Frankfurt/Main 1982, S. 42ff. – S. 188: Geschichte in Quellen, Bd. 3, Nr. 61 – S. 189: Martin Luther: Ausgewählte Werke, Bd. 4, S. 133ff. – S. 190: Th. Müntzer: Schriften und Briefe. Hrsg. v. G. Wehr. Gütersloher Verlagshaus G. Mohn, Gütersloh 1978, S. 113 – S. 191: G. Braun: Der deutsche Bauernkrieg. Berlin 1926, Nr. 119 – S. 194: H. Junghans (Hrsg.): Die Reformation in Augenzeugenberichten. München 1973, S. 269f. – H. Schuster (Hrsg.): Quellenbuch zur Kirchengeschichte, Bd. 1/2. Frankfurt/Main 1976, S. 120f. – S. 196: Gutschera/Thierfelder: Brennpunkte der Kirchengeschichte. Schöningh, Paderborn 1976, S. 147 – S. 197: Erinnern und Urteilen, Bd. 8. Ausgabe Bayern. Klett, Stuttgart 1982, S. 160 – Brennpunkte der deutschen Geschichte. Athenäum, Kronberg, S. 151 – S. 199: W. Behringer (Hrsg.): Hexen und Hexenprozesse in Deutschland, 1933, S. 95f. – S. 200: W. Behringer (Hrsg.): Hexen und Hexenprozesse in Deutschland, 1933, S. 380f. – S. 206: H. Sachs: Deutsches Leben in der Vergangenheit, Bd. 2, S. 398

Bildquellen

Agentur Ricciarini: 141 – American Museum of Natural History: 154 – Archäologische Staatssammlung München. Museum für Vor- und Frühgeschichte (Eberlein): 48 (a) – Archiv Alinari, Florenz: 24 (1) – Archiv für Kunst und Geschichte, Berlin: 8/9, 12 (1), 18 (1), 30 (1, 2), 32 (1), 34 (1), 37 (3), 40 (1), 51 (2), 54, 59 (2), 70 (1), 76 (1), 77 (2), 92 (1), 95 (3, 4), 106 (1), 110 (1), 126/127, 129 (2, a), 132 (1), 133, 138 (3), 140 (2), 143 (2), 145 (2), 158/159, 161, 167 (2), 168, 180 (1), 181 (2, 3), 182, 183 (2), 187 (3), 191 (3), 193 (2), 196, 203, 204 (1), 205 (2), 217 (2) – Artothek Peissenberg: 128 (1) – Associated Press, Frankfurt/Main: 48 (1) – Bauer & Lutz, Regensburg: 72 (2), 73 (3, 4, b), 74 (b), 94 (1), 96 (1), 132, 140 (a) – Baumann, E., Bad Reichenhall: 68 – Bavaria Bildagentur, Gauting: 104 (b), 122 (1) – Bayerische Staatsbibliothek München: 61 (2, 3), 95 – Bayerische Verwaltung der staatlichen Schlösser, Gärten und Seen, München: 56 (1) – Bayerisches Hauptstaatsarchiv, München: 73 (a) – Bayerisches Nationalmuseum, München: 42, 88 (1) – Bertelsmann Lexikon Geschichte 2000 © 2000, Bertelsmann Lexikon Verlag Gütersloh, München: 100 – Biblioteca Nazionale Marciana Venedig: 61 (4) – Bibliothek Straßburg (Hortus deliciarum): 104 (a) – Bibliothèque Nationale Paris: 11 (2), 26 (1), 50 (1), 116 (1), 118 (1), 162 (1) – Bibliothèque publique et universitaire, Genf: 195 (3) – Bildarchiv Preußischer Kulturbesitz, Berlin: 39 (2), 51 (3), 55 (4), 60 (1), 87, 93 (2), 140 (1), 146 (1), 147 (2), 149 (2, 3), 151 (2), 175 (3), 188 (1), 190 (1), 192 (b), 196 (1), 206 (a) – British Library, London: 121 (2) – British Museum, London: 20 (1), 123 (1) – British Museum, Werner Forman Archive, London: 146 (b), 147 (c) – Can, T., Istanbul: 164 (2), 165 (3, 4) – Castor Film, Oberwesel: 174 (1) – Corel Library: 111 (2) – Corvina Verlag, Budapest: 187 (2) – Crawford, A., London: [illegible] Historisches Museum Berlin: 47 – Deut- [illegible]

stelle Linz: 23 (a) – Diözesanmuseum Regensburg: 98 (1) – D. Donne Bryanti Stock: 146 (a) – Fasciano, N.: 48 (b), 49 (a) – Focus Hamburg: 120 (1) – Foto Marburg: 175 (2) – Fränkisches Freilandmuseum, Bad Windsheim: 67 – Galleria dell' Accademia, Florenz (R. Bencini): 133 (5) – Gallimard, Paris: 214 (1) – Germanisches Nationalmuseum, Nürnberg: 138 (1), 186 (1) – Giraudon, Paris: 82 (1), 130 (1) – Gothaer Kultur- und Fremdenverkehrsbetrieb/Schlossmuseum: 210 – Graphische Sammlung Albertina, Wien: 176 (1) – Hafermaas, G.: 203 (2) – Hamburger Verlagskontor: 107 (b) – Herzog-Anton-Ulrich-Museum, Braunschweig (B. P. Keiser): 86 (2), 106 – Hessische Landesbibliothek Darmstadt: 46 (1) – Hetz, R., Ottobrunn: 69 (b) – Historia Photo Hamburg: 35 (2), 80 (1) – Historisches Museum, Bern: 192 (a) – Institut für Realienkunde des Mittelalters und der frühen Neuzeit, Krems/Do.: 44/45, 107 (2) – Kaschuba, G., Lohhof: 132 (4) – Kestner-Museum, Hannover: 25 (2) – Kloster Scheyern, Kapitelkirche (Fürstenzyklus Nr. 7): 43 (d) – Koch, U.: 97 (3) – Kommunale Datenverarbeitungsgesellschaft, Wittenberg: S. 185 – Kooperationsgemeinschaft Luzern: 63 (2) – Kriminalmuseum Rothenburg o. d. T.: 75 (2), 92 (e), 198, 199 (2), 200 (1), 201 – Kunstmuseum Basel: 85 (2) – Kunstverlag Maximilian Liebl, Regensburg: Umschlag – Landesmuseum Joanneum, Graz: 49 (b), 107 (a) – Lechner, G., Göttweig: 62 – LFV: 69 (2) – Look Bildagentur München (H. Dressler): 28/29 – Lutherhalle Wittenberg: 208 (1) – Metropolitan Museum of Art: 121 (b) – Müller, K.-H., Gleichen: 178 (1) – Murza, Maja, Berlin: 172/173 – Musée du Louvre, Paris: 215 – Museum der bildenden Künste, Leipzig: 179 (2) – Museum der Stadt Regensburg: 113 (2) – Museum für flämische Wandteppiche, Tournai (G. Dagli Orti): 141 (3) – Museum für Kunst- und Kulturgeschichte, Lübeck: 92 (b–d) – Museum für Völkerkunde, Wien: 148 – National Maritime Museum: 163 (2) – Nationalmuseum für Alte Kunst, Lissabon (G. Dagli Orti): 140 (b) – Neuffer, J., Freiburg: 17 (a) – Oberösterreichisches Landesmuseum, Linz (F. Gangel): 84 (1), 86 (1) – Oechtering, E., Rheine: 155 (2, 3) – Österreichische Nationalbibliothek Wien: 47 (2), 166, 169 (2), 214 (2) – Pierpont Morgan Library, New York: 49 (3), 119 (2) – Sammlung Galen: 170 – Scala, Antella, Florenz: 197 (2) – Seefahrtsmuseum Genua (G. Costa/A. Stradella): 143 – Spitta, W., Loham: 69 (a), 96 (2), 98 (2) – Staatliche Münzsammlung, München: 24 (a, b) – Staatsbibliothek Bamberg: 17 (2) – Staats- und Universitätsbibliothek Bremen: 16 (1) – Stadtarchiv Aachen: 23 (b) – Stadtarchiv Ingolstadt: 72 – Stadtarchiv Würzburg: 74 (1), 114 (1) – Stadtbibliothek Ulm: 209 (3) – Städtische Kunstsammlung, Augsburg: 210 (1) – Stiftsbibliothek St. Gallen (Psalterium aureum): 48 (2) – Süddeutscher Verlag, München: 115 (2) – Tempio di Mayor, Mexiko: 147 (b) – Tessloff Verlag, Nürnberg: 52 (1) – Trost, V., Stuttgart: 17 (b, c) – Universitätsbibliothek Göttingen: 86 – Universitätsbibliothek Heidelberg: 53 (2), 55 (5) – v. Scheurl-Bibliothek, Nürnberg: 183 (3) – Württembergische Landesbibliothek Stuttgart: 77 (a, b, d) – Yale University, Beinecke Rare Book and Manuscript Library, New Haven: 114 (a)

Ferner wurden übernommen aus:
Alte Bräuche – frohe Feste. Ostfildern 1984, S. 31: 68 (1) – Der Brockhaus von A bis Z. Mannheim 2000, Bd. 1, S. 359: 160;

Quellenverzeichnisse

S. 518: 135 (c); Bd. 2, S. 165: 165 – Equipo 28: 122 (b) – R. Gay: Geschichte der Juden in Deutschland. C. H. Beck, München 1993, S. 38: 114 (b) – Geschichte mit Pfiff, Nr. 2/1992, S. 21: 154 (1) – Nachum T. Gidal: Die Juden in Deutschland von der Römerzeit bis zur Weimarer Republik. Könemann, Köln 1997, S. 53: 112 (a); S. 30, 53: S. 113 – HB-Bildatlas spezial: Türkei – Ägäisküste, Istanbul. © HB-Verlags- und Vertriebsgesellschaft, Hamburg 1991, S. 96: 164 (1) – U. Horst/H. Prokasky/M. Tabaczek: Europäische Agrargesellschaften. Paderborn 1991, S. 176 f.: 58 – R. Koller: Ingolstadt. Stadt an der Donau im Strom der Zeit. Verlag Donau Courier, Ingolstadt 2000, S. 18: 76; S. 33, 34, 36: 93 (a–d) – Menschen in ihrer Zeit, Bd. 3. Stuttgart 1966, S. 127: 77 (c) – Mittelalter in Ostbayern. Leben auf der Burg. Hrsg. v. Fremdenverkehrsverband Ostbayern, Regensburg, S. 14, 24, 33: 56 (a–c) – Das neue Duden-Lexikon in 10 Bänden, Bd. 4. Mannheim 1984, S. 1669: 205 (c) – PM Nr. 14, S. 19: 216 (1) – Die Reise in die Vergangenheit. Ein geschichtliches Arbeitsbuch, Bd. 3. Westermann Schulbuchverlag, Braunschweig 1991, S. 75: 206 (b) – Sevilla und Andalusien. Dumont, Köln 1998, S. 234: 122 (a) – Treffpunkt Geschichte, Bd. 2. Buchners Verlag, Bamberg 1995, S. 113: 169 (3) – 1648. Krieg und Frieden in Europa. Eine Dokumentation. Hrsg. v. d. Aschendorffschen Verlagsbuchhandlung. Münster 1998, S. 60: 203 (b, d); S. 61: 203; S. 66: 206 (2); S. 80: 210 (2)

Nicht in allen Fällen war es uns möglich, die Rechteinhaber der Abbildungen ausfindig zu machen. Berechtigte Ansprüche werden selbstverständlich im Rahmen der üblichen Vereinbarungen abgegolten.

Zeichnungen
Klaus Becker, Frankfurt/Main; Michael Teßmer, Hamburg.

Karten und Grafiken
Klaus Becker, Frankfurt/Main; Carlos Borrell, Berlin; Skip G. Langkafel, Berlin.